SYSTEMWECHSEL IN DEUTSCHLAND
1918/19 – 1933 – 1945/49 – 1989/90

Eckhard Jesse

SYSTEMWECHSEL IN DEUTSCHLAND

1918/19 – 1933 – 1945/49 – 1989/90

[handschriftliche Widmung:]

mit herzlichen Grüßen
und guten Wünschen
für das „Freisemester".
Ihr
Eckhard Jesse
3/10/2010

2010
BÖHLAU VERLAG KÖLN WEIMAR WIEN

Bibliografische Information der Deutschen Nationalbibliothek:
Die Deutsche Nationalbibliothek verzeichnet diese Publikation in der
Deutschen Nationalbibliografie; detaillierte bibliografische Daten sind
im Internet über http://dnb.d-nb.de abrufbar.

Umschlagabbildung:
Matthias Koeppel, Die Öffnung der Berliner Mauer. 1996/7.
Mittelteil des Triptychons. Öl auf Leinwand. 400 x 440 cm.
Berlin, Berliner Abgeordnetenhaus
© VG Bild-Kunst, Bonn 2010. Abbildungsvorlage: akg-images.

© 2010 by Böhlau Verlag GmbH & Cie, Köln Weimar Wien
Ursulaplatz 1, D-50668 Köln, www.boehlau.de

Satz: Wissenschaftlicher Bücherdienst, Köln
Druck und Bindung: Druckhaus „Thomas Müntzer", Bad Langensalza
Gedruckt auf chlor- und säurefreiem Papier
Printed in Germany

ISBN 978-3-412-20599-7

Inhalt

1. Einführung

„Die erste deutsche Republik ist nicht mehr bloß Vorgeschichte des ,Dritten Reiches' und Kontrast zu seinen beiden Nachfolgestaaten, sondern im Positiven wie im Negativen Vorgeschichte der zweiten gesamtdeutschen Demokratie. Doch anders als Weimar ist die erweiterte Bundesrepublik keine ungelernte Demokratie mehr. Sie hat nicht nur die Weimarer, sondern auch die sehr viel erfolgreicheren Bonner Lehrjahre hinter sich."[1] Heinrich August Winkler beschreibt mit diesen Sätzen in nuce die wechselvolle Geschichte Deutschlands im 20. Jahrhundert. Sie ist durch vier Systemwechsel gekennzeichnet, wobei der letzte nur jeden fünften Deutschen direkt betraf. Systemwechsel meint den (friedlichen, weniger friedlichen oder gewaltsamen) Übergang von einem Systemtypus zu einem anderen, abgesehen von etwaigen Modifikationen (monarchisch-konstitutionelle Verfassungstypen etc.) entweder von der Diktatur zur Demokratie oder von der Demokratie zur Diktatur.[2] Wer Demokratie und Diktatur in je zwei Typen auffächert, kommt zu vier Arten der Systemwechsel: von einer totalitären Diktatur zu einer funktionierenden Demokratie, von einer autoritären Diktatur zu einer defekten Demokratie, von einer totalitären Diktatur zu einer defekten Demokratie, von einer autoritären Diktatur zu einer funktionierenden Demokratie. Selbstverständlich ist ebenso der Systemwechsel in umgekehrter Richtung nicht nur denkbar, sondern auch vielfach Wirklichkeit geworden – von einer Demokratie zu einer Diktatur.[3] Ein Wechsel der Staatsformen (Monarchie zu Republik oder vice versa) muss nicht, kann aber auf einen Systemwechsel hinauslaufen. Ein bloßer Regierungswechsel (also innerhalb einer Demokratie oder innerhalb einer Diktatur) ist nicht als „Systemwechsel" zu klassifizieren, weil er die Grundstruktur der jeweiligen politischen Ordnung nicht in Zweifel zieht. Wird allerdings eine Diktatur durch eine andere ersetzt (nicht innerhalb derselben politischen Richtung), so ist die Charakterisierung des Übergangs als Systemwechsel angebracht.

Wie immer die Gewichtung ausfällt: Große, im Negativen wie im Positiven, historische Gestalten haben der deutschen Entwicklung ihren Stempel aufgedrückt. Mit Sicherheit wäre die Geschichte Deutschlands im 20. Jahrhundert ohne den Diktator Adolf Hitler und ohne den Demokraten Konrad Adenauer, um zwei markante Namen zu nennen, anders verlaufen. Strukturelle Gegebenheiten, wie etwa die geographische Mittellage Deutschlands, spielten ebenfalls eine Rolle. Weichenstellungen erfolgten aus einem komplexen Bündel an Faktoren. Wer solche historische Kausalitäten bemüht, unternimmt eine Gratwanderung. Kontrafaktische Geschichtsschreibung lenkt bei aller spekulativen Problematik zu Recht den Blick auf die Offenheit des historischen Verlaufs und auf mögliche Alternativen.[4] Staaten wie Politiker standen und stehen – mal mehr, mal weniger – vor historischen Weggabelungen. Was im Nachhinein zwangsläufig erscheinen mag, war in Wirklichkeit mitunter die bewusste Entscheidung für diesen oder jenen Weg, der sich später als Irr- oder Königsweg entpuppte – oder auch durch Zufälligkeiten bedingt.

In jedem Wandel, sei er noch so fundamental, steckt Kontinuität – und in jeder Kontinuität Wandel. Insofern sind pauschale und populäre Wendungen wie die von der „Stunde Null" eine Überzeichnung. Das gilt selbst für das Jahr 1945. Eine sozialgeschichtliche Untersuchung erhellt ein überraschend hohes Maß an gesellschaftlicher und ökonomischer Kontinuität „von Stalingrad zur Währungsreform".[5] Gleichwohl ändert dies nichts an dem epochalen Einschnitt des Jahres 1945, „der in jeder Beziehung radikalsten Zäsur in der Geschichte Deutschlands in diesem Jahrhundert".[6] „Die Frage nach der Kontinuität, mit der das Spätere aus dem Früheren erklärt werden kann, ist notwendig und legitim. Die Richtung der Frage aber ist nicht umkehrbar."[7] Thomas Nipperdey will damit jeder Form des Geschichtsdeterminismus entgegenwirken. In der Tat verbietet es sich, alle früheren Wegmarken unter dem Blickwinkel von 1933 zu sehen, als sei alles unabänderbar auf das Jahr 1933 zugelaufen. Ähnlich problematisch ist es, die Geschichte der DDR nur als die Geschichte ihres Scheiterns zu sehen. Wer so argumentiert, engt die historische Offenheit ein. Die nachfolgenden Ausführungen leugnen weder die Offenheit der historischen Situation noch die Bedeutung von Kontinuitätselementen in Umbruchzeiten.

Deutschland, bis zum Jahre 1806[8] als „Heiliges Römisches Reich Deutscher Nation" und von 1815 bis 1866 als „Deutscher Bund" ein buntscheckiges Gebilde[9], wurde im europäischen Vergleich spät – 1871 – ein Nationalstaat[10]: Otto von Bismarck führte mit „Blut und Eisen" die Einigung „von oben" herbei, nachdem die „deutsche Revolution" von 1848/49[11] an der Widerstandskraft der wieder erstarkten monarchischen Mächte gescheitert war. Das Kaiserreich, als „kleindeutsche Lösung" (ohne Österreich), schien schnell eine innere Festigkeit aufzuweisen, doch setzte die Niederlage im Ersten Weltkrieg dem Obrigkeitsstaat plötzlich ein Ende. Dem „langen 19. Jahrhundert" (1789 bis 1914/17) folgte das „kurze 20." (1914/17 bis 1989/91). Dem Beobachter erscheint das lange aufgrund des vergleichsweise hohen Maßes an Kontinuität – ungeachtet der Zäsuren 1806, 1848/49 und 1871 – eher kurz, das „kurze" wegen der vielen Diskontinuitäten eher lang. Die Brüche, die Deutschland im letzten Jahrhundert erlebt hat, sind tiefgreifender Natur. Kaum ein Land Europas weist so viele fundamentale Einschnitte in einer vergleichsweisen kurzen Zeit auf. Umso mehr erstaunt es, dass nur wenige Studien sich dieser Zäsuren in vergleichender Perspektive annehmen.

Die Begriffe für die historischen Einschnitte sind höchst unterschiedlich. So behandelt der Sammelband von Manfred Hettling wesentlich die Frage, ob die Zäsuren jeweils als „Revolution"[12] gelten können – in einem Land wie Deutschland, dem gemeinhin „Revolutionsarmut" bescheinigt wird: von 1789 bis 1989. Carola Stern und Heinrich August Winkler sprechen von „Wendepunkten"[13] – der „ungewollten Revolution" 1948/49 (Wolfgang Schieder) bis zur „unverhofften Einheit" 1990 (Heinrich August Winkler). Hans-Ulrich Wehler präferiert in dem von ihm herausgegebenen Reader den Begriff „Scheidewege"[14] – „von der Reformation bis zur Wende". Dietrich Papenfuß und Wolfgang Schieder bevorzugen hingegen das Wort „Umbrüche"[15] für die vier Schlüsseljahre (1918, 1933, 1945, 1989) des 20. Jahrhunderts, fügen ihm aber das Adjektiv „deutsche" hinzu. In Alexander Gallus' Sammelband ist im Haupttitel von „Zäsuren"[16] die Rede, ebenfalls um das Epitheton „deutsche" ergänzt. Nur bei ihm heißt es im Untertitel „Systemwechsel seit 1806". Dieser – politikwissenschaftliche – Terminus ist für den Verfasser der angemessene. So fallen jene Ereignisse weg, die bei einem Erfolg auf einen Systemwechsel hinausgelaufen wären (wie die Revolution von 1848/49), und auch solche, die das gesellschaftliche und politische System vielfältig gewandelt (wie etwa die Studentenbewegung in der zweiten Hälfte der sechziger Jahre), jedoch keinen Systemwechsel herbeigeführt haben. Dirk Blasius und Wilfried Loth nehmen die „Tage deutscher Geschichte im 20. Jahrhundert" zum Ausgangspunkt, um die Systembrüche einzufangen.[17] Neben den bekannten Daten finden Berücksichtigung: 4. August 1914 (Beginn des Ersten Weltkrieges), 20. Januar 1942 (Wannsee-Konferenz), 17. Juni 1953 (Aufstand in der DDR), 13. August 1961 (Mauerbau in Berlin).

Die Studie des Freiburger Soziologen Friedrich Pohlmann über „Deutschland im Zeitalter des Totalitarismus"[18] konzentriert sich völlig auf die totalitären Kräfte, ihre Feind- und Selbstbilder. Sie fängt damit zwar einen wesentlichen Motor der Entwicklung ein[19], blendet aber andere wichtige – interne und externe – Faktoren aus. Der Zentralbegriff der politischen „Identitäten" soll die Auswirkungen der Systemwechsel erhellen. In Anlehnung an den Buchtitel Karl Dietrich Brachers[20] ist in der Aufsatzsammlung des Passauer Politikwissenschaftlers Heinrich Oberreuter von „Wendezeiten" die Rede.[21] Auch wenn dieser Band nicht strikt an Systemwechseln orientiert ist, kommen die Brüche der deutschen Geschichte im 20. Jahrhundert in ihm stark zur Geltung. Das gilt ebenso für die „Mythen, Bilder, Fakten", die der Münchner Historiker Peter März zu einem Band verknüpft.[22]

Die Systemwechsel in Deutschland waren nicht nur deutsche Systemwechsel – ausgelöst durch hiesige Faktoren. Der Verfasser geht daher nicht so weit wie Eberhard Jäckel, der Deutschlands Rolle einen zentralen Rang im 20. Jahrhundert beimisst: „Kein anderes Land hat Europa und der Welt im 20. Jahrhundert so tief seinen Stempel eingebrannt wie Deutschland, schon im Ersten Weltkrieg, als es im Mittelpunkt aller Leidenschaften stand, dann natürlich unter Hitler und im Zweiten Weltkrieg, zumal mit dem Verbrechen des Jahrhunderts, dem Mord an den europäischen Juden, und in mancher Hinsicht gilt es kaum weniger für die Zeit nach 1945. Die zweite Hälfte des Jahrhunderts war von den Nachwirkungen beherrscht, und noch an seinem Ende nimmt Deutschland wegen dieser Ereignisse einen herausragenden Platz im Gedächtnis der Völker ein."[23] Für die Zeit bis 1945 mag die weltpolitische Rolle Deutschlands, produktiv wie destruktiv, herausragend gewesen sein, doch für die Zeit danach hält Jäckels Interpretationsrahmen der Realität schwerlich stand. Die Konflikte, die es zwischen 1945 und 1990 um Deutschland gab, waren eine Folge des Kalten Krieges, weniger seine Ursache. Seit der deutschen Einheit 1990 ist Deutschland keine Schlüsselmacht mehr, will es auch gar nicht sein – ungeachtet der gewachsenen (und allseits akzeptierten) außenpolitischen Kraft und der zentralen europäischen Rolle.

Im November 1918 brach mit dem verlorenen Krieg die Monarchie zusammen, wurde die „deutsche Republik" ausgerufen. Schon am 19. Januar 1919 fanden im krisengeschüttelten Land Wahlen zur Nationalversammlung statt. Die erste deutsche Demokratie, die ungefestigte Weimarer Republik, wurde bereits 1933 durch eine barbarische Diktatur abgelöst, das Dritte Reich. 1945 – nach einem Weltkrieg, der Millionen Menschen das Leben gekostet hatte, von der diktatorischen Sowjetunion einerseits und den demokratischen USA andererseits bezwungen, – endete das „Tausendjährige Reich". Das Schlüsseljahr 1945 ist durch eine Scharnierfunktion gekennzeichnet: In dem einen Teil Deutschlands entstand binnen kurzem auf Geheiß und Druck der sowjetischen Besatzungsmacht eine kommunistische Diktatur, in dem anderen, dank des Einflusses der Westmächte, eine parlamentarische Demokratie. Das war jeweils 1949. Damit wurden unterschiedliche Konsequenzen aus der Vergangenheit gezogen und gegensätzliche Fundamente für die Zukunft gelegt. Während sich die Bundesrepublik zunehmend demokratisch konsolidierte, blieb die DDR ohne demokratische Legitimation, ein Staat auf Abruf, dem „Untergang auf Raten"[24] geweiht. Als die Sowjetunion nicht mehr bereit war, die SED-Diktatur zu stützen, stürzte das Regime im Revolutionsjahr 1989. Ein Jahr später trat die Deutsche Demokratische Republik, die sich nun nach freien Wahlen ihren Namen verdient hatte, der Bundesrepublik bei. Innerhalb von sieben Jahrzehnten erlebte Deutschland (genauer: der Teil zwischen Rennsteig und Rügen) damit vier Systemwechsel.

In Kapitel 2 geht es darum, die Ergebnisse der politikwissenschaftlichen Systemwechselforschung[25] nachzuzeichnen, wie sie sich in den letzten Jahren rege entfaltet hat – vor allem mit dem Blick auf die drei Transformationsphasen: Ende des alten Systems; Institutionalisierung des neuen Systems; Konsolidierung des neuen Systems. Wir haben vor über 20 Jahren Systemwechsel mit weltweiten Folgen erlebt. Das deutsche Beispiel gab Impulse und fügte sich in die internationalen Konstellationen. Im 20. Jahrhundert hatte es zuvor bereits zahlreiche Demokratisierungswellen gegeben – und Gegenwellen.

Dieser Band will die Systemwechsel auf deutschem Boden beschreiben und analysieren. Die Hauptfragestellung lautet: Was sind die zentralen Gründe für die Umbrüche – den Sturz des Alten wie den Sieg des Neuen? Es geht ferner darum, die jeweiligen Rahmenbedingungen und Ursachen wie die Ergebnisse und Folgen Revue passieren zu lassen (Kapitel 3 bis 6). Diese Dreiteilung deckt sich nicht ganz mit den erwähnten drei Transformationsphasen. Der Verfasser hält es für sinnvoll, dem „eigentlichen" Systemwechsel ein Unterkapitel vorzuschalten. Die Rolle der Parteien als den gestaltenden Kräften der politischen Willensbildung nimmt einen zentralen Platz ein. In gewisser Weise bilden die Ergebnisse und die Folgen des früheren Systemwechsels die Rahmenbedingungen und Ursachen des späteren. Die Darstellung der einzelnen Phasen ist nicht gleich umfangreich. Die Präsentation wird mit der Nähe zur Gegenwart ausführlicher – auch deshalb, weil die Systemwechsel miteinander verflochten sind: So entfallen auf den Systemwechsel 1918/19 nur ein Viertel, auf den von 1933 zwei Viertel und auf den von 1945/49 drei Viertel des Umfangs, der dem Systemwechsel des Jahres 1989/90 zukommt. Das sagt jedoch nichts über deren jeweilige Bedeutung aus. Eine solche Vorgehensweise ermöglicht es zugleich, nicht nur die Systemwechsel nach Phasen zu untergliedern, sondern auch die Weimarer Republik (mitsamt der letzten Jahre des Kaiserreiches), das Dritte Reich, die DDR und die Bundesrepublik Deutschland (zunächst als Teilstaat, später als Gesamtstaat) in knappen Zügen zu charakterisieren. Es handelt sich um zwei (höchst unterschiedliche) Diktaturen und um zwei (höchst unterschiedliche) Demokratien. Der Versuch, diese Systeme zu periodisieren, erfolgt nach verschiedenen Gesichtspunkten – z. B. nach innen- oder außenpolitischen Zäsuren.

Der Vergleich der Zäsuren und Neuanfänge – 1918/19, 1933, 1945/49 und 1989/90 – ist mehrdimensional (Kapitel 7). Der Autor sucht die folgenden Fragen zu klären: Wie lassen sich die Systemwechsel charakterisieren? Wie stark fielen die Umbrüche aus? Bestand eine historisch offene Situation? Welche (inneren oder äußeren) Kräfte zeichneten für den Umsturz verantwortlich? Spielten extremistische Bestrebungen eine tragende Rolle? Deckten sich die Intentionen mit den Auswirkungen? Gab es Zusammenhänge zwischen den vier Systemwechseln? Welche Nachwirkungen hinterließen sie? Wie sind sie zu bewerten? Wer die letzte Frage aufwirft, votiert gegen die These, Wissenschaft komme ohne klare und begründete Stellungnahmen aus. Verbreitete Formulierungen wie „aus heutiger Sicht" sind insofern problematisch, als sie suggerieren, das Urteil hänge von einem bestimmten Zeitpunkt ab. Das mag in Einzelfällen zwar so sein (wenn etwa erst später wichtige Erkenntnisse an das Licht der Öffentlichkeit gelangten), aber in der Regel vermochten bereits die Zeitgenossen die Richtung des Systemwechsels zu erkennen. Die beliebte Wendung „aus heutiger Sicht" ist nicht zuletzt deshalb verräterisch, weil sie dem Relativismus Vorschub leistet.

Wer die vier politischen Systeme (Weimarer Republik, Drittes Reich, DDR, Bundesrepublik Deutschland) miteinander vergleicht (Kapitel 8), kann dies in sechsfacher Weise tun. Dem Demokratie-Demokratie-Vergleich (Weimarer Republik versus Bundesrepublik Deutschland) steht ein Diktatur-Diktatur-Vergleich (Drittes Reich versus DDR) gegenüber. Beide diachronen Vergleiche sind gebräuchlich. Von den vier verbleibenden Demokratie-Diktatur-Vergleichen spielte der – einzige synchrone – Vergleich zwischen der Bundesrepublik Deutschland und der DDR im „Wettkampf der Systeme" eine Rolle. Die anderen drei Vergleiche (Weimarer Republik versus DDR, Weimarer Republik versus Drittes Reich, Drittes Reich versus Bundesrepublik Deutschland) bleiben unberücksichtigt, da sie weniger Relevanz besitzen. Was etwa ist damit gewonnen, wenn behauptet wird, der Liberalismus sei ebenso eine Form der „bürgerlichen Herrschaft" wie der Nationalsozialismus[26]? Solche umfassenden Systemvergleiche sind integraler, nicht sektoraler Natur. Es soll u. a. geprüft werden, ob Begriffe wie „erste und zweite deutsche Diktatur"[27] ebenso Sinn ergeben wie „erste und zweite deutsche Demokratie".[28] Vergleiche müssen auf derselben Ebene angelegt sein. Die Theorie des einen Systems an der Praxis des anderen zu messen, läuft auf eine doppelbödige Argumentation hinaus, verbietet sich mithin.

Neben diesen drei „alten" Systemvergleichen erfolgt ein „neuer" Systemvergleich (Kapitel 9). Dieser betrifft einen Vergleich zwischen der Bundesrepublik Deutschland vor der Einheit mit der Bundesrepublik Deutschland 20 Jahre danach. Ein solcher Vergleich, der nicht zwei Systeme miteinander konfrontiert, sondern Wandel innerhalb eines Systems zum Gegenstand hat, zielt nicht nur auf das Ausmaß und die Richtung der Veränderungen in den neuen, sondern auch auf die in den alten Bundesländern sowie der ganzen Bundesrepublik durch die deutsche Einheit. Haben wir eher eine erweiterte oder eher eine neue Bundesrepublik Deutschland im Sinne einer „Berliner Republik"? Und wie ist der Sachverhalt zu bewerten? Der Grund für die Aufnahme eines solchen Vergleichs ist die Überwindung der SED-Diktatur.

Am Ende wird der Bogen zum Anfang geschlagen. Kapitel 10 wendet die politikwissenschaftlichen Kategorien der Systemwechselforschung auf die vier großen Zäsuren in Deutschland im 20. Jahrhundert an. Es ist die dezidierte Auffassung des Autors, dass die Geschichtswissenschaft von der Politikwissenschaft ebenso profitieren kann wie diese von jener. Wo gibt es Parallelen, wo Unterschiede? Wie sinnvoll sind politikwissenschaftliche Kategorien für historische Umbrüche?

Alle vier Systemwechsel kennzeichnen symbolträchtige Schlüsseldaten: den 9. November 1918 (mit der Abdankung des Kaisers und der Ausrufung der Republik), den 30. Januar 1933 (mit der als „Machtergreifung" inszenierten Übernahme der Regierung durch Adolf Hitler), den 8. Mai 1945 (mit der bedingungslosen Kapitulation der deutschen Wehrmacht gegenüber den Westmächten und der Sowjetunion) und den 9. November 1989 (mit der Öffnung der Mauer, die das Ende der SED-Diktatur beschleunigte). Allerdings verkennt eine solche Fixierung auf Daten[29] zweierlei: Erstens lagen diesen Ereignissen wichtige Voraussetzungen zu Grunde, und zweitens zogen sie gravierende Folgen nach sich. Derartige Aspekte sollen nicht zu kurz kommen. Bei allen Systemwechseln gab es – wie erwähnt – drei Phasen: die (mehr oder wenig überraschende) Agonie des alten Systems, den (mehr oder weniger schnellen) Umbruch, die (mehr oder weniger gelungene) Konsolidierung der neuen Ordnung.

In einem Fall ist nur von einem einzigen Jahr die Rede (1933), in zwei Fällen von zwei Jahren (1918/19 und 1989/90), und in einem Fall sogar von einem Jahrfünft (1945/49). Damit hat es folgende Bewandtnis: Wer von „1933" spricht, fängt den Zusammenbruch des alten wie den Anfang des neuen Gebildes angemessen ein; hingegen erfolgte das Ende des Kaiserreiches wie der Beginn der Weimarer Republik ebenso in Zeitstrecken zweier Kalenderjahre wie das Ende der DDR-Diktatur und der DDR schlechthin. Noch weiter zog sich der Zeitraum vom Ende der NS-Diktatur bis zum Beginn zweier deutscher Staaten hin. Insofern ist eine derartige Differenzierung angezeigt. Zu einer angemessenen Erfassung der Systemwechsel gehört beides: das Ende der alten wie den Anfang der neuen Ordnung zu berücksichtigen.

Das Kapitel 11, die Schlussbetrachtung, bietet neben einem Fazit und Perspektiven eine Würdigung der deutschen Gedenktage im Wandel. Denn da Deutschland im 20. Jahrhundert derartige Brüche erlebt hat, konnte dies nicht ohne Folgen für den Wandel der Gedenktage bleiben. Nur die Diskontinuität besaß Kontinuität.

Am 3. Oktober 2010 jährt sich zum 20. Mal der Tag der Deutschen Einheit. Auch wer mit diesem Datum Probleme haben mag: Es ist ein Anlass zur Freude, kein Grund zum Missmut. Deutschland ist frei und geeint, das „kurze 20. Jahrhundert" Geschichte.

2. Systemwechselforschung und Systemwechsel

2.1. Systemwechselforschung

Der Zusammenbruch oder der Sturz des europäischen Kommunismus, je nach Perspektive, hat die Forschung herausgefordert. Das Ende vor zwei Jahrzehnten kam so überraschend wie abrupt. Die fehlende Legitimität lag offen zutage, nicht die fehlende Stabilität. Die Risse im politischen und gesellschaftlichen System wurden keineswegs ausreichend erkannt – nicht von der Politik, nicht von der Publizistik, nicht von der (Politik-)Wissenschaft. Daher machte schnell das Wort vom „schwarzen Freitag der Sozialwissenschaften" (Klaus von Beyme) die Runde.

Der führende deutsche Politikwissenschaftler Klaus von Beyme – das (nahezu beliebig zu ergänzende) Beispiel dient nicht dazu, eine bestimmte Position bloßzustellen – hat 1987 keinerlei Anzeichen für eine Systemkrise in den kommunistischen Staaten ausgemacht. Die jeweilige Partei habe umfassende Mechanismen zur Sicherung ihrer Herrschaft entwickelt. Mehr noch: „Die ‚Errungenschaften des Sozialismus' sind keine bloße Propaganda. Umfragen unter Emigranten zeigen bis heute, dass selbst die Oppositionellen, die ihr Land verließen, im Bereich des Sozialen und der Erziehung verhältnismäßig zufrieden waren."[1] An der westlichen Lebensweise werde nicht nur der höhere Lebensstandard geschätzt, sondern auch „ein Verlust an menschlicher Solidarität"[2] bemängelt. Und die Folgen von Gorbatschows Reformpolitik hat von Beyme ebenso unzutreffend eingeschätzt: „Falls der neue Kurs nicht an der noch immer bestehenden Trägheit vieler Kader scheitert, würde das sowjetische System einen beträchtlichen Zuwachs an Legitimation bei den Massen erhalten."[3] Tatsächlich ist der „neue Kurs" weniger an den „Kadern" als an den „Massen" gescheitert. Nach von Beyme übersahen Totalitarismustheorien, „dass der Charakter der Diktatur sich vom totalitären Autoritarismus zum ‚konsultativen Autoritarismus' (Alfred Meyer) wandelt und in der Zukunft vielleicht sogar zum

‚partizipatorischen Autoritarismus' (Peter Christian Ludz), bei dem Partizipation nicht nur von der Parteielite verfälschte Pseudobeteiligung darstellt."[4] Gewiss erkannten auch Vertreter des Totalitarismusansatzes nicht die Instabilität der kommunistischen Diktaturen oder prognostizierten gar deren Ende, aber sie gelangten – diplomatisch formuliert – keineswegs zu derartig realitätsfernen Behauptungen.

Nicht nur Gert-Joachim Glaeßner, er galt vor dem Systemwechsel als einer der führenden DDR-Forscher in der Bundesrepublik Deutschland, hat bei der Interpretation vorwiegend systemimmanent argumentiert. „Das DDR-Bild hierzulande ist", so hieß es bei ihm 1989, „trotz aller publizistischen, wissenschaftlichen und bildungspolitischen Bemühungen noch immer ein Zerrbild."[5] Ein Zerrbild hat Glaeßner wiederum selbst vermittelt, wenn er die Dezentralisierung des früheren „Superzentralismus" hervorhob und daraus folgerte: „Dies hat die Leistungsfähigkeit des politischen Systems nicht unerheblich gesteigert und zu seiner Stabilisierung beigetragen. Insoweit hat sich das System als lernfähig und anpassungsfähig erwiesen."[6] Von Lern- und Anpassungsfähigkeit konnte mithin keine Rede sein.

Das 20. Jahrhundert war beides: ein Jahrhundert des Schreckens und ein Jahrhundert der Überwindung des Schreckens. Die Forschung kommt daher nicht umhin, die doppelte Auseinandersetzung zu benennen: einerseits zwischen Diktaturen und Diktaturen, andererseits zwischen Diktaturen und Demokratien. Der letzte Punkt findet häufig zu wenig Aufmerksamkeit. Ungeachtet aller unterschiedlichen Sichtweisen liegen zwischen den Großanalysen eines François Furet, eines Eric Hobsbawm und eines Ernst Nolte Parallelen insofern vor, als sie stark den Kampf zwischen Nationalsozialismus und Kommunismus herausstellen und dabei die zentrale Auseinandersetzung zwischen Demokratien und Diktaturen vernachlässigen.[7] Hingegen haben die Auseinandersetzungen zwischen Demokratien das 20. Jahrhundert nicht geprägt, eher ihre gemeinsamen Interessen.

Angesichts des weltweiten fundamentalen Systemwandels im letzten Jahrzehnt des letzten Jahrhunderts verwundert die folgende Aussage nicht: Die vornehmlich politikwissenschaftlich ausgerichtete Systemwechselforschung erlebt seit einigen Jahren eine Blüte. Sie setzt die fundamentalen Umbrüche Ende der achtziger, Anfang der neunziger Jahre in Mittel(ost)europa zum Teil in Beziehung zu Systemwechseln in anderen Regionen, weniger zu solchen in anderen Epochen. Was aber ist ein Systemwechsel? Was hat es mit Begriffen wie Revolution, Transformation und Transition auf sich? Welche Ursachen begünstigten den Systemwechsel? Welche Phasen gibt es? Wie ging das alte System zu Ende? Wie ist das neue institutionalisiert worden? Wie hat es sich konsolidiert?

„System" ist im gesellschaftlichen Verständnis der Oberbegriff für eine Reihe von Bestandteilen, die miteinander in Verbindung stehen. Zu den Subsystemen zählen gemeinhin das politische, das ökonomische und das sozial-kulturelle System. Dessen Veränderungen können das gesamte System stärken oder in Mitleidenschaft ziehen. Stärken in einem Teilbereich kompensieren u. a. Schwächen in einem anderen. Die Systemtheorie fragt nach den Gründen für die Stabilität und Instabilität eines Systems, weniger nach seiner Legitimität. Wann ist ein System im Gleichgewicht, wann im Ungleichgewicht? Bekannte systemtheoretische Ansätze stammen u. a. von Talcott Parsons und – bezogen auf das politische System – von David Easton. Nach Easton muss ein politisches System auf Forderungen von außen reagieren und sie angemessen verarbeiten. Gelingt dies nicht, ist seine Überlebensfähigkeit gefährdet. Ein politisches System benötigt neben Forderungen Unterstützung, sei es spezifische, sei es diffuse.[8] Spezifische Unterstützung meint Legitimität und Loyalität als Folge wahrgenommener Systemleistungen, diffuse Unterstützung demgegenüber das Resultat der Überzeugung von der prinzipiellen Anerkennungswürdigkeit des Systems. Gewiss ist die Problemlösungskapazität demokratischer Systeme prinzipiell größer als die autokratischer, doch gibt es neben der endogenen Stabilität demokratischer (aufgrund unabhängig voneinander bestehender Mechanismen) und der endogenen Instabilität diktatorischer Systeme[9] (z. B. Krisenanfälligkeit beim Wechsel der politischen Führung) ebenso die endogene Instabilität demokratischer (z. B. aufgrund schwerer Vorbelastungen und/oder starker antidemokratischer Herausforderungen) und die endogene Stabilität diktatorischer Systeme (z. B. Integrationsmechanismen aufgrund der Erzeugung traditionaler und/oder charismatischer Legitimität im Sinne Max Webers und aufgrund wirksamer Feindbilder und/oder chiliastischer Versprechungen). Dieser Gesichtspunkt wird wegen der für Demokratien eher günstigen „Großwetterlage" (Diktaturen in der Defensive) vielfach unterschätzt. Früher, vor dem Zusammenbruch der kommunistischen Systeme, war dies teilweise umgekehrt.[10]

„Systemwechsel" meint in seiner politikwissenschaftlichen Konnotation sowohl den Wechsel von einer Demokratie zu einer Diktatur als auch den Wechsel von einer Diktatur zu einer Demokratie. In einer Demokratie indes strebt die parlamentarische Opposition einen Regierungswechsel an und fordert einen „Politikwechsel". Wenn das Postulat von einer demokratischen Kraft stammt, ist dies nicht als Systemwechsel zu werten. Während ein Wechsel von einer parlamentarischen zu einer präsidentiellen Demokratie oder von einer konkurrenzdemokratischen zu einer konkordanzdemokratischen Ordnung schwerlich ein Systemwechsel sein kann (wohl aber ein Subsystemwechsel), sieht dies bei Diktaturen anders aus: Der Wechsel von einer Rechts- zu einer Linksdiktatur und vice versa läuft sehr wohl auf einen Systemwechsel hinaus. Gleiches trifft zu für einen Wechsel von einer Rechts- bzw. Linksdiktatur zu einer theokratischen Diktatur und umgekehrt. Die Terminologie ist freilich oft uneinheitlich. So sprechen manche von „(System-) Transition", manche – als Oberbegriff – von „(System-) Transformation". Zuweilen gilt als Transition nur der Wechsel von einer Diktatur zu einer Demokratie, zuweilen bloß für den politischen Bereich. Der Begriff des Systemwechsels hingegen ist weithin unmissverständlich, auch wenn er – wie Transition – bei manchen Autoren lediglich für den Übergang von der Diktatur zur Demokratie in Frage kommt. „Revolution" steht für einen (nicht notwendigerweise gewaltsamen) Bruch mit der bisherigen politischen und gesellschaftlichen Ordnung. Sie kann unterschiedliche Formen annehmen (u. a. bürgerliche Revolution, proletarische Revolution, nationale Revolution, theokratische Revolution). Jede erfolgreiche Revolution mündet in einen Systemwechsel, aber nicht jeder Systemwechsel geht auf eine Revolution zurück. So fehlt bei einem Zusammenbruch die revolutionäre Kraft und Idee.

Das Buch des bekannten amerikanischen Politikwissenschaftlers Samuel P. Huntington aus dem Jahre 1991 zu den weltweiten Demokratisierungswellen (und Gegenwellen) gab einen ersten umfassenden Überblick zu den großen Systemwechseln im 20. Jahrhundert.[11] Kritikwürdig an dem Werk war u. a. die Phaseneinteilung. Gehören die Systemwechsel in Ostmitteleuropa Ende der achtziger Jahre wirklich noch zu einer dritten Welle, die mit dem Sturz der Diktaturen in Griechenland, Portugal und Spanien in der ersten Hälfte der siebziger Jahre begann? Und Manfred G. Schmidt warf dem „Kochbuch für Demokratisierer"[12] vor, viele Rahmenbedingungen für den Systemwandel außer Acht gelassen zu haben. Metaphernreich heißt es dann: „Der Leser darf die sonstigen Zutaten beim Kochen nach Huntingtons Rezepten nicht vergessen. Die Speise könnte sonst übel bekommen."[13] Fundamentalkritik[14] an diesem kurz nach den Systemwechseln im Ostblock erschienenem Werk ist allerdings so nicht berechtigt.

In Deutschland spielt die „Systemwechselforschung" in der Politikwissenschaft seit einigen Jahren eine beträchtliche Rolle. So wurde 1993 innerhalb der Deutschen Vereinigung für Politische Wissenschaft ein Arbeitskreis „Systemwechsel" ins Leben gerufen. Aus diesem sind fünf einschlägige Bände hervorgegangen.[15] Wolfgang Merkel publizierte 1999 ein Buch über „Systemtransformation", das im Jahr 2010 in stark erweiterter Form neu aufgelegt wurde.[16] Das Spektrum des vorbildlich arrangierten Lehrbuches ist weit gespannt. Es reicht von der Theorie (u. a. mit einem Überblick zu den Transformationstheorien und den -phasen) über die Demokratisierungswellen des 20. Jahrhunderts mit speziellen Überblicken zu den dritten Demokratisierungswellen in Südeuropa, in Lateinamerika, in Ost- und Südostasien sowie in Osteuropa bis zur Frage nach der externen Demokratisierung und nach der möglichen Wiederkehr der Diktaturen. Der einzige fundamentale Einwand gegenüber dem Standardwerk Merkels lautet: Fixiert auf den Systemwechsel von der Diktatur zur Demokratie, vernachlässigt die Studie wie viele andere Arbeiten den von der Demokratie zur Diktatur.[17] So wurde der erwähnte Arbeitskreis mit dem Arbeitskreis „Interregionaler Demokratievergleich" zusammengelegt und später in „Demokratieforschung" umbenannt. Allerdings ist gewissermaßen im Gegenzug – ein direkter Zusammenhang bestand nicht – 2003 eine Themengruppe „Diktatur- und Extremismusforschung", so der neue Name (ursprünglich: „Extremismusforschung"), ins Leben gerufen worden.

Weitere deutsche Studien zur Transformationsforschung, die mittlerweile von beträchtlicher Relevanz ist, sind exemplarisch zu nennen: Klaus von Beyme analysierte 1994 den „Systemwechsel in Osteuropa" (mit einer [selbst-]kritischen Position zu den Fehleinschätzungen der Wissenschaft vor 1990), und in dem von ihm mit Claus Offe herausgegebenen Sonderheft der „Politischen Vierteljahresschrift" ging es um den Wandel politischer Theorien (etwa der Demokratie- oder der Modernisierungstheorien) aufgrund der Transformation Ende der achtziger, Anfang der neunziger Jahre.[18] Mittlerweile finden Abhandlungen zum Thema „Systemwechsel" Eingang in politikwissenschaftliche Lehrbücher.[19] Auch in einschlägigen Lexika fehlt der Begriff nicht mehr.[20] Die Forschung tendiert in den letzten Jahren stärker in die Richtung, den Begriff der Demokratie zu spezifizieren, weisen doch manche der neuen Demokratien beträchtliche Defekte auf.[21] Ein besonderes Verdienst erwarb sich Hans-Joachim Lauth mit seinem Band über „Demokratie und Demokratiemessung", in dem er anhand von drei Dimensionen (Freiheit, Gleichheit, Kontrolle) und fünf Institutionen (Entscheidungsverfahren, intermediäre Vermittlung, Kommunikation, Rechtsgarantie, Regelsetzung und Regelanwendung) eine weiterführende 15-Felder-Matrix der Demokratie entfaltete. Forschungsdefizite bestehen gleichwohl fort. So wird – ähnlich wie bei der empirischen Demokratiemessung – die Rolle der politischen Kultur zuweilen nicht ausreichend berücksichtigt.[22] Leider hat es die hiesige politikwissenschaftliche Systemwechselforschung weithin versäumt, die großen Umbrüche vor 20 Jahren mit denen früherer systematisch zu vergleichen.

2.2. Systemwechsel im 20. Jahrhundert

Der demokratische Verfassungsstaat ist auf mehrere historische Wurzeln zurückzuführen. Der Begriff selbst verweist auf zwei Traditionslinien[23]: der konstitutionellen und der demokratischen. Zum Teil ergänzen sie sich, zum Teil stehen sie in einem Spannungsverhältnis. Das Begriffspaar „Antinomie" und „Synthese" bringt diesen Sachverhalt gut zum Ausdruck.[24] Mit dem demokratischen Prinzip ist im Wesentlichen die Volkssouveränität und das Mehrheitsprinzip gemeint. Alle Staatsgewalt muss entsprechend der Gleichheitsidee vom Volk ausgehen. Das konstitutionelle Element bezweckt die Einhaltung rechtsstaatlicher Grundsätze. Nicht alles steht zur Disposition durch den Gesetzgeber, nicht alles zur Disposition durch das Volk. Wer ein Element verabsolutiert, erfasst nicht das so spannungsreiche wie fruchtbare Zusammenwirken beider Prinzipien. Der demokratische Verfassungsstaat erschöpft sich demnach keineswegs in der Volkssouveränität[25]. Er ist mehr als die „Herrschaft des Volkes", indem er diese beschränkt. Nur der demokratische Konstitutionalismus (oder die konstitutionelle Demokratie) kann zu Recht Legitimität beanspruchen. Sowohl der demokratische Antikonstitutionalismus als auch der antidemokratische Konstitutionalismus löst das Spannungsverhältnis nach der einen oder anderen Seite auf. Demokratische Verfassungsstaaten – durchweg repräsentative Demokratien, wenngleich im Falle der Schweiz mit starken Elementen direkter, sachmittelbarer Demokratie – erfüllen die Bedingungen der Volkssouveränität mit freien Wahlen ebenso wie die des auf Grundrechten basierenden Rechtsstaates.

Viele Staaten haben im 20. Jahrhundert Systemwechsel erlebt – von der (autoritären bzw. totalitären) Diktatur zur (defekten bzw. funktionierenden) Demokratie und/oder umgekehrt. Im Jahre 1984 stellte Samuel P. Huntington eine Frage, ohne sich vorschnell auf eine Antwort festzulegen: „Will more Countries become democratic?"[26] Wenige Jahre später – 1991 – bejahte er die Frage.[27] Huntington spricht in seinem Buch „The Third Wave" von drei großen Demokratisierungswellen. Die erste (lange) Welle datiert er von 1828 bis 1926, die zweite (kurze) von 1943 bis 1962, die dritte schließlich von 1974 an. Zur ersten Phase – mit ihren Wurzeln in der amerikanischen und französischen Revolution – rechnet er rund einhundert Jahre, in denen das Wahlrecht auf immer mehr Bevölkerungsgruppen Ausdehnung erfuhr und eine vom Parlament abhängige Regierung Gestalt annahm. Die erste „Gegenwelle" datiert Huntington von 1922 bis 1942. Seinerzeit breitete sich zumal in Osteuropa eine Vielzahl autokratischer Regime aus.[28] Die zweite Welle setzt er mit dem sich abzeichnenden Ende des Zweiten Weltkrieges an, als aus Diktaturen Demokratien wurden (u. a. in Deutschland, Italien, Japan). Nach der Entkolonialisierung entstand eine Reihe neuer Staaten, doch viele dieser Gebilde wandelten sich zu Militärregimes (auch in Lateinamerika)[29] oder kommunistischen Diktaturen, so dass Huntington für die Zeit von 1958 bis 1975 von einer zweiten „Gegenwelle" spricht. Seine dritte Welle der Demokratie meint eine Entwicklung, die sich in Südeuropa (Griechenland, Portugal, Spanien) ebenso vollzog wie in Lateinamerika, Asien und Afrika, nicht zuletzt in den kommunistischen Diktaturen Osteuropas – mit der Sowjetunion, dem „Vaterland aller Vaterländer", an der Spitze.

Auch wenn der Wandel von kommunistischen Diktaturen zu Demokratien Ende der achtziger, Anfang der neunziger Jahre als eigenständi-
ger Vorgang gesehen werden muss: Huntington hat die Entwicklung gut
eingefangen und eine Reihe plausibler Ursachen dafür angegeben. Unter
Vernachlässigung von Staaten mit weniger als einer Million Einwohnern
kommt er zu folgendem Ergebnis: 1922 hatte es 29 Demokratien gegeben und 35 Diktaturen, 1942 12 Demokratien und 49 Diktaturen, 1962
36 Demokratien und 75 Diktaturen, 1973 30 Demokratien und 92 Diktaturen, 1990 50 Demokratien und 71 Diktaturen.[30] Die Zahl der Diktaturen übertraf also im „kurzen" 20. Jahrhundert zu jeder Zeit die der
Demokratien, wenngleich deren Einfluss den von Diktaturen zumindest
am Ende deutlich überstieg – China ausgenommen.

Wie sieht die Situation heutzutage aus? Die folgenden Ausführungen
fußen auf den Angaben, die „Freedom House", eine amerikanische
Organisation, Jahr für Jahr ermittelt – eines „Index politischer Rechte"
und eines „Index bürgerlicher Freiheiten" für alle Staaten. Die Indizes
weisen Skalen von 1 bis 7 auf. Je niedriger der Wert ist, umso demokratischer ist das System. Bei den politischen Rechten spielen acht Fragen-
komplexe eine Rolle (u. a. die Frage danach, ob die Repräsentanten aus
freien und fairen Wahlen hervorgehen), bei den bürgerlichen Freiheiten
deren 13 (u. a. die Frage danach, ob es freie und unabhängige Medien
gibt).[31] Der erste Index misst vor allem die demokratische, der zweite
insbesondere die konstitutionelle Komponente. Auch wenn die „fehlende Transparenz der Einstufungen"[32] stört und ein spezifischer Frei-
heitsanspruch Kritik hervorrufen mag, so ist durch die kontinuierliche
Einordnung eine gute Vergleichsbasis gegeben. „Freedom House" unterscheidet zwischen freien (Skala 1 oder 2), halbfreien (Skala 3, 4, 5) und
nicht freien Staaten (Skala 6 oder 7). Die Zahl der freien Staaten hat sich
gegenüber dem Jahr 1975 zwar mehr als verdoppelt – von 40 auf 89
(2009); gleichwohl gibt es heute noch immer weniger freie Staaten als
halbfreie (62) und nicht freie (42) zusammengenommen. Im letzten
Jahrzehnt sind wenige Einschnitte zu verzeichnen. „Die entwickelte
Demokratie ist danach zwar kein Luxusartikel nur für reiche Länder,
aber dennoch ein Gut, an dem selbst im frühen 21. Jahrhundert die
Mehrheit der Menschheit nicht teilhat."[33]

Obwohl in den ostmitteleuropäischen Ländern nicht nur eine politische Transformation anstand, sondern auch eine ökonomische und –

zum Teil – eine staatliche (Zerfall von Staaten), haben sich die meisten von ihnen – anders als vorhergesagt[34] – schnell demokratisch konsolidiert (wie etwa Kroatien, Polen, Slowakei, Slowenien, Tschechien, Ungarn und die drei baltischen Staaten). Nur auf wenige Staaten (wie Moldawien, Russland und Weißrussland) trifft das nicht zu.

Die Meinungen darüber, ob eine Art „Gegenwelle" zur letzten Demokratiewelle bevorsteht, gehen auseinander. Wolfgang Merkel argumentiert vorsichtig: „Es ist gegenwärtig keine ‚reverse wave' zu erwarten, aber mindestens ebenso wenig eine vierte Demokratisierungswelle. Die meisten Länder werden mittelfristig ihren Regimecharakter kaum verändern. Vieles spricht für die Proportionen des Status quo. Der globale Systemwettlauf ist vorübergehend eingefroren."[35] Wenig aussagekräftig ist der Hinweis von „Freedom House" auf die Zahl der in den freien, halbfreien und nicht freien Staaten lebenden Menschen (wegen der größeren Fertilitätsquote in Entwicklungsländern, die häufig keine demokratische Regierungsform besitzen). Manch ein Vergleich kann gar in die Irre führen. So lebten nach „Freedom House" im Jahre 1982 36,3 Prozent der Menschen in freien Staaten, 1992 – nach den demokratischen Revolutionen im Ostblock und anderswo – aber nur 24,8 Prozent.[36] Diese Paradoxie liegt neben dem größeren Bevölkerungswachstum in den Nicht-Demokratien darin begründet, dass das bevölkerungsreiche Indien 1982 zu den freien, 1992 nur zu den halb freien Staaten gehörte. Das Beispiel wirft auch Licht auf die Problematik der demokratischen Grauzonen.

Abweichungen von dieser Einordnung gehen wesentlich auf die Indikatoren zurück, mit deren Hilfe Demokratie ermittelt wird. Wer bloß von „elektoralen Demokratien" (Larry Diamond) spricht (und dafür als Kriterium die freie Wahl des Parlaments auf nationaler Ebene zugrundelegt), gelangt zum Ergebnis, dass deren Zahl massiv gestiegen ist (von 39 im Jahre 1974 über 76 1990 und 117 1995 auf 119 im Jahre 2008), allerdings seit etwa 15 Jahren stagniert. Das bedeutete eine Steigerung von 27,5 Prozent (1974) über 46,1 (1990) und 61,3 (1995) auf 61,7 Prozent (2008).[37] Offenkundig reicht es nicht aus, nur dieses Element zu berücksichtigen.

Denn mit der Zunahme der Demokratien zeigte sich das Phänomen, dass diese in mancher Hinsicht nicht voll den an einen demokratischen Verfassungsstaat anzulegenden Standards entsprachen. Für diesen Typus bürgerte sich in den letzten Jahren der Begriff der „defekten Demokratie" ein.[38] Die Forschung unterscheidet vier Formen: die „exklusive Demokratie", bei der ein Teil der Bürgerschaft vom Wahlrecht ausgeschlossen ist (wie in Lettland in den neunziger Jahren), die „Enklavendemokratie", in der ein Teil der Regierungsgewalt nicht den gewählten Repräsentanten obliegt, sondern Vetomächten wie dem Militär (z. B. in Paraguay), die „delegative Demokratie", in welcher der machtvolle Präsident die Bedeutung der Legislative und der Judikative einschränkt (z. B. Argentinien) sowie vor allem die „illiberale Demokratie". Bei ihr verletzen die demokratisch ins Amt gekommenen Regierungen Menschenrechte und/oder beschädigen den auf Gewaltenteilung angelegten Rechtsstaat (z. B. Russland).

Das verbreitete Beispiel der „illiberalen Demokratie" verdeutlicht die Relevanz der Unterscheidung zwischen demokratischen und konstitutionellen Elementen. Denn das Vorhandensein demokratischer Bausteine lässt nicht unbedingt auf die Existenz eines festen konstitutionellen Mauerwerkes schließen. In einer Reihe von jungen Demokratien ist die rechtsstaatliche Form der Herrschaft keineswegs ausgeprägt. Die Gründe dafür sind vielfältiger Natur: In ungefestigten Demokratien neigen Herrscher dazu, sich über die Grenzen des Rechtsstaates hinwegzusetzen, sei es, weil das komplexe Räderwerk mit seinen intermediären Mechanismen noch nicht so funktioniert wie in konsolidierten Demokratien, sei es, weil die politische Kultur in Staaten ohne (lang erprobte) demokratische Tradition die Legitimität eines breiten Interessenpluralismus nicht kennt. Speziell Präsidialdemokratien bilden Einfallstore für Herrscher, die verfassungsstaatliche Regeln missachten. Das Element der Volkssouveränität wird gegen das des Konstitutionalismus, der aus der Sicht der Machthaber notwendige Entscheidungen behindere oder hinauszögere, mitunter ausgespielt – und umgekehrt. Das Entstehen „illiberaler Demokratien" geht wesentlich auf die Informalisierung der politischen Institutionen und der politischen Entscheidungsregeln zurück.[39]

Zum Teil sind die Grenzen zwischen funktionierenden und defekten Demokratien fließend, wie dies auch für die Grenzen zwischen autoritären und totalitären Diktaturen gilt.[40] Die Anregung, mit dem Begriff des „hybriden Regimes" einen zwischen Demokratie und Diktatur angesiedelten eigenständigen Regimetypus vorzusehen[41], überzeugt trotz der Konstruktion eines demokratischen und autokratischen Minimums wegen der Fixierung auf Momentaufnahmen und auf ein Übergangsstadium nicht. Unabhängig davon: Manchmal ist nicht klar zu entscheiden, ob ein bestimmter Staat noch oder schon eine Demokratie bzw. schon oder noch eine Diktatur ist. „Freedom House" zieht sich mit dem Verlegenheitsbegriff der „halbfreien Staaten" aus der Affäre.

Diktaturen werden häufig danach unterschieden, ob es sich bei ihnen um solche totalitärer oder autoritärer Prägung handelt. Gemäß dem klassischen Werk von Juan J. Linz sind autoritäre Diktaturen durch einen begrenzten Pluralismus gekennzeichnet (im Gegensatz zum totalitären Monismus), durch eine traditionelle Orientierung (im Gegensatz zu einer umfassenden, auf eine Endzeit ausgerichtete Ideologie) sowie durch politische Apathie der Bevölkerung (im Gegensatz zu Massenmobilisierung).[42] Die Unterscheidung verliert allerdings einerseits durch den starken Rückgang totalitärer Diktaturen, andererseits durch die ungewöhnliche Variationsbreite der autoritären Diktaturen an empirischer Evidenz. Daher schlägt etwa Steffen Kailitz vor, davon Abstand zu nehmen und eine neue Typologie (innerhalb der autokratischen Systeme) zu bilden – mit Blick auf Herrschaftslegitimation und -weise.[43] Dieser an sich sinnvolle Vorschlag wird allerdings mit einer gewissen Unübersichtlichkeit und einer erschwerten Handhabung erkauft, wenn etwa von neopatrimonialen Einparteienautokratien und ideokratischen Mehrparteienautokratien die Rede ist.

Wer an den Demokratisierungswellen Huntingtons anknüpft, kommt zum Ergebnis, dass Deutschland jedes Mal dabei gewesen ist: bei der ersten Welle nach dem Ersten Weltkrieg, bei der zweiten nach dem Zweiten Weltkrieg, und der weitgehende Zusammenbruch der kommunistischen Systeme führte in der dritten Welle zur friedlichen und freiheitlichen Revolution in der DDR. Zum Teil hat der Fall der Mauer seinerseits den Systemwechsel in anderen Diktaturen beschleunigt. Allerdings war es auch Deutschland, das die erste „Gegenwelle" mit der auf Expansion ausgerichteten NS-Diktatur maßgeblich bestimmte. Und in der zweiten „Gegenwelle" entstand im sowjetisch besetzten Teil Deutschlands mit der DDR ebenso eine Diktatur. Jedoch gibt es keinerlei Anzeichen dafür, dass Deutschland irgendeine Rolle bei der dritten „Gegenwelle" spielen könnte. Die schnelle Vereinigung des Landes hat bei manchen Problemen im Einzelnen zu keiner Systemkrise geführt. Für einen Systemwechsel fehlen daher alle Anzeichen.

Die Frage nach dem demokratischen Gehalt eines Staates ist mehr als akademischer Natur und für die Weltpolitik – etwa für den Frieden in der Welt – von großer Bedeutung: Ein erfolgreicher Demokratieexport würde die Welt sicherer machen, wobei freilich nicht jede Intervention in einem „Schurkenstaat" erfolgreich oder auch nur sinnvoll sein muss. Das aktuelle Beispiel Afghanistan mahnt uns zu großer Zurückhaltung, was die Frage des westlichen Demokratieexports betrifft. Wenngleich die Entwicklung seit 1990 bei allen „Defekten" mancher neuer Demokratien insgesamt positiv zu sehen ist, so warten auf die Staaten in einer globalisierten Welt des 21. Jahrhunderts vielfältige Herausforderungen: etwa die weltweiten Finanz- und Wirtschaftsprobleme, die zu einem massiven Eingreifen des Staates geführt haben und führen mussten, um schlimmere Schäden abzuwenden. Wohl niemand wollte dies in der Politik wahrhaben (in der Wirtschaftswissenschaft dagegen vereinzelt) – und auch nicht, dass ein EU-Staat wie Griechenland im Mai 2010 nur durch ein auf drei Jahre verteiltes europäisches Finanzpaket von unvorstellbaren 110 Milliarden Euro, von denen die Bundesrepublik Deutschland ein Fünftel trägt, vor dem Staatsbankrott gerettet werden konnte. Wer möchte seine Hand dafür ins Feuer legen, dass keine weiteren EU-Staaten dem klammen Griechenland folgen? Und wer, dass solche ökonomischen oder fiskalischen Katastrophen ohne Einfluss auf die Stabilität der politischen Ordnung bleiben? Die Geschichte deutscher Systemwechsel sollte zu denken geben. Kurz nach der Griechenland-Hilfe wurde ganz überraschend ein Schutzschirm in Höhe von bis zu 750 Milliarden Euro für die Staaten der Euro-Zone errichtet.

Daher bietet weder eine optimistische Perspektive im Sinne Francis Fukuyamas (nach dem Ende des Kommunismus in Europa und der weltweiten Demokratisierung)[44] noch eine pessimistische Perspektive im Sinne Samuel P. Huntingtons (wegen des „Kampfes der Kulturen")[45] hinreichend Sicherheit. Es ist einfacher, Ursachen im Nachhinein aufgrund erkannter Kausalitäten für einen bestimmten historischen Verlauf anzugeben, als ihn angesichts fehlender Gesetzmäßigkeiten zu prognostizieren. Das „Gesicht des Jahrhunderts"[46] ist wesentlich vom Handeln einzelner Persönlichkeiten bestimmt worden, wie das Beispiel Michail Gorbatschows zeigt, der maßgeblich, wenn auch mehr unwillentlich als willentlich und für den Westen überraschend, den europaweiten Zusammenbruch des Kommunismus herbeigeführt hat.

Viele Faktoren spielen eine Rolle. „Wer die Zukunft der Demokratie prognostizieren will, so lehren die Stärken und Schwächen der bislang geführten Debatte, wird mindestens vier Wirkfaktoren bedenken müssen: demokratiefreundliche Großwetterlagen, die Vorzüge der Demokratie, aber auch demokratieunfreundliche Gegentendenzen und die systematischen Funktionsprobleme der Demokratie."[47] Zu den demokratiefreundlichen Grundlagen gehört die Zunahme der Demokratien – mit der Konsequenz der friedlichen inner- und interstaatlichen Konfliktregelung. Zu den Vorzügen der Demokratie zählt ihre generelle Überlegenheit gegenüber Diktaturen (mit ihren weitaus besseren Leistungsprofil und der geringeren Korruption etwa). Krisen sind nicht notwendigerweise systembedrohend, Reformen oft stabilisierend.[48] Es gibt freilich demokratiefeindliche Gegentendenzen. Die These, die Demokratie sei „feindlos" (Ulrich Beck) geworden, stimmt so nicht, wie der aggressive Islamismus zeigt. Und die systematischen Funktionsprobleme der Demokratie schwächen diese, etwa durch mangelnde Zukunftsverantwortlichkeit, weil die Politiker – schon aus Eigeninteresse – auf die Gegenwart fixiert sind. Nach dem Gesagten ist für Manfred G. Schmidt „gedämpfter Optimismus"[49] angebracht.

2.3. Ende des alten Systems, Institutionalisierung und Konsolidierung des neuen

Der Dreischritt ist in der Systemwechselforschung für die einzelnen Phasen verbreitet[50], jedenfalls für den Übergang von der Diktatur zur Demokratie, lässt sich jedoch auf den von der Demokratie zur Diktatur weithin übertragen. Die Grenzen zwischen den drei Phasen – dem Übergang von einer Systemform zur anderen, der Institutionalisierung und der Konsolidierung des neuen Systems – sind fließend. Das gilt besonders für die Abgrenzung von der zweiten zur dritten Phase.

Die Ursachen für das Ende eines Systems können interner und externer Natur sein und sich dabei gegenseitig bedingen. Fehlende oder gesunkene Legitimität ist dabei ein wichtiger Faktor. Häufig spielt ein verlorener Krieg eine beschleunigende Rolle. Dieser kann systemintern sein, wenn er auf das Regime selber zurückgeht und im anderen Fall systemextern. Nicht jede Kriegsniederlage ist damit, wie das oft geschieht, als systemextern zu interpretieren. Was den Systemwechsel an sich betrifft, so unterscheidet Wolfgang Merkel sechs Verlaufsformen: langanhaltende Evolution, von alten Regimeeliten gelenkter Systemwechsel, von unten erzwungener Systemwechsel, ausgehandelter Systemwechsel, Regimekollaps, Zerfall und Neugründung von Staaten.[51] Der Verfasser lässt die erste und die letzte Kategorie unberücksichtigt. Eine langandauernde Evolution, etwa die Wahlrechtserweiterung in Großbritannien im 19. und 20. Jahrhundert, passt nicht in das dreistufige Transformationsschema. Der Zerfall bzw. die Neugründung von Staaten ist die Folge einer bestimmten Art des Systemwechsels, keine Ursache. Ihm fehlt eine eigenständige Relevanz.

Bei einem von alten Regimeeliten gelenkten Systemwechsel wollen die früheren Eliten in dem neuen System ebenso die Eliten sein, um den Übergang möglichst in ihrem Sinne zu steuern. Als Gegenteil firmiert der von unten erzwungene Systemwechsel, mit dem das Ende der alten Eliten einhergeht. Bei dem ausgehandelten Systemwechsel, zwischen den beiden eben genannten Formen angesiedelt, ist das alte „Oben" ebenso zu Konzessionen bereit wie das neue „Unten". Solche Systemwechsel sind etwa durch „Runde Tische" gekennzeichnet, an denen weder die eine noch die andere Seite demokratisch legitimiert ist. Beim Regimekollaps, der Kehrseite des von unten erzwungenen Systemwechsels, kommt es zum (abrupten) Ende des alten Systems, ohne dass dessen Gegner daran einen augenfälligen Anteil tragen. Folgt der Transformation von unten meist eine demokratische Ordnung, treten an die Stelle kollabierter Regime eher (neue) Diktaturen.

Die Institutionalisierung des neuen Systems ist gekennzeichnet durch den Aufbau anderer Strukturen als bisher.[52] Sie kann abhängig von der Art des Systemwechsels sein. Dabei erscheint „Institutionalisierung zunächst streng auf den Akt der Verfassungsgebung bezogen".[53] Im Fall eines demokratischen Verfassungsstaates geht es um das neue Regierungssystem, das entweder parlamentarisch, präsidentiell oder parlamentarisch-präsidentiell strukturiert sein kann. Die Annahmen gehen weit darüber auseinander, welche Form für die Stabilität des demokratischen Verfassungsstaates besser in Frage kommt. So führte etwa Juan J. Linz den Übergang von lateinamerikanischen Demokratien zu Diktaturen auch auf den dortigen Präsidentialismus zurück, die Rolle des starken Präsidenten.[54] Seine Empfehlung lautete daher, nach einem Systemwechsel ein parlamentarisches Regierungssystem zu verankern. Die gegenteilige Position meinte, die politische Kultur in solchen Ländern sei für ein parlamentarisches System ungeeignet.[55]

Auch bei der Frage, ob eine Konkordanz- oder eine Konkurrenzdemokratie für eine junge Demokratie besser ist, differieren die Meinungen. Für eine Konkordanzdemokratie spricht, dass die Einbeziehung aller gesellschaftlich relevanten Kräften eine stabilisierende Funktion besitzt, für eine Konkurrenzdemokratie, dass die einstigen Eliten in die Opposition geraten und die Transformation nicht aktiv gestalten können. Eine dritte Variante lautet: konkordanzdemokratisches Modell unter Ausschluss der alten Kräfte. Oft treten Mischungen konkordanz- und konkurrenzdemokratischer Mechanismen auf, z. B. durch Wahlsysteme, Parlamentskammern, direktdemokratische Elemente. In der Phase der Institutionalisierung ist die Gefahr des Scheiterns der neuen Ordnung groß.

Die Systemwechselforschung lässt die Institutionalisierung des neuen Systems mit der „Verabschiedung der Verfassung"[56] enden. Das ist für den Wechsel von der Diktatur zur Demokratie angemessen, muss jedoch nicht für den umgekehrten Wechsel zutreffen, denn nicht jede Diktatur schafft eine neue Verfassung oder setzt die alte, demokratische Verfassung außer Kraft. Wie sich an diesem Beispiel zeigt, ist die Systemwechselforschung nahezu auf den Übergang von der Diktatur zur Demokratie fixiert.

Zu der dritten Phase gehören – in dieser Reihenfolge – die institutionelle Konsolidierung (die Strukturen auf der staatlichen Ebene wie Regierung und Parlament), die repräsentative Konsolidierung (die Interessenpräsentation auf der gesellschaftlichen Ebene, etwa die Parteien und die Verbände), die Verhaltenskonsolidierung („informelle" Vetomächte, z. B. Militär und Wirtschaft) sowie die Konsolidierung der politischen Kultur, also die Einstellungen und Werte der Eliten wie der Bevölkerung zur neuen Ordnung.[57] Zwischen diesen Ebenen bestehen enge Zusammenhänge. Was nützt etwa eine funktionierende repräsentative Konsolidierung, wenn die Verhaltenskonsolidierung schwere Mängel zeigt (z. B. durch Blockaden gesellschaftlicher Vetomächte)? Und was eine funktionierende Verhaltenskonsolidierung, wenn die repräsentative Konsolidierung gravierende Schwächen aufweist (z. B. durch die Intransigenz einflussreicher Parteien)?

Die auf den Wechsel von einer Diktatur zu einer Demokratie gemünzten vier Ebenen lassen sich zum Teil auf den umgekehrten Verlauf übertragen. Hier zielt die Konsolidierung in den jeweiligen Ebenen auf Gleichschaltung. Denn eine Diktatur, der es nicht gelingt, die Akteure gleichzuschalten, birgt den Keim des Scheiterns in sich. Allerdings besitzt die erste und die vierte Ebene eine weitaus geringere Relevanz für die Stabilität einer Diktatur. Hingegen kann die externe Unterstützung von größerem Gewicht sein als bei einem demokratischen Verfassungsstaat.

Für alle drei Phasen gilt: Die externe Entwicklung kommt in der Theorie der Systemwechselforschung zu kurz. Das trifft für die Demokratisierung[58] ebenso zu wie für den umgekehrten Verlauf. Davon ist auch das heikle Thema „Demokratisierung ‚durch' Krieg?" betroffen.[59] Die Vernachlässigung des Übergangs von einer Demokratie zu einer Diktatur erklärt sich wesentlich mit dem tiefgreifenden Systemwandel von Diktaturen zu Demokratien in den letzten Jahren. Dieser verlangte nach einer schlüssigen Erklärung.

3. 1918/19

3.1. Rahmenbedingungen und Ursachen

Die Voraussetzungen für die Revolution 1918/19 reichen weit zurück. In der Wilhelminischen Epoche des 1871 ins Leben gerufenen Deutschen Kaiserreiches[1] zog ein „Neuer Kurs" ein. Die Militarisierung des öffentlichen Lebens schritt stark voran. So gewann der Marinestaatssekretär Alfred von Tirpitz, der die Kriegsflotte ausbaute, immer mehr an Ansehen und Einfluss. Wilhelm II., ein sprunghaft-unsteter Monarch, im „Dreikaiserjahr" 1888 Nachfolger des als eher liberal geltenden 99-Tage-Kaisers Friedrich III. geworden, nahm zunächst verstärkt die „Soziale Frage" ins Visier (u. a. Verabschiedung einer Arbeiterschutzversicherung), verfolgte dieses brennende Problem später jedoch nicht weiter, wiewohl sich die materielle Lage der Arbeiterschaft zu verbessern begann. Wilhelm II. war im Gegensatz zu dem langjährigen Reichskanzler Otto von Bismarck (1871–1890), der aufgrund von Zwistigkeiten mit dem Kaiser bald seinen Rücktritt einreichte, wahrlich kein begnadeter Diplomat. Im Jahre 1890 wurde der Rückversicherungsvertrag mit Russland nicht verlängert, so dass dieses in der Folge mit Frankreich paktierte. Da das Deutsche Reich zudem die Kontakte zu Großbritannien vernachlässigte und durch seine Flottenpolitik das Inselreich vor den Kopf stieß, geriet es in eine verhängnisvolle Isolation. Nachdem Großbritannien mit Frankreich (1904) und Russland (1907) ein Bündnis eingegangen war, fühlte sich Deutschland aufgrund seiner Mittellage „eingekreist". Es hatte neben dem Osmanischen Reich lediglich Österreich-Ungarn und Italien auf seiner Seite. Die Machtverhältnisse waren festgezurrt; bei Ausbruch eines kriegerischen Konflikts gab es für keinen Partner in den jeweiligen Bündnissystemen mehr ein Zurück. Wilhelm II. forcierte die Kolonialpolitik, strebte für Deutschland einen „Platz an der Sonne" an. Wenngleich das Wort vom „persönlichen Regiment" (Werner Frauendienst) des Kaisers übertrieben ist, mischte dieser in den Regierungsangelegenheiten mit, und sei es auch nur durch unbesonnen-großmannssüchtige, kampfeslustige Reden, die im Ausland Empörung auslösten.[2]

Das Parlament konnte den Reichskanzler weder ernennen noch absetzen. Dies oblag dem Kaiser. Allerdings nahm der Einfluss des Reichstages allmählich zu. Da für die Regierungsbildung Parteien nicht nötig waren, gewannen bei ihnen u. a. deswegen doktrinäre Züge die Oberhand. Fünf große Strömungen rangen um politisches Mitspracherecht. Den Konservativen (den Deutschkonservativen wie den Freikonservativen) ging es um die Bewahrung ihrer Privilegien; die Nationalliberalen votierten für die konstitutionelle Monarchie und bejahten später die Kolonialpolitik; die zeitweise in unterschiedliche Richtungen gespaltenen Linksliberalen forderten die Parlamentarisierung des Reiches; der katholische Bevölkerungsteil scharte sich um das Zentrum, das verschiedene Strömungen auszutarieren hatte; die SPD, die von 1878 bis 1890 verboten war (allerdings konnte sie weiterhin an Wahlen teilnehmen) und dem Obrigkeitsstaat nichts Positives abzugewinnen vermochte, nahm als verfemte Kraft eine Außenseiterposition ein, die erst in den letzten Jahren des Kaiserreiches etwas nachließ. Die schon 1890 stimmenstärkste, aber erst 1912 an Mandaten stärkste Partei[3] galt beständig als „Reichsfeind"; dies traf zu bestimmten Zeiten ebenso auf die Linksliberalen wie das Zentrum zu. Selbst wenn die SPD Klassenkampf predigte, wuchs sie allmählich in den Staat hinein. Der „Reformismus" Karl Kautskys nahm ebenso zu wie der „Revisionismus" Eduard Bernsteins.[4] Die Diskrepanz zwischen Wort und Tat war für die Sozialdemokratie mit ihrem revolutionären Attentismus charakteristisch. Sie stimmte 1914 im Reichstag den Kriegskrediten zu und wollte bei der Verteidigung des Vaterlandes nicht abseits stehen.

Das Kaiserreich war beides: Obrigkeitsstaat und Rechtsstaat. Zwar hatten obrigkeitsstaatliche Kräfte „das Sagen" (die Großgrundbesitzer, das Militär, der Adel, die Bürokratie), aber an das Rechtsstaatsprinzip waren auch sie gebunden, freilich an ein formelles Rechtsstaatsverständnis, kein materielles. Die Monarchie ist deshalb als „ruheloses Reich" (Michael Stürmer) beschrieben worden. „Rückwärtsgewandter Obrigkeitsstaat oder liberaler Reformstaat, pluralistischer Interessenverband oder Machtkartell von Rittergut und Hochofen, bürokratische Dauerintervention oder cäsaristische Entscheidung – die politische Kultur des Deutschen Reiches zeigte von 1870 bis 1918 viele und durchaus gegensätzliche Gesichter."[5] Die Fixierung auf die Schattenseiten verkennt den mannigfachen Wandel der politischen Kultur, so die positiven Auswirkungen des allgemeinen Männerwahlrechts, das zur gesellschaftlichen Politisierung beitrug, ohne die Spielregeln außer Kraft zu setzen. Die amerikanische Autorin Margaret Lavinia Anderson spricht von „Lehrjahren der Demokratie".[6] Die These vom „deutschen Sonderweg" lässt sich demnach schwerlich auf das Kaiserreich stützen, ohne in Erklärungsnot zu geraten.

Im Zeitalter des Imperialismus prallten die machtpolitischen Gegensätze der Großmächte hart aufeinander. Die Suche nach Kompromissen stieß nirgendwo in Europa auf sonderliche Beliebtheit. Der Erste Weltkrieg, die „Urkatastrophe des 20. Jahrhunderts" (George F. Kennan), ausgelöst durch das Attentat auf den österreichischen Thronfolger Franz Ferdinand in Sarajevo, führte den militärischen und politischen Zusammenbruch der „alten Mächte" herbei. Während des Kriegsgeschehens litt des Kaisers Autorität unter der dominierenden Rolle der Obersten Heeresleitung. Diese konnte den „Mehrfrontenkrieg" unmöglich gewinnen. Zwar wurde im Osten nach der Machtübernahme der Bolschewiki, die Frieden um jeden Preis wünschten, den Russen am 3. März 1918 in Brest-Litowsk ein Friedensvertrag diktiert, doch überspannte das Deutsche Reich im Westen nach dem Kriegseintritt der USA 1917 seine Kräfte. Im Innern hielt der vom Kaiser proklamierte „Burgfrieden" nach dem entbehrungsreichen „Steckrübenwinter" 1916/17 nicht mehr an. Die Kriegsmüdigkeit eines großen Teils der Bevölkerung schlug sich u. a. in Massenstreiks nieder. Von der SPD spaltete sich im April 1917 die Unabhängige Sozialdemokratische Partei Deutschlands (USPD) ab, eine unverzügliche Beendigung des Krieges propagierend. Die neue Kraft, der mit Bernstein, Kautsky und Liebknecht höchst unterschiedliche Richtungen angehörten, stimmte nur in diesem – freilich – zentralen Punkt überein.

Das Kaiserreich endete so, wie es begonnen hatte: mit einer „Revolution von oben". Die Einigung Deutschlands 1871 wie seine Parlamentarisierung im Oktober 1918 kamen auf diese Weise zustande. Das preußische Dreiklassenwahlrecht wurde abgeschafft, für die Monarchie gab es jedoch nirgends in Deutschland mehr eine Zukunft. Ihr Sturz war wesentlich ein Produkt des verlorenen Weltkrieges.[7] Bei einem siegreichen Ausgang hätten die monarchistischen Grundfesten standgehalten (nicht unbedingt in einer konstitutionellen, wohl aber in einer parlamentarischen Spielart), ungeachtet der politischen Gängelei und der sozialen Spannungen. Das deutsche Waffenstillstandsersuchen vom Oktober 1918 traf die Öffentlichkeit unvermittelt. Der Notenwechsel mit der amerikanischen Regierung unter Woodrow Wilson, die einer parlamentarischen Demokratie Deutschlands das Wort redete, hatte zu keinem mit dem Fortbestand des Kaiserreiches in seiner überkommenen Struktur kompatiblen Ergebnis geführt. Der Matrosenaufstand in Kiel am 3./4. November, eine Reaktion auf den wahnwitzigen Befehl der Seekriegsleitung, die Flotte letztmals zu einer „ehrenvollen" Schlacht im Ärmelkanal gegen die überlegene „Royal Navy" auslaufen zu lassen, brachte das „Fass zum Überlaufen"; die Nachricht verbreitete sich wie ein Lauffeuer in ganz Deutschland und war Vorbote für die Ereignisse in Berlin.

3.2. Verlauf und Phasen

9. November 1918. „Das deutsche Volk hat auf der ganzen Linie gesiegt. Das alte Morsche ist zusammengebrochen; der Militarismus ist erledigt! Die Hohenzollern haben abgedankt! Es lebe die deutsche Republik!"[8] So lauteten die Anfangssätze des Sozialdemokraten Philipp Scheidemann, Staatssekretär unter Prinz Max von Baden, als er von einem Balkon des Reichstages die „deutsche Republik" ausrief. Wenige Stunden danach proklamierte der Spartakist Karl Liebknecht, der spätere Mitbegründer der KPD, im Lustgarten vor dem Berliner Schloss die „freie sozialistische Republik Deutschland". Die Novemberrevolution fegte die durch den verlorenen Krieg entkräftete Monarchie hinweg. Diese räumte überall kampflos das Feld, ihre ohnehin begrenzte Legitimität war schlagartig verfallen.[9] Wilhelm II. hatte auf Drängen des Reichskanzlers Max von Baden abgedankt, flüchtete in die Niederlande und sah die Heimat nie wieder. Er starb 1941 auf Schloss Doorn im Exil. Der 9. November 1918 war damit die Geburtsstunde der Weimarer Republik, obwohl seinerzeit noch niemand von diesem Namen sprach.

Der Rat der Volksbeauftragten mit je drei Mitgliedern der Mehrheitssozialdemokratie (MSPD) und der Unabhängigen Sozialdemokraten übernahm in der revolutionären Situation am 10. November die Regierungsgewalt. Er hatte einen schweren Stand. So war die Demobilisierung der Reichswehr zu bewältigen. Der neue Kanzler Friedrich Ebert suchte und fand hierbei die Unterstützung der Obersten Heeresleitung („Ebert-Groener-Pakt"). Am 11. November 1918 unterzeichnete der Zentrums-politiker Matthias Erzberger den Waffenstillstand, der auf eine Kapitulation Deutschlands hinauslief. Wenige Tage später, am 15. November, folgte ein Vertrag zwischen Unternehmerverbänden und Gewerkschaften („Stinnes-Legien-Abkommen"), der für die Kompromissstruktur des neuen Systems stand. Der linke Teil der USPD wollte – ohne Wahlen – möglichst vollendete Tatsachen schaffen, die durch „revolutionäres Recht" legitimiert sein sollten. Hingegen drängte die Mehrheitssozial-demokratie auf baldige demokratische Wahlen zur Nationalversammlung (unter der erstmaligen Beteiligung von Frauen). Sie war nicht bereit, die Arbeiter- und Soldatenräte als legitime „Doppelherrschaft" zu akzeptieren. Auch der Reichsrätekongress votierte für baldige demokratische Wahlen. Diese brachten – am 19. Januar 1919 – eine Drei-Viertel-Mehrheit für die drei Parteien, die schon 1917/18 im Interfraktionellen Ausschuss zusammengearbeitet und einen Verständigungsfrieden ange-strebt hatten (SPD, Zentrum und Deutsche Demokratische Partei, sei-nerzeit die Fortschrittliche Volkspartei). Diese Parteien, die die „Weima-rer Koalition" bildeten, mussten eine schwere Hinterlassenschaft meistern.

Zwar ist die folgende Alternative heute unhaltbar, es habe 1918/19 „nur die Wahl zwischen einem konkreten Entweder-Oder [gegeben]: die soziale Revolution im Bund mit den auf eine proletarische Diktatur hindrängenden Kräften oder die parlamentarische Republik im Bund mit konservativen Elementen wie dem alten Offizierskorps."[10] Jedoch bestand für die Sozialdemokratie, die in der Tat nicht alle Handlungs-spielräume (zum Teil zu Recht, zum Teil zu Unrecht) ausgenutzt hatte, eine große Tragik darin, die junge Demokratie zusammen mit dezidiert rechten Kräften, denen nichts an der neuen Regierungsform lag, gegen linksaußen verteidigen zu müssen.

Die Kritik am mangelnden Gestaltungswillen der Mehrheitssozialde-mokratie[11] in der revolutionären Situation hat freilich zu bedenken: Die Ernährungslage war angesichts knapper Lebensmittel und hungernder Menschen katastrophal; die Umstellung der Kriegswirtschaft erforderte Kompetenz; die Demobilmachung musste innerhalb kürzester Zeit bewältigt werden; Millionen von Soldaten, davon Tausende kriegsver-sehrt, hatten Anspruch auf Eingliederung in das Arbeitsleben; für einen

Waffenstillstand gab es nur missliche Bedingungen; die Verwaltung stand angesichts chaotischer Umstände vor schwierigen Aufgaben; es galt, das Recht zu erhalten, separatistische Bestrebungen abzuwehren und – nicht zuletzt – auch jene nicht unbedeutenden Kräfte zu integrieren, die noch dem Geist der Monarchie verhaftet, jedenfalls nicht sozialistisch eingestellt waren. Der Obrigkeitsstaat, der Wandlungsfähigkeit bewiesen hatte, stieß bei großen Teilen der Bevölkerung nämlich keineswegs auf strikte Ablehnung, so massiv die Verbitterung über die Kriegsniederlage und ihre Verantwortlichen auch ausfiel. Die SPD mit Friedrich Ebert an der Spitze – dieser erteilte jedem Revolutionsromantizismus eine harsche Absage[12] – hatte die Revolution so nicht gewollt. Nachdem diese jedoch unabwendbar geworden war, führte sie die Bewegung an, um ihrer Radikalisierung Einhalt gebieten zu können. Ihr Hauptziel lag in einer möglichst baldigen Einberufung der demokratisch gewählten Nationalversammlung, die zu weitreichenden Maßnahmen legitimiert sei. Die Präferenz der SPD für den parlamentarischen Weg zeigte ihr Verantwortungsbewusstsein, zumal sie eine Koalition mit anderen – bürgerlichen – Parteien anstrebte und diese auch benötigte. Bei den Wahlen zur Nationalversammlung am 19. Januar 1919 blieb eine sozialistische Mehrheit aus, so dass sich nun erst recht radikale Eingriffe verboten, nachdem schon vorher auf sie verzichtet worden war (wegen mangelnder demokratischer Legitimation). Eine Kooperation mit der Verwaltung, dem Militär und der Wirtschaft war – allein im Hinblick auf das begrenzte eigene personelle Reservoir – unumgänglich.

Die Mehrheitssozialdemokratie sah es als ihre Aufgabe an, die demokratischen Spielregeln einzuhalten. So trat der Vorstand der SPD am 9. November der Forderung der USPD, in der neuen Republik sollte die gesamte Macht ausschließlich in den Händen von gewählten Vertrauensmännern der werktätigen Bevölkerung und der Soldaten liegen, mit den folgenden Worten entgegen: „Ist mit diesem Verlangen die Diktatur eines Teils einer Klasse gemeint, hinter dem nicht die Volksmehrheit steht, so müssen wir diese Forderung ablehnen, weil sie unseren demokratischen Grundsätzen widerspricht."[13] Die parlamentarische Demokratie ließ sich in der Tat nicht durch eine Missachtung ihrer Prinzipien stabilisieren.

Gleichwohl gibt es manche Versäumnisse der Sozialdemokratie, etwa das nahezu blinde Vertrauen gegenüber dem Militär. Sie wiegen gering im Vergleich zu denen anderer gesellschaftlicher und politischer Gruppierungen 1918/19, die zuweilen ihrerseits manche sozialdemokratische Reaktionen oder Nicht-Reaktionen erst bedingten. Hätten Linksextremisten nicht die „proletarische Revolution" proklamiert, Aufstände „geprobt" und damit eine Bürgerkriegssituation geschaffen, wäre der Mehrheitssozialdemokratie wohl eine derart enge Kooperation mit der militärischen Führung erspart geblieben. Antiparlamentarische Bewegungen von links haben solche von rechts gestärkt – und umgekehrt: Das Militär bremste grundlegende Veränderungen und sah sich als „Staat im Staate". Insofern hat wiederum die Rechte durch die mangelnde Bereitschaft zur Demokratisierung die Linke begünstigt. Der Radikalisierungsprozess war wechselseitiger Natur. Die junge Demokratie musste dabei Schaden nehmen, ebenso die sozialdemokratische Partei, die seinerzeit die Hauptverantwortung trug.

Das stark deterministisch geprägte Geschichtsbild der SPD schwächte den eigenen Aktivismus. Seien erst einmal die demokratischen Spielregeln gesichert, werde ein sozialistisches System dank der Mehrheit der Arbeiterschaft mehr oder weniger von alleine entstehen. Der Attentismus der sozialdemokratischen Führung beruhte mithin nicht nur auf dem Respektieren des Wählerwillens, sondern dürfte auch ideologisch bedingt gewesen sein. Eine Ursache dafür lag in den Verhältnissen im Kaiserreich, die konspiratives Vorgehen – im Vergleich zum Zarenreich – nicht begünstigten. Einen „Verrat" der Führer der Partei an den eigenen Prinzipien gab es nicht. Zudem wurden die Sozialdemokraten von dem schlagartigen Zusammenbruch des Kaiserreiches ebenso überrascht wie andere gesellschaftliche Gruppierungen. Alle hielten den Obrigkeitsstaat für weitaus gefestigter.

Mit dem klaren Votum des Reichsrätekongresses in Berlin (16. bis 21. Dezember 1918) für die Einberufung einer Nationalversammlung am 19. Januar 1919 – die USPD verließ Ende 1918 den Rat der Volksbeauftragten und trat immer radikaler auf – endete die erste, weithin friedlich verlaufene Phase der Revolution. Die zweite ist gekennzeichnet durch eine starke Streikbewegung und eine Radikalisierung eines Teils der mit dem bisherigen Verlauf der Revolution unzufriedenen Arbeiterschaft. Den „Berliner Weihnachtskämpfen" – linksextremistische Gruppen setzten vorübergehend die Regierung fest – folgte der von der soeben gegründeten KPD (Zusammenschluss von „Spartakusbund", mit Karl

Liebknecht und Rosa Luxemburg an der Spitze, und den „Internationalen Kommunisten Deutschlands") unterstützte „Januaraufstand", maßgeblich niedergeschlagen durch die am „alten System" orientierten Freikorps. Rosa Luxemburg, die in ihren Artikeln in der „Roten Fahne" die Aufständischen vehement unterstützt hatte[14], wurde wie Karl Liebknecht am 15. Januar 1919 in Berlin ermordet. An Rhein und Ruhr war die Streikwelle besonders heftig. In einigen Ländern entstanden Räterepubliken, freilich ohne lange Lebensdauer. Mit der Beseitigung der (zweiten) „Räterepublik Bayern" im April 1919 durch Freikorps nahm diese Phase ein blutiges Ende. Das Fazit fällt wahrlich nicht positiv aus: „Die Demokratiegründung litt am schwersten unter den aktuellen Kriegsfolgen; das politische System ging aus der Gründungsphase geschwächt hervor und stand unter dem Druck und der Bedrohung des Extremismus von rechts und links. Während die utopisch-putschistische Linke mit militärischen ‚Säuberungs'-Aktionen verhindert wurde, entfaltete gegen Ende des Jahres 1919 eine ‚Welle von rechts' (Troeltsch) ihren Druck, dem sich weite Teile des städtischen Kleinbürgertums anpassten, indem sie ihre traditionelle Position in der politischen Mitte aufgaben."[15]

3.3. Ergebnisse und Folgen

Was im November 1918 geschah, war nicht nur ein Zusammenbruch der alten Mächte, sondern auch eine demokratische Neuordnung (parlamentarische Demokratie, Frauenwahlrecht, freiheitliche Verfassung). Die Weimarer Republik erhielt diesen Namen, weil die Nationalversammlung wegen der anhaltenden „Unruhen" in Weimar und nicht in Berlin zusammentrat: zum einen wegen der gefährdeten Berliner Sicherheitslage, zum andern aus Rücksicht auf die Vorbehalte süddeutscher Länder gegenüber Berlin. Es war der spätere Reichspräsident Friedrich Ebert, der diesen Bedenken Rechnung trug und für Weimar votierte.[16] Die Nationalversammlung verabschiedete (als Reaktion auf das Kaiserreich) eine demokratische Verfassung[17], ohne zu berücksichtigen, dass ihre Gegner diese Freiheiten missbrauchen könnten. Die Absolutsetzung der Volkssouveränität war eine (Über-)Reaktion auf die Engherzigkeit des monarchischen Obrigkeitsstaates, der dem Willen des Volkes nur in stark gefilterter Form Ausdruck verliehen hatte. Der nun direkt gewählte Reichspräsident fungierte mit der Vielzahl an Kompetenzen als eine Art Ersatzmonarch und schwächte die Rolle des Kanzlers.

Die Anfänge der Weimarer Republik standen in vielfacher Hinsicht unter keinem guten Stern – nicht nur innen-, sondern auch außenpolitisch. Nationale Krisen erweckten bald nach der Novemberrevolution den Eindruck, die Heimat sei den kämpfenden Truppen in den Rücken gefallen. Diese Legende vom „Dolchstoß" konnte aufkommen und bestehen, weil keine fremden Truppen in das Reichsgebiet vorgedrungen waren. Tatsächlich aber hatte die Oberste Heeresleitung im Herbst 1918 ob der Aussichtslosigkeit der Lage um einen Waffenstillstand nachgesucht. Die Niederlage war damit das Ergebnis des Versagens der militärischen Eliten, nicht das der meuternden Massen oder der neuen demokratischen Kräfte. Das Wort vom „Dolchstoß" vergiftete die Atmosphäre. Er bildete eine verhängnisvolle Belastung für die Demokratie. Demokratische Politiker mussten nun die „Suppe auslöffeln", die ihnen andere „eingebrockt" hatten.[18]

Die Konferenz in Versailles, an der Deutsche und Vertreter anderer besiegter Völker sowie das bolschewistische Russland nicht teilnehmen durften, trat ausgerechnet am 18. Januar (1919) erstmals zusammen – dem Jahrestag der deutschen Reichsgründung. Das Vertragswerk vom 28. Juni 1919 sah u. a. hohe Gebietsverluste für Deutschland vor (im Osten und Westen des Landes und die Aufgabe aller Kolonien), die Begrenzung des Heeres auf 100.000 Mann, die Auslieferung des Kaisers, das Verbot für Österreich, Deutschland beizutreten, und horrende Reparationen. Diese wurden 1921 im Londoner Ultimatum festgelegt und betrugen 132 Milliarden Goldmark. Nach der Inflation trat der Dawes-Plan, der die tatsächliche Leistungsfähigkeit Deutschlands stärker berücksichtigte, 1924 in Kraft.

Besondere Empörung löste in Deutschland – und zwar auf allen Seiten – der Artikel 231 aus, der Kriegsschuld-Artikel: „Die alliierten und assoziierten Regierungen erklären, und Deutschland erkennt an, dass Deutschland und seine Verbündeten als Urheber für alle Verluste und Schäden verantwortlich sind, die die alliierten und assoziierten Regierungen und ihre Staatsangehörigen infolge des ihnen durch den Angriff Deutschlands und seiner Verbündeten aufgezwungenen Krieges erlitten haben."[19] Dieser „Schmachartikel" war damit nicht nur ein moralischer

Makel für Deutschland, das für den Kriegsausbruch wie andere Mächte (u. a. Frankreich, Großbritannien, Österreich, Russland, Serbien) Verantwortung trug, sondern zugleich auch die Basis für materielle Forderungen der Alliierten.

Die Regierung unter Philipp Scheidemann machte der ebenfalls sozialdemokratisch geführten Regierung unter Gustav Bauer Platz. Ihr blieb nichts anderes übrig als die Hin- und Annahme des Vertrages. Der Reichstag stimmte am 23. Juni 1919 dem Diktatfrieden mit den Stimmen der MSPD, der USPD und des Zentrums zu. Die Alternative wäre eine Besetzung Deutschlands durch die Alliierten gewesen. Der Versailler Vertrag bildete für die junge Demokratie – nicht zuletzt aufgrund der psychologischen Wirkungen – eine schwere, heute vielfach unterschätzte Bürde. Nicht nur die (extreme) Rechte wetterte gegen das „Versailler System". Es war das Bestreben aller Regierungen der Weimarer Republik, Revisionen des Vertragswerkes zu erreichen. Die Siegermächte demütigten die Verlierer: Ein zutiefst verletztes Deutschland war fortan ressentimentgeladen.

Die Weimarer Republik blieb aus diesen und anderen Gründen eine instabile Demokratie. Die Parteien, aufgrund der Bedingungen des kaiserlichen Obrigkeitsstaates nicht gewohnt, die politische Willensbildung zu gestalten, scheuten die Verantwortung. Offenbar in den konstitutionalistischen Gedankengängen gefangen, gingen sie vielfach von einem Dualismus zwischen Reichstag und Reichsregierung aus, verhinderten so die dringend benötigte Stabilität des Landes. Zudem gab es in der Weimarer Republik für die Parteien wegen der misslichen Lage eher einen Oppositions- als einen Regierungsbonus.

Schwerer als der zuweilen mangelnde Gestaltungswille 1918/19 wiegen spätere Fehler der Sozialdemokratie. Selbst sie unterstützte die Weimarer Republik nicht immer so, wie es notwendig gewesen wäre. Bei vielen ihrer Anhänger bestanden Vorbehalte gegenüber der neuen weiterhin privatwirtschaftlich verfassten Ordnung. Sie bejahten Koalitionen mit den bürgerlichen Parteien nur halbherzig, wie umgekehrt diese erhebliche Ressentiments gegenüber der Sozialdemokratie erkennen ließen. Die Menschen verkehrten in der stark von Klassenschranken geprägten ersten deutschen Demokratie zumeist in festgefügten Milieus und blieben voneinander abgeschottet.

Die Weimarer Verfassungsväter, von dem Gedanken an den obersten Wert der Volkssouveränität beseelt, zogen deren Missbrauch nicht in Betracht. Das formale Demokratieverständnis bot keine angemessene Handhabe gegen jene, die das demokratische Gefüge zu delegitimieren suchten. Nur wer als Demokratiefeind gegen Strafgesetze verstieß, konnte zur Rechenschaft gezogen werden – gemäß der beiden Republikschutzgesetze von 1922 und 1930. So äußerte der SPD-Minister Eduard David bei den Verfassungsberatungen gegenüber den Rechtsparteien: „[Die Verfassung] gibt ihnen die Möglichkeit, auf legalem Wege die Umgestaltung in ihrem Sinne zu erreichen, vorausgesetzt, dass sie die erforderliche Mehrheit des Volkes für ihre Anschauungen gewinnen. Damit entfällt jede Notwendigkeit politischer Gewaltmethoden [...]. Die Bahn ist frei für jede gesetzlich friedliche Entwicklung. Das ist der Hauptwert einer echten Demokratie."[20] Diese von liberalem Ideengut getragene Vision eines *free market place of ideas* erstarrte zum (destruktiven) demokratischen Dogma.

Ein großer Teil der Bürger in der Weimarer Republik erklärte die Demokratie für den Untergang des Kaiserreiches verantwortlich. Vergangenheitsorientiertes Denken dominierte in allen gesellschaftlichen Schichten – nicht nur bei den alten Eliten in der Justiz, der Bürokratie oder im Militär. Selbst Thomas Mann, der in der späteren Weimarer Republik zu ihren glühenden Anhängern zählte, war anfangs davon nicht frei, wie sein bekanntes „anti-politisches" Diktum von 1918 aus den „Betrachtungen eines Unpolitischen" besagt: „Ich bekenne mich tief überzeugt, dass das deutsche Volk die politische Demokratie niemals wird lieben können aus dem einfachen Grund, weil es die Politik selbst nicht lieben kann, und dass der vielverschriebene ‚Obrigkeitsstaat' die dem deutschen Volk angemessene, zukömmliche und von ihm im Grunde gewollte Staatsform ist und bleibt. Der Unterschied von Geist und Politik enthält den von Kultur und Zivilisation, von Seele und Gesellschaft, von Freiheit und Stimmrecht, von Kunst und Literatur."[21] Es gab mehr „Herzensmonarchisten" als „Vernunftrepublikaner", so die berühmten Begriffe des Historikers Friedrich Meinecke. Da die Demokratie aus einer Reihe von innen- und außenpolitischen Gründen ohnehin ungefestigt war, wäre die Herausbildung stabilisierender Elemente in der politischen Kultur wichtig gewesen. Daran mangelte es jedoch nicht zuletzt aufgrund heftiger Polarisierung und verbreiteter Systemkritik.

Das geistige Leben war zwar vielfältig, doch spielten diejenigen, die engagiert die freiheitliche Ordnung verteidigten, keine tragende Rolle.[22]

Die Weimarer Republik blieb von Anfang an eine ungefestigte und ungeliebte Demokratie.[23] Ungefestigt u. a. deshalb, weil starke antidemokratische Kräfte sie abschaffen wollten. Dem „Spartakusaufstand" und den revolutionären Wirren 1919 folgten 1920 der „Ruhraufstand", 1921 die „Märzaktion", und im Krisenjahr 1923 sorgten aufständische Unternehmungen in Hamburg, Sachsen und Thüringen für große Unruhe. Die rechte Seite des politischen Extremismus stand den Aktivitäten von linksaußen nicht nach: Der Kapp-Lüttwitz-Putsch brach im März 1920 zusammen, der Hitler-Ludendorff-Putsch scheiterte am 9. November 1923 kläglich: Den „Marsch auf die Feldherrnhalle" in München – Auftakt für einen geplanten „Marsch auf Berlin" nach dem Vorbild von Mussolinis „Marsch auf Rom" 1922 – beendete die Polizei mit Waffeneinsatz. Auf diese Weise schaukelten sich die linken und die rechten Gegner wechselseitig hoch, erschwerten sie die ohnehin problembeladene Arbeit der Regierungsparteien. Ungeliebt u. a. deshalb, weil sie niemand so recht gewollt hatte. Selbst (und gerade) eine Zeitschrift wie die *Weltbühne* Carl von Ossietzkys wartete mit bärbeißiger Kritik an den Zuständen in der Weimarer Republik auf – und zwar von Anfang an. Kurt Tucholsky etwa witzelte über den „Kleinbürger" Friedrich Ebert. „Westliches" Denken stieß in intellektuellen Kreisen auf Vorbehalte. Diese harsche Kritik förderte nicht demokratisches Bewusstsein in einer jungen Demokratie.[24] Die Weimarer Republik war ungefestigt, weil ungeliebt – und ungeliebt, weil ungefestigt.

Die erwähnten Erhebungen gegen das „System" überschatteten die ersten Jahre der Weimarer Republik. Demokratische Politiker sahen sich mit dem Vorwurf der „Erfüllungspolitik" gegenüber dem Ausland konfrontiert und gerieten so in Verruf. Im Jahre 1923 drohte zudem Ungemach von außen: Franzosen (und Belgier) besetzten das Ruhrgebiet. Nach dem Ende des Ruhrkampfes und dem Zusammenbruch des Separatismus im Rheinland wie in der bayerischen Pfalz sowie der Durchführung der Währungsreform, die der galoppierenden Inflation ein Ende bereitete, trat eine Verschnaufpause ein. Die erste deutsche Demokratie schien sich zu festigen.

Die mittleren Jahre sind durch eine relative Stabilisierung gekennzeichnet. Außenminister Gustav Stresemann erreichte mit seiner „Erfüllungspolitik" gewisse Erfolge: Sukzessive wurden das Ruhrgebiet und später das Rheinland von den Franzosen geräumt, die Zahlung der Reparationen im Dawes- (1924) und im Young-Plan (1929) geregelt. Allerdings war durch die Inflation das Vermögen vieler Menschen dahingeschmolzen, so dass die Bevölkerung auch deshalb der Republik wenig Vertrauen entgegenbrachte. Die Wendung von den „goldenen zwanziger Jahren" zielt(e) weniger auf die politische Situation, sondern auf die kulturelle Blüte mit dem Zentrum in Berlin[25] und die (deutliche) wirtschaftliche Erholung. In den frühen dreißiger Jahren – mit der Weltwirtschaftskrise, die zu schlimmen Folgen für einen großen Teil der Bevölkerung führte, – setzte die dritte (kurze) Phase der Weimarer Republik ein, geprägt durch extreme wirtschaftliche und – damit zusammenhängend – politische Krisen. Reichskanzler Heinrich Brünings Deflationspolitik verstärkte die weltwirtschaftliche Katastrophe, förderte soziales Elend und trug mit zu einer Arbeitslosenzahl von etwa sechs Millionen Menschen bei. Die Präsidialkabinette, ohne parlamentarische Mehrheiten, hingen von der Gunst des greisen Präsidenten Paul von Hindenburg ab.

Die Schwäche der Demokratie und die Stärke extremistischer Bestrebungen erklären die nur kurze Dauer des demokratischen Gemeinwesens. Der Vorwurf vieler Kritiker lautet gemeinhin, es sei versäumt worden, die Demokratie auf eine feste Basis zu stellen: u. a. fehlende Demokratisierung der Verwaltung, fehlende Entmachtung des Militärapparates, fehlende Sozialisierung der Großindustrie. So hätten die antidemokratischen Kräfte von rechts schnell den Schock der Revolution überwinden können. Statt durch unumkehrbare Reformen eine stabile Demokratie zu schaffen, sei eine Unterminierung des neuen Staatsgefüges eingetreten. Sind diese Vorwürfe berechtigt? Kaum! „1933" ist schwerlich auf tatsächliche oder vermeintliche Versäumnisse 1918/19 zurückzuführen. Wer von „verpassten Chancen" spricht, ignoriert die „verhinderte Katastrophe". Ein großer Bürgerkrieg – mit der Besetzung des Landes – blieb Deutschland seinerzeit erspart.

Die Revolution 1918/19 ist eine „vergessene Revolution"[26], auch eine verdrängte. Das galt weithin schon damals. Kaum jemand wollte sich mit ihr identifizieren. Für die antidemokratischen Gegner von rechts- und linksaußen ist das leicht erklärbar. Selbst demokratische Kräfte bekannten sich nur halbherzig zu ihr. Den einen gingen die Erneuerungen zu weit, den anderen nicht weit genug. Die Identifikation mit der demokratischen Republik ließ zu wünschen übrig. Dabei schuf die Revolution 1918/19 die erste deutsche Demokratie – nicht mehr, nicht weniger. Dass sie Lasten schultern musste, für die sie nicht verantwortlich war, ist ihre Tragik. Durch die späteren – einschneidenderen – Umbrüche in der deutschen Geschichte rückt die Revolution 1918/19 in der Erinnerungskultur der Forschung, der Publizistik und der Politik immer stärker nach hinten.

4. 1933

4.1. Rahmenbedingungen und Ursachen

Die Zahl der Bücher über die Voraussetzungen und die Ursachen für den Aufstieg des Nationalsozialismus ist Legion. Zu groß war der Schock nach 1933 und vor allem nach 1945, als dass nicht mannigfache Erklärungsversuche unternommen wurden, das Unbegreifliche begreiflich zu machen. Manche Autoren sind bis Martin Luther zurückgegangen und haben einen mehr oder weniger geradlinigen Weg zum Dritten Reich konstruiert. Andere sahen im 19. und 20. Jahrhundert eine Art „Sonderweg" angelegt, der 1933 folgerichtig im Sieg des Nationalsozialismus mündete. Solche Überlegungen sind empirisch wenig gesättigt, als habe es einen europäischen „Normalweg" gegeben. Nach Daniel Jonathan Goldhagens spektakulärem Buch über „Hitlers willige Vollstrecker"[1], das breite öffentliche Resonanz erfahren, in der Fachwissenschaft hingegen überwiegend Ablehnung hervorgerufen hatte[2], war der „eliminatorische Antisemitismus" des Nationalsozialismus gar kennzeichnend für die „ganz gewöhnlichen Deutschen". Tatsächlich aber wurde der Judenmord im Dritten Reich geheimgehalten, so gut es ging, und er blieb auch weithin geheim. Das Unverständliche provoziert unverständlich erscheinende Thesen. Gewiss, Hitler war kein bloßer „Betriebsunfall" der Geschichte, doch ist seine Rassenideologie so nicht in tonangebenden Schichten angelegt gewesen, nicht im Kaiserreich, nicht in der Weimarer Republik – in geistigen Nebenströmungen freilich schon.

Die Weimarer Republik war eine stets instabile Demokratie, die an ihren vielen Gegensätzen und Problemen zerbrach – politischen wie wirtschaftlichen. Die Parteien, die es aufgrund des kaiserlichen Obrigkeitsstaates nicht gewohnt waren, Verantwortung zu tragen, legten eine unzureichende Kompromissbereitschaft an den Tag, bedingt u. a. durch das Verhältniswahlrecht. So heißt es bei Hagen Schulze sarkastisch, aber treffend: „Jede Mehrheitsbildung, jeder Griff nach der Macht läuft auf pragmatische Verschmutzung hoher Prinzipien hinaus und da mit den

Worten des ,Rembrandt-Deutschen' Wilhelm Julius Langbehn Deutsch-sein heißt, eine Sache um ihrer selbst willen zu tun, schielt man nicht nach der Macht, denn die korrumpiert, sondern man befasse sich mit den ewigen Wahrheiten. Das Äußerste an Machtausübung, dem die Parteien sich widmen, ist das mediokre Geschäft der Ämterpatronage."[3] Die Auseinandersetzung zwischen den Sozialdemokraten, die die neue Ordnung unterstützten, und den Kommunisten, die von der ersten bis zur letzten Stunde das demokratische System der Weimarer Republik ablehnten, spaltete die Arbeiterschaft.[4] Die Kommunisten beschimpften am Ende der Weimarer Republik die Sozialdemokraten gar als „Sozialfaschisten". Insgesamt erfreute sich der „Parteienstaat" – die Verfassung erwähnte die Parteien nicht einmal[5] – keiner Beliebtheit. Hingegen stießen vielfach Bünde auf große Nachfrage, weil ein Teil der Bevölkerung bei ihnen eher eine politische Heimat fand. Sie boten eine (scheinbar schlüssige) Antwort auf die „Krise der Moderne". Der Nationalsozialismus verstand sich als aufstrebende „Bewegung" gegen die „degenerierten" Parteien, die nicht für Stabilität und Wohlstand gesorgt hätten. Keine Regierung hielt die volle Legislaturperiode durch.

In der Weimarer Republik vermochte der Staat erst bei Anwendung oder Propagierung von Gewalt einzugreifen. Er war damit gegenüber der Legalitätstaktik von Extremisten machtlos. Jeder Artikel der Weimarer Reichsverfassung konnte gemäß Art. 76 mit der entsprechenden parlamentarischen Mehrheit beliebig geändert werden. Adolf Hitler hatte aus seinem (und Erich Ludendorffs) gescheiterten Münchner „Marsch auf die Feldherrnhalle" am 9. November 1923 die Konsequenzen gezogen. So stand Adolf Hitler nicht an, im Jahre 1930 vor dem Leipziger Reichsgericht zu verkünden, die NSDAP werde nur „mit verfassungsmäßigen Mittel" dafür arbeiten, „den Staat in die Form zu bringen, die unseren Ideen entspricht". Er nahm kein Blatt vor den Mund: „Wenn die Bewegung in ihrem legalen Kampf siegt, wird ein deutscher Staatsgerichtshof kommen und der November von 1918 wird seine Sühne finden und es werden auch Köpfe rollen."[6] Mittel waren strafbar, nicht Ziele.[7]

Die stark obrigkeitsstaatliche politische Kultur war nicht förderlich für die Herausbildung eines demokratischen Bewusstseins in einem ungefestigten System. Angesichts dieser und anderer Strukturdefekte[8] stand die Weimarer Republik auf keinem stabilen Fundament, geriet sie

Ende der zwanziger, Anfang der dreißiger Jahre in eine fundamentale Krise, als Arbeitslosigkeit und, damit verbunden, ökonomische Not in hohem Maße das soziale Gefüge erschütterten. Gleichwohl: Das Ende der Demokratie war nicht unumgänglich. Die Nationalsozialisten, bei demokratischen Wahlen zwar stark, aber stets ohne absolute Mehrheit, benötigten die Unterstützung anderer Kräfte, um an die Macht zu gelangen.

Die Ursachen für die Schwäche der Demokraten in der Weimarer Republik sind ebenso vielfältig wie die für das Erstarken der NSDAP. Sie liegen auch in der deutschen Geschichte mit ihren Vorbelastungen und in den schweren innen-, außen- und wirtschaftspolitischen Herausforderungen begründet. Allerdings ist der Handlungsspielraum der politisch Verantwortlichen nicht zu ignorieren. Karl Dietrich Bracher, der wie wohl kein Zweiter den Ursachen für das Ende der Weimarer Republik nachgegangen ist,[9] urteilt wie folgt, jede Monokausalität vermeidend: „Weimar bleibt ein exemplarischer Fall, an dem die Hinfälligkeit einer parlamentarischen Demokratie mit plebiszitärem Präsidenten unter den Belastungen sozio-ökonomischer Krisen und dem Ansturm politisch-ideologischer Sprengkräfte, die Versuchung und Verführung durch rechts- wie linksextreme, antiliberale und totalitäre Tendenzen in Staat und Gesellschaft zu studieren ist. Lähmung und Verfall eines freiheitlichen Staatswesens, im Machtvakuum von 1932 zur Hilflosigkeit gegenüber Diktaturbewegungen gesteigert, war nicht zuletzt eine Folge verwirrter Maßstäbe, geschwächter Abwehrbereitschaft und falscher Illusionen über Toleranz gegen Feinde der Demokratie."[10] Dass die Großindustrie die NSDAP finanziell unterstützt habe, ist dabei eine der hartnäckigen (monokausalen) Legenden.[11] Allerdings hatten (konservative) Eliten dem Nationalsozialismus den Boden bereitet.

Ebenso darf nicht die Person von Adolf Hitler übersehen werden, seine Gestaltungs-, Willens- und Verführungskraft.[12] Geboren 1889 in Braunau am Inn, zog er nach dem Tode seiner Mutter 1907 nach Wien und 1913 nach München. Misserfolge bestimmten zunächst sein unstetes Leben. In dieser Zeit hatte sich das krude Weltbild des Viellesers aus nationalistischen und rassistischen Versatzstücken geformt. Als 1914 der Krieg ausbrach, meldete er, eine eigenbrötlerisch-verschlossene Natur, sich freiwillig zum Kriegsdienst für Deutschland, nicht für die verachtete Habsburger Monarchie. Geprägt vom Krieg und der deutschen Niederlage gleichermaßen, schloss sich Hitler 1919 einer Splitterpartei an, der Deutschen Arbeiterpartei, die ab 1920 „Nationalsozialistische Deutsche Arbeiterpartei" hieß und die der rhetorisch Gewandte ab 1921 führte. Während seiner Festungshaft (1923–1925) nach dem Hitler-Putsch entstand „Mein Kampf", eine Art Programmschrift mit der Forderung, „Lebensraum im Osten" zu erlangen. Zwar scheiterte 1929 die Volksabstimmung über den Young-Plan, doch bei der Agitation gegen ihn gelang dem charismatisch auftretenden Hitler ein Durchbruch, zum einen in den „nationalen Kreisen", zum anderen bei der Bevölkerung.

In der Weimarer Republik gab es ein Spannungsverhältnis zwischen der (Über-)Macht des Reichspräsidenten und der minderen Macht des Reichskanzlers, dessen Position zudem ständig wechselte. Die Partei der rechten Mitte – die Deutsche Volkspartei – konnte nicht bzw. nur äußerst mühsam auf Druck Gustav Stresemanns, der am 3. Oktober 1929 starb und damit als Integrationsfaktor ausfiel, mit der großen Partei der linken Mitte – der Sozialdemokratie – konstruktiv zusammenarbeiten und umgekehrt. Das Manko war folglich nicht die Vielzahl der Parteien, sondern die Intransigenz der rechten und linken Mitte. Dieses „Dilemma der Mitte" (Hans Fenske) schwächte die Demokratie. Der Antiparteien-Affekt von früher blieb erhalten. Der Weimarer Verfassungsstaat, ein „unvollendeter Parteienstaat" (Michael Stürmer), litt unter dem Dualismus zwischen Kanzler und Präsident. Das machte sich vor allem in der Präsidentschaft Paul von Hindenburgs negativ bemerkbar. Die Große Koalition scheiterte am 27. März 1930 unter dem sozialdemokratischen Kanzler Hermann Müller, nachdem zuvor der Young-Plan vom Parlament gegen den Widerstand von Nationalsozialisten, Deutschnationalen und Kommunisten verabschiedet worden war, an der Erhöhung der Beiträge für die Arbeitslosenversicherung.[13] Hinter diesem Detailproblem steckten unüberwindliche Konflikte zwischen den Koalitionsparteien, zumal nach dem Tode Gustav Stresemanns im Oktober 1929 die harten Anti-Sozialisten in der DVP dominierten.

Reichspräsident Paul von Hindenburg tat das, was die Auguren erwartet hatten: Er löste nicht das Parlament auf, sondern ernannte den Zentrumspolitiker Heinrich Brüning zum Kanzler. Brüning regierte ohne feste parlamentarische Mehrheit und provozierte Neuwahlen – mit fatalen Konsequenzen. Da die Nationalsozialisten einen als sensati-

onell empfundenen Erfolg errungen hatten, zerstob die Hoffnung Brünings auf eine ihm gewogene bürgerliche Mehrheit. Fortan konnte er,
dem es an Charisma fehlte, weiter regieren, da die SPD seine Politik tole-
rierte, nicht zuletzt aus Angst vor einer erneuten Wahl, deren Ausgang
Hitler in der ökonomisch labilen Zeit zu begünstigen schien. Brüning
wiederum hielt mit dem Zentrum an der von der Sozialdemokratie
dominierten Koalition in Preußen fest. Diese Tolerierungspolitik der
SPD im Reich, von den Kommunisten ohnehin heftig attackiert, war
selbst in der eigenen Partei keinesfalls unumstritten, zumal die Deflationspolitik der Regierung mit der Kürzung der staatlichen Ausgaben die
Krise nicht beseitigte, nicht einmal eindämmte. Aber sie gefiel ebenso
wenig Hindenburg und seinem Gefolge. Kurt von Schleicher, damals
noch Reichswehrminister, intrigierte hinter den Kulissen gegen Brüning, der schließlich demissionieren musste. Die Regierung der „nationalen Konzentration" unter Franz von Papen hob das SA-Verbot vom
13. April 1932 wieder auf und holte am 20. Juli 1932 zum „Preußen-
Schlag" aus: Sie setzte die von der SPD geführte demokratische Regierung in Preußen ab.

Nach dem 31. Juli 1932 blieb Adolf Hitler die Kanzlerschaft vorerst
verwehrt, da Reichspräsident Paul von Hindenburg noch nicht bereit
war, ihm die Macht anzuvertrauen und Franz von Papen keineswegs
daran dachte, zugunsten Hitlers ins zweite Glied zu treten. Hitler aber
begehrte unverändert das Kanzleramt. Eine Pressemitteilung des Reichspräsidenten nach dem Scheitern der Verhandlungen lautete: „Der Reichspräsident lehnte diese Forderung sehr bestimmt mit der Begründung ab,
dass er es mit seinem Gewissen und seinen Pflichten gegenüber dem
Vaterland nicht vereinbaren könne, die gesamte Regierungsgewalt ausschließlich der nationalsozialistischen Bewegung zu übertragen, die diese
einseitig anzuwenden gewillt sei."[14] Hitler fühlte sich düpiert. Ein halbes
Jahr später gelang der NSDAP, obwohl sie ihren Höhepunkt überschritten zu haben schien, durch Intrigen hinter den Kulissen dann doch der
Griff nach der Macht. Sie sollte sie freiwillig nicht mehr abgeben.

Papen, dem autoritäre Verfassungspläne eines „neuen Staates" vor-
schwebten, machte nach dem Scheitern seiner Liaison mit Hitler erneut
davon Gebrauch, den Reichstag aufzulösen, obwohl ihm dies aussichtslos erscheinen musste. Seine Hoffnung, dank seiner guten Beziehungen
zu Hindenburg erneut mit der Regierungsbildung beauftragt zu werden,

hatte getrogen. Hitler blieb zwar bei seinem Vabanque-Spiel – entweder die Kanzlerschaft oder kein Eintritt in die Regierung – und gab Hindenburg nicht nach, doch dieser beauftragte nun den bisherigen Reichswehrminister Kurt von Schleicher mit der Kanzlerschaft. Firmierte Franz von Papen mit seinem „Kabinett der Barone" strikt als antisozial, so gab sich Schleicher als sozial zu erkennen („Arbeit schaffen"). Dessen Versuche, eine „Querfront" zustandezubringen, führten zu keinem Erfolg. Gregor Straßer, als Repräsentant des linken NSDAP-Flügels Hitlers parteiinterner Rivale, trat von allen seinen Ämtern zurück, als er mit seiner Absicht auf Eintritt in eine Regierung Schleicher innerhalb der NSDAP nicht durchdrang. Auf der anderen Seite platzte Kurt von Schleichers Coup ebenso. Die Gewerkschaftsführung lehnte das Angebot des Kanzlers ab, in seine Regierung einzutreten, da die SPD heftige Bedenken angemeldet hatte. Damit war Schleichers Schicksal besiegelt, zumal Vertreter aus großagrarischen Kreisen und Industrielle bei Hindenburg wegen Schleichers sozialpolitischem Kurs vorstellig wurden.

Der Ausgang von Wahlen spielte für derartige machtpolitische Überlegungen kaum eine Rolle. Die beiden Reichstagswahlen 1932 kamen einem Desaster für die Demokratie gleich. Die Nationalsozialistische Deutsche Arbeiterpartei Adolf Hitlers und die von Ernst Thälmann angeführte, auf den Kurs Josef Stalins eingeschworene Kommunistische Partei Deutschlands, erreichten bei der Reichstagswahl am 31. Juli 1932 bei einer hohen Wahlbeteiligung von 84,1 Prozent 37,3 Prozent und 14,5 Prozent der Stimmen. Die NSDAP wurde die weitaus stärkste, die KPD die drittstärkste Partei (hinter der SPD: 21,6 Prozent). Damit besaßen die beiden – gegensätzlichen und zugleich analogen – Totengräber der Weimarer Republik eine „negative Mehrheit", waren sie doch einig in dem, was sie nicht wollten (den demokratischen Verfassungsstaat), aber nicht in dem, was sie wollten (trotz partieller Zusammenarbeit). Die einen strebten einen „Klassenstaat" nach sowjetischem Vorbild an, die anderen einen neuartigen „Rassenstaat". Die NSDAP hatte weitaus mehr Zulauf als ihr extremistisches Pendant von links, auch wenn die KPD ihren Stimmenanteil bei der nachfolgenden Reichstagswahl am 6. November 1932 – Kanzler Franz von Papen wurde zuvor das Misstrauen des Parlaments mit 512 gegen 42 Stimmen ausgesprochen – um 2,4 Punkte auf 16,9 Prozent steigern konnte und die NSDAP mit 33,1 Prozent einen Verlust von 3,3 Punkten hinnehmen musste.

Für manche schien damit ihr unaufhaltsam wirkender Aufstieg gestoppt. Ihren „Durchbruch" hatten die Nationalsozialisten bereits bei der Reichstagswahl am 14. September 1930 im Zeichen der beginnenden Weltwirtschaftskrise erzielt. Sie kamen auf 18,3 Prozent und erhöhten ihren Anteil damit um sage und schreibe 15,7 Punkte! Die Deutschnationale Volkspartei des Pressezaren Alfred Hugenberg, die mit der NSDAP in den letzten Jahren vor 1933 zunehmend „kungelte", war über weite Strecken der Weimarer Republik ebenfalls keine staatsloyale Partei. Sie erreichte bei der ersten Reichstagswahl 1932 5,9 Prozent, bei der zweiten 8,9 Prozent. Wohl nichts demonstriert die aufgeladene Atmosphäre besser als die Tatsache, dass damals an deutschen Wahlsonntagen Tote zu beklagen waren. Allein am 31. Juli 1932 gab es deren neun zu verzeichnen – Opfer des einen wie des anderen Extremismus. Hatten die beiden liberalen Parteien DVP und DDP 1919 und 1920 zusammen mehr als 20 Prozent der Stimmen erzielt, so kamen sie bei der Reichstagswahl am 31. Juli 1932 – addiert man ihre Anteile – lediglich auf 2,9 Prozent. Solche Einbrüche müssen überraschen, weil die Weimarer Republik in gesellschaftliche Teilkulturen, die kaum Kontakte zu anderen aufwiesen, zerklüftet war. Das liberale Milieu brach förmlich zusammen, wandte sich stark dem Nationalsozialismus zu.

Bei der Wahl des Reichspräsidenten 1932, noch vor den beiden Reichstagswahlen des Jahres, war ein zweiter Wahlgang nötig. Hatte Paul von Hindenburg, der sagenumwobene „Held von Tannenberg" und für viele eine Art „Ersatzkaiser", sich 1925 im zweiten Wahlgang mit Unterstützung der Deutschnationalen gegen den Kandidaten der „Weimarer Koalition", den Zentrumspolitiker Wilhelm Marx, Reichskanzler von 1923–1925 und später von 1926–1928, knapp durchgesetzt, nicht zuletzt wegen der Uneinsichtigkeit der Kommunisten, die an ihrem aussichtslosen Kandidaten Ernst Thälmann festgehalten hatten, und ebenso der Bayerischen Volkspartei, so war die Konstellation sieben Jahre später eine völlig andere. Diesmal unterstützten die SPD, die Deutsche Staatspartei und das Zentrum Hindenburg, um einen Sieg Adolf Hitlers abwehren zu können. Das gelang. Allerdings musste Hindenburg einen zweiten Wahlgang bestehen, wegen der Kommunisten, die erneut mit Ernst Thälmann angetreten waren. In diesem setzte er sich mit 53,0 Prozent gegen Hitler durch (36,8 Prozent). Dieses Beispiel zeigt nachdrücklich die politische Rechtsverschiebung innerhalb weniger Jahre.

Wer waren „Hitlers Wähler", nicht nur bezogen auf die Reichspräsi-
dentenwahlen? Der Mainzer Politikwissenschaftler Jürgen W. Falter
kommt in seiner Studie zu dem folgenden Ergebnis: „In der Weimarer
Republik [trat] blockinternes Wählen in der Tat sehr viel häufiger auf
[...] als blockübergreifende Stimmabgabe. Innerhalb einer sehr kurzen
Zeitspanne wurde das liberale Segment nach 1924 fast vollständig und
die deutschnational-konservative Teilkultur zu einem beträchtlichen Teil
aufgerieben. Die meisten ihrer Anhänger stießen, teilweise auf dem Weg
über neu gegründete Interessengruppierungen, zu der neuen Samm-
lungsbewegung des bürgerlich-protestantischen Lagers, der NSDAP.
Von der Wahlperspektive her betrachtet war es vor allem die Fragmentierung des bürgerlich-protestantischen Lagers und damit das Fehlen einer
expliziten, sozial verbindlichen Wahlnorm, durch die der Vormarsch des
Nationalsozialismus begünstigt wurde."[15] Der Wähleraustausch von
links- nach rechtsaußen und umgekehrt nahm also keine großen Dimensionen an. Der Katholizismus erwies sich gegenüber dem Nationalsozialismus als weitgehend immun. So wichen die Ergebnisse der Zentrumspartei bei den einzelnen Wahlen nicht grundlegend voneinander ab
(bestes Ergebnis 1919: 15,9 Prozent; schlechtestes 1930: 11,8 Prozent).[16] Bei der Arbeiterschaft konnte die NSDAP beträchtliche Erfolge
erzielen, wenngleich der Mittelstand – vor allem der gebeutelte alte – am
stärksten dem Nationalsozialismus zuströmte. Die Wählerschaft der
NSDAP umfasste alle sozialen Gruppen, freilich in unterschiedlichem
Maße. Eine Charakterisierung, welche die NSDAP von ihrer Wähler-
struktur her pauschal als „Mittelstandspartei" ansieht, greift jedoch zu
kurz. Auch der Begriff der Volkspartei ist nicht zutreffend. Denn die
NSDAP verfügte zwar über eine stattliche Wählerschaft, die sich mehr
oder weniger aus allen Schichten des Volkes zusammensetzte, aber das
für eine Volkspartei ebenso wichtige Kriterium der demokratischen Ver-
fasstheit erfüllte die Partei nicht ansatzweise.

Waren die Präsidialkabinette ab 1930 der Anfang vom Ende der Demokratie oder die letzte Möglichkeit, die Weimarer Republik vor ihrem
Ende zu retten? Wie immer die Antwort auf diese Frage ausfällt (es gibt
gute Argumente für die eine wie für die andere Seite)[17]: Die Entwicklung konnte in diese oder jene Richtung gehen. Allerdings war die Weimarer Republik in den Jahren der Präsidialkabinette keine funktionierende Demokratie mehr, sondern eine defekte. Sie wurde gleichsam

„zersetzt". Dies erleichterte dem machtwilligen Adolf Hitler und seiner Entourage ihre Zerstörung.

4.2. Verlauf und Phasen

30. Januar 1933. An diesem Abend bewegte sich ein inszenierter Fackelzug von vielen tausend Anhängern der NS-Bewegung durch das Brandenburger Tor, um Adolf Hitlers Reichskanzlerschaft zu feiern. Die Machtübernahme der Nationalsozialisten beendete abrupt die „dahinsiechende" und selbst von ihren Anhängern nur mehr schlecht als recht verteidigte Weimarer Republik. Sie kam gleichwohl überraschend, sahen Auguren die NSDAP doch nicht zuletzt wegen interner Auseinandersetzungen auf dem absteigenden Ast, zumal am Horizont das Ende der Weltwirtschaftskrise zu dämmern schien. Die Geschichte des Nationalsozialismus ist die Geschichte seiner Unterschätzung. Die konservative Kamarilla um Hindenburg scheiterte mit ihren halbherzigen Versuchen, die totalitäre NS-Bewegung zu zähmen bzw. einzurahmen.[18] Die Kommunisten, am Ende der Weimarer Republik mit ihrer „Sozialfaschismus"-These mehr die demokratischen Sozialdemokraten als die antidemokratischen Nationalsozialisten bekämpfend, waren auf deren Sieg unvorbereitet und so gut wie ohne Planung für die Illegalität, glaubten sie doch daran, Hitler würde bald abgewirtschaftet haben. Sie mussten einen hohen Blutzoll entrichten. Wiewohl sie in der Illegalität zum Teil treu zu ihren Ideen standen und Widerstandsaktivitäten, z. B. vereinzelte Sabotageakte, an den Tag legten (darunter Spionage für die Sowjetunion)[19], vermochten sie allerdings niemals ernsthaft die NS-Herrschaft zu gefährden. Auch für die Sozialdemokraten, die das „Sozialistengesetz" im Kaiserreich gestärkt überlebt hatten, lag das Ausmaß der totalitären Dynamik des Regimes jenseits ihrer Vorstellungskraft.

Die Etappen auf dem Weg zur „Gleichschaltung" – der Begriff besaß für die Nationalsozialisten eine positive Konnotation – wurden in atemberaubender Geschwindigkeit genommen. Franz von Papen avancierte zum Steigbügelhalter Hitlers. Er hatte Anfang Januar 1933 im Hause des Kölner Bankiers Kurt von Schröder ein Treffen mit Hitler arrangiert, um dessen Kanzlerschaft anzubahnen und um Kurt von Schleicher, seinen Nachfolger, kaltzustellen. Es folgten weitere Gespräche zwischen den beiden Politikern. Papen, dem es gelungen war, die Deutschnationalen um Alfred Hugenberg für einen Eintritt in die Regierung zu gewinnen, antichambrierte beim Reichspräsidenten, der sich gegen eine Kanzlerschaft des „böhmischen Gefreiten" bisher hartnäckig gesträubt hatte. Eine Unterredung von Hitler mit Oskar von Hindenburg, dem einflussreichen Sohn, stimmte den Vater um, und Staatssekretär Otto Meißner fand nun ebenfalls Gefallen an der früher stets verworfenen Idee. Kanzler Kurt von Schleicher, ohne Mehrheit im Parlament, geriet immer mehr in die Defensive, zumal seine Querfront-Versuche, einerseits die SPD zu gewinnen, andererseits den linken Flügel der NSDAP, nicht von Erfolg gekrönt waren. Am 28. Januar folgte seine Demission. Da Hitler von seiner Forderung abrückte, als Reichskanzler auch das Amt des Reichskommissars für Preußen übernehmen zu wollen, gab Hindenburg nun seinen Widerstand auf, obwohl er Hitlers Drängen nach sofortigen Neuwahlen, damit künftig eine Regierung ohne Notverordnungen ihres Amtes walten könne, ausgesprochen skeptisch gegenüberstand. Hitler avancierte zum Kanzler, von Papen zum Vizekanzler.

Die Kamarilla um den nicht mehr sonderlich willensstarken Reichspräsidenten Paul von Hindenburg hatte den „alten Herrn" überredet. Nicht, weil Hitler als der ideale Kandidat empfunden wurde, sondern eher deshalb, weil keine andere Persönlichkeit zur Verfügung zu stehen schien, das „lecke" Staatsschiff wieder flott zu machen. Hitler, so beruhigten sich die Strippenzieher, sei „eingerahmt" – mit vier Ministern aus dem Kabinett von Papen: dem Außenminister Konstantin Freiherr von Neurath, dem Finanzminister Johann Lutz Graf Schwerin von Krosigk, dem Justizminister Franz Gürtner und dem Verkehrsminister Paul Freiherr von Eltz-Rübenach. Papen, der Vizekanzler, frohlockte. Dem einen Konservativen (Graf Schwerin von Krosigk) verkündete er: „Wir haben ihn [Hitler] uns engagiert", dem anderen (Ewald von Kleist-Schmenzin): „In zwei Monaten haben wir Hitler in die Ecke gequetscht, dass er quietscht."[20]

Joseph Goebbels, Reichspropagandaleiter der NSDAP, jubilierte in seinem Tagebuch nicht weniger über die „nationale Revolution", die zunächst nicht als „nationalsozialistische Revolution" firmiert hatte. Unter dem 31. Januar 1933 heißt es: „Es ist so weit. Wir sitzen in der Wilhelmstraße. Hitler ist Reichskanzler. Wie im Märchen! Gestern Mittag Kaiserhof: wir warten alle. Endlich kommt er. Ergebnis: Er Reichskanzler, Frick Reichs-, Göring preuß. Innen. Der Alte hat nachgegeben. Er war zum Schluss ganz gerührt. So ist's recht. Jetzt müssen wir ihn ganz gewinnen. Uns allen stehen die Tränen in den Augen. Wir drücken Hitler die Hand. Er hat's verdient. Großer Jubel. Unten randaliert das Volk. Gleich an die Arbeit. Reichstag wird aufgelöst. In 4 Wochen Neuwahl. Ich bis dahin frei vom Amt. Zum Büro. Alles feierlich. Magda angerufen. Sie springt bald an die Decke. Vor Redaktion und KrLeitern gesprochen. Wie in einer Kirche. Die erste Etappe! Unser Kämpfen. Hugenberg ..., Papen Vizekanzler. Seldte Arbeitsminister. Das sind Schönheitsfehler. Müssen ausradiert werden. [...] Die Fackeln kommen. Um 7h beginnt's. Endlos. Bis 10h. Am Kaiserhof. Dann Reichskanzlei. Bis nach 12h. Unendlich. Eine Million Menschen unterwegs. Der Alte nimmt dem Vorbeimarsch ab. Im Nebenhaus Hitler. Aufbruch! Spontane Explosion des Volkes. Unbeschreiblich. Immer neue Massen. Hitler ist weg. Sein Volk jubelt ihm zu. [...] Jetzt an die Arbeit. Wahlkampf vorbereiten. Der letzte. Den werden wir haushoch gewinnen."[21]

Wie die Ereignisse zeigen: Hitlers Kanzlerschaft war keineswegs zwangsläufig, sondern von einer Vielzahl merkwürdiger Umstände begleitet, von Winkelzügen und Ränkespielen. Es ist schwer, über diese Groteske keine Satire zu schreiben. Henry A. Turner, der die Ereignisse im Januar 1933 detailliert rekonstruiert hat, kommt zu einem eindeutigen Urteil: „Der Weg, auf dem Hitler die Macht erlangte, seine verbrecherischen Phantasien Wirklichkeit werden zu lassen, gemahnt uns, dass nichts in der Geschichte der Menschheit unvermeidlich ist, außer dem Wandel selbst, dass die Handlungen von Einzelpersonen den Gang der Geschichte sehr wohl beeinflussen und dass die Machthaber eines Staates eine schwere moralische Verantwortung auf ihren Schultern tragen."[22]

Hingegen war die weitere Entwicklung, bei der die Nationalsozialisten das Heft fest in der Hand hatten, weniger von Unwägbarkeiten getragen. Improvisation und Planung zugleich bestimmten den Verlauf. Die Nationalsozialisten wussten, was sie wollten: die Macht um jeden Preis. Und sie wussten, sie würden diese nicht mehr freiwillig aus der Hand geben. Deswegen trafen sie entschlossen Maßnahmen, um ihre Bastion uneinnehmbar zu machen. Sie mussten vier Aufgaben angehen[23] – alle direkten Gegner an einflussreichen Stellen schnell ausschalten, die dadurch freigewordenen Schlüsselpositionen mit „eigenen Leuten" besetzen, sich mit Eliten aus den Bereichen der Wirtschaft und der

Armee arrangieren, und eine Aufbruchstimmung herbeiführen – weg von der vielfach als trist und bedrückend empfundenen Atmosphäre der Weimarer Zeit. Und, nicht zuletzt: die ökonomische Lage unverzüglich verbessern. Hitler stand für die reale Aussicht auf Arbeit.

Die NSDAP verwandelte Deutschland rasch zu einem „Führerstaat". Niemand, „der ‚Mein Kampf‘ gelesen oder Reden von ihm [Hitler] gehört hatte, konnte an seinem Willen zweifeln, mit allem radikal zu brechen, was auch nur entfernt an Liberalismus und Aufklärung erinnerte."[24] Aber wer hatte es gelesen? Und wer von denen, die es gelesen hatten, nahm Hitler ob des Gelesenen beim Wort? Und wer von denen, die „Mein Kampf" kannten und die ihm alles zutrauten, hielt es für möglich, dass er alle Widersacher übertrumpfen könne – den Reichspräsidenten und sein Gefolge, die zwar konservativ, aber rechtsstaatlich ausgerichtete Beamtenschaft, die machtvolle Reichswehrführung, die Arbeiterschaft? Viele damaligen Sichtweisen von Gegnern des Nationalsozialismus rechneten mit autoritärem „Durchgreifen", aber nicht mit totalitärer Durchschlagskraft.

Dem 30. Januar folgte der 4. Februar. An diesem Tage erließ der Reichspräsident eine „Verordnung zum Schutze des deutschen Volkes", die es der Regierung unter Adolf Hitler ermöglichte – der Aufruf der Kommunisten zum Generalstreik diente als Vorwand –, die Presse- und Versammlungsfreiheit einzuschränken. Davon wurde Gebrauch gemacht, so durch (zeitweilige) Verbote des sozialdemokratischen „Vorwärts" und der kommunistischen „Roten Fahne". Goebbels frohlockte einmal mehr: „Jetzt haben wir auch eine neue Handhabe gegen die Presse, und nun knallen die Verbote, dass es nur so eine Art hat. ‚Vorwärts‘ und ‚8-Uhr-Abendblatt‘, alle jene jüdischen Organe, die uns so viel Ärger und Kummer bereitet haben, verschwinden mit einem Schlage aus dem Berliner Straßenbild. Das beruhigt und wirkt wie eine Wohltat für die Seele."[25]

Dem 4. Februar folgten der 27./28. Am Abend des 27. Februar 1933 brannte der Reichstag, angesteckt von Marinus van der Lubbe, einem holländischen Wandergesell und Rätekommunisten. Dieser beging die Tat alleine, ohne Helfershelfer, ohne Hintermänner, ohne Mitwisser. Der später aufgrund eines nachträglich erlassenen Gesetzes zum Tode verurteilte und hingerichtete Holländer wollte ein Fanal setzen und die Arbeiterschaft zur revolutionären Erhebung aufrütteln, doch trieb seine

Aktion die Nationalsozialisten zum Handeln. Die Kommunisten hielten ihn für ein Werkzeug der Nationalsozialisten, diese ihn für eines der Kommunisten. In der aufgeputschten Atmosphäre – eine Woche vor der Reichstagswahl – entstanden schnell Legenden. Verständlich. Dass sich aber weiterhin Mythen um den Brand ranken, obwohl es keinen ersichtlichen Grund gibt, an der Einzeltäterschaft des Holländers zu zweifeln[26], zeigt einerseits das Beharrungsvermögen blühender Phantasien aufgrund einer so symbolkräftigen Tat und andererseits eine gewisse Befangenheit bei der Bewertung damaliger Ereignisse, die nicht auf die Urheberschaft der Nationalsozialisten zurückgehen. Diese instrumentalisierten die Brandstiftung. Noch in derselben Nacht kam es zu tausenden Verhaftungen. Die auf Wunsch der Regierung einen Tag danach von Hindenburg erlassene Verordnung zum Schutz von „Volk und Staat" bot Hitler eine rechtliche Handhabe, wesentliche Grundrechte außer Kraft zu setzen. Kommunisten, die später in zwei „Braunbüchern" den Nationalsozialisten die Schuld am Brand in die Schuhe schoben und ihn damit ebenso instrumentalisierten, wie auch Sozialdemokraten verschwanden in Gefängnissen und Konzentrationslagern. Eine Verhaftungswelle ging durch das Land. Die Nationalsozialisten – nicht die Urheber, wohl aber die Nutznießer der Tat – griffen dabei auf alte Verhaftungslisten zurück.

Wie viele hatte Goebbels zunächst an eine Provokation durch die Kommunisten geglaubt: „Es besteht kein Zweifel, dass die Kommune hier einen letzten Versuch unternimmt, durch Brand und Terror Verwirrung zu stiften, um so in der allgemeinen Panik die Macht an sich zu reißen. Nun ist der entscheidende Augenblick gekommen. [...] Nun können wir aufs Ganze gehen. Die K.P.D. soll sich getäuscht haben. Sie glaubt uns zu stürzen, in Wirklichkeit hat sie sich selbst den Todesstoß versetzt. [...] Trümmer über Trümmer. Das wird der K.P.D. teuer zu stehen kommen. Im ganzen Volk herrscht eine unbeschreibliche Empörung über dieses feige Attentat. Nun läuft die Arbeit wie von selbst. Das Schlimmste ist vorbei. Die hoffentlich letzte Panne ist glücklich überwunden. Noch ein paar Tage und dann werden wir unseren großen Triumph feiern können."[27]

Dem 27./28. Februar folgte der 5. März. Hitler hatte sich bei seiner Berufung zum Reichskanzler Neuwahlen ausbedungen, und an diesem Tag wählten – in einer Atmosphäre der Einschüchterung – bei einer hohen Beteiligungsquote von 88,8 Prozent – 43,9 Prozent der Bürger die NSDAP, die so zusammen mit der „Kampffront Schwarz-Weiß-Rot" (einem Bündnis der Deutschnationalen mit dem Stahlhelm und anderen) zwar die absolute Mehrheit der Stimmen erhielt (51,9 Prozent), aber keine verfassungsändernde Mehrheit. Allerdings: Die Bevölkerung votierte in der Wahlkabine insgesamt zu fast zwei Dritteln für antidemokratische Parteien (KPD: 13,3 Prozent; DNVP: 8,0 Prozent). In gewisser Weise wurde die Demokratie abgewählt.

Über die „nationale Erhebung", von der die Propaganda sprach, hatte Goebbels in sein Tagebuch euphorisch notiert: „Wir sind die Herren im Reich und in Preußen; alle anderen sind geschlagen zu Boden gesunken. Eine lange Arbeit wird mit letztem Erfolg gekrönt. Deutschland ist erwacht! [...] Unglaubliche Zahlen; wir sind alle wie in einem Rausch. Jede Stunde bringt eine unwahrscheinliche Überraschung. Der Führer ist ganz gerührt vor Freude. Draußen auf dem Wilhelmplatz ein buntes, zehntausendfaches Gewoge von Menschen, die dem Führer ihre Glückwünsche heraufrufen. Nun sind wir also so weit. Jetzt kann der Aufbau im Durchbruch der deutschen Revolution beginnen."[28]

Dem 5. März folgte der 21. März, der „Tag von Potsdam". Bei der feierlichen Eröffnung des Reichstages in der Potsdamer Garnisonskirche wurde der Öffentlichkeit das Schauspiel einer nahtlosen Verbindung zwischen dem Dritten Reich (dem „neuen Deutschland") und Preußen (dem „alten Deutschland") vorgeführt. Die Inszenierung – mit je einem Gottesdienst für Katholiken und Protestanten sowie dem Vorbeimarsch militärischer Verbände – war von gewaltiger Symbolik (am 21. März 1871 war der Reichstag des Kaiserreiches zum ersten Mal zusammengetreten) und fiel auf fruchtbaren Boden. Hitler, im Frack, gab sich staatsmännisch; Hindenburg, in Uniform, verkörperte den preußischen Generalfeldmarschall. Nicht mehr schwarz-rot-gold triumphierte, sondern schwarz-weiß-rot, nicht mehr 1918/19, sondern 1871 bzw. 1914. Die beiden Männer sollten die Einheit Deutschlands verkörpern: Hindenburg hofierte Hitler, Hitler huldigte Hindenburg.

Joseph Goebbels' Tagebucheintrag ist offenkundig voller Autosuggestion: „Der große Tag von Potsdam wird unvergesslich sein in seiner historischen Bedeutsamkeit. [...] Hindenburg betritt mit dem Führer zusammen die Garnisonskirche. Ein feierliches Schweigen legt sich über alle Anwesenden. Knapp und ernst verliest der Reichspräsident seine

Botschaft an die Abgeordneten des Reichstags und an das deutsche Volk. Sein Ton ist stark und gesammelt. Mitten unter uns steht ein Mann, der Generationen in sich vereinigt. Dann spricht der Führer. Er redet mit harter und zwingender Eindringlichkeit. Am Schluss sind alle auf das tiefste erschüttert. Ich sitze nahe bei Hindenburg und sehe, wie ihm die Tränen in die Augen steigen. Alle erheben sich von ihren Plätzen und bringen dem greisen Feldmarschall, der dem jungen Kanzler seine Hand reicht, jubelnde Huldigungen dar."[29]

Dem 21. März folgte der 23. März, der Tag des Ermächtigungsgesetzes. Der zwar weithin frei gewählte, aber nicht mehr freie Reichstag schaltete sich selbst aus, da er die Gewaltenteilung aufhob und die Regierung für eine Dauer von vier Jahren zum Erlass von Gesetzen ermächtigte. Der Gegenzeichnung des Präsidenten bedurfte es nicht. Dessen Rechte blieben durch das Ermächtigungsgesetz unangetastet. Die 81 Abgeordneten der KPD, viele bereits verhaftet, manche geflohen, wurden von der Sitzung durch den Reichstagspräsidenten Hermann Göring ausgeschlossen, ihre Mandate später kassiert. Damit nichts schief gehen konnte, erfolgten im Vorfeld einige Manipulationen an der Geschäftsordnung des Reichstages. Diese Vorkehrungen erwiesen sich als unnötig: Bis auf die mutig opponierenden Abgeordneten der SPD, sofern nicht inhaftiert oder bereits emigriert, stimmten die Repräsentanten der anderen Fraktionen zu, wiewohl teils mit Vorbehalten.

Bei Goebbels liest sich das wie folgt: „Der S.P.D.-Führer lässt sich tatsächlich zu einer Antwort hinreißen. Sie ist eine einzige wimmernde Jeremiade des Zuspätgekommenen. Alles das wollten auch die Sozialdemokraten, und nun greinen sie über Terror und Ungerechtigkeit. Als Wels geendet hat, steigt der Führer aufs Podium und gibt ihm eine Antwort, dass die Fetzen fliegen. Man sah niemals, dass einer zu Boden geworfen und erledigt wurde wie hier. Der Führer spricht ganz frei und ist groß in Form. Das Haus rauscht vor Beifall, Gelächter, Begeisterung und Applaus. Es wird ein Erfolg ohnegleichen."[30]

Die Gleichschaltung der Länder schritt danach schnell voran. Reichskommissare traten nach dem Vorbild Preußens an deren Spitze. Dem „Vorläufigen Gesetz zur Gleichschaltung der Länder mit dem Reich" vom 31. März 1933 folgte am 7. April das „Zweite Gesetz zur Gleichschaltung der Länder mit dem Reich". Das Ende des Föderalismus war damit besiegelt, nicht aber das Ende mannigfacher Streitigkeiten auf unterer Ebene. Bei Joseph Goebbels heißt es über den Prozess der „Gleichschaltung": „Man kann sagen, dass heute in Deutschland wieder Geschichte gemacht wird. Unser Ziel ist eine absolute Vereinheitlichung des Reichs. Schritt für Schritt kommen wir diesem Ziele näher. Und so wie die Zusammenschmiedung des Volkes fortschreitet, so schreitet auch die Konzentration unserer nationalen Willenskraft fort. Am Ende dieses Prozesses steht ein einiges Volk im einigen Reich."[31]

Die Nationalsozialisten erklärten den 1. Mai zum Tag der nationalen Arbeit und zum gesetzlichen Feiertag – mit Zustimmung der Gewerkschaften. Am 2. Mai wurden deren Häuser besetzt, bald danach die Freien Gewerkschaften zwangsweise in die Deutsche Arbeitsfront Robert Leys integriert und damit ihrer Eigenständigkeit beraubt. Goebbels hatte den Verlauf bereits in seinem Tagebucheintrag vom 17. April vorweggenommen. „Den 1. Mai werden wir zu einer grandiosen Demonstration deutschen Volkswillens gestalten. Am 2. Mai werden dann die Gewerkschaftshäuser besetzt. Gleichschaltung auch auf diesem Gebiet. Es wird vielleicht ein paar Tage Krach geben, aber dann gehören sie uns. Man darf hier keine Rücksicht mehr kennen. Wir tun dem Arbeiter nur einen Dienst, wenn wir ihn von der parasitären Führung befreien, die ihm bisher nur das Leben sauer gemacht haben. Sind die Gewerkschaften in unserer Hand, dann werden sich auch die anderen Parteien und Organisationen nicht mehr lange halten können."[32]

Goebbels' Perspektive mag in den zunächst nicht für die Öffentlichkeit bestimmten Tagebucheinträgen gefärbt sein, aber sie zeigt gleichwohl sein Berauschtsein an der Macht, seine Offenheit, seinen Zynismus, seinen Hass und die Intentionen der Nationalsozialisten. Goebbels, ein Meister der Propaganda, mit Sinn für Symbolik, verstand es, die Massen ebenso zu beeindrucken wie zu täuschen. 30. Januar, 4. Februar, 27./28. Februar, 5. März, 21. März, 23. März, 7. April, 1./2. Mai – das sind Schlüsseldaten im Prozess der Machtsicherung durch die Nationalsozialisten. Der neue Propagandaminister war sich dessen bewusst. Das Mittel der Machtsicherung war das Ausbooten oppositioneller Kräfte und potenzieller Vetospieler.

Am 14. Juli 1933 institutionalisierte ein Gesetz lakonisch den Einparteienstaat (§ 1: „In Deutschland besteht als einzige politische Partei die Nationalsozialistische Deutsche Arbeiterpartei") und untersagte den Fortbestand oder die Neubildung von Parteien (§ 2: „Wer es unternimmt, den organisatorischen Zusammenhalt einer anderen politischen Partei aufrechtzuerhalten oder eine neue politische Partei zu bilden, wird, sofern nicht die Tat nach anderen Vorschriften mit einer höheren Strafe bedroht ist, mit Zuchthaus bis zu drei Jahren oder mit Gefängnis von 6 Monaten bis zu drei Jahren bestraft").[33] Die Bevölkerung – was sollte sie bei der offenen Repression auch tun? – nahm das hin, wenn sie in weiten Teilen nicht gar vom Ende des „Parteienhaders" angetan war. Der im November 1933 neu „gewählte" Reichstag (dann wieder 1936 und 1938), später im Volksmund als der „teuerste Gesangverein der Welt" verspottet, bestand nur noch aus Mitgliedern der NSDAP und verkam zu einem reinen Akklamationsorgan.[34] „Die NSDAP begann schon frühzeitig, systematisch traditionelle Einrichtungen von Staat und Gesellschaft sowie selbständige konkurrierende Institutionen mit Hilfe von eigenen Parallelorganisationen gleichsam auszuhebeln. Die Parteiorganisationen bildeten ein komplexes, über die gesamte deutsche Gesellschaft sich ausbreitendes Netz in dem Bemühen, jeden einzelnen in irgendeiner Weise zu erfassen, letztlich zu kontrollieren und dem Parteistaat dienstbar zu machen."[35] Dem „Bemühen" waren Grenzen gesetzt; die gesellschaftliche „Durchherrschung" blieb weithin Fiktion. Nicht einmal die Herrschaft des Nationalsozialismus war zu diesem Zeitpunkt gefestigt, auch wenn Hitler im Juli 1933 die Revolution als beendet ansah („Die Revolution ist kein permanenter Zustand, sie darf sich nicht zu einem Dauerzustand ausbilden"[36]), zumal verbreitete Unzufriedenheit Ende des Jahres 1933 und Anfang des Jahres 1934 aus unterschiedlichen Gründen aufkeimte, zum einen bei Anhängern Hitlers, zum anderen bei seinen Gegnern. Den einen ging die Machteroberung nicht weit genug, den anderen zu weit.

Die SA war bei der Verteilung der Pfründe überwiegend leer ausgegangen, wollte die Machtansprüche der „alten Kämpfer" befriedigt sehen und verlangte deshalb eine „zweite Revolution", eine soziale Umwälzung gegen die „Reaktion". Als Stabschef der Parteiarmee fungierte Ernst Röhm, eine Art Landsknechtstyp, der eine Gefahr für Hitler und für die Reichswehr darstellte. Die Nationalsozialisten erweckten den Eindruck, als habe Röhm die Machtfrage gestellt und sprachen von einem „Röhm-Putsch". Mit der Mordaktion gegen ihn und weitere Leute aus seinem Gefolge am 30. Juni 1934 mussten zugleich Repräsentanten der Konservativen sterben, so Schleicher und Edgar Jung, ein

Berater des Vizekanzlers Franz von Papen (der danach abgehalftert wurde). Auch Gregor Straßer fiel der „Nacht der langen Messer" zum Opfer. Dem „Staatsnotstand", so die beschönigende Formulierung, gegen die SA-Führung, den etwa der damals führende Staatsrechtler Carl Schmitt legitimierte („Der Führer schützt das Recht"), folgten weitere Disziplinierungsmaßnahmen. Die SA war entmachtet (zugunsten der „Schutzstaffel", der SS), die Reichswehr zunächst gestärkt.

Mit dem Tode Hindenburgs am 2. August 1934 und der Vereinigung der Ämter des Reichspräsidenten und des Reichskanzlers auf den „Führer" war die NS-Herrschaft nunmehr fest etabliert, auch wenn die Weimarer Verfassung formal niemals außer Kraft gesetzt wurde. Hindenburg hatte sich in seinem politischen Vermächtnis für Hitler ausgesprochen.[37] Die Reichswehr, schnell auf Hitler persönlich vereidigt, bekundete Treue gegenüber dem Regime, das nun fest im Sattel saß.

Gibt es Phasen innerhalb dieses Machtetablierungsprozesses von anderthalb Jahren? Die Auffassung, zunächst habe die Legalität überwogen, später die Illegalität, ist so nicht stimmig. Zwar erfolgte die Übernahme der Macht legal, doch schon bald vermengten sich legale, pseudolegale und illegale Maßnahmen. Es überwiegt der gleitende Übergang, nicht der Bruch. Erst die Ereignisse im Zusammenhang mit dem sogenannten „Röhm-Putsch" lösten eine neue Dynamik aus, die zugleich die Phase der Machtsicherung beendete.

Als Paul von Hindenburg Adolf Hitler am 30. Januar 1933 mit der Bildung einer Regierung beauftragt hatte, ahnte kaum jemand, dieser Politiker würde nicht nur binnen kurzem eine totalitäre Diktatur errichten, sondern auch mittelfristig einen Krieg entfachen, dessen Auswirkungen bis in die Gegenwart hinein spürbar sind. Die Geschichte des Nationalsozialismus, die „deutsche Katastrophe" (Friedrich Meinecke), ist die Herrschaftsgeschichte von Unterdrückung und Verführung. Unterdrückung deshalb, weil die Nationalsozialisten nicht gewillt waren, die ihnen anvertraute Macht wieder aus den Händen zu geben. Wer opponierte, wurde eliminiert. Verführung deshalb, weil es der Nationalsozialismus verstand, seine Herrschaft dank mannigfacher Integrationsmechanismen, zu denen populistische Versprechungen gehörten, mit Massenloyalität abzusichern. Der Glaube an den Wahrheitsanspruch der Ideologie, die Glücksverheißung und Welterklärung zugleich versprach, war in der Bevölkerung zeitweise verbreitet. In diesem Sinne entsprach der Nationalsozialismus einer Art politischer Religion, auch wenn er es mied, einen innerweltlichen Heilsanspruch geltend zu machen.[38]

4.3. Ergebnisse und Folgen

Das Dritte Reich firmierte als „Führerstaat"[39]. Allerdings sind dabei zwei Einschränkungen notwendig. Zum einen verlief nicht jede Entscheidung von oben nach unten. Das Kompetenzgerangel im „Führerstaat" belegt die Existenz polykratischer Elemente, nicht pluralistische Vielfalt. Dieser Befund relativiert keineswegs den diktatorischen Charakter des Herrschaftssystems, ist doch die Frage nach der Gewichtung von monokratischen und polykratischen Elementen auf einer anderen Ebene angesiedelt als die nach dem totalitären oder autoritären Charakter. Die Geschichte der Judenvernichtung ist vielleicht ohne das Nebeneinander mono- und polykratischer Strukturen gar nicht zu verstehen. Zum anderen kam ein „Führerstaat" neben der Ausschaltung von offenen Systemgegnern nicht umhin, um die Gunst der Massen zu buhlen. Davon zeugen drei Reichstagswahlen (1933, 1936 und 1938) und drei inszenierte Volksabstimmungen: 1933 zum Austritt aus dem Völkerbund, 1934 zur Personalunion von Reichskanzler und Reichspräsident, 1938 zum „Anschluss" Österreichs an Deutschland – jeweils mit klaren, nicht nur manipulativen Mehrheiten für das gewünschte Ergebnis.[40]

Das Dritte Reich wies gut sechs Friedens- und knapp sechs Kriegsjahre auf. Verführung und Gewalt sind seine beiden Gesichter. In den Jahren 1933–1939 ging es den Bürgern ökonomisch besser, oder es schien ihnen besser zu gehen als zuvor – jedenfalls den weder politisch noch rassisch Verfolgten.

Die gesellschaftliche Entrechtung und Ausgrenzung deutscher Juden schritten weiter voran. Ereignisse wie die Olympischen Spiele 1936 in Berlin suchten Normalität vorzutäuschen – häufig mit Erfolg. Die ersten Jahre praktizierte das Dritte Reich eine „Revisionspolitik", die nicht in Krieg mündete. Die Siegermächte des Ersten Weltkrieges zeigten gegenüber dem nationalsozialistischen Deutschland teilweise eine größere Nachgiebigkeit als gegenüber der Weimarer Republik, die eine friedliche

Revisionspolitik anstrebte. Die harte Diktatur wurde so gestärkt, die weiche Demokratie so geschwächt.

Von 1939 bis 1945 tobte in Europa der vom NS-System ausgelöste Zweite Weltkrieg, nach dem Hitler-Stalin-Pakt vom 23. August 1939 am 1. September 1939 begonnen. Der Pakt enthielt ein geheimes Zusatzabkommen, das die gegenseitigen Interessenssphären absteckte (z. B. Aufteilung Polens). Dem anfänglichen „Blitzkrieg" gegenüber dem unmittelbaren Nachbarn folgte der gleichfalls als „Blitzkrieg" konzipierte Überfall auf die Sowjetunion, die die Parole vom „Großen Vaterländischen Krieg" ausgab und unter hohem Blutzoll Deutschland bezwang – gemeinsam mit den Westalliierten. Anders als etwa den Feldzug gegen Frankreich 1940 hatte die NS-Führung diese Auseinandersetzung von vornherein als Teil eines umfassenden normverletzenden Eliminierungsprogramms konzipiert (Kommissarbefehl, vorgegebene Entvölkerung Osteuropas). Die Vernichtung weiter Teile des europäischen Judentums geschah außerhalb der Reichsgrenzen von 1937 und weitgehend im Verborgenen. Andeutungen gelangten allerdings in die deutsche Bevölkerung, vom Regime vielleicht teilweise gewollt, u. a. deshalb, und das ist eine Spekulation, um im Krieg eine Komplizenschaft zwischen Führung und Geführten[41] zu vermitteln. Keiner hat Deutschland so viel Schaden zugefügt wie der Nationalist (und Rassist) Hitler, durch den das Land moralisch in exzeptioneller Weise diskreditiert worden war.

Das Dritte Reich hat zwölf Jahre überdauert und damit nicht einmal die Zeit der viel geschmähten ersten deutschen Demokratie erreicht. Unabhängig von Unterdrückung und Terror: Der Nationalsozialismus verstand es, u. a. dank geschickter Instrumentalisierung der Medien, mit pseudodemokratischen Mitteln und populistischen Parolen („Gemeinnutz geht vor Eigennutz") die Menschen für die eigenen Ziele zu mobilisieren – bis weit in die Kriegsjahre hinein. Die Identifizierung des Volkes mit der Führung („Führer befiehl, wir folgen Dir") war zeitweise weit fortgeschritten, vereinzelte oppositionelle Regung[42] ein „Widerstand ohne Volk" (Ekkehard Klausa). Die schwache widerständische Ausprägung lag nämlich nicht nur am totalitären Herrschaftsapparat, sondern auch an fehlendem Willen zur Auflehnung. In anderen industrialisierten, wirtschaftlich kaum weniger gebeutelten Staaten wie Großbritannien und Frankreich kam eine derartige Massenbewegung nicht an die Macht.[43] Die Jahrhundertfrage nach dem „historischen Ort des Nationalsozialismus"[44] dürfte die Forschung daher weiterhin beschäftigen. Die wenigen Widerstandskämpfer – mutige Patrioten, keine feigen Verräter – waren einsame Leute: verfolgt von den Nationalsozialisten, verachtet von der Masse der Bevölkerung (zum Teil bis nach 1945!), verkannt von den Westmächten. Sie hatten wohl keine Chance, das NS-System von innen zu stürzen.

Zwar war das Ende des Dritten Reiches noch nicht das Ende des Zweiten Weltkrieges, doch mit dem Sieg über den Nationalsozialismus wurde jene Kraft bezwungen, die mehr oder weniger die ganze Welt in Atem gehalten hatte. Das „Tausendjährige Reich" hinterließ 1945 Leichenberge, Schutt und Asche. Es ließ sich nicht von innen in die Knie zwingen, sondern erlag erst der Übermacht der Alliierten, die von Ost und West vorrückten. So erbittert vielfach bis zum Schluss gekämpft wurde: Nach dem Ende des NS-Systems war der „Spuk" auf einmal vorbei. Keiner wollte bei den „Nazis" gewesen sein. Die Niederlage war, anders als nach dem Ersten Weltkrieg, in einem doppelten Sinne total: zum einen militärisch, zum anderen politisch und moralisch. Niemand konnte dem Umstand ausweichen, der von Deutschen getragene Nationalsozialismus hatte Schmach über das eigene Land und Gewalt über Europa gebracht. Jeder Versuch, an ihn direkt oder indirekt anzuknüpfen, ist daher bis auf den heutigen Tag zum Scheitern verurteilt. „Vergleichbares wird in dieser Form nicht wiederkehren, zumal es zu den Paradoxien des Nationalsozialismus gehört, dass seine Herrschaft selbst die wichtigsten Voraussetzungen seines Aufstiegs zerstört hatte. Nämlich die Ungleichzeitigkeit der deutschen Gesellschaft und einen radikalen Nationalismus als politisch-gesellschaftliches Integrationsinstrument. Denn die vorindustriellen Faktoren, die das politische Leben der Weimarer Republik schwer belastet hatten, wurden von der ‚Braunen Revolution' ebenso nivelliert, wie die nationalstaatliche Souveränität und Isolierung als Bezugspunkt für eine nationalistische Massenbewegung durch Hitlers Krieg zerstört wurde. Gleichwohl mahnt der kurzlebige Triumph des nationalsozialistischen Protests gegen alles Bestehende, wie dünn die Decke sein kann zwischen technischer Zivilisation und Barbarei."[45] Wir wissen freilich nicht, ob sich „Vergleichbares" wiederholen kann. Der Begriff der „Singularität" wiegt uns in trügerischer Sicherheit.

Der 30. Januar 1933 stellte den Beginn einer Revolution dar. Wer diese Charakterisierung missbilligt, führt gemeinhin zwei Gründe an.

Zum einen: „Man glaubt den Begriff aus guten moralischen und intellektuellen Gründen nicht auf den Typus der nationalsozialistischen Machtergreifung anwenden zu können, selbst wenn man den marxistischen und kommunistischen Alleinanspruch auf die gute oder echte Revolution nicht akzeptiert, mit dem noch heute simplifizierend zwischen Putsch und Revolution unterschieden wird."[46] Wer den Begriff „Revolution" wertfrei im Sinne einer grundlegenden Umwälzung interpretiert, kommt nicht umhin, ihn auch für die Zeit der Entstehung des Dritten Reiches anzuwenden, unabhängig davon, dass dessen „Inthronisierung" stufenweise durch die Kräfte erfolgt ist, die zuvor an den demokratischen Schalthebeln der Macht saßen. Zum anderen: Das Dritte Reich gilt vielfach als ein Staat ohne gravierende soziale Veränderungen. Insofern verbiete sich die Anwendung des Revolutionsbegriffs. Das ist ein Irrglaube.

Das Dritte Reich war beides: revolutionär und gegenrevolutionär zugleich. Der Amerikaner David Schoenbaum hat gut den Doppelcharakter des Nationalsozialismus herausgearbeitet[47], dessen „Doppelrevolution": auf der einen Seite die ideologische Komponente, die mit ihrem „Blut und Boden"-Mythos auf eine Absage an die Moderne hinauslief; auf der anderen Seite die praktische Politik, die in augenfälligem Kontrast zur Ideologie stand: die Militarisierung und Säkularisierung des öffentlichen Lebens, die Einbeziehung der Frauen in die Erwerbstätigkeit, die Zurückdrängung des Adels, die forcierte Arbeitsteilung, die beschleunigte Industrialisierung, die Abschwächung der Klassenstrukturen, die Verstädterung, die gestiegene soziale Mobilität, die Zunahme des technischen Fortschritts und andere Befunde haben gesellschaftlichen Wandel begünstigt. Für Schoenbaum und Dahrendorf waren dies überwiegend ungewollte Folgen.

Wer indes die Position vertritt, das Dritte Reich habe den Weg in die Moderne nicht nur wider Willen, sondern auch ganz bewusst beschleunigt[48], sieht sich angesichts der als heikel empfundenen Thematik zuweilen des Vorwurfs ausgesetzt, in gewisser Weise eine verdeckte Apologie des Nationalsozialismus vorzunehmen. Tatsächlich aber gibt es neben einer demokratischen Seite der Moderne ebenso eine totalitäre.[49] Diese kann Krieg ebenso entfesseln wie überwinden. Die Geschichte des 20. Jahrhunderts ist dafür ein anschauliches Beispiel. Führende Repräsentanten des Dritten Reiches – Deutschtümler wie Alfred Rosenberg auf der einen Seite, Technokraten wie Albert Speer auf der anderen – vertraten höchst verschiedenartige Konzeptionen. Dass nur die „Herrenrasse" von den Fortschritten profitieren sollte, bedurfte keiner besonderen Erwähnung.

Angesichts der desaströsen Hinterlassenschaft des Dritten Reiches liegt eine Position nahe, die zu allem, was seinerzeit geschah, auf Distanz geht und pädagogisierend orientiert ist. Die Historisierung des Nationalsozialismus, wie sie etwa Martin Broszat, der frühere Direktor des Instituts für Zeitgeschichte in München in den siebziger und achtziger Jahren betrieben hat, war überfällig.[50] Dabei ging es keinesfalls darum, die Jahre zwischen 1933 und 1945 in irgendeiner Form relativierend zu verharmlosen, wie eine böswillige Interpretation meinen könnte, sondern darum, diese Zeit mit ihrer Vor- und Nachgeschichte verstehbar zu machen, distanziert nach den Ursachen, dem Verlauf und den Folgen des Dritten Reiches zu fragen. Eine Sichtweise, die moralisierend auftritt, beeinträchtigt die Analyse, spielt die Vielfalt des Lebens in der Diktatur herunter. Dämonisierung erklärt wenig, verstellt vielmehr den Blick auf die komplexe Struktur totalitärer Regime.

Der Wissenschaftler, der das Selbstverständnis der damaligen Epoche erforscht, neigt deswegen nicht zu Apologie. Vielleicht ist es sogar umgekehrt. „Das zur Stereotypie verflachte Diktum der ‚nationalsozialistischen Gewaltherrschaft' kann wohl nur durch stärker differenzierende historische Einsicht auch moralisch neu erschlossen werden."[51] Denn eine Interpretation, die nur auf die „nationalsozialistische Gewaltherrschaft" (dass es eine solche war, bestreitet kein Mensch mit Urteilskraft) fixiert ist, kann kaum angemessen die Zustimmung vieler Deutscher zum Dritten Reich in den dreißiger Jahren erklären. Diese Sichtweise läuft im Grunde auf eine Apologie hinaus – niemand habe sich einem solchen verbrecherischen System zu entziehen vermocht. Martin Broszat weist auf eine augenfällige Widersprüchlichkeit hin. „Man kann nicht gleichzeitig die Blockade des deutschen Geschichtsbewusstseins durch den Nationalsozialismus bedauern und an seiner Abriegelung gegenüber geschichtlichem Verstehen festhalten. Die ‚Normalisierung' unseres Geschichtsbewusstseins kann auf die Dauer die NS-Zeit nicht aussparen, kann nicht nur um sie herum erfolgen."[52] Wer das Dritte Reich verstehbar machen will, rechtfertigt es nicht. Mittlerweile ist die Zahl der Bücher zur Historisierung des Nationalsozialismus wahrlich immens[53], und die anklägerische Haltung ihm gegenüber ist ebenso zurückgegangen wie die Heroisierung seiner Widersacher. Zurückgegangen heißt nicht verschwunden, wie etwa die aufgeregte Diskussion über die Studie von Götz Aly über „Hitlers Volksstaat" erneut gezeigt hat. Die These Alys, Hitler habe eine intensive Sozialpolitik betrieben[54] (auf Kosten anderer Völker) und sei auch deswegen populär gewesen, galt als eine Provokation. Diese Kultur des Soupçons ist einer offenen Gesellschaft unwürdig.

Allerdings sind die Schatten des Nationalsozialismus nach wie vor lang.[55] Die Vergangenheit ist gegenwärtig. Wir werden mitunter in einer Weise mit dem Dritten Reich konfrontiert, die nicht seriös informiert, analysiert oder belehrt, sondern niedere Unterhaltungsbedürfnisse befriedigt und vielfach kommerziell bedingt ist – nach dem wohlfeilen Motto: „Hitler geht immer." Das ist die eine Seite und verschmerzbar. Die Vergangenheit, und darin besteht die andere Seite, wirkt in einer Weise auf die Gegenwart zurück, die der aktuellen Problembewältigung schadet. Hitler ist oft ein steinerner Gast der politischen Debatte. Ob ein Einsatz der Bundeswehr Ende der neunziger Jahre im Kosovo sinnvoll sei, war eine schwierige Frage, die mit guten Gründen so oder so zu beantworten war. Ein zentrales Argument beider Seiten lief auf die historische Verantwortung Deutschlands hinaus. Die einen plädierten wegen Hitler für ein militärisches Eingreifen (die Erinnerung an die deutsche Intervention gebiete ein solches Engagement), die anderen plädierten wegen Hitler gegen eine solche (die Erinnerung daran verbiete es). Überzeugend war weder der eine noch der andere Topos. Das ist kein Plädoyer für Vergessen der leidvollen Vergangenheit, aber ein Plädoyer dafür, dass diese nicht die heutige Politik bestimmen darf. Der durch den Nationalsozialismus herbeigeführte Systemwechsel 1933 und das ihm folgende Regime ragen damit in die Gegenwart. Der Systemwechsel 1945 hat bisher im Bewusstsein vieler nicht den Systemwechsel 1933 überlagert, obwohl doch der Nationalsozialismus in jeder Hinsicht gescheitert ist und die Entwicklung des demokratischen Deutschland im Westen in jeder Hinsicht gelang.

5. 1945/49

5.1. Rahmenbedingungen und Ursachen

Im März 1938 erfolgte nach dem Einmarsch deutscher Truppen der „Anschluss" Österreichs an Deutschland, im Oktober 1938 musste die Tschechoslowakei – als Folge des Münchner Abkommens, bei dem Großbritannien und Frankreich Nachgiebigkeit demonstriert hatten – die sudetendeutschen Gebiete an Deutschland abtreten. Im März 1939 wurde nach der Besetzung der Tschechoslowakei ein „Reichsprotektorat Böhmen und Mähren" gebildet, im selben Monat fiel das Memel-Gebiet Deutschland zu. Da Hitlers Ambitionen mit Blick auf die in Polen lebenden Deutschen nach dieser Entscheidung nun offenkundig waren („Volksdeutsche"), schloss Großbritannien einen Beistandspakt mit Polen, um den Nationalsozialisten zu signalisieren, der Rubikon sei bei deren Intervention überschritten. Doch Hitler, der nicht bloß das „Versailler System" aufheben wollte, hatte offenbar nie mit einer entschiedenen Gegenwehr der westeuropäischen Staaten gerechnet.

Mit dem Überfall Deutschlands auf Polen, dem eine Kriegserklärung der Westmächte an Deutschland folgte, begann am 1. September 1939 der Krieg, der bald die Ausmaße eines Weltkrieges annehmen sollte. Anders als 1914 hielt sich die Kriegsbegeisterung der Deutschen in engen Grenzen. Kurz vorher, am 23. August, war der zwischen den Außenministern Molotow und Ribbentrop ausgehandelte deutsch-sowjetische Nichtangriffspakt in Kraft getreten. Das geheime Zusatzprotokoll dieses „Teufelspakts" (Sebastian Haffner) zwischen dem bolschewistischen und dem strikt anti-bolschewistischen System hatte Polens Aufteilung nach Interessensphären geregelt. Dem „Blitzkrieg" im Osten (mit Danzig-Westpreußen und Posen als neuen Reichsgauen) folgte 1940 der „Blitzkrieg" im Westen. Nach nur sechs Wochen kapitulierte am 22. Juni Frankreich (Elsass-Lothringen kam zu Deutschland), und ein Kollaborationsregime unter Marschall Henri Philippe Pétain regierte von Vichy aus. Weitere Staaten wurden von Deutschland besetzt, ein dritter „Blitzkrieg" folgte auf dem Balkan im April 1941. Hitler eilte von Erfolg zu

Erfolg. „Im Jubel über seinen Sieg schien die ‚Volksgemeinschaft‘ ver-
wirklicht zu sein. Hätte Hitler jetzt – ein Gedankenexperiment – freie
Wahlen unter Aufsicht des Völkerbundes abhalten lassen, hätte er vermutlich 95 Prozent, wenn nicht gar die Gesamtheit der Stimmen für
sich gewonnen.“[1] Auch wenn diese Spekulation übertrieben sein mag, so
trifft sie doch einen wahren Kern: Der „Hitler-Mythos“ (Ian Kershaw)
war in den ersten Kriegsjahren ungebrochen. Ein Systemwechsel lag
nicht im Bereich des Wahrscheinlichen.

Die Siege über Polen und Frankreich ließen Hitler in seinem Überle-
genheits- und Eroberungswahn nicht ruhen. Nachdem der Versuch,
Großbritannien durch einen Luftkrieg in die Knie zu zwingen, offenkundig zum Scheitern verurteilt war, suchten die Aggressoren ein anderes Ziel. Dem nationalsozialistischen Deutschland ging es nun vornehmlich um „Lebensraum“ im Osten, ideologisch um die Unterjochung,
Ausbeutung und Vernichtung der als Untermenschen geltenden Slawen.
In der Forschung besteht zwischen „Kontinentalisten“ und „Globalis-
ten“ Uneinigkeit, ob Hitler die „Weltherrschaft“ angestrebt habe.[2]

Der britische Historiker Ian Kershaw rechnet zu den zehn Schlüsselentscheidungen im Zweiten Weltkrieg auch drei, die direkt auf Adolf
Hitler zurückzuführen und auf 1940/41 zu datieren sind: den Entschluss, die Sowjetunion anzugreifen; den Entschluss, den Vereinigten
Staaten von Amerika den Krieg zu erklären; den Entschluss, die europäischen Juden zu ermorden.[3] Die ersten beiden Entscheidungen waren –
einzeln betrachtet – eine wesentliche Ursache für das Ende des Dritten
Reiches.

Mit dem Krieg gegen die Sowjetunion im Juni 1941 („Unternehmen
Barbarossa“) endete die Zeit der „Blitzsiege“, geriet der zunächst erfolg-
reiche Vormarsch bald ins Stocken. Mit der Kapitulation der 6. Armee
vor Stalingrad Ende Januar/Anfang Februar 1943 war der Russlandfeld-
zug schmählich gescheitert. Goebbels’ berühmte Sportpalast-Rede im
Februar 1943, die zum „totalen Krieg“ aufrief, sollte von der schweren
Niederlage ablenken und die Kriegsanstrengungen der Bevölkerung pro-
pagandistisch anstacheln. Schon vor dieser Niederlage hatte das Dritte
Reich die Offensive im Luftkrieg verloren, und auch im Seekrieg geriet
Deutschland im Laufe des Jahres 1943 in die Defensive.

Die Kriegserklärung Hitlers an die USA im Dezember 1941 (ohne
vorherige Konsultation mit der militärischen Führung) erfolgte nach

dem Angriff Japans auf den US-amerikanischen Flottenstützpunkt Pearl Harbour. Dabei war Deutschland zu einem solchen Schritt nicht verpflichtet (Japan war nicht angegriffen worden), ungeachtet des „Dreimächtepakts" vom September 1939 mit Italien und Japan. Er „gilt als die ‚rätselhafteste‘ Entscheidung Hitlers während des Zweiten Weltkriegs".[4] Schließlich hatte das Eingreifen der USA den Ausgang des Ersten Weltkrieges zu Ungunsten Deutschlands herbeigeführt. Und ein Krieg der USA mit Japan – ohne deutsche Beteiligung – konnte eine amerikanische Intervention auf dem europäischen Festland aufhalten.

Freilich hatten die USA, deren Beziehungen zu Deutschland immer schlechter geworden waren, die Briten bereits vorher unterstützt, und es sprach viel dafür, dass sie später ohnehin an der Seite der Briten wie an der Seite der Russen in den Krieg auf europäischem Boden eintreten würden. Das wollte der amerikanische Präsident Theodore Roosevelt im Gegensatz zum Kongress mit seinen starken isolationistischen Kräften, auch ein Großteil der öffentlichen Meinung befürwortete dies nicht. Deutschland indes vermied nach Kriegsbeginn länger antiamerikanische Stimmungsmache, um nicht zu provozieren. Hitlers Schritt, der ohne Not geschah, kam somit dem amerikanischen Präsidenten zupass. Wie sollten die USA besiegt werden? Offenbar ging Hitler im Dezember 1941 von der baldigen Niederlage der Sowjetunion aus. Mit der Kriegserklärung an die USA hatte Japan nun keine Möglichkeit mehr, sich mit den USA auf Kosten Deutschlands zu einigen, da ein weiterer Pakt zwischen den Achsenmächten geschlossen war. Deutschland konnte im Atlantik nun einen U-Boot-Krieg führen und auf diese Weise mit einem neuen Schachzug aufwarten. „Aber es war zum ersten Mal ein Zug, der von vornherein zum Scheitern verurteilt war."[5]

Hitler wollte die „Judenfrage" lösen, in welcher Form auch immer, selbst wenn in den Wahlkämpfen vor 1933 das Thema so gut wie keine Rolle gespielt hatte.[6] Der Rassenantisemitismus Hitlers unterschied sich weithin vom Antisemitismus etwa der Kaiserzeit. Nach der Machtübernahme stand zunächst mehr die Abrechnung mit dem Kommunismus im Vordergrund, wobei die Verbindung zwischen Juden und Kommunisten (etwa mit dem Begriff von der „jüdisch-bolschewistischen Wühlarbeit") ebenso hervorgehoben wurde wie die zwischen Juden und Kapitalisten (etwa mit dem Begriff von der „Geldplutokratie"). „Der Jude" war im verschwörungstheoretischen Verständnis der Nationalsozialisten beides:

Kommunist und Kapitalist. Die Diskriminierung der Juden – in Deutschland lebten etwa 500.000, die, engagiert u. a. in der Wirtschaft, Wissenschaft und Kultur, häufig gutsituiert waren – setzte unmittelbar nach den ersten Maßnahmen zur Sicherung der Alleinherrschaft ein. Am 1. April 1933 gab es den (später wieder aufgehobenen) „Boykott jüdischer Geschäfte" („Kauft nicht bei Juden"), der mit antideutscher Propaganda gerechtfertigt wurde. Bereits 1933 mussten viele Juden aus dem öffentlichen Dienst ausscheiden (geregelt im „Gesetz zur Wiederherstellung des Berufsbeamtentums" vom 7. April), ausgenommen die Teilnehmer am Ersten Weltkrieg. Symbolisiert durch die Bücherverbrennung am 10. Mai 1933 in einigen Universitätsstädten, folgte die weitgehende Verdrängung der Juden aus dem „Kulturleben", wo sie eine große Rolle gespielt hatten. Von 1935 an durften nur noch „Arier" Wehrdienst leisten. Das „Reichsbürgergesetz", das zwischen „arischen Reichsbürgern" und (benachteiligten) „Staatsangehörigen" unterschied, und das „Gesetz zum Schutz des deutschen Bluts und der deutschen Ehre", das die „Mischehe" ebenso untersagte wie Geschlechtsverkehr zwischen „Ariern" und „Nichtariern" („Rassenschande"), jeweils vom 15. September 1935, stellten weitere Einschnitte der Entrechtung dar. Gegen diese „Nürnberger Gesetze" war die im September 1933 ins Leben gerufene „Reichsvertretung der deutschen Juden" (ab 1935 „Reichsvertretung der Juden in Deutschland"; ab 1939 „Reichsvereinigung der Juden in Deutschland") machtlos. Ihre zahlreichen Konzessionen gegenüber dem Dritten Reich (und durch ihre Kollaboration mit ihm), um dieses „milde" zu stimmen, brachte Juden im Ausland gegen sie auf. Einschlägige Vorschriften zu den Gesetzen zielten auf eine allmähliche Ausschaltung der jüdischen Bevölkerung aus dem öffentlichen und dem wirtschaftlichen Leben. Die „Arisierung" jüdischer Unternehmen schritt voran.

Die maßgeblich von Joseph Goebbels initiierte „Reichskristallnacht", der Begriff entstammt dem Berliner Volksmund, vom 9. November 1938 (nach dem Attentat eines jungen polnischen Juden auf den deutschen Gesandtschaftsrat Ernst vom Rath in Paris, mehr Vorwand als Grund) forderte fast 100 Todesopfer im ganzen Land. Es gab Massenverhaftungen, Plünderungen von Geschäften, Zerstörungen vieler Synagogen und Verwüstungen jüdischer Friedhöfe. Durch solche Aktionen sahen sich viele Juden genötigt, ihre Heimat zu verlassen. Mit dem 1. September 1939 waren jüdische Bürger verpflichtet, den „gelben Stern" zu tragen.

Der Plan, sie nach Madagaskar zu „verfrachten", wurde nach Kriegsbeginn ebenso nicht weiter verfolgt wie der Plan, sie in einem „Reservat" im Osten „zusammenzupferchen". Unterstützte der nationalsozialistische Staat zunächst die Emigration (über die Hälfte war mehr oder weniger unfreiwillig ausgewandert), so erließ die Reichsregierung am 23. Oktober 1941 ein Auswanderungsverbot für deutsche Juden, das kaum mehr zu unterlaufen war.

Mit dem Krieg ging die Drangsalierung der Juden in die Phase ihrer Vernichtung über. Aus den annektierten Gebieten Polens wurden sie zunächst in Ghettos deportiert, die im Generalgouvernement lagen. Sie starben dort an Seuchen, an Hunger und an der Mordmaschinerie des SS-Staates. Die sechs Vernichtungslager lagen außerhalb der Reichsgrenze von 1939: in Auschwitz-Birkenau, in Belzec, in Chelmno, in Lublik-Majdanek, in Sobibor und in Treblinka. Die dortigen Tötungen (von 1942 bis 1944) gingen in die Millionen und betrafen nicht nur Menschen jüdischer Herkunft, sondern auch andere Volksgruppen, etwa Zigeuner. Wer die Zahl der Ermordeten herunter- oder heraufzurechnen sucht, macht die Inhumanität des NS-Systems weder weniger schlimm noch schlimmer, was immer die Absichten sein mögen. Da bereits die Euthanasie-Pläne in Deutschland auf Kritik gestoßen waren, suchten die Nationalsozialisten ihre Vernichtungsaktionen dadurch zu verschleiern, dass sie diese außerhalb des Alt-Reiches vollzogen. In einer verräterischen Rede Heinrich Himmlers vor Reichs- und Gauleitern am 6. Oktober 1943 in Posen hieß es: „Ich darf hier in diesem Zusammenhang und in diesem allerengsten Kreise auf eine Frage hinweisen, die Sie, meine Parteigenossen, alle als selbstverständlich hingenommen haben, die aber für mich die schwerste Frage meines Lebens geworden ist, die Judenfrage. Sie alle nehmen es als selbstverständlich und erfreulich hin, dass in Ihrem Gau keine Juden mehr sind. Alle deutschen Menschen – abgesehen von einzelnen Ausnahmen – sind sich auch darüber klar, dass wir den Bombenkrieg, die Belastungen des vierten und des vielleicht kommenden fünften und sechsten Kriegsjahres nicht ausgehalten hätten, wenn wir diese zersetzende Pest noch in unserem Volkskörper hätten. Der Satz ‚Die Juden müssen ausgerottet werden' mit seinen wenigen Worten, meine Herren, ist leicht ausgesprochen. Für den, der durchführen muss, was er fordert, ist es das Allerhärteste und ganz klar, es sind nur Juden, bedenken Sie aber selbst, wie viele – auch Parteigenossen – ihr berühmtes Gesuch an mich oder irgendeine Stelle gerichtet haben, in dem es hieß, dass selbstverständlich alle Juden Schweine seien, dass bloß der Soundso ein anständiger Jude sei, dem man nichts tun dürfe. Ich wage zu behaupten, dass es nach der Anzahl der Meinungen mehr anständige Juden in Deutschland gegeben hat als überhaupt nominell vorhanden waren."[7] Verräterisch ist die Aussage insofern, als Himmler damit indirekt seine Zweifel an der Vernichtungsbereitschaft der „normalen" Deutschen gegenüber Juden zum Ausdruck bringt. In den weiteren Ausführungen stand Himmler nicht an, eine Begründung für die Ermordung jüdischer Frauen und Kinder zu liefern: „Ich habe mich entschlossen, auch hier eine ganz klare Lösung zu finden. Ich hielt mich nämlich nicht für berechtigt, die Männer auszurotten – sprich also, umzubringen oder umbringen zu lassen – und die Rächer in Gestalt der Kinder für unsere Söhne und Enkel großwerden zu lassen"[8] – als gäbe es keine Nichtjuden, die dies sühnen würden.

Juden mussten – als „objektive Feinde" (Hannah Arendt) – wegen ihres Seins sterben, nicht wegen ihres Tuns. Die Nationalsozialisten richteten ihre Vernichtungspolitik nicht nur gegen sie, sondern auch gegen anderes „lebensunwertes Leben", so gegen Menschen mit geistiger und körperlicher Behinderung. Im April 1943 verloren die noch im Reich lebenden Juden, die als „fünfte Kolonne" galten, die deutsche Staatsangehörigkeit. Das bedeutete in vielen Fällen den Tod. Ein schriftlicher „Führerbefehl" Hitlers zur Ermordung der europäischen Juden ist niemals aufgetaucht, und ein mündlicher ist nicht glaubhaft überliefert. Wer daraus schließt, die Judenvernichtung sei ohne oder gar gegen Hitlers Willen vonstatten gegangen, verkennt die auf Hitler zentrierte Herrschaftsstruktur im Dritten Reich. Offenbar wollte der „Führer" damit nach außen nicht in Verbindung gebracht werden. Die von Reinhard Heydrich, dem Chef des Reichssicherheitshauptamtes, im Januar 1942 geleitete „Wannseekonferenz" erörterte zwar die „Judenfrage", fasste aber keinen förmlichen Beschluss zur „Endlösung".

So sehr die Tatsache des Judenmordes unbestritten ist, so sehr gibt es in diesem Zusammenhang nach wie vor eine Reihe von Kontroversen. Das darf bei einem solchen, die menschliche Vorstellungskraft sprengenden Vernichtungsvorgang nicht verwundern. Eine wichtige wissenschaftliche Streitfrage[9] sei erwähnt: Die Vernichtung der Juden folgte offenkundig einem exakt ausgearbeiteten Plan. In dem Moment, in dem Hitler eine Möglichkeit sah, wurde dieser umgesetzt. Er habe vor dem Reichstag am 30. Januar 1939, dem sechsten Jahrestag seiner Machtübernahme, folgende Drohung in die Welt hinausposaunt: „Wenn es dem internationalen Finanzjudentum in und außerhalb Europas gelingen sollte, die Völker noch einmal in einen Weltkrieg zu stürzen, dann wird das Ergebnis nicht die Bolschewisierung der Erde und damit der Sieg des Judentums sein, sondern die Vernichtung der jüdischen Rasse in Europa."[10] Auf solchen und ähnlichen Aussagen basiert die Position der „Intentionalisten". Für „Funktionalisten" hingegen war dies eine Metapher, kein Entschluss zum Judenmord: Die Judenvernichtung ergab sich sukzessive, war Folge einer „kumulativen Radikalisierung" (Hans Mommsen). Die Deportationen von Juden führten zu ihrer Ghettoisierung. Die schnell überfüllten Ghettos lösten chaotische Verhältnisse aus, zumal dann, als der Russlandfeldzug ins Stocken geraten war. Das Kompetenzchaos begünstigte die immer stärkere Ausgrenzung von Juden und schließlich deren massenhaften Tod. Diese Position, die die Verantwortung Adolf Hitlers keineswegs leugnet, verfügt über bessere Argumente. Insofern verliert die unterschiedlich beantwortete Frage an Gewicht, wann sich der Entschluss zur Vernichtung vollzog. „Wahrscheinlich muss man sich eher eine Reihe von aufeinander aufbauenden Ermächtigungen vorstellen. Gleichwohl liefen diese, zusammengenommen, auf den Beschluss hinaus, die Existenz der Juden in Europa zu beenden. Das heißt, sie fügten sich zusammen zu einer Entscheidung, wenn auch zu einer, die aus Einzelteilen bestand."[11]

Der Krieg war eine wichtige Voraussetzung für die Vernichtungsaktionen. Dieser Umstand macht sie nicht weniger schlimm, wohl aber erklärbar. Welche Position man in dem Streit zwischen „Intentionalisten" und „Funktionalisten", der nicht nur die Frage der „Endlösung" betrifft, sondern die Intention des Dritten Reiches insgesamt umfasst, auch immer einnimmt: Dieses Problem sollte, sofern möglich, wissenschaftlich geklärt, jedoch nicht moralistisch im Sinne apologetischer Vorwürfe aufgeladen werden. Weder wollen die „Intentionalisten" die Rolle der deutschen Bevölkerung weißwaschen (weil Hitler alles bestimmt habe) noch die „Funktionalisten" die Verantwortlichkeit der NS-Führung verharmlosen (weil den Mordaktionen keine Befehle von oben zugrundelägen). Es besteht wohl kein Zweifel daran, die Judenvernichtung entsprach weniger ökonomischen und militärischen Gesichtspunkten als vielmehr ideologischen.

Die Hoffnung Hitlers auf einen Zerfall der alliierten Koalition, in der Tat ein Bündnis mit höchst unterschiedlichen, ja gegensätzlichen Interessen, blieb unerfüllt – im Gegenteil. Konflikte zwischen den Westmächten und der Sowjetunion wurden angesichts des gemeinsamen Feindes zurückgestellt oder mit dilatorischen Formelkompromissen übertüncht. Die am 14. August 1941 an Bord eines britischen Schlachtschiffes verabschiedete Atlantikcharta, eine aus acht Punkten bestehende Erklärung des amerikanischen Präsidenten Franklin D. Roosevelt und des britischen Premierministers Winston Churchill, sah u. a. den Verzicht auf Annexionen vor und zielte insbesondere auf Deutschland. Einige der Prinzipien flossen 1945 in die Charta der Vereinten Nationen ein. Auf der Konferenz in Casablanca (14. bis 26. Januar 1943) verständigten sich Roosevelt und Churchill auf die bedingungslose Kapitulation Deutschlands, Italiens und Japans. Die Sowjetunion schloss sich dieser Forderung bald an. Dies blieb in der Folge unverändert. Aussicht auf einen separaten Friedensvertrag nach Maßgabe des Brest-Litowsker Friedens vom 3. März 1918 gab es nicht.

Auf den Konferenzen in Teheran (28. November bis 1. Dezember 1943) und Jalta (4. bis 11. Februar 1945) hatten sich die „Großen Drei" (Roosevelt, Stalin und Churchill) getroffen, um über das künftige Schicksal Deutschlands zu beraten. Dieses sollte „entnazifiziert" und in Besatzungszonen aufgeteilt werden. Das Sicherheitsbedürfnis vor Deutschland war groß. Was die Frage der deutschen Einheit betraf, so ging mit den Konferenzen eine gewisse Wendung einher. Waren die Alliierten in Teheran noch von einer Zerstückelung der Reiches ausgegangen, ohne diese festzuschreiben, so hatte sich die Situation in Jalta geändert: Die Sowjetunion und die USA neigten nun dazu, an der Einheit des Landes festzuhalten. Der Kampf um das ganze Deutschland war zu einem Zeitpunkt entbrannt, als die Kapitulation zwar absehbar war, aber noch bevorstand. Episode blieb der nach dem amerikanischen Finanzminister benannte Morgenthau-Plan von 1944, der allerdings niemals in einem offiziellen Dokument der amerikanischen Außenpolitik auftauchte, wie die nationalsozialistischen Machthaber der deutschen Bevölkerung weiszumachen suchten, um letzte Energien und Abwehrkräfte zu mobilisieren. Er sah eine Zerstückelung Deutschlands und Zerstörung seiner Industrie vor, damit von deutschem Boden nicht erneut ein Krieg entfacht werden könne. Ein solcher Karthago-Frieden blieb aus.

Rund 50 Millionen Menschen ließen ihr Leben im Zweiten Weltkrieg. Unter den Toten gab es, ganz im Unterschied zum Ersten Weltkrieg, etwa doppelt so viele Zivilisten wie Soldaten. Die Verluste und die Zerstörungen durch den „totalen Krieg" waren ohne Beispiel. Bis zuletzt wurde das Dritte Reich fanatisch verteidigt. Die auf beiden Seiten besonders verlustreiche „Schlacht um Berlin" dauerte 14 Tage und endete am 2. Mai 1945. Im „Endkampf", der zu einem „Endsieg" führen sollte, wurden Jugendliche „verheizt". Der Flakhelfer ist bis heute eine sinnbildliche Figur für die Tragik dieser Generation.

Noch bevor die Wehrmacht kapituliert hatte, landete die „Gruppe Ulbricht" am 30. April, dem Tag von Hitlers Selbstmord, auf deutschem Boden, um im Sinne der sowjetischen Machthaber – namentlich Stalins – Weichen zu stellen.[12] Das jüngste Mitglied dieser Gruppe, Wolfgang Leonhard, der sich später vom Kommunismus lossagen sollte, schilderte erhellend die auf Unterdrückung Andersdenkender ausgerichtete Strategie Walter Ulbrichts und seiner Gefolgsleute.[13] Ein Beispiel: „Es muss demokratisch aussehen, aber wir müssen alles in der Hand haben."[14] Die Ablehnung in den Zielen zwischen Nationalsozialisten und Kommunisten schloss Nähe in den Methoden nicht aus. Zunächst jedoch suchten die Kommunisten ein Einvernehmen mit den Westmächten, das nicht von langer Dauer war.

Den Westalliierten war unter dem neuen amerikanischen Präsidenten Harry S. Truman klar geworden, Stalin suchte seinen Einfluss immer weiter in Richtung Westen auszudehnen. Dieser hatte sich, was etwa Polen betraf, nicht an die Abmachungen von Jalta gehalten. Gegenüber Milovan Djilas, dem Stellvertreter Titos in Jugoslawien, hatte er kurz vor Kriegsende die eigene Position unmissverständlich erklärt: „Dieser Krieg ist nicht wie in der Vergangenheit; wer immer ein Gebiet besetzt, erlegt ihm auch sein eigenes gesellschaftliches System auf. Jeder führt sein eigenes System ein, soweit seine Armee vordringen kann. Es kann gar nicht anders sein."[15]

5.2. Verlauf und Phasen

8. Mai 1945. Deutschland musste bedingungslos kapitulieren. Am 7. Mai 1945, 2.41 Uhr, unterzeichnete Generaloberst Alfred Jodl im Auftrag des mit Wirkung vom 1. Mai 1945 eingesetzten Staatsoberhaupts Karl Dönitz die Kapitulationsurkunde im Hauptquartier Eisenhowers (Reims). Alle Kampfhandlungen sollten ab dem 8. Mai (23.01 Uhr) ruhen. Obwohl die Kapitulationserklärung in Reims auch gegenüber dem Oberkommando der Sowjettruppen ausgesprochen wurde, bestand Stalin auf einer erneuten deutschen Kapitulation, weil diese nur in verkürzter Form erfolgt war – gegenüber dem bereits 1944 aufgesetzten Text – und weil nicht alle Repräsentanten der drei Wehrmachtsteile unterzeichnet hatten. Am 9. Mai, kurz nach Mitternacht (0.16 Uhr), wiederholte Generalfeldmarschall Wilhelm Keitel (neben Generaladmiral Hans-Georg von Friedeburg als Vertreter der Kriegsmarine und Generaloberst Hans-Jürgen Stumpff von der Luftwaffe) daher die Zeremonie im Hauptquartier der Roten Armee (Berlin-Karlshorst) gegenüber Marschall Georgi K. Schukow, dem Chef der Roten Armee. Am Datum der Kapitulation (8. Mai, 23.01 Uhr) änderte sich nichts. Der erste Abschnitt lautete wie folgt: „Wir, die hier Unterzeichneten, handelnd in Vollmacht für und im Namen des Oberkommandos der Deutschen Wehrmacht, erklären hiermit die bedingungslose Kapitulation aller am gegenwärtigen Zeitpunkt unter deutschem Befehl stehenden oder von Deutschland beherrschten Streitkräfte auf dem Lande, auf der See und in der Luft gleichzeitig gegenüber dem Obersten Befehlshaber der Alliierten Expeditionsstreitkräfte und dem Oberkommando der Roten Armee."[16] Das Deutsche Reich, fortan Objekt der Alliierten, besaß nun keine Souveränität mehr. Adolf Hitler hatte am 30. April 1945 im „Führerbunker" Suizid begangen, und der von ihm eingesetzte Reichspräsident Dönitz wurde zusammen mit der geschäftsführenden Reichsregierung unter Graf Schwerin von Krosigk am 23. Mai 1945 in Flensburg verhaftet.

Der Einschnitt war fundamentaler Natur. Auch wenn Heinrich August Winkler, von dem das folgende Zitat stammt, den Reichsmythos überzeichnet, so besteht kein Zweifel an dem Epochenbruch für Deutschland und die Welt: „Der 8. Mai 1945 bedeutete nicht nur das Ende der nationalsozialistischen Diktatur, sondern sehr viel mehr: das

Ende des Deutschen Reiches, des 1871 von Bismarck geschaffenen, stark von Preußen geprägten ersten deutschen Nationalstaates, und das Ende des noch viel älteren Mythos, der sich um die universale, ja heilsgeschichtliche Sendung des Heiligen Römischen Reiches Deutscher Nation rankte – eines Gebildes, das stets etwas Anderes und mehr hatte sein wollen als ein Nationalstaat unter anderen. Mit dem zweiten und dem ‚Dritten Reich' ging also auch der Ideennebel unter, der die Deutschen mit ihrem ersten Reich verband."[17] Anders als nach dem Ersten Weltkrieg konnte es angesichts der nicht nur militärischen, sondern auch moralischen Niederlage keine neue „Dolchstoßlegende" geben. Deutschland, dessen Städte weithin in Schutt und Asche lagen, war 1945 eine „Zusammenbruchgesellschaft".[18] Es zeigte durch die Bombardierungen und Bodenkämpfe ein Bild der Verwüstung. Das gilt für alle Bereiche des täglichen Lebens – wirtschaftlich, politisch, kulturell. Die „Trümmerfrauen" stehen symbolhaft für den Beginn des allmählichen Wiederaufbaus unter schwierigen Bedingungen.

Nach der bedingungslosen Kapitulation übernahmen die Alliierten USA, UdSSR, Großbritannien und Frankreich am 5. Juni 1945 die oberste Regierungsgewalt in Deutschland. Die vier alliierten Oberbefehlshaber bildeten in Berlin den Alliierten Kontrollrat, der seine Entscheidungen einstimmig treffen sollte. Deutschland wurde in vier Besatzungszonen aufgeteilt. Berlin erhielt als Sondergebiet einen Viermächtestatus. Die „Viersektorenstadt" sollte von den Alliierten gemeinsam verwaltet werden. Dafür zogen sich die amerikanischen Truppen in den ersten Julitagen aus den eroberten Teilen von Sachsen und Thüringen zurück.

Zunächst herrschte wenigstens äußerlich Einvernehmen zwischen den Alliierten, so z. B. in der Frage der Bestrafung der Verbrechen des Nationalsozialismus. Verantwortliche sollten zur Rechenschaft gezogen werden. Dies geschah u. a. im Nürnberger Prozess vor dem Internationalen Militärtribunal und in zwölf Nachfolgeprozessen vor amerikanischen Militärgerichten (1946–1949).[19] Der „Jahrhundert-Prozess" (Bradley F. Smith) vom November 1945 bis Oktober 1946 gegen die Hauptkriegsverbrecher endete mit zwölf Todesurteilen wegen der Verbrechen gegen den Frieden, der Kriegsverbrechen und der Verbrechen gegen die Menschlichkeit. Hitler, Goebbels und Himmler hatten sich ihrer Verantwortung durch Selbsttötung entzogen; Robert Ley beging kurz vor Beginn des Prozesses Selbstmord, Hermann Göring unmittelbar vor der

Vollstreckung des Todesurteils. Der Leiter der Parteikanzlei Martin Bormann erhielt in Abwesenheit die Todesstrafe. Bei der Potsdamer Konferenz im Schloss Cecilienhof (17. Juli bis 2. August 1945) verständigten sich die „großen Drei" (Harry S. Truman, Josef Stalin und Winston Churchill sowie Clement Attlee nach der Wahlniederlage des konservativen Premierministers) auf wesentliche Grundsätze. Von einer Teilung Deutschlands war zwar nicht die Rede, aber zugleich hieß es, bis auf weiteres solle keine Zentralregierung gebildet werden. Frankreich, das nicht beteiligt war, stimmte mit gewissen Vorbehalten den Beschlüssen zu. In jener Zeit blieben die politisch entmachteten Deutschen angesichts der blutigen Niederlage und der verheerenden Hinterlassenschaft des Dritten Reiches Spielball der alliierten Politik. Schon früh traten Risse im Zweckbündnis der Alliierten auf, etwa bei dem sich etablierenden Parteiensystem. In allen vier Besatzungszonen (und der Viersektorenstadt Berlin) ließen sie die kommunistische, die sozialdemokratische, die christlich-demokratische und die liberale Partei zu. Doch in der Sowjetzone wurde schnell der Pluralismus eingeschränkt und dann beseitigt.

Die Regierungschefs der siegreichen Mächte konnten sich, wichtige Probleme von vornherein ausklammernd, wohl auf bestimmte Grundsätze wie die „5 Ds" (Demokratisierung, Denazifizierung, Demilitarisierung, Dezentralisierung, Deindustrialisierung) einigen, doch bargen diese Konfliktstoff, da die sich als höchst ausdeutungsfähig erwiesen und sie entsprechend unterschiedlich interpretiert wurden. Die wichtigsten Bestimmungen des meist als „Potsdamer Abkommen" bezeichneten Abschlusskommuniqués bezogen auf Deutschland lauten:

- Deutschland soll völlig abgerüstet und entmilitarisiert werden. Die NSDAP mit allen angeschlossenen Gliederungen und Unterorganisationen ist zu zerschlagen. Die Umgestaltung des deutschen politischen Lebens hat auf demokratischer Grundlage vor sich zu gehen.
- Kriegsverbrecher sind zu verhaften. Personen, die den alliierten Zielen feindlich gegenüberstehen, sollen aus öffentlichen Ämtern und von verantwortlichen Posten in wichtigen Privatunternehmen entfernt werden.
- Die deutsche Verwaltung wird dezentralisiert, eine zentrale deutsche Regierung bis auf weiteres nicht errichtet. Demokratische politische Parteien sind zuzulassen; die lokale Selbstverwaltung ist wiederherzustellen.

- Deutschland soll als eine ökonomische Einheit betrachtet werden. Besonders die Entwicklung der Landwirtschaft und der Friedensindustrie ist zu fördern. Die Reparationen dürfen nicht eine solche Höhe annehmen, dass sie Deutschlands Lebensfähigkeit bedrohen.
- Die bisher deutschen Gebiete jenseits der Oder-Neiße-Linie werden vorbehaltlich einer friedensvertraglichen Regelung teils der Verwaltung der Sowjetunion, teils der Verwaltung Polens unterstellt.[20]

Der Westverschiebung der Sowjetunion folgte damit eine Westverschiebung Polens. Das war eine Konzession der Westmächte an die Sowjetunion, die wiederum in der Frage der Reparationen nachgab: Die Vereinbarung, wonach jede Besatzungsmacht sich innerhalb ihrer Zone „bedienen" könne, präjudizierte in gewisser Weise die Teilung Deutschlands. Die politischen Rücksichtnahmen zwischen den Siegern, wie sie es in Potsdam noch gab, ließen bald nach.

Ähnlich wie 1933 bedeutete das Jahr 1945 für die Parteien – und nicht nur für sie – eine tiefe Zäsur. Man kann in der Tat von einer „Stunde Null" sprechen, wiewohl es etwa durch Kooperation im Widerstand schon vor 1945 Überlegungen für die Zukunft gegeben hatte. Verschwand die NSDAP nach 1945 gleichsam vom Erdboden, so kam den anderen Parteien – paradoxe Ironie der Geschichte – ihre radikale Ausschaltung im Jahre 1933 zugute. „Nur" der Makel der Zustimmung zum „Ermächtigungsgesetz" lastete auf den „bürgerlichen" Parteien, während andere Organisationen und Institutionen in mannigfache Verstrickung geraten waren. „Es ist für die Entwicklung des Bonner Staates und seines parlamentarischen Systems von gar nicht hoch genug einzuschätzender Bedeutung, dass einzig die politischen Parteien von diesem Korruptionsprozess ausgenommen blieben. [...] Ob zu Recht oder nicht – die Parteien konnten nach 1945 den Eindruck erwecken, sie seien von Anfang an verfolgt gewesen."[21] Die Parteien mussten nicht die Verantwortung für das Geschehene übernehmen. Insofern unterschied sich die Ausgangslage völlig von der nach dem Ersten Weltkrieg. Das gilt noch in anderer Hinsicht: Im Gegensatz zu damals traten die westlichen Besatzungsmächte – weniger die Franzosen – angesichts des neuen Ost-West-Konflikts sehr bald nicht mehr als Gegner der Deutschen auf. Die Besetzung Deutschlands durch die Amerikaner verlief anders – weitaus milder

– als die durch die Russen. Vielen Deutschen lag u. a. deshalb daran, die Kapitulation nicht unter sowjetischer Herrschaft erleben zu müssen.

Die Besetzung durch die Russen ging mit Gewaltorgien einher. Sie zahlten den Deutschen heim, was diese in größerer Dimension angerichtet hatten. Der Frieden lief in der sowjetischen Besatzungszone nicht friedlich ab. Niemand förderte den Antikommunismus so sehr wie der Kommunismus, der durch seine Widerstandsaktivitäten zunächst Prestige gewonnen hatte. Der Antifaschismus erwies sich als Lebenslüge, als Tarnvokabel für kommunistische Hegemonie. Wer die ideologische Brille ablegte, konnte dies erkennen. Der Feind des bezwungenen Feindes war kein Freund der Demokratie, nicht nur wegen der durch die Deutschen erlittenen Demütigungen, sondern auch wegen der auf Unterdrückung angelegten sowjetischen Machtpolitik. Was der SBZ widerfuhr, war in den von der Sowjetunion eingenommenen Ländern nicht anders. Sie mutierten schnell zu Satellitenstaaten.

Der Systemwechsel des Jahres 1945, ausgelöst durch das gewaltsame Ende der NS-Diktatur, bedeutete für den größeren Teil Deutschlands den Beginn freiheitlicher Demokratie, für den anderen eine kommunistische Diktatur. Auf deutschem Boden entstanden damit zwei höchst unterschiedliche Gesellschaftsordnungen. Der Nationalsozialismus, der bezwungene Feind, spielte hier wie dort über Nacht keine Rolle mehr. Nun wollten fast alle Widerstandskämpfer gewesen sein oder doch zumindest Schlimmeres verhütet haben. Um sich und andere weißzuwaschen, wurden in den Entnazifizierungsverfahren „Persilscheine" ausgestellt.

In den westlichen Besatzungszonen knüpften die Parteien zum Teil an frühere Traditionen an, zum Teil gab es einen Neubeginn. „Die Parteien und das Parteiensystem sind älter als die Bundesrepublik selbst, denn die Gründungsdaten der Parteien, die die ‚Bonner Parteiendemokratie' am meisten geprägt haben und noch immer verkörpern, liegen in den Jahren 1945/46. Die Parteien waren vor der Staatsgründung da, und die parteipolitische Vorgeschichte der Bundesrepublik ist ein wesentlicher Teil der späteren staatlichen Gründungsgeschichte."[22] Die alte Fehde zwischen Kommunisten und Sozialdemokraten brach wieder auf, und bald herrschte zwischen ihnen offene Feindschaft. Die Liberalen vereinigten sich – im Gegensatz zur Vergangenheit – in einer Partei, zunächst unter verschiedenen Parteinamen (DVP, LDP). Erst im

Dezember 1948 schlossen sich in Heppenheim die liberalen Landesverbände zur FDP zusammen, womit die traditionellen Konflikte zwischen der „national-liberalen" und der „links-liberalen" Richtung keineswegs aufgehoben waren. Die CDU und die CSU (in Bayern) waren hingegen Neugründungen, die freilich ältere Traditionen fortführten. Es ging den Gründungsvätern der Union um die Schaffung einer christlich-überkonfessionellen Partei. Sie wollten das Manko der ausschließlich auf den katholischen Bevölkerungsteil orientierten Zentrumspartei überwinden. Erst im Oktober 1950 kam es in Goslar auf dem ersten Bundesparteitag der CDU zum Zusammenschluss der Landesverbände, während sich die stärker föderalistisch ausgerichtete bayerische CSU bereits im Oktober 1945 in Würzburg konstituiert hatte.

Schon in den Jahren zwischen 1945 und 1949 erlangten die Parteien unter Oberaufsicht der westlichen Alliierten beträchtlichen Einfluss. Im Gegensatz zur Entwicklung nach dem Ersten Weltkrieg besetzten sie in den Westzonen wichtige Stellen in der Bürokratie neu, wenn auch Wilhelm Hennis' Hinweis auf die „Kameraderie der Parteileute" etwas überzogen klingen mag, wiewohl einer „Fachmannsideologie" durch die Patronage-Politik der Parteien der Boden entzogen war. Die Landtagswahlen 1946/47 ließen angesichts der regional höchst unterschiedlichen Wahlergebnisse noch keine klare Einschätzung über die Stärke der Parteien zu. Damals entstanden gemäß verbreitetem Konkordanzdenken in den Ländern zunächst Allparteienregierungen, selbst unter Einschluss der Kommunisten, die allerdings mit der Zuspitzung des Ost-West-Konflikts spätestens 1948 aus den Kabinetten ausschieden. Die Union schnitt als neue Partei – für viele überraschend – geringfügig besser ab als die alte SPD. Beide erreichten bei den Landtagswahlen zusammen mehr als 70 Prozent der Stimmen und entsandten in den Parlamentarischen Rat, der das Grundgesetz ausarbeiten sollte, je 27 von insgesamt 65 Mitgliedern.

Allerdings konnte bei der notorischen Buntscheckigkeit des früheren deutschen Parteiensystems dessen spätere Stabilität in der Bundesrepublik keineswegs vorausgesehen werden, so „strukturbestimmend" die gleich nach 1945 einsetzende „Kanalisierung" auch gewesen sein mag. Zu unsicher war die Zukunft angesichts der Zerstörungen, der Millionen von Flüchtlingen und Vertriebenen, des materiellen Elends und der Arbeitslosen. Zwar gaben die Landtagswahlen 1946/47 Anlass zu Optimismus, zumal rechtsextremistische Parteien von ihnen ausgesperrt blieben. Nach der Bundestagswahl 1949 schien sich – ein heute fast vergessener Sachverhalt – das Parteiensystem aufzusplittern, zumal der Lizenzierungszwang inzwischen aufgehoben war.

Völlig anders verlief die Entwicklung der Parteien in der sowjetisch besetzten Zone. Schon frühzeitig ließ die Sowjetische Militäradministration (SMAD) in ihrem Befehl Nr. 2 vom 10. Juni 1945 die Bildung von Parteien zu (KPD, SPD, CDU, LDPD). Hatte es kurzfristig den Anschein erweckt, als würden die Kommunisten einen eigenständigen (deutschen Weg) zum Sozialismus einschlagen, so trat bald der Versuch der Monopolisierung der politischen Willensbildung zutage. Die Zwangsvereinigung von KPD und SPD am 21./22. April 1946 zur Sozialistischen Einheitspartei Deutschlands (SED) symbolisierte den Prozess der Gleichschaltung im kommunistischen Sinne. Nach den Landtagswahlen vom Herbst desselben Jahres mit zahlreichen Wahlbehinderungen und Benachteiligungen für die bürgerlichen Parteien – gleichwohl erhielt die SED nirgendwo die absolute Mehrheit der Stimmen, überall jedoch eine deutliche relative Mehrheit (von 43,9 Prozent in Brandenburg bis zu 49,5 Prozent in Mecklenburg) – verzichtete die politische Führung der SED hinfort auf demokratische Wahlen. „Einheitslisten" prägten künftig das Wahlgeschehen. Dem steht die Gründung der Demokratischen Bauernpartei Deutschlands (DBD) und der Nationaldemokratischen Partei Deutschlands (NDPD) – beide 1948 – nicht entgegen. Denn diese „Retortenprodukte der Kommunisten" (Peter Joachim Lapp) sollten zur Integration von Bauernschaft und ehemals nationalsozialistisch orientierten Kräften in das kommunistische System beitragen. Innerhalb weniger Jahre ging auch eine weitgehende Gleichschaltung der CDU und der LDPD vonstatten. Als die DDR 1949 entstand, hatte die SED ihr Herrschaftsmonopol bereits gesichert.

Die SED wurde 1948 zur „Partei neuen Typus" umfunktioniert. Die Währungsreformen und die Berlin-Blockade bildeten Marksteine auf dem Weg der Teilung Deutschlands. Der DDR fehlte von Anfang an demokratische Legitimität. Die gesellschaftliche und politische Gleichschaltung schritt auf den verschiedenen Gebieten schnell voran.[23] Massenorganisationen wie der Freie Deutsche Gewerkschaftsbund übernahmen eine wichtige Funktion bei der gesellschaftlichen Umgestaltung im Sinne der SED. Dabei erwies sich die Formel des „Antifaschismus" als gut geeignet, um Anhänger zu sammeln. Antifaschismus sollte für eine humanistische Orientierung nach der NS-Diktatur stehen; tatsächlich diente er der Legitimation für die Nichtzulassung pluralistisch-demokratischer Verhältnisse. Die These, die Sowjetunion Stalins habe keine kommunistische DDR gewollt, ist mangels Beweiskraft unhaltbar.[24] Bereits die Entstehung der DDR besagt etwas anderes. Die SED war von Anfang an abhängig von der Sowjetunion,[25] diese nicht abhängig von jener.

Sehr bald war der folgende Sachverhalt unübersehbar: Die Zusammenarbeit der Alliierten hatte lediglich auf einem Zweckbündnis zur Abwehr des nationalsozialistischen Aggressors beruht. Nach dem Sieg über das NS-System verschoben sich die Konfliktfronten: Für die Weltpolitik und insbesondere für das Entstehen zweier Staaten auf deutschem Boden erwies sich der Ost-West-Gegensatz als bestimmend. Die ideologischen und machtpolitischen Konflikte zwischen den westlichen Alliierten einer- und der Sowjetunion andererseits wurden bis Ende 1945 zunächst nur allmählich, ab 1946 jedoch verstärkt deutlich.

Die Sowjetunion nutzte das Machtvakuum nach dem Zweiten Weltkrieg in Mitteleuropa und errichtete in einer Reihe osteuropäischer Länder gefügige und ideologisch mit ihr übereinstimmende Systeme. Unabhängig davon, ob die sowjetische Aggressionspolitik auf Expansionsdrang beruhte oder, angesichts des amerikanischen Atomwaffenmonopols, lediglich der Sicherung des eigenen Machtbereiches diente, lässt sich nicht die Notwendigkeit für die USA übersehen, der sowjetischen Politik Widerstand zu leisten. Truman, weniger in Illusionen gegenüber den sowjetischen Absichten verhaftet als sein Vorgänger Roosevelt, gab allmählich die Politik der Kooperation auf; in einer Botschaft an den Kongress verkündete er im März 1947 seine berühmte „Truman-Doktrin", der zufolge der sowjetische Einfluss fortan eingedämmt werden sollte („Containment"). Dafür ausschlaggebend war u. a. die Entwicklung in der sowjetischen Besatzungszone Deutschlands, wo die Sowjetunion vor den Augen der Amerikaner begonnen hatte, „vollendete Tatsachen" zu schaffen. Die Sowjets „waren in jeder Hinsicht eine Kolonialmacht, welche die im besetzten Deutschland vorhandenen Kräfte dazu nutzte, sowohl ihre inneren als auch ihre äußeren Sicherheitswünsche befriedigend zu lösen."[26] Die Sowjetunion blieb eine Besatzungsmacht, die USA avancierte zunehmend zu einer Schutzmacht.

Wurde in der SBZ der Pluralismus unmittelbar nach seiner Wiederkehr beseitigt, so lebte er in den Westzonen auf.[27] Diese schlossen sich zunächst zur Bizone (Januar 1947), später zur Trizone (April 1949) zusammen. In dem Karnevalsschlager aus dem Jahre 1948 „Wir sind die Eingeborenen von Trizonesien" kommt anschaulich die damalige Identitätsproblematik zum Ausdruck. „Ein kleines Häuflein Diplomaten/ macht heute die große Politik./ Sie schaffen Zonen, ändern Staaten,/ und was ist hier mit uns im Augenblick?"[28] Anders als nach dem Ersten Weltkrieg verstanden sich die Westalliierten als „freundlicher Feind" (Klaus-Dietmar Henke) – nicht zuletzt wegen des Ost-West-Konflikts und aufgrund der historischen Erfahrungen. Angesichts der Verhältnisse in der SBZ ergriffen sie mit den „Frankfurter Dokumenten" die Initiative zur Gründung eines Weststaates. Die westdeutschen Politiker gingen nur widerstrebend darauf ein: Sie wollten keinen Teilstaat auf deutschem Boden. Um den Provisoriumscharakter zu betonen, nannten sie die verfassunggebende Versammlung „Parlamentarischer Rat", die Verfassung „Grundgesetz" und vermieden eine Volksabstimmung über das Verfassungswerk.

Die vom Parlamentarischen Rat, dessen Beschlüsse Vorarbeiten des Herrenchiemseer Konvents (im August 1948) erleichtert hatten, ausgearbeitete Verfassung unterscheidet sich beträchtlich von jener der Weimarer Republik. Es wurde ein rein parlamentarisches System geschaffen und der Dualismus von Präsident und Kanzler beseitigt. Während der Bundespräsident nur repräsentiert (was allerdings nicht seine „stilbildende" Funktion ausschließt!), verfügt der Kanzler über die Richtlinienkompetenz. Der Bundestag kann ihn im Gegensatz zum Reichstag in der Weimarer Republik nur dann stürzen, wenn er mit der Mehrheit seiner Mitglieder einen Nachfolger wählt („konstruktives Misstrauensvotum"). Die Auflösung des Bundestages ist lediglich über eine gescheiterte Vertrauensfrage des Kanzlers möglich. Das föderalistische Prinzip ist stärker als in Weimar verankert worden, allerdings schwächer als im Kaiserreich. Die plebiszitäre Komponente spart das Grundgesetz dagegen nahezu völlig aus. Im Gegensatz zur Weimarer Republik gibt es keine Volkswahl des Präsidenten, keine Volksbegehren und keine Volksabstimmungen (mit Ausnahme bei der Neugliederung der Bundesländer). Das Grundgesetz hat ein betont repräsentatives System errichtet. Vor diesem Hintergrund fällt die Kritik am Sinn des „Mehrheitsprinzips" merkwürdig aus. Schließlich wird vom Grundgesetz die „Mehrheitsregel" ganz und gar nicht verabsolutiert. Konkurrenz- und konkordanzdemokratische Elemente sind gleichermaßen vorhanden. In der Praxis neigt sich die Waagschale zugunsten der Konkordanzdemokratie. So entschied sich der Parlamentarische Rat mehrheitlich wieder für ein Verhältniswahlsystem. Die (landesweite) Fünfprozentklausel ist erst danach ins Wahlgesetz eingefügt worden. Seit 1953 gilt die Fünfprozentklausel bundesweit. Dass das Wahlsystem weithin als „Mischwahlsystem" firmiert, ist eine sich hartnäckig haltende Fehlbezeichnung. Zwar wird die eine Hälfte der Abgeordneten direkt gewählt, doch entscheidet über die Zusammensetzung des Deutschen Bundestages das Proportionalprinzip.

Das Grundgesetz begreift sich zudem als werthafte und wehrhafte Ordnung. Stand in der Weimarer Republik jeder Artikel der Verfassung zur Disposition des Gesetzgebers, so ist nach Art. 79 Abs. 3 GG eine Änderung des Grundgesetzes unzulässig, durch welche die Gliederung des Bundes in Länder, die grundsätzliche Mitwirkung der Länder bei der Gesetzgebung oder die in den Artikeln 1 (Menschenwürde) und 20 (Demokratie-, Rechtsstaats-, Bundesstaats-, Sozialstaats- und Republikprinzip) niedergelegten Grundsätze berührt werden. Dieses „Ewigkeitsgebot" besitzt seine Ergänzung in den Schutzvorkehrungen der Verfassung, die das Prinzip der „streitbaren Demokratie" konstituieren: Vereinsverbot (Art. 9 Abs. 2), Verwirkung von Grundrechten (Art. 18), Parteiverbot (Art. 21 Abs. 2), um nur die wichtigsten zu nennen. Die neue Demokratie sollte (und wollte!) sich besser schützen als die Weimarer Republik, deren Verfassungsväter allzu optimistisch dem Ideal der Volkssouveränität anhingen. In seiner Regierungserklärung von 1949 hatte Konrad Adenauer betont: „Wenn die Bundesregierung so entschlossen ist, dort, wo es ihr vertretbar erscheint, Vergangenes sein zu lassen, in der Überzeugung, dass viele für subjektiv nicht schwerwiegende Schuld gebüßt haben, so ist sie andererseits doch unbedingt entschlossen, aus der Vergangenheit die nötigen Lehren gegenüber allen denjenigen zu ziehen, die an der Existenz unseres Staates rütteln, mögen sie nun zum Rechtsradikalismus oder zum Linksradikalismus zu rechnen sein. [...] Wir werden nötigenfalls von den Rechten, die die Gesetze uns geben, entschlossen Gebrauch machen."[29] Es blieb in der Folge nicht bei rhetorischer Markigkeit.

Im Parlamentarischen Rat bestand unter den Parteien große Übereinstimmung. Eine breite Mehrheitsbildung wurde angestrebt und auch erreicht. Weder die Union noch die SPD konnte dem Grundgesetz einseitig ihren Stempel aufdrücken. So ist es durch ein beträchtliches Maß an Offenheit gekennzeichnet, wie dies etwa in den Bestimmungen zur Wirtschafts- und Gesellschaftsordnung zum Ausdruck kommt. Bei der Beurteilung der Tätigkeit des Parlamentarischen Rates darf nicht verkannt werden, dass eine Vielzahl von organisierten Interessen auf die Entscheidungsbildung der Parteien einwirkte – insbesondere die Alliierten, die Ministerpräsidenten der Länder und Interessengruppen. Genannt seien nur die Kirchen, die Gewerkschaften, die Unternehmer und die Flüchtlinge, deren Organisationen übrigens die (von der Union übernommene) Forderung erhoben, gesonderte Wahlkreise einzurichten, damit genügend Repräsentanten von Flüchtlingen ins Parlament einziehen können.

Am 23. Mai 1949 trat das Grundgesetz in Kraft. Der Parlamentarische Rat stimmte nach gut achtmonatiger Arbeit mit 53 gegen 12 Stimmen für seine Annahme. Das Grundgesetz wurde der Bevölkerung nicht zur Abstimmung vorgelegt, dies hatte – wie erwähnt – seinen maßgeblichen Grund in dem Provisoriumscharakter der Verfassung und des neuen Staates überhaupt. Der Vorwurf, die Bundesrepublik weise damit einen „Geburtsfehler" auf und habe es bei ihrer Gründung an demokratischer Legitimität missen lassen, ist formalistisch (er tauchte im Zusammenhang mit der deutschen Einheit in ähnlicher Form wieder auf). Wohl niemand vermochte sich ein derart gut funktionierendes Grundgesetz vorzustellen, wie es die Kritik nach 60 Jahren nahezu einhellig herausgearbeitet hat.[30]

Wer die Zeit von 1945 bis 1949 nach Phasen zu unterteilen versucht, muss strikt zwischen der Entwicklung in der sowjetisch besetzten Zone und den drei Westzonen unterscheiden. Die Sowjetisierung mit Hilfe deutscher Kommunisten schritt in der SBZ schnell voran. Sie war weniger eine Reaktion auf die westliche Politik. Hingegen war diese vor allem eine Reaktion auf die sowjetische Politik, ihren Machtbereich zu sichern. Unabhängig davon: Weder in der SBZ noch in den Westzonen verlief der Prozess so geradlinig, wie dies im Nachhinein den Anschein hat. Anfangs überlagerte Konsens Dissens. In den Westzonen spielten die

Franzosen mit ihrer stärkeren Unnachgiebigkeit gegenüber der Errichtung eines deutschen Staates eine Sonderrolle.

5.3. Ergebnisse und Folgen

Die Herrschaftsgeschichte der DDR bis zum Herbst 1989 zerfällt in zwei lange Phasen.[31] An sie schließt sich eine kurze Periode an: die etwa einjährige Zeit von der friedlichen Revolution bis zur deutschen Einheit. Sind die ersten beiden Phasen ungeachtet mancher zeitweiliger ideologischer Lockerungen durch diktatorische Prinzipien gekennzeichnet, schüttelten im letzten Jahr der DDR die Bürger die ihnen oktroyierte Einparteienherrschaft binnen kurzem ab. Erst der Niedergang des kommunistischen Systems in Europa ermöglichte die Selbstbefreiung von der kommunistischen Diktatur, die Teil dieses Systems war.

In der Ära von Walter Ulbricht, der 1945 aus Moskau zurück gekommen war und 1950 das Amt des Generalsekretärs der SED (ab 1953: Erster Sekretär) übernommen hatte, errichtete die Einheitspartei eine kommunistische Diktatur nach sowjetischem Vorbild. 1952 stand der „planmäßige Aufbau des Sozialismus" an, wie die SED beschlossen hatte. Eine Folge war die Auflösung der Länder und die Bildung von 14 Bezirken. Die Niederschlagung der Volkserhebung vom 17. Juni 1953 verhinderte den Sturz des Systems, die Abriegelungsmaßnahmen am 13. August 1961 mit dem Bau der Mauer bewahrten das Land vor einem inneren Ausbluten und führten zu einer gewissen Stabilisierung, war doch so der „Abstimmung mit den Füßen" die Grundlage entzogen. Die Unzufriedenheit der Bevölkerung hielt freilich an. Die ersten beiden Jahrzehnte der DDR sind gekennzeichnet durch repressive Maßnahmen auf allen Gebieten. Eine vorsichtige Aktion des Bürgers rief eine unnachsichtige Reaktion des Staates hervor. Die DDR war in dieser Phase durch und durch totalitär strukturiert. Jeglicher Pluralismus wurde unterbunden, die Mobilisierung der Bevölkerung erzwungen, die Ideologie des Marxismus-Leninismus propagiert.

Die Ära von Erich Honecker, die von 1971 bis 1989 dauerte, zeichnete sich im Vergleich zur vorherigen Zeit durch eine größere Flexibilität aus. Insofern ist es nicht mehr so einfach, diese Phase als totalitär zu klassifizieren.[32] Nicht, dass die politische Führung den ideologischen Alleinvertretungsanspruch des Marxismus-Leninismus in Frage stellte: Aber durch die Kontakte mit dem Westen war eine gewisse Lockerung unumgänglich geworden, etwa durch das Nachlassen der Massenmobilisierung für „die" Partei oder den Marxismus-Leninismus. Die „Einheit von Wirtschafts- und Sozialpolitik" funktionierte nicht, die DDR lebte immer mehr über ihre Verhältnisse. Der sowjetischen Reformpolitik unter Michail Gorbatschow stand die politische Führung reserviert gegenüber. Sie wusste, eine zu große Liberalität würde die Büchse der Pandora öffnen und damit den eigenen Untergang besiegeln. Innen-, außen- und wirtschaftspolitische Überlegungen zwangen die DDR-Führung in den siebziger Jahren zu einer Kurskorrektur. Die Überwachung durch die flächendeckend operierende Staatssicherheit, die vor „Zersetzungsmaßnahmen" nicht Halt machte, kennzeichnete den entkräfteten DDR-Kommunismus der siebziger und achtziger Jahre.[33] Revolutionärer Überschwang wohnte ihm nicht mehr inne. Die DDR-Führung gewann dadurch aber keineswegs die mehrheitliche Unterstützung der Bevölkerung, wenngleich diese einen bescheidenen ökonomischen Fortschritt wahrzunehmen vermochte. „Wie auch immer die SED die DDR etikettierte, blieb sie doch ein deutscher Teilstaat und konnte keine eigenständige (nationale) Identität herausbilden. Die deutschdeutsche Systemkonkurrenz, die fortbestehenden verwandtschaftlichen und freundschaftlichen Beziehungen führten ebenso wie gemeinsame Traditionsbezüge und Wirtschaftsbeziehungen zu einer ostdeutschen Sonderentwicklung. Errichtung, Entwicklung und Ende der DDR verliefen insoweit im Spannungsfeld von kommunistischem Macht- und Gestaltungsanspruch, sowjetischem Großmachtinteresse und westdeutscher und US-amerikanischer Ost- und Deutschlandpolitik."[34]

Vor dem Zusammenbruch der kommunistischen Parteidiktatur ließ sich manch Westdeutscher beeindrucken – mehr von der Propaganda der DDR als von ihrer Politik. Dies gilt weniger für die Menschen, die dem Herrschaftsapparat der SED unterworfen waren, als für Außenstehende, selbst für DDR-Forscher.[35] Die SED hatte zu Recht kein Vertrauen zur eigenen Bevölkerung. So stellte der 17. Juni 1953 für sie ein beständiges Trauma dar. Am 31. August 1989, als die Flüchtlingswelle über Ungarn die DDR zu destabilisieren drohte, fragte Erich Mielke, der Chef des Ministeriums für Staatssicherheit, einen Obersten ahnungsvoll und bänglich zugleich: „Ist es so, dass morgen der 17. Juni ausbricht?"[36] Allerdings hatte sich durch die „Betriebszentriertheit"[37] der DDR-Gesellschaft eine gewisse Identifikation mit dem unmittelbaren Arbeitsumfeld ergeben.

Die Bundesrepublik wuchs zu einem demokratisch anerkannten, politisch stabilen und wirtschaftlich prosperierenden Staat heran, wie dies bei seiner Gründung angesichts der zahlreichen Vorbelastungen (den Folgen des Krieges etwa) und anachronistisch anmutenden Erscheinungen[38] nicht annähernd anzunehmen gewesen war.[39] Zu Beginn der Bundesrepublik bestand die Notwendigkeit, den Systemaufbau auf eine breite Grundlage zu stellen. Die SPD verweigerte nur 14 Prozent aller Gesetzesvorhaben ihre Zustimmung – eine Kooperation, die sich unter dem „Schutzmantel eines harten Konfrontationskurses" (Martin Schumacher) vollzog.

Nicht durchweg positiv sind die innenpolitischen Vorgänge zu bewerten. Die Integration der Vertriebenen ging langsam voran. Das im August 1952 nach harten Auseinandersetzungen verabschiedete Lastenausgleichsgesetz befriedigte deren Wünsche nur zum Teil, zumal die Zahlungen angesichts der noch angespannten Wirtschaftslage erst spät einsetzten. Bis 1955 sind über 230.000 Vertriebene aus Deutschland emigriert, etwa in die Vereinigten Staaten von Amerika. Die in der ersten Hälfte der fünfziger Jahre allmählich einsetzende wirtschaftliche Prosperität hat maßgeblich die junge Demokratie gefestigt. Sie wies bis in die sechziger Jahre hinein Merkmale einer „Schönwetterdemokratie" auf, wie etwa die Erfolge der NPD während der Rezession zwischen 1966 und 1968 gezeigt hatten.

Das Aufkommen der Studentenbewegung stellt einen gesellschaftlichen Bruch dar. Sie hat einerseits die „Verwestlichung" Deutschlands in vielfacher Form gefördert und die politische Kultur innerhalb weniger Jahre umgestaltet (im Sinne von mehr Teilhabe, Schutz der Minderheiten), andererseits durch die faktische Absage an die arbeitsteilige Industriegesellschaft und unerbittliche Kritik den Prinzipien des demokratischen Verfassungsstaates eine Absage erteilt und einen „romantischen Rückfall" (Richard Löwenthal) ausgelöst. Ihre Wirkungen sind damit ambivalent. Die 68er-Bewegung hat den demokratischen Verfassungsstaat einerseits gekräftigt (durch Stärkung der Partizipation) und ihn andererseits entkräftet (durch Infragestellung des politischen Systems, samt seiner Repräsentanten). Im Ergebnis ist die Gesellschaft offener und demokratischer geworden – wesentlich auch eine Leistung der

herausgeforderten politischen Elite. Der politisch-kulturelle Moderni-
sierungsschub ist unbestreitbar. Bereits in dem Moment, in dem von
„Randgruppen" öffentlich die Rede war, hatten diese einen wichtigen
Teilerfolg errungen.

Die 68er-Bewegung hat das, was sie wollte, nicht erreicht (den Sieg
im Klassenkampf) – und das erreicht, was sie nicht wollte: eine reform-
bewusste und reformierte Gesellschaft. Es gehört zu den hartnäckig
überlieferten Klischees, sie sei dem Reformimpuls Willy Brandts wohl-
gesonnen gewesen. An der Ost- und Deutschlandpolitik zeigte sie
jedoch wenig Interesse – ebenso an der Demokratisierung gesellschaftlicher Teilbereiche. Die abschätzige Wendung von den „bloß systemimmanenten Reformen" war verbreitet, ein diffuser revolutionärer Romantizismus ebenso. Die sozialdemokratische Regierungspolitik ist zwar
auch durch die 68er mit ermöglicht, aber keineswegs von ihr unterstützt
worden. Die Regierung Brandt wurde mehr geächtet als geachtet. Erst
später änderte sich dies.

Ausgerechnet die als antiautoritär geltende Bewegung fand im autoritär anmutenden Mao-Kult nichts Anstößiges – von der roten Mao-Bibel
bis zum Mao-Look. Die Verehrung des Experiments einer „Kulturrevolution" nahm gleichsam religiöse Dimensionen an. Dass Millionen Menschen im Namen Maos in den Tod getrieben wurden, war auch damals
schon bekannt, allerdings wenig verbreitet. Heute wollen so manche –
vermeintlichen – China-Experten nicht mehr wahrhaben, was sie damals
zu Papier gebracht hatten.[40]

Die 68er-Bewegung ist ein schillerndes Phänomen und lässt sich
nicht auf eine Wurzel zurückführen.[41] Ein reformerischer und ein revolutionärer Strang fanden zusammen. Ebenso sind ihre Ausläufer in ganz
unterschiedliche Richtungen gegangen: auf der einen Seite reformerisch
gesinnte Personen, die insbesondere innerhalb der SPD für ihre Ziele zu
streiten suchten; auf der anderen Seite „Revoluzzer", die sich kommunistischen Parteien zuwandten: entweder denen, die ihr Vorbild in China
und Albanien sahen, oder denen, die zur 1968 „neukonstituierten" DKP
gingen, einem Anhängsel der SED, die ihrerseits mehr oder weniger –
ein Anhängsel der KPdSU war. Und ein „harter Kern" der 68er nahm
mit Waffengewalt den revolutionären Kampf auf. Es gibt nichts zu
beschönigen: Der Terrorismus der RAF hat seine personellen wie ideel-
len Wurzeln in der Bewegung der 68er, von deren Vertretern manche

bedenkenlos Gewalt propagierten. Die These, ein Teil der Studentenschaft habe sich erst durch Überreaktion des Staates radikalisiert, ist ein Mythos. Die gab es, doch bedurfte es dieser nicht, um die gelegte Lunte zu entzünden.

Kaum ein Thema entfaltete eine derartige Mobilisierungskraft für die außerparlamentarische Bewegung wie das der Notstandsgesetzgebung. So organisierte das Kuratorium „Notstand der Demokratie" einen großen „Sternmarsch auf Bonn" mit über 50.000 oft studentischen Teilnehmern, doch die „arbeitende Bevölkerung" nahm daran kaum Anteil. Die Gewerkschaften, die die Notstandsgesetze ablehnten, konnten einem Generalstreik nichts Positives abgewinnen. Sie hatten eine „Scharnierfunktion" (Michael Schneider) zwischen der studentischen Protestbewegung und den parlamentarischen Kritikern inne. Vielleicht fußte die heftige Ablehnung der Gesetze auch darauf, dass ein Teil der Kritiker den Staat prinzipiell ablehnte. Die Notstandsgesetze waren für manche ein „gefundenes Fressen", um lang gehegte Fundamentalkritik zu üben. Ein anderer Teil trieb die Sorge um die Erhaltung der Freiheit angesichts der Schatten der Vergangenheit um. Am 30. Mai 1968 – zur Zeit der Großen Koalition also – verabschiedete der Deutsche Bundestag das Siebzehnte Gesetz zur Ergänzung des Grundgesetzes mit der nötigen Zweidrittelmehrheit, auch wenn etwa 25 Prozent der SPD-Abgeordneten ihre Zustimmung verweigerten. 384 Parlamentarier stimmten mit Ja, 100 mit Nein. Nur ein Abgeordneter der Union votierte dagegen, lediglich einer von der oppositionellen FDP dafür.[42]

Lag seinerzeit tatsächlich ein „Notstand der Demokratie" vor, wie das gleichnamige Kuratorium meinte? Was schließlich verabschiedet wurde, ließ keinen Mangel an Liberalität erkennen. Viele Kritiker wollten die konstruktive Umsetzung ihrer Proteste nicht wahrhaben. Das Spannungsverhältnis von Sicherheit und Freiheit war nicht zugunsten einer Seite aufgelöst worden. Vielmehr wurde (ähnlich wie in anderen Staa ten) rechtsstaatliche Vorsorge für die „Demokratie im Notstand" getroffen. Wer die Notstandsgesetze als „NS-Gesetze" bezeichnete, ließ mangelnden Sinn für Proportionen erkennen. Die Parlamentarier gaben nicht der Versuchung nach, die radikalen Proteste gegen die Notstandsgesetzgebung als Beleg für deren Notwendigkeit heranzuziehen und eine Verschärfung vorzusehen. Die Notstandsverfassung ist keine Nebenverfassung geworden und hat nicht das Grundgesetz ausgehöhlt. Die Prophezeiung des damaligen Justizministers Gustav W. Heinemann kurz vor der Verabschiedung der Notstandsgesetze, später werde kein Mensch mehr davon reden, traf zu.

Paradoxerweise wurde die Kritik an den Gesetzen entsprechend dem Zeitgeist in der zweiten Hälfte der sechziger Jahre stärker, obwohl die neuen Regelungen die Kompetenzen der Exekutive im Notstandsfall immer mehr einschränkten. Ein Ergebnis der damaligen Diskussion ist die Aufnahme des seither viel erörterten Art. 20 Abs. 4 ins Grundgesetz: „Gegen jeden, der es unternimmt, diese Ordnung zu beseitigen, haben alle Deutschen das Recht zum Widerstand, wenn andere Abhilfe nicht möglich ist." Um einen Missbrauch zu vermeiden, wurde der Weg für die Möglichkeit eines neuen Missbrauchs geebnet. Es ist wohl unmöglich, ein Widerstandsrecht zu positivieren, ohne dass dies Probleme aufwirft. Zuweilen haben sich extremistische Gruppen auf diesen Artikel berufen. Sie wollten diese Ordnung nicht schützen, vielmehr beseitigen.

Die Bundesrepublik Deutschland war zu Anfang der fünfziger Jahre kein souveräner Staat – das Besatzungsrecht dauerte an. Schon aus diesem Grund kann Adenauer wohl kaum dafür getadelt werden, dass er auf die Neutralitätsnoten der Sowjetunion aus dem Jahre 1952 – Deutschland sollte wiedervereinigt, neutral und mit einer eigenen Wehrmacht ausgestattet sein – überhaupt nicht einging, zumal sie an die Westmächte gerichtet waren. Die entschiedene Ablehnung jeglicher „Schaukelpolitik" zwischen Ost und West muss im Nachhinein als eine der großen Leistungen Adenauers angesehen werden. Ob durch ein Ausloten der sowjetischen Angebote die Wiedervereinigung möglich gewesen wäre (und vor allem: um welchen Preis?), ist höchst fraglich. Eine verpasste Chance? Wer die einschlägige Literatur sichtet, kommt stattdessen zu einem negativen Ergebnis: eher eine unendliche Geschichte![43]

Konrad Adenauer steuerte unbeirrt einen Kurs der Westintegration. Damit wurde die wiederbewaffnete Bundesrepublik bereits ein Jahrzehnt nach Kriegsende Mitglied der NATO. Sein Vorhaben, durch eine „Politik der Stärke" die DDR, die der Westen zunächst nicht als zweiter deutscher Staat anerkannt hatte, in die Knie zu zwingen, schlug zunächst fehl. Blieb die kurze Regierungszeit Ludwig Erhards ohne sonderliche Prägekraft, setzte die Große Koalition unter Kurt Georg Kiesinger neue Akzente (etwa in der Wirtschafts- und Finanzpolitik). Diese Periode machte die SPD auf Bundesebene in gewisser Weise regierungsfähig. Die

Zeit der SPD-Kanzler Willy Brandt und Helmut Schmidt verlief turbulent. Den Jahren der „inneren Reformen" unter Brandt folgte eine Konsolidierung der Verhältnisse unter Schmidt. Brandt gelang es, einen Teil der skeptisch abseits stehenden jungen Generation an die Demokratie zu binden. Helmut Schmidt war mit einer Reihe gravierender innen-, außen- und wirtschaftspolitischer Probleme konfrontiert. Die Troika Brandt (als Parteivorsitzender), Schmidt (als Kanzler) und Wehner (als Fraktionsvorsitzender) war sich in vielem persönlich gram, doch hielt sie einigermaßen zusammen, obwohl sich die Kooperation zunehmend schwierig gestaltete. Heute sind die großen und leidenschaftlichen, zuweilen scharfen politischen Kontroversen der Adenauer-Ära (um die Westpolitik) und zu Anfang der sozial-liberalen Koalition (um die Ost- und Deutschlandpolitik) fast in Vergessenheit geraten. Die meisten sehen die Westbindungspolitik Adenauers ebenso als richtig an wie die Ostverbindungspolitik Brandts.

Im Zuge der Diskussion über „Nachrüstung" kam die Thematik der deutschen Frage Anfang der achtziger Jahre wieder verstärkt zur Sprache. Sei Deutschland vereinigt, verschwände auch die Kriegsgefahr; koppelten sich die beiden deutschen Staaten aus ihren Bündnissystemen ab, ließe sich der Frieden sichern – so lautete die Argumentation.[44] Dabei war die deutsche Teilung eine Folge des Kalten Krieges, nicht seine Ursache. Insofern konnte die deutsche Einheit auch nicht dessen Überwindung sein. Dennoch gewann zumal unter Intellektuellen die Auffassung an Boden, Deutschland müsse auf Äquidistanz zur Sowjetunion und zu den USA gehen. Manche stellten damit die Westbindung in Frage. Andere wie Jürgen Habermas betonten gerade das Gegenteil: „Die vorbehaltlose Öffnung der Bundesrepublik gegenüber der politischen Kultur des Westens ist die große intellektuelle Leistung unserer Nachkriegszeit."[45] Allerdings war bei manchen Kritikern an der „nationalen Position" nicht zu erkennen, ob sie Anstoß an der Forderung nach Neutralität nahmen oder ihnen die Erörterung der Wiedervereinigung prinzipiell nicht gefiel.[46]

In den siebziger und achtziger Jahren hatte sich ein Status quo-Denken weit verbreitet. Die Frage nach der Wiedervereinigung unter westlichen Vorzeichen wurde kaum noch gestellt (auch deshalb nicht, weil sie angesichts der machtpolitischen Gegebenheiten als unrealistisch galt).[47] Und immer weniger Westdeutsche (zumal aus dem intellektuellen

Umfeld) fühlten sich nicht bemüßigt, daran zu erinnern, dass es sich bei dem zweiten deutschen Staat um eine Diktatur ohne jegliche Legitimität handelte. Kritikwürdig war also schon damals zweierlei: einerseits das Gerede um die Einheit Deutschlands unter neutralistischen Auspizien und andererseits die um sich greifende Gleichgültigkeit mit Blick auf die DDR. Sie war gesellschaftlich – weitgehend – ein unbekannter Nachbar geworden.

Gleiches galt „drüben" nicht für „hüben". Die Bundesrepublik Deutschland war 1989, im vierzigsten Jahr ihrer Gründung, alles in allem ein gefestigter Staat, ungeachtet mancher Aufgeregtheiten, die im westlichen Ausland zuweilen mehr Irritationen hervorriefen[48] als im Lande selbst. Sie hatte sich zu einem demokratischen Verfassungsstaat mit eigenen Traditionen entwickelt. Das Wort vom „Modell Deutschland" – niemand dachte dabei an die DDR – machte im Ausland vielfach die Runde.[49]

„Die Bundesrepublik Deutschland hat sich lange gewehrt, ein Staat im vollen Sinne des Wortes zu werden."[50] Diese These ist richtig. Lange betrachtete sie sich als ein Provisorium, doch in den siebziger und achtziger Jahren trat ein ambivalent zu bewertender Wandel ein. Einerseits nahm das Selbstbewusstsein zu, andererseits die Vorstellung von der Einheit der Nation ab, ungeachtet rhetorischer Versicherungen. Insofern ist die These unvollständig. Die Selbstanerkennung der Bundesrepublik[51] im Laufe der siebziger und vor allem der achtziger Jahre bildete eine – paradoxerweise – gute Voraussetzung für den nachfolgenden Prozess einer schnellen Einheit. Auf den jähen Zusammenbruch des kommunistischen Systems, nicht nur in der DDR, war niemand im Westen vorbereitet, obwohl doch immer vom „Wettkampf der Systeme" gesprochen wurde.[52] In den deutsch-deutschen Beziehungen überwog Kontinuität. Es war ausgerechnet der als „Kalter Krieger" geltende Franz Josef Strauß, der 1983 einen Milliardenkredit an die DDR eingefädelt hatte. Die Regierungsjahre unter Helmut Kohl stabilisierten die Beziehungen zu den USA, ohne dass darunter das zunächst aus anderen Gründen angespannte Verhältnis zur Sowjetunion litt. Dieser Umstand sollte sich Ende der achtziger, Anfang der neunziger Jahre als Glücksumstand erweisen.

Ein vergleichsweise trübes Kapitel ist die „Entnazifizierung". Das sogenannte „Befreiungsgesetz" von 1946 hatte die Betroffenen in fünf

Kategorien eingeteilt: Hauptschuldige, Belastete, Minderbelastete, Mitläufer und Entlastete. Da die Verfahren gegen die Hauptschuldigen viel Zeit und Aufwand erforderten, wurden die Verfahren gegen die weniger Belasteten häufig vorgezogen. Nach 1949 versandete die Entnazifizierung – im Zeichen des Kalten Krieges – zunächst nahezu völlig. Durch das im Mai 1951 verabschiedete Gesetz zu Art. 131 GG konnten ehemalige Angehörige des öffentlichen Dienstes, die aufgrund der Entnazifizierung ausscheiden mussten, wieder in den öffentlichen Dienst zurückkehren. Das Zustimmungsgesetz zum deutsch-israelischen Wiedergutmachungsabkommen hießen nur 239 der 402 Abgeordneten gut. Während die SPD geschlossen dafür votierte, gab es bei den Regierungsparteien zahlreiche Enthaltungen. So problematisch die Halbherzigkeit vieler Entnazifizierungsmaßnahmen auch war, so trug doch die großzügige Behandlung ehemaliger Nationalsozialisten merklich zu deren Integration in die neue Demokratie bei. Das ist die eine Seite. Die andere: Ein Kontinuitätsbruch blieb bei vielen gesellschaftlichen Eliten aus (z. B. im Bereich der Bürokratie). Neben der mangelnden Sensibilität im Bereich der „großen Politik" (die Namen von Hans Globke und Theodor Oberländer etwa boten immer wieder Anlass zu öffentlichkeitswirksamer Kritik) ließ die strafrechtliche Aufarbeitung zu wünschen übrig. Mit der 1958 ins Leben gerufenen „Zentralen Stelle der Landesjustizverwaltungen zur Aufklärung nationalsozialistischer Verbrechen" in Ludwigsburg wurden Versäumnisse wettzumachen versucht[53] – nicht ohne Erfolg: Rund 100.000 Ermittlungsverfahren führten in etwa 6500 Fällen zu rechtskräftigen Verurteilungen. Dass es nicht mehr waren, hing mit dem Beweisnotstand zusammen. Insgesamt stellt die „Vergangenheitsbewältigung" zwar kein Ruhmesblatt dar, aber wer davon spricht, sie sei gescheitert, nimmt die vielen Bemühungen bei dieser komplexen Materie nicht hinreichend zur Kenntnis.[54]

Der öffentliche Umgang mit der nationalsozialistischen Vergangenheit bis zur deutschen Einheit wies verschiedene Phasen auf. In den fünfziger Jahren war ein selbstkritisches Bewusstsein bei großen Teilen der Bevölkerung nicht vorhanden: Widerständlern im Dritten Reich wurde mit Skepsis begegnet, das Hitler-Regime von der Mehrheit keineswegs als verbrecherisch verurteilt.[55] Der wirtschaftliche Wiederaufbau und die außenpolitische Anlehnung an die USA, um die Souveränität zu erreichen, hatten Vorrang. Eine eher Selbstverständlichkeiten beim

Namen nennende Rede[56] wie die des Bundespräsidenten Richard von Weizsäcker und die kaum zur Kenntnis genommene Rede von Bundeskanzler Kohl, in der auch das Wort „Befreiung" vorkam, aus Anlass des 40. Jahrestages der Beendigung des Zweiten Weltkrieges hätte seinerzeit vermutlich einen Sturm des Protests ausgelöst, ebenso die Rede des Bundestagspräsidenten Philipp Jenninger zur 50. Wiederkehr der „Reichskristallnacht" vom 9. November 1938, aber eher aus gegenteiligen Gründen als geschehen. Die Umfragen des Instituts für Demoskopie Allensbach lassen einen markanten Einstellungswandel erkennen.[57]

Im Jahre 1951 votierten lediglich 36 Prozent der Bundesbürger gegen ein monarchisches System; zehn Prozent glaubten 1950, Hitler habe von allen Deutschen am meisten für Deutschland getan; 57 Prozent hielten den Nationalsozialismus im Jahre 1948 für eine gute Idee, die schlecht ausgeführt wurde; von Hermann Göring hatten 1952 mehr eine gute als eine schlechte Meinung, von Adolf Hitler immerhin 24 Prozent eine gute Meinung und 47 Prozent eine schlechte; auf die Frage nach den Schuldigen am Ausbruch des Zweiten Weltkrieges nannten 1951 nur 32 Prozent „Deutschland"; lediglich sechs Prozent der Deutschen glaubten 1953, das Verhalten deutscher Soldaten in den von ihnen besetzten Ländern lasse Vorwürfe ihnen gegenüber als berechtigt erscheinen; die Frage, ob jemand, der überzeugt davon war, unter dem Hitler-Regime geschähe Unrecht, Widerstand leisten sollte, beantworteten 1952 bloß 41 Prozent mit ja (nur 20 Prozent gar hielten Widerstand im Krieg für legitim); 1954 befürworteten ganze 13 Prozent, dass Emigranten, die während des Krieges gegen das Hitler-Regime gearbeitet haben, ein hohes Regierungsamt einnehmen könnten (bei Widerstandskämpfern: 25 Prozent).[58] In den fünfziger Jahren gab es einen Streit darüber, ob man Straßen nach Widerstandskämpfern benennen dürfe. Beispielsweise wandten sich im Jahre 1956 49 Prozent der Bundesbürger gegen die Namensgebung einer Schule nach Widerstandskämpfern, 18 Prozent waren dafür, und 33 Prozent enthielten sich der Meinung.[59]

Wer für die fünfziger Jahre bloß Defizite konstatiert, macht es sich leicht: Einer schonungslosen Aufarbeitung standen zahlreiche Hindernisse im Wege: Aufbaumentalität und der Blick nach vorn überwogen; wichtige Probleme harrten der Lösung; der Kalte Krieg trug das Seine dazu bei, dass die Politik sich mehr gegen den Totalitarismus der Gegenwart richtete und die Aufarbeitung der Vergangenheit vernachlässigte, zumal sozialpsychologische Sperren ein solches Vorgehen erleichterten; ehemalige Parteigenossen wurden für den Aufbau der neuen Demokratie gebraucht, wollte man nicht das Risiko eines großen Unruhepotentials in einer seinerzeit politisch labilen und wirtschaftlich ungefestigten Situation eingehen; ein großer Teil der Bevölkerung war nicht für eine ernsthafte Auseinandersetzung mit der Vergangenheit zu gewinnen. Anfang der fünfziger Jahre entstand in München ein Institut für Zeitgeschichte, das sich zunächst vornehmlich der Aufarbeitung der Geschehnisse im Dritten Reich annahm. In der Forschung hatte es von Beginn an keinerlei apologetische Tendenzen zugunsten des NS-Systems gegeben. Hingegen war in der Öffentlichkeit zum Teil eine moralisierende, von volkspädagogischen Elementen besetzte Vorgehensweise verbreitet.

In den siebziger und achtziger Jahren hatte sich ein rigoroser Wandel in Teilen der öffentlichen Meinung vollzogen. Hartnäckig wie unnachsichtig wurden Versäumnisse der Vergangenheit angeprangert – vielfach nicht ohne Selbstgerechtigkeit. Manch eine Person des öffentlichen Lebens musste für eine unbedachte bzw. törichte (oder als solche empfundene) Äußerung in der Gegenwart büßen – oder für eine Verfehlung in der Vergangenheit. Mit zunehmender Entfernung von der nationalsozialistischen Zeit war die Intensität der Vergangenheitsbewältigung stärker geworden. Der Wandel der politischen Kultur – die Studentenbewegung war eine wichtige Ursache und Folge dieser Entwicklung gleichermaßen[60] – ist nicht ohne Rückwirkungen auf den Komplex der Vergangenheitsbewältigung geblieben und insofern ambivalent zu bewerten. Gewiss hatte politische Sensibilität zugenommen, zugleich freilich auch eine Mentalität der Bußfertigkeit, die unglaubwürdig wirken und das Gegenteil des Gewünschten hervorrufen konnte – eine Verstocktheit gegenüber der Aufarbeitung der Vergangenheit. Der erzwungene Rücktritt des Bundestagspräsidenten Philipp Jenninger 1988 nach seiner Rede zur „Reichskristallnacht" hatte jedenfalls mehr Missmut gefördert als Verständnis für diesen Schritt.[61] „Wie oft wird Hitler noch besiegt?"[62], hatte Arno Plack etwas ratlos im Jahre 1982 gefragt. Der in Deutschland im intellektuellen Milieu lange verbreitete „negative Nationalismus" war eine Reaktion auf den Nationalsozialismus mit seinen Folgen, zugleich eine Abart des einst dominierenden Nationalismus. Von Selbstbezogenheit ist er ebensowenig frei gewesen.

Es muss als ein Charakteristikum der politischen Kultur in der Bundesrepublik gelten, wenn Vergleiche zu anderen Ländern im Hinblick auf die „Vergangenheitsbewältigung" so gut wie völlig unterbleiben. Nabelschau dominiert. Bei einem Vergleich, der manches hochgemute Urteil notwendigerweise relativiert, traten einerseits vielfach Verdrängungsmechanismen in anderen Staaten hervor und andererseits überhöhte eigene Maßstäbe, an denen die Wirklichkeit scheitern muss.

Art. 21 des Grundgesetzes verankerte die Parteiendemokratie. Die Auffassung herrschte vor, zur Parteiendemokratie, die unterschiedliche Interessen aggregiert, gibt es keine angemessene Alternative, selbst wenn Anti-Parteienaffekte erhalten blieben. Akzeptiert wurde bald auch die in Deutschland nicht selbstverständliche Annahme, gesellschaftliche Interessen gefährdeten nicht das Gemeinwohl. Dieser Konsens bestand zwischen den großen Parteien, die zunehmend Volksparteien wurden (zuerst die Union, später die SPD), in den ersten vier Jahrzehnten ununterbrochen, auch wenn bei der „Westpolitik" der fünfziger und der „Ostpolitik" der siebziger Jahre die Positionen schroff aufeinanderprallten. Die innenpolitische Bilanz der großen Regierungswechsel (1966, 1969, 1982) weist dagegen deutlich mehr Kontinuität als Veränderung auf – entgegen den Hoffnungen der einen und den Befürchtungen der anderen.

Adenauer war 1949 nur mit einer Stimme Mehrheit zum Kanzler gewählt worden. Die Union hatte nicht einmal ein Drittel der Stimmen erreicht, die Regierungskoalition nur 208 der insgesamt 402 Mandate. Zwar konnte Adenauer seine Mehrheit im Parlament stabilisieren, doch zeichnete sich nach Aufhebung des Lizenzzwangs im Januar 1950 keineswegs eine Tendenz zur Parteienkonzentration ab. Vielmehr war die Periode von 1950 bis 1952 eine „kurze Blütezeit der Splitterparteien" (Heino Kaack). Der „Block der Heimatvertriebenen" (seit 1952: GB/BHE) erzielte bei seinem erstmaligen Antritt, der Landtagswahl in Schleswig-Holstein, 1950 33,4 Prozent der Stimmen. Zwischen 1950 und 1953 lag die Zahl der Arbeitslosen bei über 1,5 Millionen – ein oft vergessener Sachverhalt. Gegenüber der Bundestagswahl von 1949 hatte die Union zudem bei den Landtagswahlen zwischen 1950 und 1952 im Schnitt fast sieben Prozentpunkte verloren, die SPD hingegen über fünf gewonnen.

Umso überraschender fiel dann das Ergebnis der Bundestagswahl von 1953 aus, erreichte doch die Union 45,2 Prozent der Stimmen und 244 der 487 Mandate, also eine hauchdünne absolute Mandatsmehrheit. Trotzdem wurde die bisherige Koalition (CDU/CSU, FDP, DP) unter Einschluss des GB/BHE fortgesetzt. Adenauer sicherte dies sogar eine verfassungsändernde Mehrheit. Beobachter wie Dolf Sternberger sprachen von einem „deutschen Wahlwunder".[63] Trotz des Verhältniswahlsystems hatte die Bevölkerung praktisch darüber entschieden, wem die Regierungsverantwortung und wem die Rolle der parlamentarischen Opposition zugewiesen wird. Stand bei den Wahlen von 1949 vor allem die Frage der Wirtschaftsreform im Vordergrund, so war es 1953 die Außenpolitik. Die Mehrheit der Bürger unterstützte den Kurs der sofortigen Westintegration Adenauers („Adenauer-Wahlen"). In mehreren Bundesländern stellte jedoch die SPD Anfang der fünfziger Jahre den Regierungschef. Auf diese Weise hat das föderalistische Prinzip zur Integration der parlamentarischen Opposition in das politische System beigetragen und Resignation reduziert.

Die Parteienkonzentration in der Folge beruhte auf einer Vielzahl von rechtlichen, politischen, gesellschaftlichen und wirtschaftlichen Gründen. Neben der Union und der SPD konnte sich die FDP als „dritte Kraft" behaupten. Zwischen 1961 und 1983 waren nur drei Parteien im Bundesparlament vertreten. 1983 und 1987 gelang den Grünen als vierte Partei der Einzug ins Parlament. Flügelparteien spielten bis zur deutschen Einheit kaum eine Rolle. Der Rechtsextremismus war durch das Schreckbild des Nationalsozialismus diskreditiert, der Linksextremismus weithin durch das der DDR.

Was das Parteiensystem betrifft, so bestand bis zur deutschen Einheit ein hohes Maß an Asymmetrie. Die ersten zwei Jahrzehnte kam diese Asymmetrie der Union zugute, von 1969 bis 1982 der SPD und von 1982 bis zur „Wende" in der DDR wieder der Union. Denn anfangs hatte die SPD keine Bündnispartner, um eine Regierung zu bilden. Als 1969 durch den Schwenk der FDP unter Walter Scheel die sozialliberale Regierung entstand, geriet die Union in eine strukturelle Minderheitenposition. Nach dem neuerlichen Wechsel der FDP zur Union 1982 kehrte sich das Verhältnis um. Im Grunde fehlte bis Ende der achtziger Jahre eine Symmetrie des Parteienwettbewerbs. Der Wähler wusste allerdings im Allgemeinen vor der Wahl, wer mit wem nach der Wahl zusammengehen würde. Er votierte zugleich für eine Regierung oder für eine Opposition. Damit war eine Entwicklung eingetreten, mit der zu Beginn der zweiten deutschen Demokratie kaum jemand gerechnet hatte. Die Wahlen von 1983 wiesen einen paradoxen Charakter auf: Einerseits bestätigten sie die neue konservativ-liberale Regierung, andererseits zog mit den Grünen eine Partei ins Parlament, die links von der SPD stand und in mancher Hinsicht als eine verzögerte Reaktion der 68er-Bewegung zu begreifen ist. Obwohl diese Partei zunächst weder regierungsfähig noch -willig war, bahnte sich so Ende der achtziger Jahre auf Bundesebene allmählich ein Zweiblöcke-System an.

Dass der politische Extremismus in der Bundesrepublik Deutschland nicht zu reüssieren vermochte, lag auch, wenngleich nicht nur, an der erwähnten Abwehrkonzeption des Grundgesetzes. Die streitbare Demokratie sieht Schutzvorkehrungen vor, die keineswegs erst bei gewaltsamen Verstößen gegen die demokratische Ordnung einsetzen. Sie reagiert auf den politischen Extremismus von links und rechts bereits im Vorfeld. Sie ist durch den Zusammenklang von Wertgebundenheit, Abwehrbereitschaft und Prävention gekennzeichnet. Nicht nur Methoden, auch Ziele können schließlich verfassungsfeindlich sein.

Die zunehmende, so nicht intendierte, allerdings keineswegs konsequent gehandhabte Orientierung an Gesichtspunkten politischer Opportunität bei der Anwendung des Instrumentariums der streitbaren Demokratie hat der Gefahr vorgebeugt, dass mit „Kanonen auf Spatzen" geschossen wird. Auf diese Weise konnte die zweite deutsche Demokratie flexibel gegenüber extremistischen Herausforderungen reagieren. Die Schutzvorkehrungen, die den Verfassungsstaat in der Bundesrepublik Deutschland „diktaturfest" machen sollten, wurden fürwahr nicht exzessiv praktiziert. In den fünfziger Jahren und auch noch in der ersten Hälfte des nächsten Jahrzehnts dominierte eine autoritäre Variante des Demokratieschutzes: Alarmstimmung grassierte; es gab beständig Vereinigungsverbote. Diese waren zwar rechtlich einwandfrei, politisch aber nicht immer sinnvoll. Das einschlägige Verfahren gegen Parteien kam zweimal zur Geltung: Im Jahre 1952 verbot das Bundesverfassungsgericht die Sozialistische Reichspartei, im Jahre 1956 die Kommunistische Partei Deutschlands. Dadurch ist früh ein Exempel statuiert worden. Die junge Demokratie war nicht gewillt, den Weg der Weimarer Republik einzuschlagen. In den siebziger und achtziger Jahren gab es vereinzelt

Verbote gegen inländische Vereinigungen – gegen rechtsextreme Organisationen.

Der vielzitierte und -befehdete „Radikalenerlass" aus dem Jahr 1972 löste heftige Kritik aus. Dabei erinnerte er bloß an die Rechtsvorschriften, wonach sich jeder, der in den öffentlichen Dienst strebt, zur freiheitlichen demokratischen Grundordnung zu bekennen hat. Neu war lediglich die Einführung der sogenannten „Regelanfrage": Die Einstellungsbehörden fragten beim Verfassungsschutz an, ob gerichtsverwertbare verfassungsfeindliche Aktivitäten gegen den Bewerber vorlägen. Kritiker bemängelten, dieser Beschluss habe „Duckmäusertum" und „Gesinnungsschnüffelei" gefördert. Das dürfte in gewissen Grenzen so gewesen sein, beruhte vielfach aber weniger auf repressiven staatlichen Reaktionen als auf gesellschaftlichen Überreaktionen. Die Geschichte des „Radikalenerlasses" ist eine Geschichte seiner beständigen Rücknahme. Das Beispiel zeigt die Verschiebung des politischen Koordinatensystems – zumal im intellektuellen Milieu. Ein Großteil der Kritik machte geltend, der Staat habe bei der Verteidigung der freiheitlichen Ordnung überreagiert.[64] Davon konnte kaum die Rede sein. Das Gegenteil traf zu. Die Schutzmaßnahmen geschahen im Allgemeinen mit Augenmaß. Wie sonst will man erklären, dass nicht mehr als etwa 1000 Bewerbern die Übernahme in den öffentlichen Dienst wegen mangelnder Verfassungstreue verwehrt wurde?

Die politische Kultur in der Bundesrepublik Deutschland war zunächst von obrigkeitlichen und etatistischen Traditionen geprägt. Das hiesige System wurde vor allem deshalb von den Bürgern getragen, weil es wirtschaftlich reüssieren konnte.[65] Der Stolz auf die ökonomische Aufwärtsentwicklung überlagerte den Stolz auf die demokratischen Errungenschaften zunächst bei Weitem. Politische Partizipation spielte nur eine Nebenrolle, obwohl die Wahlbeteiligung sehr hoch war. Die Teilnahme an der Wahl wurde mehr als staatsbürgerliche Pflicht aufgefasst, weniger als demokratisches Recht.

In den siebziger Jahren schwächten sich althergebrachte Traditionen ab bzw. verloren sich ganz. Das Interesse an Politik nahm ähnlich zu wie die affektive Bindung an den demokratischen Verfassungsstaat. Der Umwelt- und Friedensprotest der achtziger Jahre war ambivalent. Zum einen wurde mit Nachdruck auf ökologische Missstände hingewiesen und ein Ende der Kriegsbedrohung gefordert, zum anderen spielte in die

Kritik ein anachronistisch anmutender Romantizismus hinein. Kritiker vermissten die Achtung vor der Autorität, das Nachlassen religiöser Bindungen. Der Generationenkonflikt war so intensiv wohl in keiner anderen westlichen Gesellschaft vorhanden.[66]

Für Periodisierungen der Bundesrepublik Deutschland bis zum Systemwechsel in der DDR stehen verschiedene Möglichkeiten zur Auswahl (z. B. in mentalitätsgeschichtlicher Hinsicht: die Zeit vor und nach der Studentenbewegung).[67] Eine konventionelle Unterteilung unterscheidet danach, welche politische Kraft die Richtung bestimmte: Von 1949 bis 1969 hatte die Bundesrepublik Kanzler der CDU: mit Konrad Adenauer, der von 1949 bis 1963 regierte und damit länger als die Weimarer Republik überhaupt bestand; Ludwig Erhard, dem „Vater des Wirtschaftswunders" in den Jahren 1963–1966, und Kurt Georg Kiesinger, Kanzler einer Großen Koalition zwischen 1966 und 1969, deren Leistungen mitunter nicht die angemessene Beachtung finden. Von 1969 bis 1982 stellte die SPD den Regierungschef: Auf den „Gesinnungsethiker" Willy Brandt (1969 bis 1974) folgte der „Verantwortungsethiker" Helmut Schmidt (1974 bis 1982). Nachdem Helmut Schmidt mit Hilfe der FDP den Kandidaten der Union, den bayerischen Ministerpräsidenten Franz Josef Strauß, bei der Wahl im Jahr 1980 bezwungen hatte, unterstützten die Liberalen 1982 Helmut Kohl von der CDU bei seinem Versuch, mit Hilfe des konstruktiven Misstrauensvotums das Amt des Kanzlers zu übernehmen. Kohl regierte acht Jahre bis zur deutschen Einheit und acht weitere Jahre nach ihr. Das hatten selbst Wohlmeinende ihm nicht zugetraut.

6. 1989/90

6.1. Rahmenbedingungen und Ursachen

In der DDR des „real existierenden Sozialismus" hatten oppositionelle Aktivitäten – wie Protest, Systemkritik, Dissens oder auch bloße Kritik der Regierung – einen anderen Stellenwert als in der parlamentarischen Demokratie bundesdeutscher Prägung. Ist ein demokratischer Verfassungsstaat durch die Legalität und die Legitimität parlamentarischer wie außerparlamentarischer Opposition gekennzeichnet, hat es im kommunistischen System der DDR keine anerkannte Opposition gegeben. Die dortige Führung duldete kein politisches Gegengewicht; schon geringfügige Abweichungen vom Kurs galten als Häresie. So hieß es im „Kleinen Politischen Wörterbuch": „In sozialistischen Staaten existiert für eine O[pposition] keine objektive soziale und politische Grundlage, denn die Arbeiterklasse – im Bündnis mit allen anderen Werktätigen – ist die machtausübende Klasse und zugleich Hauptproduktivkraft der Gesellschaft. Ihre Grundinteressen stimmen mit denen der anderen Klassen und Schichten prinzipiell überein."[1] Gleichwohl blieben in 40 Jahren DDR unterschiedliche, in der Regel freilich keinesfalls systemgefährdende Formen von Dissens nicht aus.

Die Bedeutung der die Führungsrolle der Kommunisten anerkennenden Blockparteien[2] erwies sich für die SED als ambivalent. Einerseits schirmten sie deren Herrschaft ab, andererseits bot sie jenen eine Nische, die sich der aufdringlichen Haltung der SED erwehren wollten. Allerdings bildeten sie keineswegs einen Hort oppositioneller Ideen oder gar Aktivitäten, wurden ihre Funktionäre doch vom argwöhnischen Staatssicherheitsdienst oft bespitzelt. Gleichwohl bedarf es bei den Blockparteien der Unterscheidung zwischen der meist streng systemloyalen Führung und der weniger staatstreuen „Basis".

In der „Nationalen Front der Deutschen Demokratischen Republik", die jeweils eine Einheitsliste für die Wahlen aufstellte, waren die Parteien (SED, CDU, LDPD, DBD, NDPD) zusammen mit den Massenorganisationen vereinigt. Zu ihnen gehörten der Freie Deutsche Gewerkschaftsbund (FDGB), die Freie Deutsche Jugend (FDJ), der Demokratische Frauenbund Deutschlands (DFD), der Kulturbund der DDR (KB) sowie die Vereinigung der gegenseitigen Bauernhilfe (VdgB). Diese Massenorganisationen sollten die Bürger der DDR für die Ziele der SED gewinnen, aber auch kontrollieren. Sie bildeten also keine unabhängigen Interessenverbände, dienten gleichwohl in engen Grenzen als Foren der auf Einzelfragen beschränkten Kritik.

Die erste Verfassung aus dem Jahre 1949 war noch überwiegend eine bürgerlich-demokratische. Zum Beispiel verankerte sie die Unabhängigkeit der Gerichte. Die Praxis sah jedoch anders aus. Im Jahre 1968 wurde die Diskrepanz zwischen Verfassungstheorie und Verfassungswirklichkeit beseitigt. Die neue DDR-Verfassung war die Verfassung eines marxistisch-leninistischen Staates. Die Unabhängigkeit der Justiz etwa blieb selbst auf dem Papier nicht mehr erhalten. Die Totalrevision der DDR-Verfassung aus dem Jahre 1974 tilgte alle Anklänge an die Einheit der deutschen Nation.

Die Mandate in der Volkskammer, der obersten Volksvertretung der DDR, wurden nach einem vorher festgelegten Schlüssel vergeben. Die SED erhielt (seit 1963) 127 der 500 Mandate (25,4 Prozent), die vier Blockparteien bekamen je 52 Mandate (10,4 Prozent). Dem FDGB standen 12,2 Prozent zu, der FDJ 7,4, dem DFD 6,4, dem KB 4,2 und der – nach 1950 bis 1963 erst von 1986 an wieder im Parlament vertretenen – VdgB 2,8 Prozent. Die Sitzverteilung stand damit vor der Wahl bereits fest. Da die Repräsentanten der Massenorganisationen zugleich der SED angehörten, verfügte diese praktisch über eine absolute Mehrheit in der Volkskammer. Das Machtmonopol der SED war auf vielfache Weise gesichert. Wurden bis 1976 für die Volkskammer 434 Abgeordnete gewählt und von Ost-Berlin 66 Vertreter entsandt, schuf eine Gesetzesänderung von 1979 die Voraussetzung für die Direktwahl der Ostberliner Abgeordneten. Durch diese Regelung wollte die SED Ost-Berlin auch formell dem Viermächtestatus von Berlin entziehen.

Das mangelnde Gewicht der Volkskammer zeigte sich allein schon in ihren wenigen Zusammenkunften. Auf die siebziger Jahre beispielsweise entfielen ganze 34 Sitzungstage. Die Ohnmacht der Volkskammer kontrastierte zur Vollzähligkeit der Abgeordneten bei Sitzungen. Lediglich ein einziges Mal wurde in der Geschichte der nicht frei gewählten Volkskammer bis zum Herbst 1989 das Prinzip der Einmütigkeit durchbrochen: 1972 gab es im „Ja-Sager"-Parlament bei dem Gesetz zur Schwangerschaftsunterbrechung aus den Reihen der CDU 14 Gegenstimmen und acht Enthaltungen.[3]

Die Wahlen in der DDR bezeichneten ihre Bürger sarkastisch treffend als „Zettelfalten". Dem Wahlakt war bereits Genüge getan, wenn der Stimmzettel in die Wahlurne geworfen wurde. Der Bürger besaß keine Entscheidungsfreiheit. Obwohl die Verfassung eine geheime Wahl vorschrieb, stellte die offene Wahl die Regel dar. Sie galt als Vertrauensbeweis für die Kandidaten der „Nationalen Front". Wer nichts zu verbergen habe, könne sein Vertrauen offen bekunden. Die Wahlbeteiligung lag stets über 98 Prozent, die Zahl der Ja-Stimmen betrug jedes Mal deutlich über 99 Prozent. Nichts erhellte offenkundiger den Versuch der SED, gesellschaftliche Harmonie vorzutäuschen. Die letzte Wahl zur Volkskammer unter den Bedingungen der „Einheitsliste" – im Jahre 1986 – brachte ein Rekordergebnis. Nie war die Wahlbeteiligung so groß (99,74 Prozent), und die Zustimmung für die Kandidaten (99,94 Prozent) blieb nur um 0,01 Prozentpunkte unter der von 1963. Allerdings schien sich durch die Kommunalwahlen des Jahres 1989 insofern etwas geändert zu haben, als die Wahlbeteiligungs- wie die Zustimmungsquote nicht die „übliche" Marke von 99 Prozent erreichte. Dieses Ergebnis war zudem nur durch Fälschungen zustandegekommen, wie das unabhängige Gruppierungen seinerzeit bewiesen hatten.

Ungeachtet mannigfacher Mechanismen traten bis 1989 höchst vielfältig strukturierte oppositionelle (oder von der SED als oppositionell empfundene) Bestrebungen in Erscheinung[4], in der Frühzeit etwa Sozialdemokraten, die der Vereinigung mit den Kommunisten 1946 skeptisch gegenüberstanden. Der Kampf gegen den „Sozialdemokratismus"[5] bestimmte viele Jahre lang das Handeln der SED-Führung, die mit diesem Bannfluch „unliebsame" Kräfte ausschloss. Wer nach wie vor (wenn auch nur in verkappter Form) sozialdemokratisches Gedankengut erkennen ließ, stand von vornherein auf verlorenem Posten. Christliche Demokraten und Liberale suchten sich anfangs dem Gleichschaltungsprozess zu widersetzen – ohne Erfolg. Die „Zernierung der bürgerlichen Opposition"[6] setzte nach 1945 schnell ein und blieb wirksam.

Die in der DDR stationierten sowjetischen Militäreinheiten erstickten die aufgrund der Erhöhung der Arbeitsnormen in Ost-Berlin ausgebrochenen und sich dann auf andere Städte der DDR erstreckenden

Unruhen vom 17. Juni 1953 im Keim. Wären die aufständischen Bestrebungen – mehr als ein Strohfeuer – nicht so konsequent und so schnell niedergeschlagen worden, hätten die Unruhen und Demonstrationen mit Forderungen nach freien Wahlen und deutscher Einheit in einem Flächenbrand zum Sturz der SED-Herrschaft geführt. Der 17. Juni blieb für die kommunistische Führung zeitlebens ein Trauma. Niemals stand das Herrschaftsmonopol der SED so deutlich zur Disposition wie 1953. Ein „dritter Weg" fand schon deshalb in der Partei keine Anhänger, weil sie zu Recht fürchtete, das „ganze System" gerate so in Gefahr.

Noch vor Beginn der DDR scheiterte Anton Ackermann mit seiner These von einem „besonderen deutschen Weg". Im Jahre 1954 wurde die Gruppe um Wilhelm Zaisser und Rudolf Herrnstadt, die im Politbüro vor und nach dem 17. Juni 1953 eine andere Politik befürwortet hatte, aus der Partei ausgeschlossen. Im Jahr 1958 verloren die führenden Funktionäre Karl Schirdewan und Ernst Wollweber ihren Platz im Politbüro bzw. im Zentralkomitee. Sie wurden der Parteifeindlichkeit beschuldigt. Wie die Zaisser/Herrnstadt-Gruppe besaß der Kreis um Schirdewan in der Sowjetunion offenbar eine gewisse Rückendeckung. Nicht jeder Gegner der politischen Führung der SED war selber Demokrat. Innerparteiliche Machtrivalitäten und -kämpfe sind Streitigkeiten von Satrapen und kein Beleg für innerparteilichen Pluralismus.

Die bekannteste intellektuelle Opposition ging von Wolfgang Harich aus, einem jungen Philosophieprofessor aus Ost-Berlin. Der Zirkel um Harich wollte den Sozialismus erneuern, ihn keineswegs abschaffen. An die Einführung einer Demokratie nach westlichem Muster war nicht gedacht. Nach dem Scheitern der oppositionellen Bewegungen in Polen und Ungarn im Jahre 1956 wurde die Harich/Janka-Gruppe wegen „konterrevolutionärer" und „konspirativer" Aktivitäten verhaftet. Harich erhielt zehn Jahre Zuchthaus, „Spanienkämpfer" Walter Janka, immerhin Leiter des Aufbau-Verlages, fünf Jahre. Seine offizielle Rehabilitierung blieb unter dem Honecker-Regime aus, wenngleich dieses ihm am 1. Mai 1989 den „Vaterländischen Verdienstorden in Gold" verliehen hatte. Jankas autobiographischer Bericht „Schwierigkeiten mit der Wahrheit"[7], erschienen 1989 im Westen, war ein erschütterndes Zeitdokument.

In einer gewissen Weise vergleichbar mit Harich ist Robert Havemann gewesen, von Anfang der sechziger Jahre bis zu seinem Tode 1982 der berühmteste Dissident in der DDR.[8] Gehörte er zwischen 1950 und 1963 der Volkskammer an (und arbeitete für die Staatssicherheit wie für den sowjetischen Geheimdienst), so profilierte er sich zunehmend zu einem Systemkritiker, der den Anspruch des Marxismus der als pervertiert empfundenen Praxis gegenüberstellte. Aufgrund seiner hohen moralischen Autorität (im Dritten Reich wegen kommunistischer Widerstandsaktivitäten zum Tode verurteilt) blieb er zwar von Nachstellungen des Staatssicherheitsdienstes keineswegs verschont, wurde aber nicht eingesperrt. Fasziniert von der Idee eines dritten Weges zwischen demokratischem Kapitalismus und stalinistischem Kommunismus, trat Havemann trotz seiner Opposition gegen das SED-Regime als „demokratischer Kommunist" auf. Den Gegensatz, der in dieser Begriffsbildung lag, sah er nicht. Havemann wollte folgenden Sachverhalt nicht wahrhaben: Die DDR konnte sich freie Wahlen nicht leisten. Die Konsequenz: Ende der Unzufriedenheit, Ende der DDR.

Als sein Freund Wolf Biermann, sozialistischer „Liedermacher" mit Auftrittsverbot von 1965 an, nach einer wider Erwarten gebilligten Tournee in die Bundesrepublik im Jahre 1976 ausgebürgert und mit einem Einreiseverbot belegt wurde, protestierten Teile der künstlerischen Intelligenz, insbesondere in Form von Unterschriftenresolutionen. Eine Paradoxie bestand in dem folgenden Punkt: Biermann musste gehen und wollte bleiben. Weitaus mehr DDR-Bürger hingegen wollten gehen und mussten bleiben. Darüber schwiegen und schweigen viele Intellektuelle – im Osten wie im Westen. In den siebziger und achtziger Jahren verließen wegen der geistigen Knebelung bekannte Schriftsteller die DDR (u. a. Sarah Kirsch, Günter Kunert, Rainer Kunze, Monika Maron, Hans-Joachim Schädlich, Rolf Schneider). In der DDR verblieb u. a. Stefan Heym, dessen Werke dort nicht (mehr) gedruckt werden konnten. Schriftsteller wie Heym – er besonders – waren ohnehin privilegiert, stand ihnen doch – um nur ein Beispiel zu nennen – die Möglichkeit zu „Westbesuchen" offen.

Sofern in den siebziger und achtziger Jahren von oppositionellen Aktivitäten die Rede war, kamen sie nahezu durchweg aus den Reihen von sozialistischen Gruppierungen – sieht man von spektakulären Einzelaktionen ab wie der Selbstverbrennung des evangelischen Pfarrers Oskar Brüsewitz im Jahre 1976[9] als Fanal aufgrund der Bedrängnis durch die staatlichen Behörden gegenüber der Kirche und deren leisetreterischer

Haltung zur Obrigkeit. Das Spektrum reichte von einem Einzelgänger wie Rudolf Bahro, der aufgrund seines Buches „Die Alternative"[10] zu einer Freiheitsstrafe von acht Jahren verurteilt und – nach zahlreichen internationalen Protesten – 1979 in den Westen abgeschoben wurde, über ein anonymes Manifest des „Bundes Demokratischer Kommunisten Deutschlands" – das Manifest forderte nicht nur eine Reform des Kommunismus, sondern auch die Einheit Deutschlands – bis zu einem offenen, u. a. von Robert Havemann und dem Pfarrer der Samariter-Gemeinde Rainer Eppelmann unterzeichneten Brief aus dem Jahre 1981 an den sowjetischen Parteichef Leonid Breschnew, in dem die Petenten die Neutralisierung ganz Deutschlands zum Programm erhoben hatten.

Diese Aktion leitete in gewisser Weise ein neues Stadium oppositioneller Aktivitäten ein. Ansätze einer Friedensbewegung, zu deren Promotoren Pfarrer Eppelmann gehörte, entstanden, wobei die meisten Kritiker der SED für sozialistische Ideen Sympathien entgegenbrachten. Nachdem Eppelmann im Sommer 1981 auf einen offenen, sich gegen die Militarisierung des öffentlichen Lebens aussprechenden Brief an Honecker keine Antwort erhalten hatte, initiierte er mit anderen im Januar 1982 unter dem Motto „Frieden schaffen ohne Waffen" den „Berliner Appell".[11] Wer den Aufnäher mit der symbolträchtigen Losung „Schwerter zu Pflugscharen" trug, bekam Schwierigkeiten.[12] Gegen das neue Wehrgesetz von 1982, das im Fall der Mobilmachung auch die allgemeine Wehrpflicht für Frauen vorsah, entstand unter der Ägide von Bärbel Bohley und Ulrike Poppe eine spektakuläre Initiative „Frauen für den Frieden". Deren Verhaftung 1982 musste – wohl auf internationalen Druck hin – rückgängig gemacht werden.

Spielten sich die Aktivitäten der Friedens- und Umweltbewegung in der ersten Hälfte der achtziger Jahre nur innerhalb des begrenzten Frei- und Schutzraumes der Kirche ab, kam es im Dezember 1985 zur Gründung der „Initiative für Frieden und Menschenrechte", deren Mitglieder in den Folgejahren immer wieder durch „Unbotmäßigkeit" aus Sicht der SED-Führung auffielen und mit hektographierten Publikationen (Samisdat) den Zorn der DDR-Oberen auf sich zogen. Besonderes Aufsehen erregte der staatliche Übergriff auf die Umweltbibliothek der Ost-Berliner Zionskirche im November 1987 sowie die Beteiligung von Mitgliedern der „Initiative" an der jährlich wiederkehrenden Kampfdemonstration für Rosa Luxemburg und Karl Liebknecht im Januar 1988 mit eigenen Transparenten. Nicht nur Verhaftungen, sondern auch Ausweisungen zwecks Spaltung der Bewegung waren die Folge. Prominente Oppositionelle verließen – mehr oder weniger unfreiwillig – die DDR, sei es auf Dauer, sei es zeitlich befristet: Bärbel Bohley, Freya Klier, Stephan Krawczyk, Wolfgang Templin, Vera Wollenberger. Trotz dieser und anderer Aktionen konnte bis ins letzte Jahr der diktatorischen DDR weder von einer kohärenten noch von einer starken außerparlamentarischen Opposition die Rede sein. Arrangement mit dem System überwog. Und es gab Zufriedene, die die DDR stützten oder zumindest duldeten.

Erst eine gewisse „Liberalität" in der Ära Honecker schaffte überhaupt den Freiraum für unterschiedliche Gruppen, die sich dem Anspruch der SED auf Einfügung in den doktrinär verstandenen „realen Sozialismus" widersetzten. Die Behauptung, die SED-Führung habe in den letzten Jahren den Kredit verspielt, „den sie sich in den siebziger und frühen achtziger Jahren mühsam erworben hatte",[13] ist insofern nicht stimmig, als das Legitimationsdefizit früher ebenso bestand. Die DDR-Führung befleißigte sich gar an einer Umformulierung der „friedlichen Koexistenz" und propagierte eifrig das „neue Denken", wonach im Atomzeitalter das Miteinander unterschiedlicher Gesellschaftssysteme unvermeidlich sei.[14] Selbst die Friedens- und Reformfähigkeit des zuvor perhorreszierten Kapitalismus wurde eingeräumt. Das gemeinsame Papier von SPD und SED aus dem Jahr 1987, das viel Staub aufwirbelte, mag dafür ein Beleg sein.

Wenn in den frühen Jahren der DDR tektonische Erschütterungen ausgeblieben waren, so lag das im wesentlichen an den anderen äußeren Rahmenbedingungen, auch an dem inneren Druck und an der Duldsamkeit beträchtlicher Bevölkerungsteile. Noch vor dem Ausbruch der revolutionären Unruhen im Herbst 1989 erschien im Westen Rolf Henrichs „Vormundschaftlicher Staat",[15] ein von einem früheren SED-Funktionär verfasstes Werk, das in der Tradition von Bahro stand und grundlegende Reformen in der DDR forderte. Im Gegensatz zu diesem wurde Henrich, später einer der Protagonisten der Bürgerbewegung „Neues Forum", nicht verhaftet. Auch den Autoren eines Bandes[16], die sich kritisch zum eigenen Staat anlässlich seines 40-jährigen Bestandes stellten, passierte nichts. Inzwischen hatte allerdings die Phase der Destabilisierung der SED-Herrschaft bereits eingesetzt.

Die Proteste von Friedensgruppen und Vertretern der Kirchen gegen die Manipulationen anlässlich der Kommunalwahlen 1989 signalisierten bereits verstärkte Ansätze einer oppositionellen Bewegung, nachdem sich zuvor schon systemkritische Aktivitäten gezeigt hatten. Im Vergleich zu osteuropäischen Ländern wie Polen und Ungarn gab es jedoch keine machtvolle Bürgerrechtsbewegung. Dafür mögen verschiedene Gründe verantwortlich sein: Der SED war es durch ein ausgeklügeltes Spitzel-System gelungen, Ansätze bereits im Keim zu ersticken; außerdem übte die Bundesrepublik eine große Anziehungskraft aus, so dass mancher lieber die Ausreise anstrebte, statt die Verhältnisse im eigenen Land ändern zu wollen. Die SED versuchte dem Rechnung zu tragen und schob systemkritische Wortführer in die Bundesrepublik ab – in der Hoffnung, auf diese Weise könne man ein Unruhepotential neutralisieren. Allein im Frühjahr 1984 entließ die DDR 25.000 Bürger aus ihrer Staatsbürgerschaft. Tatsächlich jedoch wirkten die Übersiedler durch Aufrechterhalten der Kontakte auf die DDR zurück und vergrößerten die Unzufriedenheit der – in des Wortes doppelter Bedeutung – Zurückgebliebenen. Das gleiche gilt für die politischen Häftlinge, von denen die Bundesregierung Jahr für Jahr 2000 und mehr „freikaufte".[17] Die Existenz der Bundesrepublik erwies sich für das Entstehen einer feste Formen annehmenden Opposition somit als ambivalent.

Eine andere Möglichkeit zur Neutralisierung der Unzufriedenheit mit dem eigenen System lag darin, Reisen nicht nur für Rentner zu gewähren, sondern aufgrund von Kann-Bestimmungen auch für manche Personen, die noch nicht das Alter der „Grenzmündigkeit" hatten. Davon wurde in der zweiten Hälfte der achtziger Jahre häufiger Gebrauch gemacht. Jedoch trugen Eindrücke im Westen oft nicht zu größerer Gelassenheit bei. Sie verdeutlichten vielmehr, was die SED den Menschen jahrzehntelang vorenthalten hatte. Die erhoffte Ventilfunktion trat so nicht ein, stieg doch die Zahl der Ausreiseanträge weiter. Ende der achtziger Jahre lag sie bei mehreren hunderttausend, obwohl die Antragsteller sich möglicher Repressalien gewiss waren.

Der alle überraschende revolutionäre Umbruch in der DDR im Herbst 1989 wäre dennoch nicht möglich geworden ohne den politischen Kurswechsel in der Sowjetunion unter Michail Gorbatschow. Einige osteuropäische Staaten, mit Ungarn und Polen an der Spitze, begannen das Machtmonopol der Kommunistischen Partei abzustreifen.

Für die DDR waren grundlegende Änderungen weitaus riskanter. Angesichts der Anziehungskraft der Bundesrepublik stand ihre Existenz auf dem Spiel. Die Sowjetunion, kein totalitäres System mehr, intervenierte in diesen Staaten (im Gegensatz zur Vergangenheit) nicht. Daraus kann aber nicht geschlossen werden, die Entwicklung in der DDR sei im Interesse der Sowjetunion gewesen. Wirkung und Intention müssen nicht zusammenfallen. Die seitens der SED aufgrund der „Hetze" westlicher Medien als Abwerbung gedeutete Massenflucht von DDR-Bürgern im Sommer und Herbst 1989 nach Ungarn, Polen und in die ČSSR ermutigte einen beträchtlichen Teil der Bevölkerung zu friedlichen Demonstrationen. Diese waren maßgeblich durch die Umbrüche in Osteuropa und der Sowjetunion motiviert und durch die Ausreisewelle in Gang gesetzt worden.

In den achtziger Jahren begannen sich einerseits Oppositionsgruppen in osteuropäischen Staaten – mit Polen, unterstützt von Papst Johannes Paul II., an der Spitze – gegenüber der Sowjetunion aufzulehnen.[18] Und diese vollzog in der zweiten Hälfte jenes Jahrzehnts unter Michail Gorbatschow, nicht zuletzt bedingt durch ein sich abzeichnendes bzw. bereits eingetretenes wirtschaftliches Desaster wie durch sicherheitspolitische Überlegungen, allmählich einen Kurswechsel, der eine politische Lockerung herbeiführte. Die stärkere Liberalisierung im Innern der Sowjetunion bewirkte eine nachlassende Disziplin vieler Satellitenstaaten.

Durch den Abbau der ungarisch-österreichischen Grenzbefestigungen gegenüber Österreich im Mai 1989 entstand zwischen beiden Ländern eine „grüne Grenze", auch wenn Ungarn DDR-Bürger zunächst am Verlassen des Landes hinderte. Am 11. September schließlich, einem Schlüsseldatum, ließ Ungarn die Fluchtwilligen über Österreich in die Bundesrepublik ausreisen. Wer in den bundesdeutschen Botschaften Polens, Ungarns und der ČSSR Zuflucht gefunden hatte, gelangte durch Absprachen hinter den Kulissen ebenfalls in die Freiheit. „Wir wollen raus" wurde bei den Demonstrationen bald überlagert von Stimmen, die „Wir bleiben hier" riefen. Eine Flucht- und eine ständig anschwellende Demonstrationswelle lähmten das Regime, an dessen Spitze mit Erich Honecker ein kranker und alter Mann stand, und brachten es zum Einsturz.

Die Feiern zum 40-jährigen Gründungstag der DDR am 7. Oktober 1989 in bewährter – und wehrhafter – Form mit Militärparade offenbarten eine gespenstische Atmosphäre. „Drinnen" wurde gefeiert, „draußen" protestiert. In der Folge eskalierte die öffentliche Unzufriedenheit zusehends. Egon Krenz wollte nach dem Sturz Honeckers eine „Bremserpolitik" betreiben, weshalb er und die Partei darum bemüht waren, die Spitze der Reformbewegung zu bilden. Auf den Demonstrationen wurde nicht nur „Gorbi, Gorbi" gerufen, sondern auch die Internationale angestimmt: „Wacht auf, Verdammte dieser Erde, die stets man noch zum Hungern zwingt." Die Kuriosität bestand darin, dass sich die Protestierer gegen ein System, aber auf dessen ideologische Grundlagen beriefen – zum Teil aus Überzeugung, zum Teil aus Strategie – und dieses so delegitimierten. Die Machthaber konnten solche „Revolutionäre" kaum als „konterrevolutionär" bezeichnen. Im Gegensatz zum Nachbarland Polen blieb die organisierte oppositionelle Bewegung, auch jetzt noch, eher klein, wenig machtvoll und – wiederum im Gegensatz zu osteuropäischen Diktaturen wie Polen und Ungarn – weithin sozialistisch ausgerichtet. Das hatte mehrere Gründe: Die meisten DDR-Oppositionellen waren 68er im doppelten Sinne. Sie standen den 68ern des Westens nahe, die ebenfalls mit einem reformerischen Sozialismus geliebäugelt hatten. Und sie sympathisierten mit den Ideen des „Prager Frühlings" von 1968, dem „Sozialismus mit einem menschlichen Antlitz".

Bis 1989 hatten ungefähr drei Millionen Menschen, darunter zahllose aus gebildeten bürgerlichen Eliten, die DDR in Richtung Bundesrepublik verlassen (bis zum Mauerbau etwa zweieinhalb Millionen). So konnte sich eine deutliche System-Opposition, getragen von bürgerlichen Positionen, nicht formieren. Zudem schob das kommunistische Regime Widerspenstige zum „Klassenfeind" ab. Allerdings wohnte der Berufung auf „sozialistische Ideen" zum Teil eine legitimatorisch-absichernde Funktion inne.[19] Nach dem Zusammenbruch der Diktatur wussten sich die Oppositionellen nur einig in dem, was sie nicht wollten (eine kommunistische Diktatur), aber nicht einig in dem, was sie wollten: Insofern gehören führende Repräsentanten der Bürgerbewegung wie Marianne Birthler, Rainer Eppelmann, Joachim Gauck, Stephan Hilsberg, Freya Klier, Vera Lengsfeld, Heiko Lietz, Markus Meckel, Ludwig Mehlhorn, Ehrhart Neubert, Günter Nooke, Gerd Poppe, Jens Reich, Edelbert Richter, Friedrich Schorlemmer, Werner Schulz, Wolfgang Templin, Arnold Vaatz und Konrad Weiß heute ganz verschiedenen Parteien an – der Union ebenso wie der SPD und dem Bündnis 90/ Die Grünen, das dieser Bewegung eine Heimstatt geboten hatte. Einige sind parteilos geblieben, wenige – wie Edelbert Richter – fanden ihre neue politische Heimat ausgerechnet bei der ehemaligen Staatspartei, der heutigen Linken. Manche – wie Konrad Weiß – verließen die Grünen und gingen zur Union.

Was die oppositionellen Kräfte mehrheitlich wollten – eine andere DDR –, erreichten sie nicht. Was sie erreichten – die Beseitigung der DDR –, wollten sie nicht. Der von ihnen direkt oder indirekt propagierte „dritte Weg"[20] erwies sich als ein Holzweg, nicht als Königsweg für einen Neuaufbau. Die kommunistische DDR war nicht reformierbar. Es mutet paradox an: Gerade weil die Bewegung als reformerisch galt (und sich so gab), leistete sie ihren Beitrag zur Revolution gegen das System. Die folgende Aussage spielt die Kraft der Oppositionellen herunter, wie hoch man auch immer das Ausmaß der Implosion einschätzen mag: „Der Untergang des Sozialismus war in keinem osteuropäischen Land das unmittelbare Ergebnis seiner Bekämpfung, sondern das überraschende Resultat unsteuerbarer Prozesse. Erst konnte man nichts machen, dann brauchte man nichts mehr zu machen."[21]

Der beständige Vorwurf an die beiden „Erichs" – an Honecker wie an Mielke –, durch Starrheit den eigenen Untergang beschleunigt zu haben, ist so nicht stimmig. Gerade ihr rigider Kurs hielt das diktatorische System zusammen, wenn auch mehr schlecht als recht. Durch außenpolitische und wirtschaftliche Notwendigkeiten musste die DDR – der allmählichen Lösung der Abhängigkeit von der Sowjetunion folgte eine partielle Abhängigkeit von der Bundesrepublik – allerdings immer mehr Konzessionen machen. Die Zunahme von Liberalität – und war sie noch so schwach ausgeprägt – unterhöhlte die kommunistische Diktatur. Die großzügigere Regelung der Ausreisepraxis führte nicht zum Verschwinden des Unruhepotenzials, sondern zog weitere Ausreiseanträge nach sich. Weniger mangelnde, sondern zu große Flexibilität unterminierte das kommunistische System.

Die „heile Welt der Diktatur" (Stefan Wolle) – sie war nur dem Schein nach eine solche. Ob man den „Sozialismus in den Farben der DDR" Ende der achtziger Jahre mit nachlassender Repression, geringerer Massenmobilisierung, abgeschwächter Ideologisierung und steigenden Unmutsbekundungen als totalitäres Gebilde ansieht oder nicht: Die

DDR fußte von ihrer Gründung an auf Unterdrückung. Das Recht stand unter dem Primat des Politischen, „ideologische Diversion" wurde schwer geahndet.[22] In der SED-Diktatur konnte keiner wissen, was bevorstand: „War die Staatsmacht einmal auf jemanden aufmerksam geworden, war ihre Verdächtigungsphantasie nahezu grenzenlos. Umgekehrt konnte man sich verfolgt sehen, ohne es zu sein. Also Gespensterfurcht auf beiden Seiten."[23] Dass die DDR ein Unrechtsstaat war, kann wohl kaum besser als mit diesem – doppelten und doppelbödigen – Beispiel veranschaulicht werden. Die tonangebende Kraft, die SED, zeichnete das Prinzip des „demokratischen Zentralismus" aus. All dies war aus der Perspektive der Partei konsequent. Die DDR besaß lediglich eine geborgte Stabilität. Die Unzufriedenheit der Bürger war beständig groß – über die im Vergleich zum Westen schlechte wirtschaftliche Situation, über die fehlende Reisefreiheit, über die politischen Drangsalierungen. Allerdings gab es auch Kräfte, die diese Form des Sozialismus unterstützten.

Ausgerechnet die Staatssicherheit verhielt sich in der Phase des Umbruchs abwartend und griff nicht aktiv in den politischen (Verfalls-) Prozess ein, hatte allerdings in den oppositionellen Gruppierungen ihre Informanten untergebracht. Sie war kein „Staat im Staate", sondern der allmächtigen SED untergeordnet. Weil diese am Ende der DDR ideologisch entkräftet und gelähmt war, agierte auch die Staatssicherheit nicht. Sie, die alle oppositionellen Gruppierungen unschädlich machen sollte, blieb eigentümlich passiv, wohl auch deshalb, weil sich die ostdeutsche Diktatur offenkundig nicht mehr auf die Bajonette der Sowjetunion verlassen konnte. Die partielle (politische) Abwendung der DDR von der Sowjetunion ist aber nur der eine Aspekt. Der andere liegt in der partiellen (ökonomischen) Hinwendung der DDR – die 1971 proklamierte „Einheit von Wirtschafts- und Sozialpolitik" hatte in eine Sackgasse geführt – zum geschmähten „Klassenfeind", zur Bundesrepublik. Die DDR-Führung konnte nicht mehr hart durchgreifen. Die Staatssicherheit versuchte, den Niedergang der DDR zunächst aufzuhalten, später ihn abzubremsen.[24] Schließlich war es ihr Bestreben, als der Umbruch unabwendbar war, die eigene Arbeit durch mehr oder weniger systematische Aktenvernichtung möglichst zu vertuschen.

Allerdings war der friedliche Verlauf der Revolution[25] keineswegs zwangsläufig. Es gab Vorbereitungen für Isolierungslager, wie wir inzwischen wissen. Ein Funke, einmal entzündet, hätte Auslöser eines Blutbades mit ungewissem Ausgang sein können. Stattdessen entlud sich die friedliche Revolution auch in einer „Explosion der Worte"[26]; sie überwand schnell das vorgegebene SED-Vokabular. Die Sprache der Macht wurde mit der Macht der Sprache gekontert. Einfallsreiche Slogans kündeten von einer Zeitwende, die mehr als eine Wendezeit war. So lautete ein Anruf zu einer Protestkundgebung im thüringischen Arnstadt wie folgt:

> „was für ein leben?
> wo die wahrheit zur lüge wird,
> wo der falsche das zepter führt,
> was für ein leben?
> wo die freiheit tot geboren,
> wo schon scheint alles verloren.
> was für ein leben?
> wo alte männer regieren,
> wo noch menschen an grenzen krepieren,
> was für ein leben?
> wo die angst den alltag bestimmt,
> wo das ende kein ende nimmt."[27]

Flimmerten noch am 7. Oktober 1989 öde „Bilder der Macht" über die Fernsehschirme, so bestimmte bald die „Macht der Bilder" die Entwicklung. Die Revolution 1989 war auch eine Medienrevolution. Das begann bei den Bildern der Prager Botschaftsbesetzung und endete nicht mit denen von der Öffnung der Mauer. Diese wurde auch durch die Berichterstattung des Fernsehens zu Fall gebracht.

6.2. Verlauf und Phasen

9. November 1989. Auf der Pressekonferenz am 9. November verkündete Günter Schabowski in schnellem Sprechtempo die vom Politbüro zuvor beschlossene neue DDR-Reiseregelung. „Privatreisen nach dem Ausland können ohne Vorliegen von Voraussetzungen, Reiseanlässe und Verwandtschaftsverhältnisse beantragt werden. Die Genehmigungen werden kurzfristig erteilt. Die zuständigen Abteilungen Pass- und Meldewesen der Volkspolizeiämter in der DDR sind angewiesen, Visa zur ständigen Ausreise unverzüglich zu erteilen, ohne dass dabei noch geltende Voraussetzungen für eine ständige Ausreise vorliegen müssen. [...] Ständige Ausreisen können über alle Grenzübergangsstellen der DDR zur BRD bzw. zu Westberlin erfolgen."[28] Nach der zügig verlesenen Pressemitteilung fragte ein Journalist, ab wann die Regelung denn gelte. Schabowskis Antwort „Das tritt nach meiner Kenntnis ... ist das sofort, unverzüglich" schlug wie eine Bombe ein. Tausende Menschen drängten in den nächsten Stunden an die innerdeutsche Grenze. Günter Schabowski fuhr noch in der Nacht an den Übergang Heinrich-Heine-Straße und sah eine Menschentraube. „In diesem Augenblick kam ein Zivilist auf mich zu und skandierte in Melde-Tonlage: ‚Genosse Schabowski, seit kurzem lassen die Grenzer die Leute passieren. Es hat kein besonderes Vorkommnis gegeben.' Der Zivilist war vermutlich einer von Mielkes Mannen, die dieser in Grenznähe postiert hatte. Es war schon ein Witz. 28 Jahre dauerte es, bis der eiserne Riegel weg war. Die Grenze war offen, und ein Stasi-Mann konnte kein besonderes Vorkommnis dabei entdecken. Einige Zeit musste in der Tat noch ins Land gehen, bis ich mir der Paradoxie bewusst war – und darüber lachen konnte wie diejenigen, denen ich davon erzählte."[29]

Hans-Hermann Hertle hat, wie kein anderer, systematisch die merkwürdig erscheinenden Hintergründe des Falls der Mauer analysiert.[30] Nach Hertle kommt eine Vielzahl an Faktoren zusammen. „Als Folge unkoordinierter Entscheidungen der SED-Führung gewannen die Medien am Abend des 9. November maßgeblichen Einfluss auf die ‚Situationsdefinition'. Die von den West-Medien im Anschluss an Schabowskis Pressekonferenz verbreiteten Interpretationen (‚DDR öffnet Grenze'), falschen Situationsdefinitionen (‚Grenze ist offen') und falschen Realitätsbilder (‚Die Tore in der Mauer stehen weit offen!') stießen auf Erwartungshaltungen und Handlungsdispositionen, die durch die schnellen und überraschenden Erfolge des Protestverhaltens der zurückliegenden Wochen geprägt waren. Nach dem Sturz Honeckers, den Massendemonstrationen, den Ausreisemöglichkeiten über Ungarn und die ČSSR, dem geschlossenen Rücktritt der Regierung und des Politbüros, schließlich sogar der Zulassung des Neuen Forums war der Erwartungshorizont für die Zukunft schier unbegrenzt: Nichts war mehr auszuschließen, alles schien möglich. So konnten die Meldungen der West-Medien am 9. November 1989 einen Mobilisierungsprozess auslösen, der das angenommene Ereignis und die ‚falschen' Realitätsbilder erst Wirklichkeit werden ließ. Jene Fernsehzuschauer und Rundfunkhörer, die den historischen Moment nicht verpassen und eigentlich nur dabei sein wollten und deshalb an die Grenzübergänge und das Brandenburger Tor eilten, führten im Grunde das Ereignis erst herbei, das sonst gar nicht stattgefunden hätte. Eine von den Medien verbreitete Fiktion mobilisierte die Menschen und wurde dadurch zur Realität."[31]

Mit den „falschen Realitätsbildern" spielte Hertle auf die „Tagesthemen"-Sendung an. Der Chefmoderator Hanns Joachim Friedrichs erklärte dem Fernsehpublikum gegen 22.42 Uhr: „Im Umgang mit Superlativen ist Vorsicht geboten, sie nutzen sich leicht ab, aber heute abend darf man einen riskieren: Dieser 9. November ist ein historischer Tag. Die DDR hat mitgeteilt, dass ihre Grenzen ab sofort für jedermann geöffnet sind. Die Tore in der Mauer stehen weit offen."[32] Tatsächlich konnte zu jenem Zeitpunkt davon nicht die Rede sein. Erst gegen 23.30 Uhr gingen die Schlagbäume an der Bornholmer Straße auf. Zuvor erhielten die besonders Hartnäckigen einen Stempel in den Pass, waren damit faktisch „ausgebürgert".

Bereits vorher, am 9. Oktober, hatte Leipzig Geschichte geschrieben. Über 70.000 Menschen nahmen an einer Protestdemonstration teil; die „chinesische Lösung" blieb aus. Bereits vom 4. September an gab es Montagsdemonstrationen, deren Teilnehmerzahl am 25. September auf über 5000 und am 2. Oktober auf über 20.000 Menschen angewachsen war. Dass ein gewaltsames Eingreifen des Staates aufgrund der vielen Demonstranten unwahrscheinlich war, zeigt die seinerzeit nicht öffentlich bekannte und nicht aus moralischer oder ideologischer Scheu getätigte Äußerung von Innenminister Dickel: „Natürlich ist das in dem Moment ein Zurückweichen, aber ich sage Euch noch einmal, bei Größenordnungen von 20, 30, 80 oder gar 100.000 ist gar nichts anderes möglich. Am Montag ist das gleiche wieder in Leipzig, das geht jetzt schon wochenlang, und wir schlagen uns hier die Nächte um die Ohren. [...] Ich würde am liebsten hingehen und diese Halunken zusammenschlagen, dass ihnen keine Jacke mehr passt. Ich war 1953 verantwortlich hier in Berlin. Mir braucht keiner zu sagen, was die weiße Brut veranlasst. Ich bin als Jungkommunist nach Spanien und habe gegen die Halunken, dieses faschistische Kroppzeug gekämpft. [...] Mir braucht keiner zu sagen, wie man mit dem Klassenfeind umgeht. Ich hoffe bloß, dass ihr das genau wisst. Umzugehen, Schießen, liebe Genossen, und dass die Panzer dann vor der Bezirksleitung und vor dem ZK stehen, das wäre noch die einfachste Sache. Aber solch eine komplizierte Situation nach 40 Jahren DDR?"[33] Insofern könnte man den Ereignissen vom 9. Oktober eine größere revolutionäre Bedeutung zuschreiben als dem 9. November. Der 9. Oktober war der Durchbruch zur Freiheit, der 9. November der Durchbruch zur Einheit.

Die DDR verlor den letzten Rest ihrer Stabilität. Dem Ruf „Wir sind das Volk" vor der Maueröffnung folgte jetzt der Massenchor: „Wir sind ein Volk." Allein in der „Heldenstadt" Leipzig demonstrierten im November und Dezember 1989 jeden Montag über 100.000 Menschen für die „Einheit", nachdem im Oktober so viele für „Freiheit" auf die Straße gegangen waren. Bürgerrechtler standen diesem Ansinnen überwiegend skeptisch bis ablehnend gegenüber. Sie blieben mehrheitlich das, was sie waren: Opposition. Allerdings galten sie vorher als eine illegale und illegitime Kraft, so gehörten sie jetzt zum anerkannten Bestandteil des beginnenden demokratischen Verfassungsstaates. Sie sorgten beim „Zentralen Runden Tisch" für die Entmachtung der Staatssicherheit[34] und drängten auf einen Termin für erste demokratische Wahlen im Land, schmollten jedoch beim Einigungsprozess.

Binnen kurzem trat nach Öffnung der Mauer ein Wandel der Konstellation ein. Die Situation in der DDR spitzte sich noch mehr zu, gerieten doch Parteichef Egon Krenz und Ministerpräsident Hans Modrow (seit Mitte November) weiter unter Druck. Die DDR-Regierung wollte mit ihrem Vorschlag einer „Vertragsgemeinschaft" zwischen den beiden deutschen Staaten in die Offensive gelangen. Ihr Schritt war eine Flucht nach vorn. Die Bundesregierung hatte sich bis dahin zurückgehalten, um nicht Öl ins Feuer zu gießen, und lediglich grundlegende Reformen in der DDR angemahnt. Sie schien die Meinungsführerschaft in der Haltung zur deutschen Frage zu verlieren, zumal Kohl von sowjetischen Überlegungen wusste, diese auf die weltpolitische Tagesordnung zu setzen.

In dem Moment, in dem der Ost-West-Konflikt seine Bedeutung verlor (durch den Niedergang einer „Supermacht"), kehrte die deutsche Frage auf die politische Agenda zurück. Das Verhältnis zwischen der Sowjetunion und der DDR wandelte sich in puncto Reformbereitschaft mehrfach um. Noch in der zweiten Hälfte der achtziger Jahre sah die Sowjetunion zu enge Kontakte der DDR zur Bundesrepublik ungern. „Von der Sowjetunion lernen heißt siegen lernen" – dieses Diktum wurde in der DDR zur Zeit der Gorbatschow-Ära zumal ab 1987 nicht mehr propagiert und bekam geradezu eine subversive Funktion. Schließlich ist Gorbatschow durch „Glasnost" und „Perestroika" der Totengräber des Kommunismus geworden, auch wenn dies seine Intention nicht war. Seine Politik hatte die DDR mit der faktischen Aufgabe der Breschnew-Doktrin destabilisiert. Der Zusammenbruch der kommunistischen DDR wiederum destabilisierte die Situation in der Sowjetunion, wie überhaupt die Existenz der DDR als Nachbarstaat der Bundesrepublik der Sowjetunion bereits zuvor mehr Ärger als Freude bereitet hatte. Der Einheit Deutschlands folgte die Auflösung des „Vaterlandes aller Vaterländer". Der Kommunismus verschwand hier wie da von der Macht. Die DDR war niemals autochthon. „Mit dem Ende des Kalten Krieges verlor die DDR ihre Existenzberechtigung."[35] Die „Existenzberechtigung" besaß sie schon zuvor nicht; im Herbst 1989 verlor sie noch ihre Existenzgrundlage. Ist deshalb der Begriff vom „deutschen Herbst" für das Jahr 1989 treffend?

Die Antwort lautet: ja und nein. Einerseits war die Zäsur durch den Fall der Mauer – sie trennte nicht nur eine Stadt, sondern zwei sich unversöhnlich gegenüberstehende Systeme – derart gravierend und symbolhaft, dass diese Wendung zumal angesichts der Folgewirkungen gerechtfertigt sein mag. Andererseits führt eine Nabelschau in die Irre. Es gab nämlich nicht nur endogene (wie beim „Prager Frühling" 1968), sondern auch exogene Ursachen (wie die erwähnten Wandlungen beim „großen Bruder"). Sie beförderten 1989 den Zusammenbruch. Hingegen wurde 1968 der innere Aufstand von außen zerschlagen, was sich aus kommunistischer Sicht als konsequent erwies. Der „Prager Frühling" war nicht die letzte Chance für den Kommunismus, sondern Vorbote des Abfalls von ihm. Insofern wussten 1989 die Hardliner, was sie taten. Gorbatschow ging in diese „Reformfalle", wobei sein gleichsam unentrinnbares Dilemma offen zutage trat: Jedenfalls ist die Stimmigkeit des Honeckerschen Arguments, das sein Nachfolger Egon Krenz überliefert hat, nicht von der Hand zu weisen: „Gorbatschow will das europäische Haus bauen. Wir alle sind dabei, unsere eigenen Häuser zu zerstören."[36]

Am 28. November folgte ein so überraschender wie effektvoller Paukenschlag. Bundeskanzler Helmut Kohl, der sich in den vergangenen Monaten innerparteilicher Kräfte, die ihn stürzen wollten, zu erwehren hatte, trat in einer Generalaussprache zum Bundeshaushalt im Deutschen Bundestag ebenfalls die Flucht nach vorn an: Mit seinem Zehn-Punkte-Programm erlangte er in einer Art Alleingang – nur die Amerikaner wurden zuvor informiert, nicht konsultiert – die Initiative zurück. Das maßgeblich von Horst Teltschik aus dem Bundeskanzleramt erstellte Programm enthielt eine Art Stufenplan für die deutsche Einheit, allerdings ohne jede Terminierung. Die Punkte 1 bis 4 betrafen u. a. die Intensivierung der Zusammenarbeit mit der DDR. Das dortige Machtmonopol der SED sollte allerdings vorher beendet sein. In Punkt 5 war von der Entwicklung „konföderativer Strukturen" die Rede – „mit dem Ziel, danach eine Föderation, das heißt eine bundesstaatliche Ordnung in Deutschland zu schaffen". Kohl vermied eigens den Ausdruck „Konföderation", weil er die Gefahr sah, damit könne einer Verfestigung zweier Staaten Vorschub geleistet werden. Die Punkte 6 bis 9 betonten stark die Einbettung der innerdeutschen Beziehungen in die gesamteuropäische Entwicklung, den KSZE- und den Abrüstungs-Prozess. Im letzten Punkt schließlich redete Kohl Klartext: „Die Wiedervereinigung, das heißt die Wiedergewinnung der staatlichen Einheit Deutschlands, bleibt das politische Ziel der Bundesregierung." Er hatte damit zwar nur Gängiges zur Sprache gebracht, jedoch in einer Situation, die eine operative Deutschlandpolitik begünstigte. Dieser Plan rief ein großes Echo hervor. Offenbar war es der Bundesrepublik Deutschland mit einer Wiedervereinigung politisch ernst.

Just am gleichen Tag wurde in Ost-Berlin der von oppositionellen Kreisen verfasste Aufruf *„Für unser Land"* – Konrad Weiß gehörte zu den Initiatoren – durch den Schriftsteller Stefan Heym vorgestellt. Er sollte eine Vereinigung Deutschlands abwenden. „Noch haben wir die Chance, in gleichberechtigter Nachbarschaft zu allen Staaten Europas eine sozialistische Alternative zur Bundesrepublik zu entwickeln. Noch können wir uns besinnen auf die antifaschistischen und humanistischen Ideale, von denen wir einst ausgegangen sind. Alle Bürgerinnen und Bürger, die unsere Hoffnung und unsere Sorge teilen, rufen wir auf, sich diesem Appell durch ihre Unterschrift anzuschließen."[37] Dieser Aufruf zog ein Pendant im Westen nach sich: „In der neben anderen von Heinrich

Albertz, Robert Jungk, Dorothee Sölle und Gerhard Zwerenz unterzeichneten Erklärung *Für eine ‚offene Zweistaatlichkeit'* hieß es nicht zuletzt als Reaktion auf Kohls Plan: Mit allen Kräften wehren wir uns dagegen, dass diese (Reform-)Bewegung fremdbestimmt und der Wiedererrichtung eines erloschenen Deutschen Reiches nutzbar gemacht werden soll."[38] Heym bezeichnete Kohls Programm als „Ouvertüre zur Vereinnahmung" der DDR. Der ostdeutsche Aufruf, dem später sogar Egon Krenz zustimmte, und die westdeutsche Erklärung sind längst Geschichte. Im Grunde ließ sich Kohls Rede auch als ein „Aufruf für unser Land" deuten – für ein vereinigtes Deutschland nämlich. Sie war in der Tat eine „Ouvertüre" – aber nicht zur „Vereinnahmung", sondern zur Lösung von der Vereinnahmung durch die Sowjetunion.

Die Reaktionen auf die Rede Kohls fielen unterschiedlich aus: im eigenen Land und bei der DDR-Bevölkerung überwiegend positiv, im Ausland eher negativ. Die FDP als Koalitionspartner der Union, obwohl vorher nicht informiert, war davon recht angetan, ebenso zunächst die SPD, die allerdings eine Aussage zur Unantastbarkeit der polnischen Westgrenze vermisste, während die Grünen heftig protestierten und das Selbstbestimmungsrecht der DDR-Bevölkerung betonten. Bei der Abstimmung am 1. Dezember 1989 enthielten sich die Sozialdemokraten dann doch. Selbst bei Teilen von ihnen tauchte das Wort vom „Ko(h)lonialismus" (Oskar Lafontaine) auf.

In den USA stieß der Stufenplan Kohls auf große Unterstützung. Hingegen reagierten die Regierungen von Frankreich und Großbritannien heftig ablehnend. Mitunter machte sogar in wenig seriösen Medien das Wort vom „Vierten Reich" die Runde. Die DDR-Regierung protestierte scharf gegen jegliche Vorstellung einer deutschen Einheit, die die Stabilität in Deutschland gefährde. Auch die Sowjetunion reagierte überaus unwirsch. Außenminister Eduard Schewardnadse warnte vor einem „deutschen Revanchismus". Was Gorbatschow als „politischen Fehlschluss" des Kanzlers bezeichnet hatte, war vielmehr ein politischer Fehlschluss Gorbatschows. Dieser geriet angesichts der Eigendynamik der Entwicklung immer mehr ins Hintertreffen. Gleichwohl schien Kohl bei dem Straßburger Treffen der Staats- und Regierungschefs der Europäischen Gemeinschaft am 8. Dezember weitgehend isoliert. Er habe „niemals einen EG-Gipfel in so eisiger Atmosphäre"[39] erlebt.

Doch die innen- und außenpolitischen Wirkungen der Rede Kohls änderten bald das Klima. In der DDR bekamen die entfachten Hoffnungen auf eine Wiedervereinigung neue Nahrung. Die Fluchtbewegung hörte freilich nicht auf. Das Ausmaß der Krise stieg, die Angst vor einem Kollaps der DDR machte die Runde. Andere Staaten versuchten regulierend einzugreifen, fanden allerdings keine geeigneten Ansatzpunkte. Gegen die Selbstbestimmung der Deutschen ließ sich schwer ein plausibles Argument finden. Das Timing von Kohls Rede „saß": Zwei Tage später trafen sich Bush und Gorbatschow vor Malta. Die Strategie des Kanzlers war in mehrfacher Hinsicht eine Gratwanderung. Einerseits musste das Programm einen Überrumplungseffekt haben, andererseits durfte es nicht Argwohn gegenüber deutscher Unberechenbarkeit schüren. Er konnte zwar nicht über Bush verfügen, wollte ihn jedoch indirekt auf seinen Kurs festlegen. Zu Recht hatte Kohl in seinem Zehn-Punkte-Programm die außenpolitische Orientierung eines vereinigten Deutschlands ausgespart, um keine Diskussion über das heikle Thema zu provozieren. Eine Wiedervereinigung fand die amerikanische Unterstützung nur unter der Bedingung der NATO-Zugehörigkeit Gesamtdeutschlands.

Am 7. Dezember 1989 trat im Berliner Dietrich-Bonhoeffer-Haus, später – ab der 4. Sitzung – im Schloss Schönhausen in Pankow, dem ehemaligen Amtssitz von Wilhelm Pieck, – der Zentrale Runde Tisch zusammen. Der Runde Tisch, der ein eckiger war, ist kein deutsches Spezifikum in der friedlichen Revolution 1989, eher eine Adaption der polnischen Entwicklung. An ihm kamen Befürworter und Gegner des SED-Systems zusammen. Die „alten Kräfte"[40], um die Terminologie Uwe Thaysens zu benutzen, der als wissenschaftlicher Begleiter der Arbeit des Zentralen Runden Tisches das Standardwerk zu diesem Thema geschrieben hat, hofften auf diese Weise der revolutionären Entwicklung ihre Spitze nehmen zu können. Die „neuen Kräfte" wollten einen schnellen Übergang von der Diktatur zur Demokratie. Die einen wollten den Systemwechsel verzögern, die anderen ihn beschleunigen. Beide Seiten suchten diesen Prozess nun friedlich zu gestalten und die Revolution ab diesem Zeitpunkt gleichsam auszuhandeln.

In der gesamten DDR entstanden zahlreiche Runde Tische, z. B. auf Bezirks- und Kreisebene, zum Teil auch thematische Runde Tische. Jeweils besetzt mit Repräsentanten der SED, der (einstigen) Blockparteien und der neuen politischen Kräfte, trugen sie zur Demokratisierung bei[41] – ungeachtet der voneinander abweichenden Ziele ihrer Repräsentanten.

Wolfgang Ullmann, neben Hans-Jürgen Fischbeck und Konrad Weiß einer der führenden Köpfe der Oppositionsgruppe „Demokratie jetzt", hatte bereits Ende Oktober 1989 – in Anlehnung an die polnische Entwicklung – einen „Runden Tisch" gefordert.[42] Die „Kontaktgruppe" der oppositionellen Kräfte folgte am 10. November diesem Ansinnen in einer „Gemeinsamen Erklärung". Am 22. November hatte Egon Krenz seine Bereitschaft erklärt, einen Runden Tisch einzuberufen. Das war ein Beispiel für seine auch sonst betriebene Politik des Hinterherhechelns.

Unter der Leitung dreier kirchlicher Würdenträger – von Oberkirchenrat Martin Ziegler, dem Leiter des Sekretariats des Bundes der Evangelischen Kirche in der DDR, Monsignore Karl-Heinz Ducke, dem Direktor der Studienstelle der Katholischen Berliner Bischofskonferenz und Pastor Martin Lange, dem Sekretär der Arbeitsgemeinschaft von 21 christlichen Kirchen in der DDR – standen zunächst 15 Repräsentanten der „neuen Kräfte" (DA, DJ, Grüne Partei, IFM, NF [mit drei Stimmen], SPD, Vereinigte Linke) 15 Repräsentanten der „alten Kräfte" gegenüber: neben der SED die einstigen vier Blockparteien CDU, LDPD, DBD, NDPD. Ab der zweiten Sitzung am 18. Dezember 1989 bis zur letzten Sitzung am 12. März 1990 waren auf der Seite der neuen Kräfte je zwei Vertreter der „Grünen Liga" und des „Unabhängigen Frauenverbandes" dazugekommen, auf der anderen Seite je zwei Vertreter des FDGB und der Vereinigung der gegenseitigen Bauernhilfe. Der Runde Tisch, der 16 Arbeitsgruppen eingesetzt hatte, traf sich in der Folge wöchentlich. Die Sitzungen wurden ab dem 8. Januar 1990 im 2. Programm des DDR-Fernsehens live übertragen, fanden zunächst schon deshalb große öffentliche Aufmerksamkeit. Als es auf die Volkskammerwahl zuging, ließ das Interesse allmählich nach.

Die oppositionellen Kräfte erklärten eingangs weitsichtig und realistisch: „Am Runden Tisch haben sich fünf bestehende Parteien und acht in Bildung begriffene oppositionelle Gruppen bzw. Parteien versammelt. Keine dieser Kräfte, auch nicht die Volkskammer und Regierung hat eine hinreichende Legitimation durch freie und demokratische Wahlen. Sie können deshalb keine grundlegenden Entscheidungen für unser Land treffen. Der Runde Tisch kann keine Regierungsfunktion ausüben. Wir wollen nicht daran mitschuldig werden, dass dieser Tatbestand vor dem Volk verschleiert wird."[43] Allerdings lautete der nächste Satz: „Wir erklären, dass wir nur eine Politik unterstützen wollen, die die Eigenständigkeit unseres Landes wahrt."[44] So lautete der Fluchtpunkt der Arbeit des Runden Tisches.

Das Machtzentrum war freilich nicht am Runden Tisch vertreten. Gleichwohl suchte Ministerpräsident Hans Modrow in Krisensituationen den Runden Tisch auf. Oppositionelle (bis auf die linksradikalen Vertreter der „Vereinigten Linken") gelangten ab Ende Januar 1990 in die „Regierung der nationalen Verantwortung" Modrows (als Minister ohne Geschäftsbereich). Sie stützten so faktisch den Kurs der letzten illegitimen DDR-Regierung[45] und gaben ihre Kontrollfunktion weitgehend ab. Damit ließen sie sich von Modrow und seiner Politik einspannen, etwa bei dem Treffen mit Bundeskanzler Helmut Kohl in Bonn. Immerhin erreichten sie zuvor die Abschaffung der Staatssicherheit.

Die oppositionellen Kräfte hatten in der eben zitierten Erklärung insgesamt fünf Forderungen erhoben: (1) Die Regierung müsse sich zur geschäftsführenden Übergangsregierung erklären; (2) das Amt für Nationale Sicherheit müsse unter ziviler Leitung aufgelöst, (3) die ökologische, wirtschaftliche und finanzielle Situation der DDR offengelegt werden; (4) die Regierung müsse „unsere ausländischen Mitbürger" gleichstellen; (5) einen Wahlgesetz- und einen neuen Verfassungsentwurf müsse der Runde Tisch erarbeiten. Der Runde Tisch hat seinen Anteil an der Friedlichkeit des Verlaufs der revolutionären Entwicklung. Und er hat keine Versuche unternommen, seine Arbeit über die Zeit nach der demokratischen Wahl der Volkskammer zu verlängern. Die Berechtigung seiner Existenz bestand gerade darin, diese bald überflüssig zu machen. Er war nicht so mächtig, dass er die Regierung tatsächlich kontrollieren konnte. Umgekehrt bedurfte diese seiner vielfältigen Unterstützung. Sie erhoffte sich dadurch eine legitimatorische Aufwertung, welche in Grenzen auch eintrat.

Der Zentrale Runde Tisch machte keinen Hehl aus seiner fehlenden demokratischen Legitimation. Er strebte demokratische Wahlen an, um sich überflüssig machen zu können. Das gilt selbst für die Vertreter der SED. So hieß es in der ersten Sitzung bei Gregor Gysi: „Und für Neuwahlen zum schnellstmöglichen Zeitpunkt bin ich."[46] Ähnlich lautete die Position Wolfgang Berghofers: „Wir sind für den frühest möglichen Zeitpunkt."[47] Hingegen waren die oppositionellen Kräfte mehrheitlich eher für einen späteren Wahltermin. Der Runde Tisch einigte sich in der ersten Sitzung auf den 6. Mai 1990 als Termin der Volkskammerwahl (mit 22 Stimmen bei 11 Enthaltungen).[48] Die neue SED-Führung wollte die Eigenständigkeit der DDR sichern und akzeptierte freie Wahlen. Sie versprach sich von einem schnellen Termin Vorteile für den Wahlausgang, während die meisten oppositionellen Kräfte – vor allem die „basisdemokratisch" orientierten – in einem frühen Termin *ihre* Chancengleichheit gefährdet sahen, weder organisatorisch noch programmatisch noch strategisch auf einen Wahlkampf vorbereitet. Später gelang es Hans Modrow (und der SPD, die sich zu jenem Zeitpunkt als Gewinnerin einer baldigen Wahl wähnte) sogar im Zusammenhang mit dem Eintritt der oppositionellen Kräfte in seine Regierung den Wahltermin auf den 18. März vorzuverlegen. Die Regelung ging weniger für die SPD und mehr für die PDS auf. Für die oppositionellen Kräfte sollte die Wahl zum Desaster werden.

Die oppositionellen Gruppierungen konnten keine Chancengleichheit erzielen – zum Teil durch „fremdes" (staatliche Vorteile für die SED/PDS, mannigfache Schikanen durch sie), zum Teil durch eigenes Verschulden: „Der tiefsitzende anti-institutionelle und anti-westliche Affekt bei vielen Oppositionellen [...] führte zu einer mentalen Blockade gegenüber den zwei Instrumenten, deren zielgerichteter Auf- und Ausbau allein annähernde Chancengleichheit hätte ermöglichen können: Einerseits wurde Wahlkampfhilfe aus dem Westen (woher sonst?) fast zwanghaft unter dem Aspekt eines bundesdeutschen ‚Imperialismus' wahrgenommen. Andererseits war die Gelegenheit zur Schaffung einer organisierten Opposition bereits in der zweiten Hälfte der achtziger Jahre vergeben worden – nicht allein bedingt durch die ‚Differenzierungsstrategie' des MfS und den Aderlass durch ‚Ausreiser', sondern auch durch die Orientierung auf ein utopisches Politikmodell, in dem für Institutionen, Organisationen und ‚Macht' kein Platz war."[49] „Basisdemokraten" waren nicht auf Wahlen fixiert.

Das Wahlrecht wurde faktisch von der Volkskammer gemacht (mit gewissen Modifikationen, etwa der Ablehnung einer Sperrklausel).[50] Die Arbeitsgruppe des Runden Tisches „Neues Wahlgesetz" unter dem Vorsitz von Wolfgang Ullmann und Lothar de Maizière funktionierte nicht gut, trat erst spät zusammen (auch wegen zu hoher Arbeitsbelastung). Sie war dem „zeitweiligen Volkskammerausschuss zur Erarbeitung eines neuen Wahlgesetzes" nicht gewachsen. Offenkundig wurde der Runde Tisch „gerade in der Wahlfrage seinem eigenen Anspruch nicht gerecht [...], in diesem Punkt als treibende Kraft zu agieren."[51] So verzichtete er sogar darauf, anders als vorgesehen, einen eigenen Wahlgesetzentwurf vorzulegen. Allerdings war dies keine Katastrophe, da die undemokratisch gewählte Volkskammer – nicht zuletzt dank der Kräfte, die nun nicht mehr als Blockparteien firmierten, – ein demokratisches Wahlverfahren zügig ausgearbeitet hatte. Die basisdemokratisch ausgerichteten Gruppierungen erreichten immerhin ihre Teilnahme an der Wahl – auch als Nichtparteien. Das Ergebnis zeigt Macht und Ohnmacht des Runden Tisches zugleich: „Die Volkskammer hatte ihre formale Kompetenz als Legislativorgan grundsätzlich behauptet, war aber faktisch nur vom Akklamationsorgan der SED zu dem des Zentralen Runden Tisches geworden. Der Runde Tisch seinerseits war als Machtbasis der ‚Regierung der Nationalen Verantwortung' nunmehr in eine der ursprünglichen Konzeption der SED von einer modifizierten Nationalen Front nicht unähnliche Rolle geraten."[52] Insofern hat der Runde Tisch mit Blick auf die Wahlen nicht sonderlich prägend gewirkt. Seine ursprüngliche Absicht, das Wahlgesetz durch einen Volksentscheid zu verabschieden, musste schon aus Zeitgründen aufgegeben werden.

Der Runde Tisch, auf den Erhalt einer demokratisierten DDR fixiert, hat ferner zur deutschen Einheit wenig beigetragen. Das Thema spielte keine Rolle. So wurde in der ersten Sitzung eine Erklärung zum Selbstverständnis des Runden Tisches einstimmig angenommen, deren erster Satz folgendermaßen lautete: „Die Teilnehmer des Runden Tisches treffen sich aus tiefer Sorge um unser in eine Krise geratenes Land, seine Eigenständigkeit und seine dauerhafte Entwicklung."[53] In dieser Sitzung stimmten die Teilnehmer darin überein, sofort mit der Erarbeitung des Entwurfs einer neuen Verfassung zu beginnen. Die Arbeitsgruppe „Neue Verfassung" tagte regelmäßig. Da die Wahl zur Volkskammer – wie erwähnt – vom 6. Mai auf den 18. März 1990 vorgezogen wurde, konnte der Runde Tisch keinen Verfassungsentwurf mehr verabschieden, lediglich „Gesichtspunkte für eine Verfassung" präsentieren. Stattdessen beauftragte er in seiner letzten Sitzung die Arbeitsgruppe, diesen Entwurf im April 1990 der Öffentlichkeit vorzustellen (bei vier Gegenstimmen: Demokratischer Aufbruch und SPD und bei zwei Enthaltungen: CDU und LDP). Ein Volksentscheid über die neue Verfassung sei anzustreben.[54] Nach der Volkskammerwahl spielte der Entwurf (mit sozialen Grundrechten und plebiszitären Elementen) angesichts des Wunsches nach Wiedervereinigung innerhalb der Bevölkerung keine Rolle mehr.

Zum Besuch von Kanzler Kohl gab der Runde Tisch am 18. Dezember 1989 der Erwartung Ausdruck, dass „der Besuch zum Ausbau in den Beziehungen zwischen der DDR und BRD beiträgt und damit auch der Verantwortung beider deutscher Staaten für die Einrichtung einer systemübergreifenden Friedensordnung in Europa entspricht. [...] Die Souveränität und staatliche Identität jedes der beiden deutschen Staaten darf durch keine Seite in Frage gestellt werden. [...] Von deutschem Boden darf heute keine Destabilisierung für Europa und damit der Welt ausgehen."[55] Die Formulierungen sind so gewählt, dass kein Zweifel an der Haltung des Runden Tisches mit Blick auf die Zweistaatlichkeit aufkommen konnte. Auch später rückte der Zentrale Runde Tisch in der übergroßen Mehrheit nicht von diesen Positionen ab. Ohne Gegenstimme – bei einigen Enthaltungen – wurde am 19. Februar 1990 folgende Resolution verabschiedet: „1. Eine NATO-Mitgliedschaft des zukünftigen Deutschland ist mit dem Ziel der deutschen Einheit im Rahmen einer europäischen Friedensordnung nicht in Einklang zu bringen und wird deshalb grundsätzlich abgelehnt. Ein entmilitarisierter Status eines künftigen einheitlichen deutschen Staates wird angestrebt." Die Ziffer 2 betraf die Anerkennung der bestehenden Grenzen in Europa. Ziffer 3 lautete: „Der Anschluss der DDR oder einzelner Länder an die Bundesrepublik durch eine Ausweitung des Geltungsbereiches des Grundgesetzes der BRD nach Artikel 23 wird abgelehnt."[56] Gerd Poppe, ein unerschrockener Gegner des SED-Systems, sagte dazu eigens: „Das sind keine Verhandlungspositionen, sondern das sind Grundsätze [...], in der unsere DDR-Identität aufgehoben sein sollte. Und die stehen für mich nicht zur Disposition."[57]

Die Sozialcharta vom 5. März 1990 stellte eine Art Wünsch-Dir-was-Liste dar. Sie sah u. a. vor: „Recht auf Arbeit" – „Demokratisierung und Humanisierung des Arbeitslebens" – „Gleichstellung der Geschlechter und Erziehung der Kinder" – „Recht auf Aus- und Weiterbildung" – „Fürsorge der Gesellschaft für ältere Bürger" – „Recht auf Wohnung".[58] Zum Teil ließ sich der Runde Tisch so für die Ziele der Modrow-Regierung instrumentalisieren, zum Teil formulierte er geläufige Sozialutopien. Mehrheitlich stark auf die Eigenständigkeit der DDR fixiert, wollte er nicht den Wandel des politischen Koordinatensystems zur Kenntnis nehmen.

Im Vergleich zum Runden Tisch in Polen, der am 6. Februar 1989 ins Leben gerufen wurde, das dortige System erschütterte, letztlich besiegte und halbfreie Wahlen im Juni 1989 erzwang, fungierte der Runde Tisch in der DDR eher als eine Folge der Revolution. Wer keinen Mythos pflegen möchte, muss wissen: Der SED-Kommunismus war faktisch am Ende, als der Runde Tisch am 7. Dezember 1989 zusammentrat. Freilich wussten dies die Oppositionellen nicht. Zu Recht hat der Runde Tisch die „Machtfrage" nicht gestellt. Der Vorwurf, er habe die Macht nicht an sich gerissen, verkennt den Sachverhalt, dass es weder möglich noch sinnvoll war, den Übergang auf andere Weise zu regeln. Die Gefahr einer gewalttätigen Eigendynamik hielt lange an, jedenfalls in der verbreiteten Wahrnehmung.

Der Runde Tisch trat immer mehr als Repräsentant der „DDR-Identität" auf, nicht als vorwärtstreibende gesellschaftliche Kraft. Allmählich vermengten sich die Positionen zwischen den „alten" und den „neuen" Kräften. CDU und LDPD setzten auf Abgrenzung von der SED/PDS, während manche der oppositionellen Gruppen Positionen der gewandelten und umbenannten SED übernahmen. Der eine Machtkampf – „alte" versus „neue" Kräfte – ging in einen anderen Machtkampf über. Den wenigen Anhängern einer schnellen Einheit standen nun deren zahlreiche Gegner gegenüber. Manche diffuse Vorstellungen grenzten an basisdemokratische, wenn nicht gar rätedemokratische Prinzipien. Vage Konzepte der Herrschaftslosigkeit waren u. a. eine Reaktion auf jahrzehntelange diktatorische Herrschaft. Der Zentrale Runde Tisch war mächtig und ohnmächtig zugleich. Mächtig insofern, als er zur Stabilität wie zur Friedlichkeit der Verhältnisse ebenso beitrug wie zu freien Wahlen und zur Abschaffung des Amtes für Nationale Sicherheit; ohnmächtig insofern, als die Entwicklung nach dem 18. März über viele seiner unausgegorenen Vorschläge hinweggegangen ist. Die mehrheitlich eine schnelle deutsche Einheit befürwortende Bevölkerung hat solchen Positionen eine Absage erteilt.

Helmut Kohls Reise nach Dresden am 19. Dezember 1989 mit seiner Rede vor den Ruinen der Frauenkirche und vor jubelnden Menschen wurde sein Triumph, Modrows Plan vom 1. Februar 1990 unter dem Titel *„Deutschland, einig Vaterland"*, Nachtrabpolitik und Rückzugsgefecht gleichermaßen, hingegen ein Desaster. Er sah vier Schritte vor: Bildung einer „Vertragsgemeinschaft"; Bildung einer Konföderation; Übertragung von Souveränitätsrechten beider Staaten an Machtorgane der Konföderation; Bildung eines einheitlichen Deutschlands. Voraussetzung sollte die militärische Neutralität von DDR und Bundesrepublik sein.[59] Die atemberaubende Entwicklung ging über diesen Plan hinweg, zumal Kohl Anfang Februar 1990 den Vorschlag einer deutsch-deutschen Währungsunion unterbreitete. Der Zug in Richtung Einheit fuhr nun unter Volldampf, die SED (SED/PDS ab Dezember, PDS ab 4. Februar 1990), die ihn nicht aufhalten konnte, blieb am Bahnsteig zurück; die oppositionellen Grünen kamen unter seine Räder.

Nachdem die Volkskammer auf Druck des Zentralen Runden Tisches[60] am 20. Februar 1990 ein demokratisches Wahlrecht verabschiedet hatte, stand den ersten freien Wahlen nichts mehr im Wege. „Das neue Wahlrecht war zwar nicht *revolutionär* im Sinne der von manchen verfochtenen Vision einer grundsätzlich ‚höheren Qualität' demokratischer Wahlen. Es war aber sehr wohl *revolutionierend* im Sinne der Überwindung der bestehenden, den Bürgern unerträglich gewordenen Herrschaftsverhältnisse."[61] Das Ergebnis der ersten demokratischen Volkskammerwahl vom 18. März 1990 – die CDU siegte im Rahmen der „Allianz für Deutschland" klar; auf die SPD entfiel gut jede fünfte, auf die PDS nicht einmal bzw. immerhin (je nach Perspektive) jede sechste Stimme – beschleunigte das Tempo. Die oft als „Laienspieler" verspotteten Politiker zeigten sich ihrer schwierigen Aufgabe gewachsen. Die Regierung Lothar de Maizières aus der „Allianz", der SPD und den Liberalen sah sich mit den Forderungen nach einer schnellen deutschen Einheit konfrontiert.

Und auch die außenpolitischen Entwicklungen bestätigten den Kurs. Kohl konnte Gorbatschow – flapsig formuliert – mit „Geld und guten Worten" für sich gewinnen, so dass dieser keinen Widerstand mehr leistete und nicht die deutsche Karte spielte. Dessen ursprünglicher Versuch, einer deutschen Einheit lediglich unter den Bedingungen eines NATO-Austritts zuzustimmen, blieb halbherzig. Kohl, dem Fortune nicht abzusprechen war, reizte die europäische Karte hingegen aus und federte damit die deutsche Einheit international ab. Aber selbst er wurde von dem sich überschlagenden Verlauf überrascht, ging doch zur Zeit seines Zehn-Punkte-Programms von fünf bis zehn Jahren aus. Heute halten Kohl manche vor, zu defensiv agiert zu haben. Seinerzeit dagegen lautete ein verbreiteter Vorwurf, das Programm sei verfrüht. Hieß es zuvor, die europäische Einheit sei eine Voraussetzung für die deutsche Einheit, so verlief die Entwicklung umgekehrt. Die europäische Einheit wurde durch die deutsche Einheit vorangetrieben. In der Tat handelte es sich um zwei Seiten derselben Medaille; Vorder- und Rückseite waren jedoch vertauscht.

Kein Jahr nach Kohls erster Erwähnung des Plans war die staatsrechtliche Einigung abgeschlossen. Zum 1. Juli 1990 wurde das „Wagnis"[62] einer Wirtschafts-, Währungs- und Sozialunion („Staatsvertrag") eingegangen, die DM damit alleiniges Zahlungsmittel in der DDR. Die Währungsunion war unter wirtschaftlichen Gesichtspunkten prekär, aber politisch ohne angemessene Alternative, wollte man den Übersiedlerstrom eindämmen. Die Fortzahlung von Löhnen, Renten und Mieten erfolgte im Verhältnis 1:1, die Umstellung von Guthaben und Schulden im Verhältnis 2:1 (Ausnahme: ein nach dem Alter gestaffelter Sockelbetrag in Höhe von 2000 DM, 4000 DM und 6000 DM im Verhältnis 1:1). Damit waren die Weichen auch für die politische Einheit gestellt. Realistisch wäre aus ökonomischer Sicht ein weitaus schlechterer Kurs gewesen. Wie ökonomisch marode die DDR war, wurde im Westen allenthalben unterschätzt.

Am 3. August 1990 kam der „Vertrag zur Vorbereitung und Durchführung der ersten gesamtdeutschen Wahl des Deutschen Bundestages zwischen der Bundesrepublik Deutschland und der Deutschen Demokratischen Republik" zustande. Das Bundesverfassungsgericht erklärte später manche Bestimmungen dieses „Wahlvertrages" für verfassungswidrig, so auch die bundesweite Fünfprozentklausel. Es forderte bei der ersten gesamtdeutschen Wahl eine für den Osten und den Westen gesondert geltende Sperrklausel. Auf diese Weise sicherte der „Hüter der Verfassung" der verfassungsfeindlichen PDS den Einzug in den Bundestag – und vielleicht auch ihr Überleben. Gleichwohl war dies eine richtige Entscheidung im Sinne der Chancengleichheit.

Am 23. August 1990 morgens gegen 3.00 Uhr beschloss die Volkskammer auf einer turbulenten, quälend langen, immer wieder durch Auszeiten unterbrochenen Sondertagung den Beitritt der DDR zur Bundesrepublik Deutschland. Dieser Tag beendete damit das nicht zuletzt parteipolitisch bedingte wochenlange Tauziehen über den Zeitpunkt der deutschen Einheit. Verschiedene neue Termine standen in der Vergangenheit zur Diskussion. Dies hing einerseits mit parteitaktischen Finessen zusammen, andererseits mit drei bisher noch nicht definitiv geregelten Punkten von zentraler Bedeutung: dem Einigungsvertrag, dem 2+4-Vertrag und der Länderneubildung. In der am 22. August begonnenen Sitzung – mittlerweile war de Maizières Große Koalition zerbrochen – sollte sich daran nichts ändern. Die CDU plädierte für einen Beitritt der DDR zum Geltungsbereich der Bundesrepublik Deutschland mit Wirkung vom 14. Oktober 1990, die SPD angesichts der gravierenden Probleme bereits zum 15. September. Die DSU votierte nicht zum ersten Mal für einen sofortigen Beitritt. Der Antrag der SPD scheiterte ebenso wie der Antrag der DSU. Günther Krause, Parlamentarischer Staatssekretär beim Ministerpräsidenten Lothar de Maizière, schlug als Kompromisstermin den 3. Oktober vor. Dieser Termin wurde gewählt, weil die KSZE-Außenministerkonferenz, die am 1. und am 2. Oktober tagte, das Ergebnis der 2+4-Verhandlungen mitgeteilt bekommen sollte. Der von den Fraktionen der CDU/DA, der DSU, der FDP und der SPD schließlich eingereichte Abänderungsantrag lautete wie folgt: „Die Volkskammer erklärt den Beitritt der DDR zum Geltungsbereich des Grundgesetzes der Bundesrepublik gemäß Artikel 23 des Grundgesetzes mit Wirkung vom 3. Oktober 1990. Sie geht dabei davon aus, dass die Beratungen zum Einigungsvertrag zu diesem Termin abgeschlossen sind, die 2+4-Verhandlungen einen Stand erreicht haben, der die außen- und sicherheitspolitischen Bedingungen der deutschen Einheit regelt, die Länderbildung soweit vorbereitet ist, dass die Wahl der Länderparlamente am 14. Oktober 1990 durchgeführt werden kann."[63]

Die für das Beitrittsgesuch notwendige Zweidrittelmehrheit wurde klar erreicht: 264 Abgeordnete votierten mit Ja, 62 mit Nein, sieben enthielten sich. Alle Abgeordneten der CDU/DA, der SPD (bis auf vier), der DSU und des DBD/DFD stimmten zu, alle der PDS dagegen. Das Stimmverhalten von Bündnis 90/Grüne war gespalten: Zwei (Joachim Gauck und Konrad Weiß) gaben eine Ja-Stimme ab, sieben eine Nein-Stimme (u. a. Marianne Birthler, Gerd Poppe, Jens Reich und Werner Schulz), fünf enthielten sich (u. a. Günter Nooke und Vera Wollenberger). Viele der engagierten Demokraten fühlten sich von der Schnelligkeit des Prozesses überrumpelt.

Der ansonsten eloquent-wirkungsmächtige PDS-Fraktionsvorsitzende Gregor Gysi löste mit seinem Einwurf direkt nach der Abstimmung laut Protokoll „jubelnden Beifall bei der CDU/DA, der DSU, teilweise bei der SPD" aus. Pathetisch und bedauernd hatte er erklärt: „Frau Präsidentin! Das Parlament hat soeben nicht mehr und nicht weniger als den Untergang der Deutschen Demokratischen Republik zum 3. Oktober 1990 beschlossen."[64] Gysi ahnte in diesem historischen Moment die Wirkung seiner Worte nicht. Solch ein Fauxpas ist ihm später nicht mehr unterlaufen.

Der „Vertrag zwischen der Bundesrepublik Deutschland und der Deutschen Demokratischen Republik" („Einigungsvertrag") wurde erst am 31. August 1990 unterzeichnet. Dieser umfassende, unter großem Zeitdruck ausgehandelte Vertrag – Verhandlungsführer auf ostdeutscher Seite war Günther Krause, auf westdeutscher Wolfgang Schäuble[65] – ist eine beachtliche Leistung, unabhängig von manchen Fehlern. In diesem Vertragswerk ist der in der Praxis später modifizierte Grundsatz „Rückgabe vor Enteignung" festgeschrieben worden.

6.3. Ergebnisse und Folgen

Laut Art. 5 des Einigungsvertrages empfahlen die Regierungen der beiden Vertragsparteien den gesetzgebenden Körperschaften des vereinten Deutschland, „sich innerhalb von zwei Jahren mit den im Zusammenhang mit der deutschen Einigung aufgeworfenen Fragen zur Änderung oder Ergänzung des Grundgesetzes zu befassen, insbesondere

- in Bezug auf das Verhältnis zwischen Bund und Ländern entsprechend dem Gemeinsamen Beschluss der Ministerpräsidenten vom 5. Juli 1990,
- in Bezug auf die Möglichkeit einer Neugliederung für den Raum Berlin/Brandenburg abweichend von den Vorschriften des Artikels 29 des Grundgesetzes durch Vereinbarung der beteiligten Länder,
- mit den Überlegungen zur Aufnahme von Staatszielbestimmungen in das Grundgesetz sowie
- mit der Frage der Anwendung des Artikels 146 des Grundgesetzes und in deren Rahmen einer Volksabstimmung."[66]

Man konnte diese vage Formulierung eher eng oder eher weit interpretieren. Die „Gemeinsame Verfassungskommission" von je 32 Mitgliedern des Bundestages und Bundesrates, die Ende 1991 zusammengetreten war, „ein Musterstück Bonner Arithmetik"[67], legte zwei Jahre später ihren Bericht vor. Regierungs- und Oppositionsparteien erzielten in vielen Bereichen keine Einigung. Um dies nur an einem zentralen Punkt zu erläutern: SPD und Bündnis 90 wollten Volksabstimmungen auf Bundesebene einführen. Sie trügen dazu bei, die Entfremdung zwischen Wählern und Gewählten abzuschwächen. Die repräsentative Demokratie werde dadurch gestärkt, nicht geschwächt. Das Volk sei in der Lage, auch komplexere Sachverhalte zu erfassen. CDU/CSU und FDP hingegen sahen in der Aufnahme plebiszitärer Elemente eine Störung des parlamentarischen Gefüges. Diese würde aktive Minderheiten privilegieren und den Abbau von Parteiverdrossenheit wohl nicht fördern. Da Verfassungsänderungen einer Zwei-Drittel-Mehrheit bedurften, war die Position des Status quo im Vorteil.

Die Frontstellungen verliefen in den entscheidenden Fragen nicht zwischen Ost und West, sondern zwischen den beiden großen parteipolitischen Lagern. In manchen Punkten, z. B. mit Blick auf Europa, ließ sich jedoch Konsens erzielen, in manchen ein Teilkonsens (z. B. über Staatszielbestimmungen). Die Arbeit der Verfassungskommission führte zu keiner grundlegenden Verfassungsreform, wohl aber zu Verfassungsänderungen.[68] Sie betrafen das Gebot zur Durchsetzung der Gleichberechtigung von Männern und Frauen durch den Staat (Art. 3 Abs. 2), das Verbot der Diskriminierung Behinderter (Art. 3 Abs. 3) und den Schutz der natürlichen Lebensgrundlagen durch den Staat (Art. 20 a). Ende 1992 waren bereits durch die Ratifizierung des Maastrichter Vertrages Verfassungsänderungen notwendig geworden. So heißt es im neuen umfassenden Art. 23 GG, dass die Bundesrepublik zur Verwirklichung eines vereinten Europa bei der Entwicklung der Europäischen Union mitwirke.

Es gibt eine merkwürdige Paradoxie: Einerseits dürfen bestimmte Prinzipien gemäß Art. 79 Abs. 3 GG nicht zur Disposition des Gesetzgebers stehen; andererseits kann sich nach dem (modifizierten) Art. 146 GG das deutsche Volk eine neue Verfassung geben. Sollte das einmal der Fall sein, muss Art. 79 Abs. 3 GG keine Berücksichtigung mehr finden. Dieses Paradoxon geht auf ein anderes Paradoxon zurück. Ausgerechnet das Grundgesetz, das bewusst nur ein Provisorium sein wollte, wie schon der so ungewohnte wie ungewöhnliche Name sagt, ist mit einer Art „Ewigkeitsklausel" versehen worden. Das war Ausdruck der traumatischen Erinnerung der Grundgesetzväter (und der vier -mütter) an die wertrelativistische Verfassung der Weimarer Republik, die manche für ihr Scheitern verantwortlich machen.[69] Wer die rechtliche Situation der deutschen Einheit Revue passieren lässt, wird erkennen, dass die Parallele zur „kleinen Vereinigung" – Bundesrepublik und Saarland im Jahre 1957 – in vielfacher Hinsicht so nicht stimmt. Zwar ging die Einheit über den Weg des Artikel 23 GG, doch gibt es eine Reihe fundamentaler Unterschiede.

Erstens: Ein Einigungsvertrag wurde, vor allem von ostdeutscher Seite, als sinnvoll angesehen. Beim Votum der Volkskammer für den Beitritt zur Bundesrepublik gingen die Abgeordneten von der vorherigen Unterzeichnung des Einigungsvertrages aus. Auf diese Weise – durch einen völkerrechtlichen Vertrag – erkannte die Bundesrepublik Deutschland die Rolle der demokratisch legitimierten DDR an. Der Vertrag bedurfte der entsprechenden Mehrheiten in beiden Parlamenten. Zweitens: Im Einigungsvertrag war, wie bereits erwähnt, eigens die Notwendigkeit bestimmter Änderungen des Grundgesetzes vorgesehen. Diese mussten vom Bundestag und vom Bundesrat verabschiedet werden und traten am 29. September 1990 in Kraft, also noch vor dem Beitritt der DDR. Drittens: Eigens wies der Einigungsvertrag auf die Möglichkeit künftiger Verfassungsänderungen hin, auch auf Art. 146 GG und eine Volksabstimmung. Die „Gemeinsame Verfassungskommission" kam der Empfehlung nach und schlug vereinzelte verfassungsrechtliche Reformen vor. Viertens: Artikel 146 GG wurde durch den Einigungsvertrag nicht gestrichen, sondern (durch einen Relativsatz) ergänzt. „Dieses Grundgesetz, das nach Vollendung der Einheit und Freiheit Deutschlands für das gesamte deutsche Volk gilt, verliert seine Gültigkeit an dem Tage, an dem eine Verfassung in Kraft tritt, die von dem deutschen Volke in freier Entscheidung beschlossen worden ist." Die Formulierung lässt damit die Frage nach einer neuen Verfassung weiterhin offen. Es kann also nicht die Rede davon sein, eine solche sei nun nicht mehr möglich. „Die Erledigung der Wiedervereinigungsfrage bedeutete nicht zugleich die Erledigung der Verfassungsfrage."[70] Insofern war der 1991 vorgelegte Verfassungsentwurf des „Kuratoriums für einen demokratisch verfassten Bund deutscher Länder"[71] wohl politisch aussichtslos, aber rechtlich durchaus gangbar. Die Bundesrepublik Deutschland hat das Recht, nicht die Pflicht, sich eine neue Verfassung zu geben. Eine ersatzlose Streichung von Art. 146 GG ist unangebracht. Insofern schlossen sich Art. 23 GG (in seiner alten Form) und Art. 146 nicht aus.

Es gab bei dem „Artikelstreit"[72] mithin mannigfache Kompromisse. Weder Anhänger der einen noch der anderen Seite rückten sie in den Vordergrund. Die einen wollten sich offenbar als „Sieger" sehen, die anderen als „Verlierer". Wer nur auf Art. 23 des Grundgesetzes abstellt, argumentiert verkürzt. Mit dem Staatsvertrag war der Weg für die deutsche Einheit zugunsten des Artikels 23 entschieden. Die normative Kraft des Faktischen sagt jedoch noch nichts über die demokratische Legitimität des Vorgehens aus. Gemäß der faktischen Kraft des Normativen wäre die eine wie die andere Lösung möglich gewesen. Die Gründe für ein Anstreben der Einheit nach Art. 23 waren weitaus plausibler als ein Vorgehen gemäß Art. 146 GG. Die Menschen in der DDR wollten offenkundig eine schnelle Einigung. Durch sie – man denke an die massenhafte Übersiedlung in den Westen oder an das Votum bei der ersten und zugleich letzten demokratischen Volkskammerwahl – war die Einheit auf eine nicht für möglich erachtete Weise beschleunigt worden. Art. 23 GG erschien als der weitaus einfachere, schnellere und sicherere Weg zu diesem begehrten Ziel. Schließlich hatte sich das Grundgesetz in seiner über 40-jährigen Geschichte bewährt und längst seinen Übergangscharakter verloren. Warum sollte es nicht bewahrt werden? Überzeugende Argumente, eine neue Verfassung zu verabschieden, gab es nicht. Und wer das Grundgesetz behalten wollte, konnte nicht ernsthaft dafür plädieren, eine Verfassungsdebatte zu initiieren und danach mehr oder weniger dieselbe Verfassung zu verabschieden. Das wäre auf einen Etikettenschwindel hinausgelaufen.

Der Einigungsprozess verlief atemberaubend schnell. Gerade in einer solch außergewöhnlichen Lage war es wichtig, die Verfassung nicht ohne Not zur Disposition zu stellen. „An dem Bewährten und Sicheren dann festzuhalten, wenn Veränderung und Verunsicherung die Alltagserfahrung ganzer Regionen prägt, ist weder Ausdruck eines geistigen Immobilismus noch einer für eine versteckte westdeutsche Kolonialisierung."[73] Die unsichere außenpolitische Konstellation kam hinzu. Keiner wusste, wie lange Gorbatschow stark genug sein würde, um seine kommunistischen Rivalen in Schach zu halten – und schwach genug, um keine größeren Forderungen an den Westen zu stellen. Wer hier zögerte, ging das Risiko ein, eine günstige Gelegenheit nicht gut zu nutzen.

Die Anhänger einer Lösung nach Art. 146 GG verwiesen auf den einheitsstiftenden Charakter einer neuen Verfassung. Auf diese Weise werde den Menschen in der DDR ein Angebot bereitet, wonach der Westen ihre Bedürfnisse anerkenne. Was jahrzehntelang gepredigt wurde, sei nun aus Gründen der Glaubwürdigkeit umzusetzen. Ansonsten werde ein Verfassungsauftrag nicht erfüllt. Ein bloßer Beitritt schaffe zweierlei Bürger. „Die Entscheidung für Art. 23 habe die nationalstaatlichen Interessen den republikanischen Belangen vor- und übergeordnet."[74] In den Worten von Ulrich K. Preuß heißt das: „Erst der Prozess der gemeinsamen Verfassungsgebung erzeugt, was die Verfassung voraussetzt, nämlich sich wechselseitig als Gleiche anerkennende Bürger und die daraus resultierenden Solidarpflichten."[75]

Freilich gab es auch weniger ehrenwerte Motive: So ist der Gedanke nicht ganz abwegig, dass ein Teil der Befürworter der Einheit nach Art. 146 GG so argumentierte, um sie hintertreiben zu können. Ein anderer Teil wiederum wollte auf diese Weise Änderungen durchsetzen, die zuvor nicht möglich waren. Ihm ging es darum, die deutsche Einheit für eigene Interessen zu instrumentalisieren. Und ein dritter Teil schob ostdeutsche Interessen vor. Alle drei Motive konnten zusammenfließen. So heißt es bei Richard Schröder, der dabei allerdings die Diskussion um eine DDR-Verfassung im Auge hatte: „Ich habe anfangs an der Verfassungskommission des Runden Tisches mitgewirkt. Dort herrschte so lange das Chaos eines Diskurses der Ratlosigkeit, bis westliche Verfassungsrechtler dem Sachverstand aufhalfen. Dadurch wurde aber die Verfassung des Runden Tisches zu erheblichen Teilen ein Verzeichnis von Verfassungswünschen, die westliche Verfassungsrechtler in 40 Jahren Bundesrepublik dort nicht haben durchsetzen können. Es war unberechtigt, diesen Wunschzettel als Erbe der DDR auszugeben. Die Inkraftsetzung dieser Verfassung für die DDR verbot sich allein schon deshalb, weil dort auf listige Weise Fragen, die die Politik zu entscheiden hatte, nämlich die Modalitäten des Einigungsprozesses, in Verfassungsartikel gegossen waren. Die DDR-Seite hätte also nicht verhandeln können, sondern sagen müssen: Das steht in unserer Verfassung, wir können keine Kompromisse eingehen."[76]

Schröder bemängelt dagegen das Fehlen einer gesamtdeutschen Volksabstimmung über das geänderte Grundgesetz. Die Auffassung, eine klare Mehrheit wäre ohnehin zu erwarten gewesen und eine Abstimmung deswegen entbehrlich, kontert er damit: „Auch bei der standesamtlichen Eheschließung lautet die Antwort bei 99,99 Prozent der Befragten ja, sie ist aber dennoch nicht entbehrlich."[77] Ist die Position wirklich so vorgebracht worden, und stimmt die Parallele? Eine Eheschließung wird nur auf besagte Weise rechtsgültig, die deutsche Einheit hingegen war ja schon legal vollzogen. Weist das Land Brandenburg, in dem vom Volk über die Landesverfassung abgestimmt wurde, ein höheres Maß an demokratischer Legitimität auf als Sachsen, in dem dies nicht geschah? Fühlen sich die Brandenburger – im Vergleich zu den Sachsen – tatsächlich eher als Brandenburger? Zweifel sind angebracht.[78]

Es gab nach dem Grundgesetz zwei gleichberechtigte Varianten, nicht eine mit einer höheren und eine mit einer geringeren Legitimität. Wie man es dreht und wendet: Für die Herbeiführung der deutschen Einheit durch den Art. 146 GG sprach wenig. Sollte das Grundgesetz prinzipiell beibehalten werden, bestand kein Anlass, eine Nationalversammlung einzuberufen. Dieser hätte es nur bei gravierenden Verfassungsänderungen bedurft. Aber da diese mehrheitlich nicht erwünscht waren, entfiel die Notwendigkeit einer Volksabstimmung. Vieles spricht für die Auffassung, dass das zuweilen recht abstrakte Thema den „Normalbürger" weitaus weniger interessierte als seine unmittelbare soziale oder ökonomische Situation. Zumal niedrige Beteiligung bei einer Abstimmung die Legitimität unserer Demokratie selbst bei einem klaren Votum für die neue Verfassung wohl nicht gestärkt hätte. Wären Unzufriedenheit und Verdruss, Zufriedenheit und Hochstimmung unter den Bedingungen einer neuen Verfassung schwächer bzw. stärker? Die Frage präjudiziert bereits ihre Antwort.

Die Bundesrepublik Deutschland ist ein „Staat der Mitte" (Jörn Ipsen). Und die „Mitte des Staates" ist durch das von allen tragenden gesellschaftlichen Kräften akzeptierte Grundgesetz gekennzeichnet. Am 23. Mai 1949, als die Menschen gravierende Probleme im Vergleich zu 1990 hatten, war nicht vorherzusehen, das Grundgesetz werde einmal die Verfassung aller Deutschen sein. Die Anerkennung nahm mit der Geltungsdauer zu. Auch wenn es etwas pathetisch klingen mag: Die Verfassung ist in einer guten Verfassung. Die Probleme, die Deutschland hat, gehen überwiegend nicht auf deren Defizite (z. B. Finanzverfassung) zurück, auch nicht auf die Art der Wiedervereinigung im Jahre 1990. Wir erlebten keine „feindliche Übernahme" des Ostens durch den Westen.[79]

Dreimal ist der Versuch unternommen worden, eine neue Verfassung in Gang zu setzen: erstens durch die Initiative, etwa vom Zentralen Runden Tisch, eine eigene DDR-Verfassung zu installieren[80]; zweitens durch den Weg über Art. 146 GG zur Wiedervereinigung zu gelangen; drittens schließlich durch die Möglichkeit des Einigungsvertrages, eine neue Verfassung gemäß Art. 146 GG ins Leben zu rufen. Dreimal scheiterten solche Aktivitäten an den jeweiligen Mehrheitsverhältnissen.

„Eine Identifizierung mit den Grundsätzen und den Institutionen unserer Verfassung verlangt aber eine Agenda des Vereinigungsprozesses, auf der das nicht-mediatisierte, im Rahmen einer nicht-okkupierten, nicht vermachteten politischen Öffentlichkeit ausgeübte Recht der Bürger auf Selbstbestimmung Vorrang genießt; und zwar Vorrang vor einem clever in die Wege geleiteten, letztlich nur administrativ vollzogenen Anschluss, der sich an einer wesentlichen Bedingung für die Konstituierung jeder Staatsbürgernation vorbeimogelt – an dem öffentlichen Akt einer in beiden Teilen Deutschlands wohlüberlegt getroffenen demokratischen Entscheidung. Dieser Gründungsakt kann nur dann mit Willen und Bewusstsein vollzogen werden, wenn wir davon Abstand nehmen, die Vereinigung auf den Weg über den Artikel 23 unseres Grundgesetzes (der den Beitritt ‚anderer Teile Deutschlands' vorsieht) herbeizuführen."[81] Diese Position von Jürgen Habermas, der die Art. 23 und Art. 146 GG gegeneinander ausspielt, ist schwerlich haltbar. „Auf dem Wege über den Artikel 23 können die Bürger den Prozess der Vereinigung nur noch *erleiden*. Der Weg über einen Verfassungsgebenden Rat verhindert hingegen eine Politik der vollendeten Tatsache, verschafft den DDR-Bürgern vielleicht doch noch eine Atempause zur Selbstbesinnung und lässt Zeit für eine Diskussion über den Vorrang europäischer Gesichtspunkte."[82] Diese Argumentation ist nicht frei von Arroganz gegenüber der ostdeutschen Bevölkerung, die die erlittene Diktatur in der DDR abgestreift hat, indem sie mit der deutschen Einheit vollendete Tatsachen schuf. Unterschied sich doch Habermas' post-nationaler „Verfassungspatriotismus" von dem Verfassungspatriotismus Dolf Sternbergers.[83] Für diesen stand

Verfassungspatriotismus in keinem Gegensatz zur deutschen Einheit, für jenen schon. In der Tat ist zwischen dem Verfassungspatriotismus und der nationalen Identität kein struktureller Gegensatz angelegt.[84]

Die Revolution des Jahres 1989 ist ein Ruhmesblatt in den deutschen Annalen. Allerdings: Die Friedlichkeit des Umschwungs hatte und hat ihren Preis, gleich in mehrfacher Hinsicht, wie die nachstehenden Fragen zeigen.

1. Durch den fließenden Übergang zur parlamentarischen Demokratie, den die SED wohl be-, aber schließlich nicht verhindert hat, kann ihr die Verteidigung des Machtmonopols um jeden Preis bis zum bitteren Ende nicht vorgehalten werden. Da die SED sich das Wort von der fälligen „Wende" zu eigen machte und Reformen in eigener Sache verlangte, galt sie mitunter als reformfähig. War es nicht vielmehr so, Flucht-, Demonstrations- und Bürgerbewegung agierten, die SED reagierte?

2. So behaupten die Postkommunisten heute, auch von ihnen seien Rufe nach Reformen ausgegangen. Das stimmt prinzipiell – so gab es an der SED-Basis Sympathien für Gorbatschows Politik. Nur folgte der Wandel an der SED-Spitze erst dann, als bereits eine revolutionäre Situation eingetreten war. Nach Öffnung der Mauer trafen sich die Repräsentanten aus den Reihen der PDS mit denen der Bürgerbewegung in dem Wunsch nach einem – sozialistischen – „dritten Weg", obwohl prinzipielle Unterschiede zwischen ihnen bestanden und es lange keine Zusammenarbeit zwischen ihnen gab.[85] Gleichwohl sehen manche die PDS ebenso als Kind der Revolution an. Wollte sie jedoch tatsächlich das Ende der Diktatur ohne Wenn und Aber?

3. Durch den friedlichen Verlauf und den gleitenden Übergang von der Diktatur zur Demokratie[86] setzte eine von der SED gewollte Fixierung der Öffentlichkeit auf die Staatssicherheit als die Inkarnation des Bösen ein. Dabei fungierte die Staatssicherheit lediglich als Befehlsempfänger der SED, auch wenn Erich Mielke in Zusammenarbeit mit anderen für Honeckers Sturz eingetreten war. Diese ist heute nicht in gleichem Maße delegitimiert wie jene. Wer weiß noch, dass die SED den „Volkszorn" auf die „Stasi" – als eine Art Sündenbock – zu leiten suchte?

4. Ein Elitenwechsel ist in einigen gesellschaftlichen Bereichen ausgeblieben. Wer früher „oben" stand, wurde nicht zwangsläufig abgehalf-

tert, und wer heute bestimmte Qualifikationen nicht besitzt (etwa deshalb, weil er damals keine politischen Konzessionen machte), ist erneut „der Dumme". Ein Gefühl der Ohnmacht bemächtigt sich vieler. Die Linke als Nachfolgepartei der SED ist durch ihre Mitglieder, die überwiegend nicht mehr im Arbeitsprozess stehen, gesellschaftlich nach wie vor gut und fest verankert – trotz altersbedingter Mitgliederverluste. Das gilt für Mieterinitiativen ebenso wie für Sportvereine. Sie brandmarkt – auch durch ihre Unterstützung extremistischer Vereinigungen mit harmlos-wohlklingenden Namen (etwa: „Gesellschaft zum Schutz von Bürgerrechten und Menschenwürde" oder „Gesellschaft zur rechtlichen und humanitären Unterstützung")[87] – die Oppositionellen von einst und geriert sich als Kämpfer gegen West-„Kolonisatoren". Aber hängen deren Eingriffe nicht vielfach wesentlich mit der desaströsen Hinterlassenschaft vor 1990 zusammen?

Beide Seiten, die Reformer der Bürgerbewegung wie die Kräfte der politischen Führung, einte ein Ziel: Gewaltlosigkeit. Jedenfalls gilt das für die Zeit nach dem 9. Oktober 1989, als das militante Eingreifen der Sicherheitskräfte bei der Montagsdemonstration in Leipzig ausgeblieben war. Zuvor waren durchaus gewaltsame Ausschreitungen vorgekommen – etwa in Dresden, als die in die Prager Botschaft der Bundesrepublik Geflüchteten in Sonderzügen am 4./5. Oktober durch den Hauptbahnhof fuhren, oder anlässlich des 40. Jahrestages der DDR am 6./7. Oktober. Am 8. Oktober schlugen der Dresdner SED-Oberbürgermeister Wolfgang Berghofer und der 1. Sekretär der dortigen SED-Bezirksleitung Hans Modrow mit ihrer gewaltfreien „Dialogpolitik" andere Töne an. Dies mag auf die Situation in Leipzig befreiend und befriedend gewirkt haben. Wäre Gewalt eingesetzt worden, so hätte sich „danach" die Abrechnung mit dem alten System in einer rigideren Form vollzogen. Die SED – auch unter einem anderen Namen – wäre vermutlich vom Willensbildungsprozess fortan ausgeschlossen, der Bruch mit der Vergangenheit deutlicher geworden. Oder, nicht auszudenken: Eine „Pekinger Lösung" hätte unendliches menschliches Leid verursacht und die Herrschaft der SED zunächst gefestigt.

Zwar war, wie erwähnt, die Verhinderung von Gewalt diesseits und jenseits der Barrikade das Ziel. Doch die Motive deckten sich nicht. Strebten die einen den Dialog an, um ihre Macht durch größere Flexibilität zu sichern, wollten die anderen diese Macht brechen – auf einem strikten Legalitätskurs. Und als der Rubikon überschritten war (wohl nach Öffnung der Mauer), wussten die einen: Ein Einsatz von Gewalt würde ihre Position in der „neuen" Gesellschaft stark schwächen, so dass sie in realistischer Einschätzung der Erfolgsaussichten schon deshalb davon absahen. Die anderen wiederum hielten es nicht für sinnvoll, Gewalt zu propagieren oder gar anzuwenden – schon allein wegen der Existenz sowjetischer Truppen in der DDR und wegen prinzipieller Ablehnung von Gewalt. So haben „Reformer" wie Wolfgang Berghofer und Hans Modrow einerseits das Ende der SED und der diktatorischen DDR beschleunigt, andererseits – das ist die Kehrseite – den Anfang der aus der SED hervorgegangenen PDS in der demokratischen Bundesrepublik Deutschland ermöglicht.

Die Frage, ob ein Zusammenhang zwischen der Art der Entmachtung der SED und den späteren Erfolgen der PDS besteht, ist nicht einfach zu klären. Verschiedene Antworten sind bei „Was wäre gewesen, wenn"-Fragen möglich. Jedenfalls ist die verbreitete Auffassung nur bedingt zutreffend, dass die Erfolge der PDS weitgehend auf Fehler, Fehlgriffe und Fehlentscheidungen nach 1989 zurückgehen. Schließlich ist durch die Art des Verlaufs der Revolution die SED in gewisser Weise „rehabilitiert" worden. Das musste Konsequenzen für die spätere Zeit haben. Das Groteske besteht darin, dass wohl nur so – in einem schleichenden Übergang – überhaupt Aussicht bestand, die SED von den Schalthebeln der Macht zu entfernen. Ein stärkerer Bruch mit der kommunistischen Vergangenheit wäre 1989 nötig, aber kaum möglich gewesen. Der heutige Preis ist eine verbreitete Haltung, welche die DDR nicht als das sieht, was sie war: eine menschenverachtende (keine: kommode) Diktatur, wiewohl die offen-brachiale Repression in den siebziger und achtziger Jahren nachgelassen hatte.

Was sich binnen kurzem vollzog, zunächst langsam in Polen, schließlich abrupt in Rumänien, war eine Art politisches Wunder. Zwanzig Jahre danach ist die politische Welt Europas kaum mehr wiederzuerkennen. Das ist die eine Seite. Die andere hängt mit dem Charakter der „Refolutionen" (Timothy Garton Ash) zusammen: Die Delegitimierung des Kommunismus ist jedenfalls in Deutschland nur halbherzig gewesen, die seiner Vertreter zuweilen bis heute ausgeblieben.

Euphorie ist Nüchternheit gewichen. Es ist paradox: Keiner will sie mehr rückgängig machen, aber kaum einer hält die innere Einheit für gelungen. Nur wenige reden von den unterschiedlichen Mentalitäten der Hessen im Vergleich zu den Bayern, aber fast alle stellen unaufhörlich Differenzen zwischen den Ostdeutschen und den Westdeutschen heraus – bezogen auf die materielle und die mentale Einheit. Wie ist es damit bestellt? Wo liegen die Gründe für den Missmut, der mehr im Osten als im Westen des Landes angesiedelt ist?

Wer Augen hat zu sehen, nimmt einen großen Wandel im Osten Deutschlands wahr, ob man an Häuser, Autobahnen, PKWs oder die Telekommunikation denkt. Lag die Produktivität der ostdeutschen Wirtschaft im Vergleich zu der des Westens anfangs bei 30 Prozent, so stieg sie bis 2010 auf etwa 70 Prozent.[88] Der Nettolohn im Osten liegt inzwischen auf über 80 Prozent des Westniveaus – bei erheblichen Schwankungen je nach Branche. Die Schere zwischen Ost und West hat sich damit nicht weiter geöffnet als in den siebziger und achtziger Jahren – im Gegenteil.

Die andere Seite: Die Arbeitslosigkeit stieg trotz vielfältiger Vorruhestandsregelungen von etwa 10 Prozent 1990 in den neuen Bundesländern auf fast 20 Prozent im Jahr 2000, ohne die anhaltende Binnenwanderung einzurechnen. Dies waren für viele Ostdeutsche harte Zeiten. Die Gründe gehen nicht in erster Linie auf das „Plattmachen" der Betriebe durch westliche Konkurrenz zurück (auch das hat es gegeben), sondern auf ihre marode Struktur. Der „Flurschaden Sozialismus" (Karl-Heinz Paqué) ist immens gewesen. Im März 2010 lag die Arbeitslosenquote bundesweit bei 8,5 Prozent, im Osten bei 13,5, im Westen bei 7,2 Prozent.[89] Im Westen ist sie damit nur halb so hoch. Allerdings differiert die Erwerbstätigenquote erheblich. Ein wesentlicher Grund liegt darin, dass in den neuen Bundesländern mehr Frauen als in den alten arbeiten wollen (und wohl auch müssen). Insgesamt sind in den letzten zwei Jahrzehnten aufgrund enormer Strukturanpassungen – Ostdeutsche mussten flexibler sein für neue Tätigkeiten – große Fortschritte erzielt worden. Wir haben eine Art „Wohlstandsexplosion" (Klaus Schroeder) erlebt, freilich nicht überall.

Trotz dieser schnellen Annäherungen an den Westen (nicht im Bereich der Vermögensverteilung) existieren erstaunliche mentale Unterschiede fort; ja, sie haben sich sogar vergrößert. Gleichheit hat für

Ostdeutsche einen höheren Stellenwert als Freiheit. Im Westen ist es umgekehrt. Sekundärtugenden wie Ordnung und Fleiß werden hier mehr geschätzt als dort. Viele beklagen im Osten Kriminalität im Besonderen und Unsicherheit im Allgemeinen. Die Vorbehalte gegenüber Fremden sind größer. Fremdenfeindliche Gewalttaten passieren hier fünfmal häufiger als im Westen, obwohl dort fünfmal mehr Ausländer leben. Nicht wenige vermissen die (vermeintlichen) „sozialen Errungenschaften" der DDR und rufen nach „dem Staat" und „dem Betrieb". In der DDR mussten die Betriebe vielfältige Aufgaben übernehmen. Sie „hatten in erster Linie das Arbeitsplatzrisiko zu tragen und die faktisch, wenn auch nicht rechtlich fast unkündbaren Arbeitnehmer oft aus sozialen Gründen mitzuschleppen. Den Betrieben wurde zudem durch den Aufbau eines betrieblichen Gesundheitswesens, die Finanzierung von Kuren ihrer Mitglieder, die Unterhaltung betriebseigener Kinderbetreuungsstätten von der Krippe über Kindergärten bis zu Kinderhorten, durch den Bau und den Unterhalt von Betriebswohnungen, Erholungsheimen und Kulturhäusern sowie durch die Betreuung ihrer Rentner erhebliche zusätzliche Kosten aufgebürdet. Der rigorose Abbau dieser zusätzlichen Leistungen nach dem Übergang zur Marktwirtschaft im Gefolge der deutschen Vereinigung ist von vielen Menschen in Ostdeutschland als Verlust an Lebensqualität und sozialer Gerechtigkeit empfunden worden."[90] Die politische Partizipationsbereitschaft ist geringer, der Pessimismus ausgeprägter. Was Max Kaase vor einem Jahrzehnt ermittelt hat, trifft heute in der Tendenz weiterhin zu, dass sich nämlich „die Einschätzungen der Ost- durch die Westdeutschen im zeitlichen Verlauf kaum, die der West- durch die Ostdeutschen jedoch prägnant, und zwar durchweg in Richtung einer skeptischeren Bewertung von positiven Eigenschaften verändert haben".[91]

Ist die folgende Paradoxie richtig? Bis zur Einheit lebten die Deutschen getrennt und waren doch vereint, was das Zusammengehörigkeitsgefühl betraf. Nun sind sie wieder vereint – und gleichwohl getrennt. Ist eine DDR-Identität erst nach dem Ende der DDR entstanden? Skepsis gegenüber einer derartigen Diagnose ist angebracht. Zum einen liegt dieser Position eine Idealisierung der Vergangenheit zugrunde; zum anderen dürfen Momentaufnahmen weder verabsolutiert noch mentale Differenzen überschätzt werden. Wie soll eigentlich eine europäische Einheit funktionieren, wenn Kritiker ständig mentale Unterschiede zwischen Ost- und Westdeutschen „vermessen" und dabei ein Klagelied anstimmen?

Im Übrigen ist das Gerede von „dem" Osten und „dem" Westen angesichts vielfältiger demographischer „Durchmischungen" irreführend. Von 1949 bis zum Mauerbau 1961 sind etwa 2,5 Millionen Menschen aus der DDR in den Westen abgewandert. In der Zeit bis Ende 1989 folgte eine weitere Million. Fast 400.000 verließen ihr Land allein im Jahr 1989, die meisten im Revolutionsherbst. Zuzüge in den Osten fielen in den ersten 40 Jahren nicht sonderlich ins Gewicht, obwohl manch einer zwischen Ost und West pendelte (bis 1961).

Allein in den neunziger Jahren sind etwa 2.060.000 Ostdeutsche in den Westen und 1.240.000 Westdeutsche in den Osten gegangen – „Rückkehrer" nicht eingerechnet. Diese 3,3 Millionen „Wossis" und etwa ebensoviele vor 1989 lassen sich schwerlich in Ost-West-Kategorien einordnen. Trifft dies zum Teil nicht auch für Pendler zu? Im ersten Jahrzehnt des neuen Jahrtausends sind ebenso mehr Bürger vom Osten in den Westen gewechselt als umgekehrt, wobei die Unterschiede stark nachgelassen haben. Gleichwohl: Es gibt mittlerweile Gegenden, die auch langfristig kaum mehr Perspektiven haben und die deswegen durch hohe Abwanderung gekennzeichnet sind. Ost ist ohnehin nicht gleich Ost, West nicht gleich West. Wie die Differenzierung im Westen zwischen strukturschwachen und strukturstarken Gebieten weit fortgeschritten ist, so gilt das ebenso nach zwei Jahrzehnten für den Osten. Die beiden Freistaaten stehen besser da als die drei anderen Länder. Werden wir nach weiteren 20 Jahren ein deutschlandweites Nord-Süd-Gefälle haben – und kein Ost-West-Gefälle mehr?

Die Motive, die (tatsächlich oder vermeintlich) fehlende „innere Einheit" einzuklagen, sind unterschiedlicher, bisweilen gegensätzlicher Natur. Manchen gehen der Aufbau des Ostens und die Angleichung an den Westen nicht schnell genug. Das zur Delegitimierung sich eignende Wort von der (unzureichenden) „inneren Einheit" führen allerdings auch jene im Mund, die vor 1990 an der „äußeren" nicht sonderlich interessiert waren. Indem sie hohe Hürden für das Gelingen der „inneren Einheit" aufbauen, können sie indirekt den Nachweis führen, diese sei auf keinem guten Weg. Doch ist das richtig?

Der Politikwissenschaftler Hans-Joachim Veen möchte die „innere Einheit" auf die Akzeptanz der Legitimitätsgrundlagen der Verfassung beschränken (im Kern auf die für unabänderbar erklärten Prinzipien der freiheitlichen demokratischen Grundordnung), sodann auf die soziale Marktwirtschaft als regulative Idee, auf die Westbindung Deutschlands (mit der Integration in die EU und in die NATO) und auf den (zugegeben: eher unbestimmten) Willen zur Einheit. „Jede Erweiterung dieses Minimalkonsenses [...] ginge zu Lasten der Offenheit und Freiheit des politischen Prozesses und entspräche weder dem Legitimitätsglauben der zweiten deutschen Republik noch der notwendigen Balance zwischen Konsens und Konflikt in unserem Land."[92]

Wer diese Maßstäbe zugrunde legt, kommt zu einem differenzierten Ergebnis. Vielen Ostdeutschen fällt es schwer, sich als „Bundesbürger" zu begreifen. Die Soziale Marktwirtschaft ist in den neuen Bundesländern verständlicherweise noch nicht so unumstritten wie in den alten (aber auch hier ist durch die weltweite Finanzkrise der letzten Jahre eine skeptischere Haltung eingekehrt), nicht zuletzt deshalb, weil sie bisweilen in einer Weise „funktioniert", die den eigenen Prinzipien widerstebt. „Alte Seilschaften" aus den neuen Bundesländern und „neue Seilschaften" aus den alten tragen dafür mit Verantwortung. Außerdem macht es die hohe Arbeitslosigkeit nicht einfacher, mit der Sozialen Marktwirtschaft besonders zufrieden zu sein, obwohl ein Abbau vieler Arbeitsplätze oft ein Gebot marktwirtschaftlicher Notwendigkeit (gewesen) ist. Die bundesdeutsche Westbindung dürfte angesichts jahrzehntelangen „Trommelns" gegen die „Kriegstreiber" ebenfalls nicht tief verankert sein. Aus gegebenem Anlass – etwa beim Kosovo-, Irak- und Afghanistan-Konflikt – lassen sich solche anti-westlichen Affekte „abrufen". Die Kritiker bieten keine Alternativen – nicht zur deutschen Einheit, nicht zur Sozialen Marktwirtschaft, nicht zur Westbindung. Sie wissen: Ein Plädoyer für eine Separation, für eine Planwirtschaft und für eine „Ostbindung" (was immer das heißen mag) stößt auf keinerlei Zustimmung.

Wie ist es um die demokratischen Legitimationsprinzipien bestellt? Während Westdeutsche die Frage, ob die Demokratie, die wir in der Bundesrepublik haben, die beste Staatsform sei, seit 1990 zu über 70 Prozent (2009: 76 Prozent) bejahten, sieht das in Ostdeutschland anders aus. Die Zustimmungsquote liegt hier seit 1990 nur bei etwa 40 Prozent (2009: 36 Prozent).[93] Diese Werte zeigen eine eher geringe Identifikation mit dem freiheitlichen System. Allerdings: In der „alten" Bundesrepublik hat es lange bis zu einer solch hohen Zustimmungsbereitschaft gedauert. Zudem ist die Formulierung („die Demokratie, die wir in der Bundesrepublik haben") so gewählt, dass manch einer mit der hiesigen Wirklichkeit unzufrieden ist, ohne die Demokratie per se in Frage zu stellen. Außerdem war die Erwartungshaltung vieler Ostdeutscher an den Westen überhöht. Sehen im Westen etwa zehn Prozent eine bessere Staatsform als die Bundesrepublik Deutschland (2009: neun Prozent), so liegt die Quote im Osten deutlich höher (2009: 24 Prozent).[94]

Die nachlassende bzw. eher geringe Bejahung der demokratischen Wirklichkeit korreliert mit einer sukzessiven Aufwertung der DDR und einer Verklärung der Diktatur in den letzten 20 Jahren. „Auf die Frage, wie sich ihr persönliches (nachträgliches) Bild vom ‚Leben in der DDR' zusammensetzte, erklärten die Ostdeutschen, Vollbeschäftigung, Berufstätigkeit der Frau, soziale Sicherung, billige Lebensmittel, Betriebs- und Kinderferienheime sowie das ‚Wohlbefinden im Arbeitskollektiv' für besonders bedeutsam; erst an achter Stelle nannten sie die Einschränkung der Reisefreiheit. Die Diktatur wurde erst an fünfzehnter Stelle und von nicht einmal der Hälfte als in hohem Maße prägend erwähnt. Auch andere negative Seiten wurden inzwischen verdrängt, so die ökonomische Rückständigkeit, die Bespitzelung durch Kollegen oder gar die Vernachlässigung der Kinder."[95] Die Quote derer, die der DDR mehr positive als negative Seiten bescheinigen, nahm seit Mitte der neunziger Jahre bis heute zu.[96]

Ostdeutsche teilen mehrheitlich die Meinung, die DDR habe mehr gute als schlechte Seiten gehabt. In den fünfziger Jahren gab es ähnliche, nicht ganz so dezidierte Auffassungen in der Bundesrepublik über den Nationalsozialismus. Viele wollen heute nicht wahrhaben, dass ihr Leben nicht durch das Ende ihres Staates, der gar nicht „ihr" Staat war, entwertet worden ist. Zumal Die Linke bedient dieses Gefühl regelrecht. Sie hat es verstanden, als Interessenwahrnehmer des „Ostens" aufzutreten.

Insgesamt gibt der empirische Befund ungeachtet mancher problematischer Sichtweisen zu großer Skepsis keinen Anlass. Denn die Bürger schätzen die eigene Situation deutlich besser ein als die allgemeine Lage. Jedoch: Vielen Ostdeutschen fällt es schwer, sich die deutsche Einheit samt ihren Folgen zuzuschreiben. Warum? Der Aufschwung ist nach wie vor nur teilweise bei ihnen „angekommen" und selbsttragend. Er ist durch Transferleistungen (in Höhe von mehr als einer Billion Euro) vom Westen befördert. Insofern ist der Stolz auf den Aufschwung nur begrenzt. Das zum Teil verbreitete ostdeutsche Inferioritätsgefühl erscheint jedoch unbegründet. Denn „die" Ostdeutschen sind nicht für die 40-jährige Diktatur verantwortlich, auch wenn sie sich mit dem System arrangiert hatten bzw. arrangieren mussten. Die Diktatur wurde von der Sowjetunion oktroyiert und stabilisiert. In dem Moment, in dem diese den Kontrollverlust erkennen ließ, brach das illegitime System von innen heraus zusammen. Die DDR war ein künstliches Gebilde.

Die Menschen im Osten des Landes hatten ihre Lage immer mit dem Westen verglichen, weil sie sich ihm zugehörig fühlten. Für Ostdeutsche im Jahr 2010 ist damit auch nicht die diktatorische DDR der Vergleichsmaßstab, sondern der Westen in der Gegenwart. Schon gar nicht interessiert, dass der Transformationsprozess bei den osteuropäischen Staaten, die keinen „großen Bruder" haben, weitaus schwieriger verläuft. Hier kommt es mitunter sogar zu abfälligen Kommentaren. Wer zu einer gerechten Bilanz des Einigungsprozesses gelangen will, sollte die Verhältnisse in den neuen Bundesländern zum einen mit denen (zum Teil gar nicht so positiven) in den alten konfrontieren, zum anderen aber auch mit denen Ende der achtziger Jahre im Osten. Vielleicht würde diese doppelte Perspektive manches zurechtrücken. Der (dritte) Blick nach Osteuropa rückt, polemisch formuliert, alles zurecht. Schließlich: Im Vergleich zum Jahr 1990 ist in den alten Bundesländern nahezu ein Stillstand bzw., je nach Perspektive, eine Konsolidierung eingetreten – auf hohem Niveau. Ein Politiker, der populistisch „den Osten" pauschal dafür verantwortlich machte, würde auf breiten Protest stoßen. Auch das gehört zu einer Bilanz, die häufig schlechter ausfällt als angebracht – jedenfalls in Deutschland, weniger im Ausland. Immer wieder ist von den materiellen Kosten der Einheit zu hören. Warum spricht eigentlich kaum jemand von den – immateriellen – Kosten der Teilung? Etwa 1000 Tote sind an der innerdeutschen Grenze zu beklagen. Tausende von Familien wurden getrennt. Unbeschreibliches menschliches Leid ist entstanden.

Die deutsche Einheit vollzog sich 1990 vor allem mit kühlem Kopf (und weniger mit heißem Herzen). Das war gut! Manche Hitzköpfe wollen jedoch kaltherzig einen neuen Graben zwischen Ost und West ziehen – zum Beispiel durch Zweckpessimismus. In naher Zukunft dürfte die Auffassung an Boden gewinnen, dass nicht nur die staatsrechtliche, sondern auch die „innere Einheit" prinzipiell gelungen ist. Ob freilich die notorische Nabelschau zurückgeht? Helmut Kohl nutzte die Gunst der Stunde und räumte umsichtig nationale und internationale Vorbehalte gegen den Beitritt der DDR zur Bundesrepublik aus dem Weg. Angesichts der vielfältigen Risiken musste die Einheit Deutschlands, die nicht zuletzt Ostdeutsche so sehr wünschten, unverzüglich in die Wege geleitet werden. Diese Zeit kam „Bedenkenträgern" nicht entgegen. Mit dem Zehn-Punkte-Programm war ein Stein ins Rollen gebracht worden, der unaufhaltsam seinen Weg nahm.

Vor der deutschen Einheit wurde bei vielen westdeutschen Intellektuellen nicht ausreichend zwischen Patriotismus und Nationalismus unterschieden. Der Begriff der Nation tauchte oft nur in negativer Konnotation auf. Die deutsche Einheit traf die meisten Intellektuellen – im Westen wie im Osten – daher unvorbereitet.[97] Zwar unterstützen sie vielfach die friedliche Revolution in ihrer ersten Phase („Freiheit"), nicht jedoch in ihrer zweiten („Einheit"). Manche von ihnen verteidigten nun engagiert die freiheitliche Bundesrepublik und wehrten sich gegen einen „Anschluss" der DDR, so der böse Ausdruck.

Doch im Laufe einiger Jahre setzte weithin ein Umdenken ein. Die Ursachen dafür sind vielfältig. Zum ersten hatte die normative Kraft des Faktischen einen Anteil daran. Zum zweiten trug die rot-grüne Regierung (1998–2005) zur Aussöhnung vieler 68er mit dem deutschen Staat bei. Zum dritten wurde ein aufgeklärter Patriotismus als wirkungsvoller Riegel gegenüber Nationalismus anerkannt. Zum vierten ist der Umgang anderer selbstbewusster Länder mit ihrer Vergangenheit nicht ohne Wirkung auf die Weltoffenheit von Intellektuellen geblieben. Zum fünften hat die immer größere zeitliche Entfernung vom Nationalsozialismus zu einem weniger aufgeregten Urteil geführt. Zum sechsten konnten sich Intellektuelle nicht den Stimmungen innerhalb der Bevölkerung entziehen. Zum siebten schließlich gab das vereinigte Deutschland keinen Anlass für allfälligen Argwohn. Das wiederum förderte ein entspannteres Verhältnis zur eigenen Nation.

So erlebten wir im Jahre 2006 bei der Fußballweltmeisterschaft im eigenen Land einen fröhlichen Patriotismus, ebenso bei der Fußballeuropameisterschaft 2008, etwa durch das Schwenken der Flagge oder durch das Singen der Nationalhymne. Der Umgang mit nationalen Symbolen hat sich weiter normalisiert. Eine Vielzahl von Büchern gerade linker Autoren beschwört die Legitimität eines weltoffenen Patriotismus. Beispielsweise wandte sich Matthias Matussek, seinerzeit Leiter des „Spiegel"-Kulturressorts, pointiert gegen die These Joschkas Fischers, Auschwitz sei der „Grundstein Deutschlands": „Ich glaube, dass ein gewisser Nationalstolz gesund ist. [...] Ohne Stolz ist eine Nation nicht fähig, die eigene Zukunft zu meistern."[98] Dieser „Nationalstolz", um die überspitzte Formulierung aufzugreifen, steht inzwischen bei den meisten Intellektuellen in keinem Gegensatz zum Verfassungspatriotismus mehr.

Auf der anderen Seite, und das ist eine deutliche Minderheitsposition, entfalten seit der deutschen Einheit „Antideutsche", so die Selbstbezeichnung, Hass auf das eigene Volk. Die Antideutschen, beheimatet u. a. in westdeutschen Universitätsstädten, unterstützen, obwohl linksextremistisch ausgerichtet, konservative US-amerikanische Politiker, weil diese den Schutz Israels gewährleisteten und ein „Viertes Reich" verhinderten. Das skurrile Phänomen – nur vor dem Hintergrund der Last der deutschen Geschichte zu verstehen – stellt keine Massenbewegung dar.

Jede Form der Periodisierung bei einem existierenden Gebilde wirft Probleme wegen der unabgeschlossenen Entwicklung auf. Eine gängige Unterteilung unterscheidet nach der jeweils dominierenden politischen Kraft: Helmut Kohl regierte noch acht Jahre nach der deutschen Einheit. Von 1998 bis 2005 koalierte die SPD unter Bundeskanzler Gerhard Schröder mit den Grünen. 1998 war insofern ein Einschnitt, als zum ersten Mal alle Regierungsparteien in die Opposition gerieten. Nach seiner Wiederwahl ging Schröder entschlossen eine Reihe wichtiger Reformprojekte an („Agenda 2010" oder „Hartz IV"). Seinen Versuch, den Umbau des Sozialstaates in Angriff zu nehmen, honorierte die Wählerschaft nicht. Die Neuwahlen vom September 2005 brachten die Union wieder an die Regierung. Allerdings musste sie unter der (ostdeutschen) Bundeskanzlerin Angela Merkel eine Große Koalition eingehen, reichte es doch weder für eine schwarz-gelbe noch für eine rotgrüne Mehrheit. 2009 konnte die Union wie zwischen 1982 und 1998 wieder mit der FDP koalieren, obwohl die Partei Die Linke mit 11,9 Prozent auf Bundesebene stärker denn je geworden ist. Dieses Bündnis – offenkundig kein „Projekt" – tut sich schwerer als erwartet. Gravierende Probleme im Bereich der Renten-, Gesundheits- und Steuerpolitik harren einer Lösung – in einer Zeit der schwersten Euro-Krise.

Die Bundesrepublik Deutschland ist die erste funktionierende Partei-endemokratie in der Geschichte Deutschlands. Die Parteien bestimmen maßgeblich die politische Willensbildung. Hatten sie in früheren Epochen zu wenig Einfluss, so gehen ihr Allzuständigkeitsdenken und ihre Ämterpatronage nun zu weit. Kritiker wie Hans Herbert von Arnim warnen gar vor dem „Parteienkartell".[99] Die Bindung an die (Volks-)Parteien hat in den letzten Jahren nachgelassen. Davon zeugt u. a. der höhere Nichtwähleranteil, eine gestiegene Zahl an Wechselwählern und die gesunkene Parteiidentifikation. Die großen Parteien haben in den letzten zehn Jahren beträchtliche Mitgliederverluste zu beklagen. Auch wenn eine gewisse Verdrossenheit vorherrscht und der Glaube an die Problemlösungskompetenz schwächer ausfällt als früher, wissen die Bürger gleichwohl: Eine angemessene und legitimierbare Alternative gibt es nicht.

Das vereinigte Deutschland verkörpert heute mit Berechenbarkeit und Liberalität Tugenden, die ihm in der Vergangenheit oft fehlten. Großmannssucht steht ebensowenig auf der politischen Tagesordnung wie vasallenhaftes Verhalten. Wer permanent Konflikte zwischen Ost und West hochspielt und so tut, als überziehe Resignation das Land wie Mehltau eine Pflanze, sucht im Nachhinein die Einheit zu schädigen.

Was die Vergangenheitsbewältigung nach 1990 betrifft, sind längst nicht alle hochgesteckten Erwartungen in Erfüllung gegangen. Jedoch ist auf den meisten einschlägigen Feldern – handle es sich um das Strafrecht, die historische Aufarbeitung, die Wiedergutmachung – mehr geschehen als in anderen Staaten des einstigen „realen Sozialismus". Ein Grund liegt auf der Hand: Die anderen Staaten waren nicht geteilt, so dass sie alleine mit ihrer Vergangenheit fertigwerden mussten und müssen, während in der DDR der Elitenaustausch nicht zuletzt durch die Bundesrepublik geprägt ist – mit allen damit verbundenen Chancen und Risiken. Eine augenfällige Diskrepanz springt ins Auge: Manche, die im Hinblick auf nationalsozialistische Verbrechen unnachsichtig für Verfolgung plädieren, sind beim DDR-Unrecht eher dazu bereit, Milde walten zu lassen. Ein Motiv: Die DDR wies ein weitaus geringeres „Inhumanitätspotenzial" auf. Daher verbiete sich eine rigorose Bestrafung – zumal angesichts der Versäumnisse nach 1945 im Westen. Ein weiteres Motiv: Eine gewisse Grundsympathie für das – gescheiterte – „Experiment" besteht nach wie vor.

Die mitunter anzutreffende Fixierung auf die Akten der Staatssicherheit ist problematisch. Schließlich stand die Staatssicherheit im Dienst der SED. Auf diese Weise könnte deren Verantwortlichkeit für die Menschenrechtsverletzungen verwischt werden. So wichtig die Gauck- bzw. Birthler-Behörde für die Aufarbeitung der Vergangenheit ist, so wenig manifestiert sich das gesamte in der DDR begangene Unrecht keineswegs in den Akten des Ministeriums für Staatssicherheit. Die Repräsentanten des Politbüros, des höchsten Machtorgans der DDR, konnten überwiegend nicht verurteilt werden, wie überhaupt die Zahl der zu einer Freiheitsstrafe rechtskräftig Verurteilten – wegen Gewalttaten an der Grenze (30 Fälle); wegen Rechtsbeugung (sieben Fälle); wegen Amtsmissbrauchs und Korruption (vier Fälle); wegen Straftaten durch das Ministerium für Staatssicherheit (drei Fälle); wegen Gefangenenmisshandlung (zwei Fälle) – mit 46 extrem niedrig ausfällt. Die höchste Strafe lag in zwei Fällen bei zehn Jahren (zum einen Erschießung eines Flüchtlings nach Festnahme, zum anderen Erschießung zweier Passanten in angetrunkenem Zustand). Insgesamt sechs Jahre und sechs Monate mussten die beiden Täter jeweils absitzen. Drei Repräsentanten des Politbüros erhielten eine Freiheitsstrafe (Günther Kleiber, Egon Krenz und Günter Schabowski), auch drei Mitglieder des Nationalen Verteidigungsrates (Hans Albrecht, Heinz Kessler, Fritz Streletz) und drei Mitglieder des Ministeriums für Nationale Verteidigung (Joachim Goldbach, Heinz Handke, Harald Ludwig). Die anderen 707 rechtskräftig verurteilten Personen bekamen entweder eine Freiheitsstrafe mit Bewährung oder eine Geldstrafe.[100] Die Milde mancher Strafen irritiert(e) nicht nur die Opfer.

Die 1992 vom Deutschen Bundestag eingesetzte Enquete-Kommission „Aufarbeitung von Geschichte und Folgen der SED-Diktatur in Deutschland" leistete in relativ kurzer Zeit ebenso Beachtliches wie die Nachfolge-Enquete-Kommission zur „Überwindung der Folgen der SED-Diktatur im Prozess der deutschen Einheit".[101] Beide Kommissionen trugen durch ihre umfangreichen Expertisen und Analysen zu einer Delegitimierung des SED-Staates bei. Die letzte Enquete-Kommission hat eine seit 1998 bestehende „Bundesstiftung zur Aufarbeitung der SED-Diktatur" auf den Weg gebracht. Gewiss sind nicht alle Blütenträume bei der Aufarbeitung der SED-Diktatur wahr geworden. Der oft gehörte Hinweis auf den Rechtsstaat, dem die Hände gebunden seien, ist nicht ganz schlüssig, da die Politik, wenn sie wollte, andere Vorschriften erlassen könnte. Die Demokratie muss beides machen: zum einen die frühere Diktatur delegitimieren, zum anderen die Menschen aus dem alten System in das neue integrieren. Daran gemessen fällt die Vergangenheitsbewältigung nach 1990 nicht so negativ aus.

Peter Graf Kielmansegg berichtet in seinem fulminanten Buch über die deutsche Teilungsgeschichte, für Friedrich Dürrenmatt, den Schweizer Schriftsteller, sei noch im Frühjahr 1989 die große politische Leistung der Bundesrepublik gewesen, dass sie das Ende Deutschlands, also die Teilung, akzeptiert habe. Graf Kielmansegg hingegen erwähnt zustimmend die Formulierung des Deutschamerikaners Fritz Stern von der „zweiten Chance". „Wer von der zweiten Chance spricht, sieht nicht nur die Wiedervereinigung, er sieht auch Deutschlands Geschichte diesseits der Katastrophe anders als Dürrenmatt. Zumindest stellt er eine andere Frage an diese Geschichte, die Frage nämlich: Wie gut haben die 45 Jahre zwischen dem 8. Mai 1945 und dem 3. Oktober 1990 die Deutschen darauf vorbereitet, ihre zweite Chance zu nutzen?"[102] 20 Jahre nach der deutschen Einheit lautet die Antwort darauf selbst für den eher skeptischen Beobachter wohl so: Die zweite deutsche Demokratie steht nicht in der Gefahr, nationaler Überhebung das Wort zu reden, aber es liegt auch keine Bußfertigkeit vor. Und 20 Jahre nach der Einheit des Landes ist „Normalität" eingekehrt. Streitigkeiten zwischen Ost- und Westdeutschen haben an Relevanz verloren. Sie sind zwar nicht verschwunden, eignen sich aber keineswegs mehr für einen Grundsatzkonflikt. Deutschlands Einheit in Freiheit hat Einheit und Freiheit in Europa gefördert.

7. Vergleich der vier Systemwechsel

7.1. Charakterisierung

Wie sind die Zäsuren typologisch einzuordnen? Handelte es sich bei den Systemwechseln um Revolutionen? Welche Charakterisierung ist für die vier Umbrüche angemessen? Fangen Wendungen wie „Novemberrevolution" (für 1918), „Machtergreifung" (1933), „Befreiung" bzw. „Zusammenbruch" (1945) und „Wende" bzw. „friedliche Revolution" (1989) die Zäsuren angemessen ein?

Über die Charakterisierung des Systemwechsels 1918/19 besteht ein gewisser Konsens. Der Revolutionsbegriff wird mit einer Reihe von Epitheta versehen, die seinen Charakter abschwächen. Es habe sich um eine „steckengebliebene", „paradoxe", „halbe" oder „sehr deutsche" Revolution gehandelt. Alexander Gallus, der diese Bezeichnungen anderer zusammengetragen hat, spricht selber von einer „ungeliebten".[1] Für Karl Heinrich Pohl blieb die Revolution, der Begriff ist bei ihm in Anführungszeichen gesetzt, „Stückwerk, unvollkommen, latent gefährdet, unvollendet".[2] Gleichwohl: Die Vorgänge des Jahres 1918/19 waren angesichts der Massenbewegung revolutionärer Natur, auch wenn die Änderungen nur mild ausgefallen sind, bedingt einerseits nicht zuletzt durch die Abwehr radikaler Strömungen. Andererseits suchten tragende gesellschaftliche Schichten möglichst viel von den Strukturen des Kaiserreiches zu erhalten, was in hohem Maße auch gelang. Das Paradoxe besteht nun am Festhalten des Revolutionsbegriffes, mit welchen Einschränkungen auch immer. „Sowenig wie einen gesellschaftlichen Bruch hat es 1918/19 einen moralischen Bruch mit dem Kaiserreich gegeben."[3] Die politischen Strukturen wandelten sich stärker als die gesellschaftlichen.

Das war 1933 anders. Die Radikalität der Umwertung aller Werte ist offensichtlich. Der Begriff der „Revolution" steht dem Systemwechsel durch den Nationalsozialismus zu, selbst wenn Hitler vor einer „zweiten Revolution", welche die SA gewünscht hatte, aus vielerlei Gründen zurückschreckte. Die von ihm praktizierte Legalitätstaktik widerspricht dieser Auffassung nicht.[4] Sie half, die Macht auf legalem Weg zu übernehmen und die Demokratie auszuhebeln. Allerdings hat sich der Begriff „Revolution" für den Systemwechsel 1933 bloß zum Teil durchgesetzt, sei es wegen der (partiell auch nur scheinbaren) Legalität des Übergangsprozesses, sei es wegen der (positiv-romantischen) Konnotation, die oft mit „Revolution" verbunden ist. Die Wendungen „Machtübernahme", „Machtergreifung" und „Machtübertragung" sind indes verbreitet, kennzeichnen den Systemwechsel aber nur bedingt. Wer „Machtübernahme" verwendet, erweckt den Eindruck, als habe es sich um einen „normalen" Vorgang gehandelt. „Machtergreifung" suggeriert eine aktive und gewaltsame Handlungsweise der Nationalsozialisten, die deren Vorgehen so nicht angemessen erfasst. „Machtübertragung" hingegen zielt auf die Verantwortlichkeit der konservativen Kräfte auf dem Weg Hitlers zur Macht. Das ist zwar richtig, blendet jedoch die aktive Haltung seiner Getreuen aus und unterschlägt, in welchem Ausmaße die Nationalsozialisten die Konservativen überspielt haben, ebenso die seinerzeitigen Gewaltexzesse. Zudem stellen Begriffe wie „Machtübernahme", „Machtergreifung" und „Machtübertragung" zu sehr auf eine Augenblickskonstellation ab. Vor allem drücken sie keinen Systemwechsel aus – im Gegensatz zu einer Revolution. Auch 1933 wurde das alte System gestürzt, nur eben überwiegend legal – mehr von oben als von unten.

Das Jahr 1945 war für Deutschland kein Revolutionsjahr. Denn von der deutschen Bevölkerung gingen nahezu keinerlei Bestrebungen aus, die Diktatur der Nationalsozialisten abzuschütteln. Erst die Alliierten führten den Systemzusammenbruch herbei, weniger durch den Bombenkrieg als durch die Besetzung des Landes. Begriffe wie „Niederlage" oder „Befreiung" stellen die Kehrseite ein und derselben Medaille dar. Wer das Jahr 1945 nur als „Befreiung" sieht, sollte bedenken: Der Übergang von der einen (rechten) Diktatur in die andere (linke) verlief in dem östlichen Teil Deutschlands fließend. Zudem empfand die Bevölkerung die Niederlage mehrheitlich nicht als Befreiung – stärker im Osten als im Westen.

Was in der DDR 1989/90 geschah, war indes eine Revolution[5], wenngleich eine weitgehend gewaltfreie und weithin ohne Utopien. Die Verhältnisse wurden grundlegend umgestürzt. Der verbreitete Terminus „Wende" hat sich zwar im allgemeinen Sprachgebrauch durchgesetzt, aber treffend ist er nicht. Schließlich wurde das alte System gestürzt, ohne Wenn und Aber.[6] Allerdings ist die Radikalität, mit der manche das Wort „Wende" ablehnen, kein Zeichen von Souveränität. Schließlich gibt es in einem demokratischen Verfassungsstaat keine Sprachregelung, und nicht jeder, der von „Wende" spricht, will damit diese Entwicklung abschwächen oder gar negativ deuten.[7] Für Sympathisanten der ehemaligen Staatspartei, der „Partei des östlichen Ressentiments",[8] handelt es sich um eine „abgebrochene Revolution, die großartig demokratisch durch das Volk begann und schließlich dem handelnden Volk verlustig ging".[9] Timothy Garton Ash spricht von „Refolution", bezogen auf die gesamte ostmitteleuropäische Entwicklung, um die Mischung von „Revolution" und „Reform" prägnant auf den Begriff zu bringen[10], den zum Teil abrupten und rabiaten sowie den zum Teil gleitenden und ausgehandelten Übergang von einem Systemtyp zum anderen.[11]

Wer die Ereignisse von 1933 und 1989 als „Konterrevolution" bezeichnet, räumt damit im Grunde deren revolutionären Charakter ein, lehnt aber „Revolution" für die negativ perzipierten Vorgänge ab, weil in dieser Sichtweise dem Begriff der Revolution etwas Positives anhaftet. In dem einen Fall gilt die Errichtung einer rechten Diktatur als „Konterrevolution", in dem anderen Fall die Beseitigung einer linken Diktatur. Allerdings ist diese Wendung für 1989 weniger im Gebrauch als für 1933. Beides waren Revolutionen, die eine hin zur Unfreiheit, die andere hin zur Freiheit.

7.2. Intensität

Verlief der Systemwechsel radikal? Oder überlagerte Kontinuität Diskontinuität? Inwiefern bedarf es der Differenzierung zwischen der Politik, der Gesellschaft, der Wirtschaft und der Kultur? Gibt es in der Wahrnehmung Unterschiede zwischen den Zeitgenossen und Beobachtern, die aus der Distanz urteilen?

Für den Zeitgenossen fällt die Intensität des Systemwechsels in der Tat vielfach anders aus als für den Nachgeborenen. Erst aus der historischen Distanz wird zuweilen der Intensitätsgrad des jeweiligen

Umbruchs deutlich. Das gilt zumal für 1918 und 1933. Überschätzten viele Zeitgenossen der Novemberrevolution 1918/19 diese Zäsur, nicht zuletzt die Anhänger der alten Ordnung, so unterschätzten sie den Einschnitt des Jahres 1933, gerade auch die Gegner des Nationalsozialismus. Kam der Systemwechsel 1918/19 durch eine revolutionäre Volksbewegung zustande, so ernannte 1933 der Reichspräsident Adolf Hitler zum Reichskanzler. Der legale bzw. pseudo-legale Charakter dieses Schritts (samt anderer Wegmarken) verhüllte zunächst den Systembruch, obwohl die Nationalsozialisten schnell daran gingen, demokratische Strukturen zu beseitigen. Die Weimarer Republik prägte in diverser Hinsicht eine beträchtliche Kontinuität gegenüber dem Kaiserreich: in der Verwaltung, im Militär, an den Universitäten und Schulen. Die schwierigen Rahmenbedingungen in der ersten deutschen Demokratie veranlassten viele dazu, sich nach den „alten Zeiten" zurückzuwünschen und „neue Zeiten" herbeizusehnen.

Weniger der hohe Grad des Totalitarismus kennzeichnet die Monstrosität des Nationalsozialismus, vielmehr dessen Zivilisationsbruch. Insofern ist der Einschnitt des Jahres 1933 weit stärker als jener des Jahres 1918. Dies bedeutet zugleich, der Zäsur des Jahres 1945 eine große Bedeutung beizumessen: nicht nur wegen des militärisch herbeigeführten Untergangs der NS-Diktatur, sondern auch wegen des Aufstiegs der Sowjetunion, die über einen Teil Deutschlands für 45 Jahre die Hegemonie erringen konnte. Das Wort von der „Stunde Null" zielt auf das hohe Ausmaß an innen- und außenpolitischen Veränderungen. Die neue weltpolitische Konstellation wirkte sich schnell auf die Institutionalisierung und (in einem Fall nur bedingte) Konsolidierung der neuen politischen Systeme in Deutschland aus.

Der Systemwechsel 1989/90 in der DDR war demgegenüber von geringerer Tragweite, auch wenn es eine Revolution von unten gab – anders als 1945.[12] Er machte den von 1945 bis 1949 in gewisser Weise wieder rückgängig – zum einen durch die Aufhebung der Diktatur, zum anderen durch die Aufhebung der Spaltung des Landes. Der halbe Sieg der Demokratie von 1945/49 mutierte nun zu einem ganzen Sieg. Zwar wurden in beiden Fällen Diktaturen gestürzt, doch deren Charakter fiel höchst unterschiedlich aus. Daraus resultiert der paradoxe Sachverhalt, dass der dem äußerem Anschein nach anfänglich geringste Wandel – 1933 – in Wirklichkeit einen gravierenden Einschnitt bedeutete, während die Revolution des Jahres 1918/19 Deutschland weitaus weniger veränderte als jeder nachfolgende Systemwechsel.

Am stärksten fiel der Bruch 1945 aus – und zwar auf allen Gebieten, vor allem (außen-)politisch, auch gesellschaftlich. Hingegen änderte sich 1918 im gesellschaftlich-wirtschaftlichen Bereich deutlich weniger. Die ökonomischen Eingriffe nach 1933 waren weniger gravierend als die nach 1945 in der SBZ bzw. der DDR, allerdings stärker als in den Westzonen. Dadurch, dass die friedliche Revolution 1989 bald in die deutsche Einheit mündete, wurde das gesellschaftliche System für die Menschen in den neuen Bundesländern binnen kurzem ein völlig anderes.

7.3. Determiniertheit

Wie zwangsläufig war der Systemwechsel? Oder hing dieser von einer Reihe historischer Unwägbarkeiten ab? Fragt der Historiker zu wenig nach der Offenheit der historischen Situation? Musste die Entwicklung, weil sie so verlaufen ist, wie sie verlaufen ist, tatsächlich so verlaufen? Kommt die Frage der Alternativen oft zu kurz?

Wahrscheinlich wäre das Kaiserreich ohne den verlorenen Krieg nicht gestürzt, wohl aber demokratisiert worden. Der erste deutsche Nationalstaat stellte ein insgesamt gefestigtes Gebilde dar, und die Sozialdemokratie hatte ihre revolutionären Ambitionen weithin aufgegeben. Durch die der Monarchie zu Recht zugeschriebene Niederlage brach das System binnen kurzem zusammen. Daran konnten auch die Oktoberreformen 1918 (Parlamentarisierung des politischen Systems) nichts ändern. Der Weltkrieg war ein Ausfluss des europäischen Imperialismus und vielleicht unvermeidlich, das Attentat auf Erzherzog Franz Ferdinand am 28. Juni 1914 Anlass, nicht Ursache für den Kriegsausbruch.

Auch wenn das Ende von Weimar nicht auf eine Ansammlung von Intrigen der Entourage um den greisen Reichspräsidenten Paul von Hindenburg zu reduzieren ist[13]: Es war keineswegs zwangsläufig, wie bereits das Standardwerk von Karl Dietrich Bracher – zehn Jahre nach Kriegsende – zu den (zerfallenden) Machtstrukturen am Ende der Weimarer Republik eindrucksvoll gezeigt hat.[14] Der Handlungsspielraum zur Rettung der Demokratie ist nicht ausgeschöpft worden – sei es wegen der Unterschätzung der totalitären Dynamik des Nationalsozialismus, sei es wegen der Uneinigkeit seiner Gegner. Vor allem hatten die Bürger nicht ausschließlich die Wahl zwischen „Pest" und „Cholera". 1932/33 lautete die Alternative keineswegs: „braun" oder „rot", vielmehr Demokratie oder Diktatur. Wer hingegen diese These vertritt, macht es sich einfach, argumentiert apologetisch, vernachlässigt Rahmenbedingungen und spezifische Mentalitäten. Allerdings war der Erfolg des Nationalsozialismus keine zwangsläufige Konsequenz alter Fehlentwicklungen. Der Topos, in Deutschland hätten 1933 die „Ideen von 1914" gegenüber den „Ideen von 1789" gesiegt, vereinfacht ebenso.

Die Weimarer Republik war durch vielfältige Schwächen der demokratischen politischen Kultur gekennzeichnet, durch außenpolitische Belastungen, innenpolitische Bedrängnisse, verfassungsrechtliche Ungereimtheiten, ökonomische Widrigkeiten. Die abwehrschwache Demokratie verzichtete auf einen Schutz vor gewaltloser antidemokratischer Unterwanderung und war so der Legalitätstaktik der Nationalsozialisten ausgeliefert. Gleichwohl: Wer im Anfang der Weimarer Republik bereits ihr Ende sieht, verkennt die Offenheit der historischen Situation. Insofern schießt die in Frageform gekleidete These Hans-Ulrich Wehlers weit über das Ziel hinaus. „Muss man nicht den Preis, den ein Neubeginn im Jahr 1918 gekostet hätte – die Ausschaltung der alten Führungsgruppen, die Funktionsschwäche oder gar zeitweilige Funktionslähmung –, abwägen gegen die Opfer und Schrecken seit 1933? Wird nicht ein Ja zur Weimarer Lösung erkauft mit der Hinnahme ihres Endes?"[15]

War das Dritte Reich von vornherein zum Untergang verdammt? Dessen Außenpolitik zielte auf Krieg.[16] Dieser bedeutete die Überdehnung der eigenen Ressourcen und damit zugleich das Ende der Herrschaft – nicht zwangsläufig, sondern durch die Art der Umsetzung. Es ist schwer vorstellbar, wie sich das Dritte Reich mit seinem auf Ausbeutung zielenden Vabanque-Spiel hätte reformieren sollen, ohne einen Zusammenbruch zu vermeiden. Hans Mommsen kommt mit seiner These von der kumulativen Radikalisierung zu einem ähnlichen Ergebnis. Der Prozess „innerer Auflösung" sei „in der Struktur der NS-Bewegung von vornherein angelegt gewesen".[17] Hier wird die fehlende Stabilisierung nicht auf außen-, sondern auf innenpolitische Faktoren zurückgeführt.

Das Jahr 1945 wies in zwei Richtungen. Nach einer Phase des „Kondominiums der Alliierten"[18] verlief die Entwicklung im Westen Deutschlands in Richtung Demokratie, die im Osten Deutschlands in Richtung Diktatur. Die ideen- und machtpolitischen Gegensätze der Alliierten waren so stark, dass die Teilung Deutschlands als nahezu unvermeidlich gelten muss. Während aus der Sowjetischen Besatzungszone schnell eine sich in demokratisches Renommiergewand hüllende Diktatur nach sowjetischem Muster entstand, konnte die Bundesrepublik Deutschland den Weg zu einer stabilen Demokratie einschlagen – politisch gefestigt, ökonomisch vital, kulturell zunehmend westlich geprägt. Die Annahme, der Kalte Krieg habe wesentlich auf einer gegenseitigen Fehlperzeption der Großmächte basiert,[19] verkennt die Massivität der unterschiedlichen, ja gegensätzlichen Konflikte und den fundamental unterschiedlichen Charakter der Systeme.

Hätte die Sowjetunion unter Gorbatschow, der freilich bei Attentismus eine Implosion im eigenen Herrschaftsgefüge befürchten musste, keine Reformpolitik eingeschlagen und an der Breschnew-Doktrin festgehalten, wäre die DDR nicht zusammengebrochen, jedenfalls nicht so schnell. In dem Moment, in dem die Sowjetunion nicht mehr für „Ruhe und Ordnung" in der DDR garantieren wollte oder konnte, löste sich diese aus der Unfreiheit. Ihr Schicksal hing damit weitgehend von dem der Sowjetunion ab. Diejenigen, die das SED-System für stabil hielten, unterlagen einer Illusion. Eine Anlehnung an die Reformpolitik Gorbatschows hätte das Staatsgebilde angesichts einer weithin fehlenden DDR-Identität noch schneller zum Einsturz gebracht.[20]

7.4. Interne und externe Faktoren

Waren es interne Entwicklungen, die zum Systemwechsel führten, oder gaben externe Ursachen den Ausschlag? Haben sie sich gegenseitig bedingt? Ist die Gewichtung eindeutig?

Die Revolution des Jahres 1918 ist wesentlich (ebenso wie die im Habsburger-Reich) durch äußere Faktoren – den verlorenen Krieg – herbeigeführt worden, weniger durch den inneren Legitimationsverlust, der jedoch auf der militärischen Niederlage basierte. Allerdings wurde der Krieg auch durch innenpolitische Belange ausgelöst. Die Revolution konnte deshalb erfolgreich sein, weil das Kaiserreich wegen der vielfältigen Ausgrenzungsmechanismen („Reichsfeinde") in der Vergangenheit und trotz der späteren Politik des „Burgfriedens" nicht die große Enttäuschung über die Niederlage aufzufangen vermochte. Die Integration der Arbeiterschaft in das Kaiserreich ist allenfalls halbherzig gelungen.

Die sogenannte „nationale Revolution" 1933 ist deutschen Ursprungs, wenngleich die Auffassungen darüber weit auseinander gehen, ob Hitler in erster Linie nur als Nationalist bzw. Rassist oder ob er auch vor dem Hintergrund der siegreichen russischen „Oktoberrevolution" zu verstehen ist.[21] Außenpolitische Faktoren wie der weithin als ungerechtfertigt empfundene Friedensvertrag von Versailles trugen freilich ebenso wenig zur Stabilisierung der Weimarer Republik bei. Und der Aufstieg Hitlers steht in einem engen Zusammenhang mit der Agitation gegen den Young-Plan.

Der Zusammenbruch des NS-Reiches war von außen induziert, da „die Deutschen" weder willens noch fähig waren, den Nationalsozialismus zu stürzen, obwohl der Hitler-Mythos und -Kult nach „Stalingrad" stark nachgelassen hatte.[22] Der Bombenkrieg der Alliierten demoralisierte zwar die Bevölkerung, schweißte sie aber gleichsam zusammen. Die Errichtung der DDR war von außen oktroyiert, die der Bundesrepublik auch. Allerdings verlief die Gründung des Weststaates wegen der demokratischen Verfahren mit Billigung der Bevölkerung.

Die Herbstrevolution des Jahres 1989 wurde ebenso wesentlich durch die Situation beim „großen Bruder" begünstigt, also durch den außenpolitischen Konstellationswandel. Freilich beschleunigte der Fall der Mauer mitten im Herzen Europas seinerseits den Fortgang der revolutionären Entwicklung in Ost(mittel)europa und nicht zuletzt im „Vaterland aller Vaterländer". Der gravierende Unterschied zwischen 1945 und 1989 besteht darin, dass der Nationalsozialismus nur von außen bezwungen werden konnte. Hingegen wäre 1989 die DDR ohne den äußeren Beistand längst kollabiert, anders als das Kaiserreich, das eine starke endogene Legitimation besaß.

Bis auf den Systemwechsel 1933 bewirkten jeweils äußere Vorgänge die Umbrüche im Innern. Allerdings gab es 1933 ebenso äußere Ursachen (etwa die harsche Haltung der Westmächte gegenüber den Politikern der Weimarer Republik), und bei den anderen drei Systemwechseln spielten innere Faktoren ebenso eine Rolle: 1918/19 war die Monarchie zu sehr geschwächt, um den verlorenen Krieg zu überleben; 1945/49 gab es deutsche Kommunisten, die die Sowjetunion bei der Errichtung der

Diktatur unterstützten, und deutsche Demokraten, die den Westalliierten beim Aufbau der Demokratie halfen; und 1989/90 war es die Bevölkerung, die das ungeliebte System in dem Moment hinwegfegte, in dem eine Chance auf einen Umsturz bestand.

7.5. Extremistische Kräfte

Spielten politische Extremisten bei den Umbrüchen nur eine marginale Rolle, sprangen sie bloß auf den „fahrenden Zug" auf? Oder konnten sie in ihnen eine tragende Bedeutung erlangen, sogar den Systemwechsel bestimmen?

Die Rolle extremistischer Kräfte ist bei den einzelnen Systemwechseln unterschiedlich stark ausgefallen.[23] Sie lösten die Revolution 1918/19 zwar nicht aus, doch versuchten sie von ihr zu profitieren: Linksextremisten durch die Errichtung einer Diktatur des Proletariats, Rechtsextremisten durch Etablierung einer nationalsozialistischen Diktatur. Die junge Demokratie musste einen Zweifrontenkampf bestehen.

Die „nationale Revolution" des Jahres 1933 brachte eine Bewegung an die Macht, die nie Zweifel an der Beseitigung der demokratischen Ordnung gelassen hatte. Diese „Machtergreifung" der Nationalsozialisten wurde indirekt durch die KPD begünstigt, die ebenso der Weimarer Republik den Kampf angesagt hatte. Am Ende der ersten deutschen Demokratie tobten blutige Straßenkämpfe zwischen beiden Richtungen,[24] die ungeachtet dessen eine partielle Kooperation nicht mieden.[25] Dabei benutzten Kommunisten zuweilen nationalistische Topoi, Nationalsozialisten sozialistische. Beide waren sie antidemokratisch und setzten der Weimarer Republik von ihrem ersten Moment an mit voller Härte kompromisslos zu.

Linksextremistische Bestrebungen hielten sich 1945 in den westlichen Besatzungszonen mit Attacken gegen das neu entstehende pluralistische System zunächst zurück; die Kommunisten gehörten sogar einzelnen Landesregierungen an. Ihr Bonus, den sie als ärgste Kontrahenten der Nationalsozialisten besaßen, schwand jedoch angesichts der Ausschaltung „Andersdenkender" in der Sowjetischen Besatzungszone schnell, symbolisiert etwa durch die Zwangsvereinigung von SPD und KPD zur SED im April 1946. Die Kommunisten repräsentierten eine harte Form des Linksextremismus. Rechtsextremistische Kräfte waren nach 1945 in beiden deutschen Landeshälften völlig diskreditiert und von der politischen Willensbildung ausgeschaltet.

Auch wenn im Bereich der jugendlichen Subkultur am Ende der DDR „Skinheads", „Hooligans" und „Faschos", wiewohl nur schwach organisiert, in Erscheinung traten (von der Staatssicherheit als „feindlich-negativ" wahrgenommen),[26] spielten sie beim Umsturz in der DDR keine Rolle, wenngleich die SED bzw. die SED-PDS den Eindruck zu erwecken suchte, es bestehe die Gefahr „faschistischer" Einmischung in die Interna der DDR. Die vereinzelte Präsenz von „Rechten" (REP, DVU, NPD) auf den berühmten Leipziger Montagsdemonstrationen bewirkte Pfiffe, keine Sympathie: Die Vereinigung zog keinen Nationalismus nach sich, erst recht keinen organisierten. Separatistische Bestrebungen blieben aus. Bei den Repräsentanten der Bürgerbewegung gab es linksextreme Tendenzen, etwa bei der späteren „Vereinigten Linken",[27] die keine Bereitschaft zeigte, in Modrows „Regierung der nationalen Verantwortung" mit einem Minister einzutreten, wie das für die anderen Organisationen der Bürgerbewegung galt, weil sie die Einheit Deutschlands ebenso strikt ablehnten wie den Kurs Modrows. Eine kommunistische Kaderorganisation wie die KPD/ML, angeleitet aus dem Westen Deutschlands, war schon vor 1989 „ausgehoben" worden,[28] konnte also in der Herbstrevolution nicht „mitmischen". Linksextremistische Vorstellungen außerhalb der SED gab es gleichwohl. Der Weg in Richtung prinzipieller Opposition zum System verlief mitunter über andere linksextremistische Ideen, z. B. trotzkistische oder luxemburgistische. Der Glaube an den „wahren Marxismus" war zum Teil selbst in jenen Kreisen verbreitet, in denen die SED schroff abgelehnt wurde – sei es wegen ihrer laxen Haltung, sei es wegen ihres Dogmatismus (zum Beispiel bei der „Vereinigten Linken").

Die Entwicklung des Jahres 1933 ist durch Rechtsextremisten geprägt worden, die Entwicklung nach 1945 (in der SBZ) durch Linksextremisten. Hingegen spielten Extremisten beim Sturz des NS-Systems – KPD-Kader erreichten nicht viel – und der DDR keine Rolle. 1918/19 nimmt eine Zwischenposition ein. Rechts- und Linksextremisten beeinflussten den Verlauf der Revolution, ohne deren Ausgang bestimmen zu können.

7.6. Intentionen und Auswirkungen

Ließen sich die Intentionen der auf einen Systemwechsel zielenden Akteure verwirklichen? Oder gab es eine beträchtliche Diskrepanz zwischen den Absichten und den Auswirkungen? Wie sieht es bei den „alten" Kräften aus, die sich gegen den Umbruch sperrten?

1918/19 sprachen sich die Repräsentanten der alten Ordnung für eine Parlamentarisierung des Reiches u. a. deshalb aus, weil sie so auf günstige Bedingungen bei einem Friedensschluss hofften. Aber die Forderung nach einem Ende des Krieges überlagerte die Wahrnehmung dieser Konstellation. Die SPD gelangte in gewisser Weise wider Willen an die Macht und musste nun zum Teil für Fehler der alten Ordnung büßen. Die Kommunisten erreichten durch ihr aggressives Auftreten das Gegenteil ihrer Intentionen. Sozialdemokraten suchten die Nähe zu den alten Kräften. Auf diese Weise wurden die Ziele der SPD verwässert, zumal sie mit dem Zentrum und der DDP eine Koalition bilden musste.

Konservative, die Hitler den Weg an die Macht erleichtert hatten, mussten nach 1933 bitteres Lehrgeld bezahlen. Das gilt in anderer Weise ebenso für die Kommunisten, die die Weimarer Republik so schwächten, dass sie nicht zuletzt deshalb von rechts abgeschafft werden konnte. Die Rechnungen gingen jeweils nicht auf. Hingegen war es den Nationalsozialisten gelungen, ihre Gegner „einzuwickeln". Sie konnten ihre Absichten nach und nach in die Tat umsetzen und die ohnehin labile Demokratie beseitigen.

Allerdings erlagen sie mit ihrem Glauben an einen Sieg über die „Untermenschen" in der Sowjetunion der eigenen Ideologie. Die Alliierten waren sich zwar einig beim Kampf gegen die Nationalsozialisten, aber als diese militärisch bezwungen waren, kam es schnell zu einer neuen Konfliktkonstellation. Dabei unterschätzten die Westmächte den Machtwillen der Sowjetunion, die in ihrem Einflussbereich expansiv agierte.

Bei der friedlichen Revolution 1989/90 waren sich in der ersten Phase die oppositionellen Kräfte darin weithin einig, ein reformiertes System anzustreben. Die Orientierung an einem „dritten Weg" war beim Kampf gegen den „real existierenden Sozialismus" wirksamer als ein direkter Angriff auf dessen Grundlagen. Die Paradoxie besteht in folgendem Punkt: Der Niedergang des alten Systems führte zugleich zur eigenen massiven Schwächung. Umgekehrt trugen die (wenigen) Reformer innerhalb der „Staatspartei" mehr zu deren Ende bei als die Hardliner. Denn eine Diktatur wie die DDR konnte keine grundlegenden Reformen in Gang setzen. Insofern zeigten Hardliner größeren Realismus als die „Realisten".

Wie die Beispiele erhellen, mussten sich Intentionen und Auswirkungen nicht decken. Das hängt u. a. mit einer Fehlwahrnehmung der Wirklichkeit zusammen. Gerade bei Diktaturen, die sich abkapseln, kommt es zu einer hohen Eigendynamik. Sie bemerken in ihrer Bunkermentalität meist nicht die eigene Isolation. Dasselbe gilt oft für Extremisten.

7.7. Zusammenhänge

War der eine Systemwechsel die – direkte oder indirekte – Reaktion auf den vorherigen? Oder bestand zwischen den gewaltigen, zum Teil gewaltsamen Umbrüchen keinerlei Zusammenhang? Wenn dies doch der Fall war: Wie zeigte er sich?

Im Jahre 1933 verlief die Revolution der Nationalsozialisten primär in einem innenpolitischen Bezugsrahmen ab. Hitler wollte die als schändlich empfundene Novemberrevolution rückgängig machen.[29] Der Aufstieg seiner Bewegung erklärt sich wesentlich – freilich nicht nur – als Protestreaktion auf den Systemwechsel 1918/19. Was 1923 mit dem gewaltsamen Versuch des Hitler-Putsches gescheitert war (auf den Tag genau fünf Jahre nach der Ausrufung der „deutschen Republik"), gelang zehn Jahre später auf zunächst gewaltlose Weise – wegen der (weitgehenden) Legalitätstaktik des Nationalsozialismus. Voller Verachtung blickte das NS-System auf die Revolution 1918/19 und die Weimarer Republik zurück.

Der Einschnitt des Jahres 1945 war wesentlich darauf zurückzuführen, dass die Gegner des Dritten Reiches das „Jahr 1933" wegen der Verheerungen des Nationalsozialismus am liebsten hätten ungeschehen machen wollen. Allerdings konnten sich unter dem vagen Begriff des „Antifaschismus" ganz unterschiedliche, ja gegensätzliche Kräfte zusammenfinden – demokratische Antifaschisten ebenso wie antidemokratische. Die Konflikte mussten in dem Moment in Erscheinung treten, in dem der „Faschismus" Hitlers, so der ungenaue, wenn nicht gar schiefe Terminus, besiegt war. Beide, Westalliierte wie Sowjets, wollten in gewisser Weise an das Jahr 1918 anknüpfen: die einen an die erste deutsche Demokratie, die anderen an die Revolution, die für den „Spartakusbund" zu einem kommunistischen Staat nach sowjetischem Muster führen sollte und kommunistischer Lesart zufolge von der Sozialdemokratie „verraten" worden war. 1933 galt im Westen wie im Osten des Landes als Schande, 1918/19 im Westen eher als Chance, im Osten vielmehr als Versäumnis. Die Gründung der Bundesrepublik Deutschland war zugleich eine Art Gegengründung zur DDR und vice versa. Beide deutsche Teilstaaten sprachen einander anfangs die Existenzberechtigung ab.

Die Revolution des Jahres 1989 in der DDR suchte 1945/49 „aufzuheben" – und zwar im doppelten Sinn von erhalten und beseitigen. Dies hängt mit der Ambivalenz des Jahres 1945 zusammen. Zum einen wollte die Bevölkerung in der DDR den Sieg über den Nationalsozialismus bewahrt wissen, zum anderen die in der Folge dieses Sieges im Osten Deutschlands errichtete kommunistische Diktatur abschütteln. Für viele Bürgerrechtler bietet sich eine dritte Konnotation des Begriffes „aufheben" an: Sie strebten danach, mit Hilfe eines „dritten Weges" den Sozialismus auf eine höhere, demokratische Ebene zu heben[30], doch die große Bevölkerungsmehrheit spielte nicht mit. Die Vereinigung mit der Bundesrepublik war ein konsequenter Schritt. In dem Moment, in dem der Ost-West-Konflikt seine Bedeutung verlor (durch den Niedergang der einen „Supermacht"), kehrte die deutsche Frage auf die politische Agenda zurück. So ließe sich die kühn anmutende These formulieren: Das Ende der DDR war bereits 1945 präjudiziert – zu einem Zeitpunkt, als es sie noch gar nicht gab.

Freiheit führte zur Einheit. Während der Systemwechsel des Jahres 1918/19 nach 1989/90 merkwürdig entrückt wirkt, gelten 1933 wie 1945 weiterhin als Großzäsuren – auch und gerade nach dem letzten Systemwechsel, der keineswegs bloß ein „deutscher Systemwechsel" war. Dies hängt nicht nur mit dem geringeren Zeitabstand zusammen, sondern auch mit den Auswirkungen der beiden Brüche, die bis in die unmittelbare Gegenwart reichen.

7.8. Nachwirkungen

Welche Prägekraft besitzen die Systemwechsel noch heute? Sind Lehren daraus gezogen worden? Wie müssen die Umbrüche in ihren Nachwirkungen gewichtet werden?

Die Novemberrevolution 1918/19 galt vielfach als Beleg für die Schwierigkeit, eine demokratische Ordnung in Deutschland zu verankern. Die Ursachen werden unterschiedlich gesehen. Die einen machen die politischen Extremismen dafür verantwortlich, die anderen erkennen stärker Verantwortlichkeiten bei den staatstragenden Kräften, die ihren Handlungsspielraum nicht ausgenutzt hätten. Im Vergleich zu den Umbrüchen 1933, 1945/49 und 1989/90 sind die Nachwirkungen eher gering, nahezu verblasst.

Das Ende der Weimarer Republik ist in der Öffentlichkeit nach wie vor präsent.[31] Die Interpretationsmuster fallen indes höchst unterschiedlich, ja geradezu gegensätzlich aus. Das Wort von den „Lehren aus Weimar" wird in einem zweifachen Sinne gedeutet. Die einen sehen in einem starken Staat den besten Schutz vor einer neuen Diktatur, die anderen in ihm einen Vorboten. Das zeigt etwa manche Auseinandersetzung um die streitbare Demokratie in der Bundesrepublik, deren Etablierung nach 1945 wesentlich eine Reaktion auf die abwehrschwache Weimarer Republik war. Beide Argumentationstopoi berufen sich dabei auf die erste deutsche Demokratie. Andere wiederum sprechen vom „Weimarer Trauma" und stellen kurzschlüssige Parallelen in Frage. Es verbiete sich wegen der anderen Ausgangslage, aktuelle politische Probleme in einen solchen historischen Kontext zu rücken.

Der „Kulturschock" nach 1945 war weniger den totalitären Zügen des NS-Regimes geschuldet als vielmehr der Vernichtung des europäischen Judentums. In vielen Debatten zur Deutungskultur – wie zum Beispiel beim „Historikerstreit"[32] – spielt(e) das Argument „Auschwitz" eine tragende Rolle. „Die Anlässe, aus denen Auschwitz als Argument benutzt wurde, liefen ungewollt auf eine Banalisierung des Völkermords hinaus: Der Hinweis auf die Judenvernichtung diente der Begründung des Neins zur Wiedervereinigung, zu einem deutschen Einsatz im Golfkrieg und zur Entsendung von ‚Tornados' nach Bosnien. In Wirklichkeit ging es in allen Fällen um die Abwehr eines Zustandes, in dem Deutschland souverän über Krieg und Frieden entscheiden musste und damit nicht länger der Möglichkeit ausweichen konnte, schuldig zu werden – wie andere westliche Demokratien auch."[33] Der Buchtitel der gelehrten Abhandlung von Peter Graf Kielmansegg „Nach der Katastrophe"[34] besitzt daher nicht nur eine temporale Bedeutung, sondern auch eine kausale. Denn manche Entwicklung und Verhaltensweise in der zweiten deutschen Demokratie –

etwa der Pazifismus von Intellektuellen wie deren mehrheitliche Absage an die staatliche Einheit vor 1990 oder die zurückhaltende Reaktion auf den Geburtenrückgang wie die ostentative Unterstützung Israels im Nahostkonflikt – ist nicht verständlich ohne die Nachwirkungen der NS-Diktatur. Die Hinterlassenschaft des Nationalsozialismus spiegelt sich so wider. Der im Vergleich mit anderen europäischen Demokratien lange wenig entfaltete Patriotismus ist ebenfalls eine Reaktion auf die nationalistischen Verheerungen zwischen 1933 und 1945.

Auch aus dem überraschenden Ende der kommunistischen Diktatur auf deutschem Boden sind Konsequenzen gezogen worden. So hat der 17. Juni 1953 eine Aufwertung als „demokratische Tradition"[35] erfahren. Er gilt nun als Vorgeschichte der Herbstrevolution von 1989, nachdem das Ereignis Jahrzehnte lang nahezu verdrängt worden war.[36] Ungeachtet der Tatsache, dass ein Konsens über die Ablehnung der SED-Diktatur besteht: Im intellektuellen Milieu sind linksextremistische Bestrebungen weit weniger stigmatisiert als rechtsextremistische. Der Systemwechsel 1933 mit seinen verheerenden Folgen wirkt nicht zuletzt deshalb stärker nach als die 1949 installierte SED-Diktatur, die recht schnell in Vergessenheit zu geraten scheint.

Die aus der friedlichen Revolution hervorgegangene deutsche Einheit wird nach 1990 anders bewertet als zuvor vermutet. Der folgende Satz Heinrich August Winklers von Anfang 1989 löste seinerzeit kaum Widerspruch aus: „Je deutlicher wir uns bewusst machen, dass dieser Nationalstaat an sich selbst gescheitert ist und dass es darum ein Zurück zu ihm nicht geben kann, desto freier wird unser Verhältnis zur deutschen Geschichte sein."[37] Reichte die Phantasie bei führenden Historikern nicht mehr zur Perspektive einer künftigen Wiedervereinigung, weil ein Nationalstaat unerwünscht geworden war? Heute dagegen gilt der in den Prozess der europäischen Einigung eingebundene deutsche Nationalstaat als begrüßenswertes Ende eines (vermeintlichen oder tatsächlichen) Sonderweges.

Oft wird von Demokraten eine Diktatur, solange sie existiert, positiver eingeschätzt als nach ihrem Ende. Das hat nur zum Teil etwas mit später bekannt gewordenen Verbrechen zu tun. Vielmehr führt die normative Kraft des Faktischen zu Anpassung. Als der Nationalsozialismus bestand, wurde dieser im Ausland (jedenfalls bis zum Ausbruch des Krieges) weit positiver bewertet als später. Und die DDR firmierte in den siebziger und achtziger Jahren nicht immer als eine Diktatur. Tatsächlich stehen Stabilität und Legitimität in keinem direkten Verhältnis zueinander. Dennoch wird die Verbindung konstruiert. Stabilität muss die Legitimität nicht erhöhen.

„Aufs Ganze gesehen trübte sich das Bild der DDR 1989/90 auf dem Hintergrund des Aufbegehrens der Massen gegen das SED-System und seinen Sturz, auch unter dem Eindruck des Endes der DDR und des nun zunehmend sichtbar gemachten gewaltigen repressiven Apparates der DDR eindeutig ein."[38] Der Sachverhalt mag so sein wie beschrieben, doch ist die Annahme berechtigt, die systematischen Menschenrechtsverletzungen seien vor 1989/90 in dem Ausmaß nicht erkennbar gewesen? Muss nicht vielmehr die SED-Diktatur nach ihrem Ende etwas positiver gesehen werden, weil ihre Machthaber darauf verzichteten, den friedlichen Protest gewaltsam zu ersticken – sei es aus prinzipiellen, sei es aus strategischen Überlegungen?

7.9. Bewertung

Fällt die Einordnung der Systemwechsel einfach? Gibt es hier einen breiten gesellschaftlichen Konsens? Oder sind die politischen „Lager" bei der Interpretation weit voneinander entfernt? Was hat es mit den „verpassten Chancen" auf sich?

Bei der Einschätzung der Systemwechsel liegt ein hohes Maß an Übereinstimmung vor. Die Gesellschaft ist heute weniger polarisiert als zur Weimarer Zeit. Das ist ein beredtes Zeichen für den Wandel der politischen Kultur. Ein Wissenschaftler etwa, der dem Systemwechsel 1933 positive Züge abzugewinnen sucht, ruiniert seine Karriere. Und wer die Notwendigkeit des Systemwechsels 1989/90 bestreitet, redet sich zwar nicht um Kopf und Kragen, doch erfährt er kaum öffentliche Unterstützung. Ähnlich ist dies für die Einschätzungen zu 1945 und 1949. Autoren, die dem Sieg der Anti-Hitler-Koalition die innere Legitimation absprechen, gehören zum *lunatic fringe*.

Nicht so isoliert sind Autoren, die den sowjetischen Weg der DDR als legitimes demokratisch-antifaschistisches Experiment ansehen; gleichwohl ist eine solche Position wahrlich nicht mehrheitsfähig. Bei der Einordnung der Revolution 1918 ist das Spektrum breiter. Die

Ablehnung der Rechts- und Linksextremisten geht einher mit unterschiedlichen Interpretationsmustern, was die Haltung der demokratischen Kräfte betrifft – etwa die der SPD.

1918 und 1989 handelte es sich um demokratische Systemwechsel. 1933 dagegen war dies offenkundig nicht der Fall. Der demokratische Systemwechsel 1945 erfuhr im Westen des Landes eine Persistenz, „kippte" im Osten jedoch in eine (andere) Diktatur „um". Die Revolution des Jahres 1918/19 ist insofern zu begrüßen, als sie eine parlamentarische Demokratie zu verankern und den Obrigkeitsstaat zu beseitigen suchte. Freilich entsprach ihre Umsetzung nicht immer den hehren Prinzipien. Die Sichtweise zu 1933 liegt ebenso auf der Hand wie die zum Scharnierjahr 1945 – jedenfalls zur ersten Phase. Hier ist die Einhelligkeit besonders groß. Fast ebenso deutlich fällt das Votum der öffentlichen Meinung zu dem Mirakel 1989/90 aus.

Gleichwohl gibt es Interpretationsmuster, die mit Blick auf die Frage nach den wünschenswerten Alternativen eine Art „dritten Weg" propagieren. Offenbar handelt es sich dabei um eine „deutsche Gesellschaftsidee".[39] So glauben manche, im Jahre 1918 sei das demokratische Potenzial der Rätebewegung für eine Sicherung der Demokratie nicht genügend genutzt worden;[40] und es gibt Rechtsextremisten, die u. a. mit Blick auf die Gebrüder Straßer meinen, deren Vorstellungen eines „nationalen Sozialismus" hätten 1933 ein angemessenes Modell geboten. Nach 1945 sprachen manche Kritiker von einer „verhinderten Neuordnung",[41] einem „erzwungenen Kapitalismus",[42] einer „verordneten Demokratie"[43] und von „Determinanten der westdeutschen Restauration",[44] andere wiederum wünschten im Osten eine „Plattform für einen besonderen deutschen Weg zum Sozialismus".[45] 1989/90 waren es Oppositionelle in der DDR, die – jedenfalls kurzfristig – von einem „dritten Weg" träumten.[46]

Kritiker reden zu viel von „verpassten Chancen", weil sie die schnöde Realität an einem hehren Maßstab messen, dem sie selten entsprechen kann – und zu wenig von verhinderten Katastrophen. Das gilt zumal für 1918/19 und 1989/90, zum Teil auch für 1945/49. Hingegen wird dort, wo es notwendig erscheint, zu wenig von den „verpassten Chancen" gesprochen. 1933 bestanden zahlreiche Möglichkeiten zur Verhinderung der NS-Diktatur. Weil die Gegner des Nationalsozialismus uneins waren – sei es wegen prinzipieller Unterschiede zwischen Demokraten und den zahlreichen Nicht-Demokraten, sei es wegen taktisch-strategischer Uneinigkeiten innerhalb der demokratischen Kräfte, kam es zur „deutschen Katastrophe".[47]

8. Drei „alte" Systemvergleiche

8.1. Diktaturen: Drittes Reich und DDR

Der deutsch-deutsche Diktaturvergleich ist ein Unterfall der vergleichenden Diktatur- bzw. Autokratieforschung.[1] Vergleiche zwischen dem Dritten Reich und der DDR waren zur Hochzeit des Kalten Krieges weit verbreitet, in der Phase der Entspannung jedoch nicht mehr. Die Annahme herrschte vor, damit könnte die Einzigartigkeit der Verbrechen des Nationalsozialismus in Frage gestellt werden.[2] Mittlerweile spielt eine solche Einschätzung eine geringere Rolle.[3] Die Enquete-Kommission „Aufarbeitung von Geschichte und Folgen der SED-Diktatur in Deutschland" (1992–1994) sah einen derartigen Vergleich hingegen als selbstverständlich an.[4] So heißt es in dem Bericht dieser Kommission: „Beide Diktaturen waren Feinde der offenen Gesellschaft und damit der freiheitlichen Demokratie. Beide verletzten systematisch Menschen- und Bürgerrechte, beiden fehlte die Begrenzung der Macht durch Recht und Gesetz. Ebenso fehlte ihnen die Absicherung relativ autonomer gesellschaftlicher Teilbereiche und der Schutz des Privaten. Offen oder kaum verschleierte Ein-Partei-Herrschaft, der Ausschließlichkeitsanspruch einer institutionalisierten Ideologie und die Ablehnung von Pluralismus in Staat und Gesellschaft kennzeichneten beide Systeme. Beide Regime setzten moderne Massenbeeinflussungs- und Massenüberwachungsmittel ein, sie negierten die Meinungs- und Versammlungsfreiheit für politisch Andersdenkende, sie tabuisierten oder verfolgten jede Opposition. Beide Systeme wollten die Gesellschaft umgestalten und den ‚neuen Menschen' erziehen – allerdings mit sehr unterschiedlichen Zielen, Methoden und Folgen."[5] Der Hinweis auf den „neuen Menschen" illustriert nicht nur die Ablehnung demokratischer Mechanismen, sondern auch die strukturelle Analogie derartiger Diktaturen. Wie der Hinweis auf die „sehr unterschiedlichen Ziele, Methoden und Folgen" hingegen zeigt, läuft der Vergleich bekanntlich nicht auf Gleichsetzung hinaus. So gab es in der DDR keinen systematisch betriebenen Massenmord, auch nicht am „Klassenfeind".

Wer auf die Verbrechen des einen Systems verweist, spielt die des anderen nicht herunter und relativiert sie keineswegs. Im Gegenteil: Auf diese Weise wird indirekt an das andere Unrechtssystem erinnert und dessen größerer verbrecherischer Charakter evident. Das Totalitarismus-Paradigma hat seit dem Ende der sowjetkommunistischen Staatenwelt eine beträchtliche Aufwertung erfahren.[6] Sein Erkenntnisgewinn wird höher eingeschätzt als in den siebziger und achtziger Jahren, die Perspektive des Opfers bei keiner anderen Konzeption im gleichen Maße erfasst. Allerdings ist die Zahl der wissenschaftlichen und nicht-wissenschaftlichen Kritiker des Totalitarismusansatzes nach wie vor oder schon wieder groß. Dabei ist der Gegensatz zwischen einem demokratischen Verfassungsstaat und einer (autoritären oder totalitären) Diktatur ebenso evident wie zentral. Und „Diktatur" ist mehr als ein bloßer „Sammelbegriff".

Beide Diktaturen beruhten auf der Monopolisierung der Willensbildung, setzten eine Ideologie der Rasse bzw. der Klasse mit Absolutheitsanspruch durch; strebten eine Mobilisierung der Massen an, der allerdings Grenzen gesetzt waren. Die Entwicklung im Dritten Reich und in der DDR verlief gegenläufig. Radikalisierte sich das eine System mit zunehmender Bestandsdauer, so ließ bei dem anderen der Grad des Totalitarismus sukzessive nach. Wer das Dritte Reich (zumal in der Zeit bis zum Beginn des Zweiten Weltkrieges) als weniger totalitär ansieht als das System der DDR (zumal in den fünfziger und sechziger Jahren), verharmlost die NS-Diktatur nicht. Die Eingriffe des Staates in viele gesellschaftliche Bereiche fielen in der DDR insgesamt strukturell stärker als im Nationalsozialismus aus (z. B. Wirtschaft, Erziehungswesen), der nur zwölf Jahre geherrscht hatte. Es war, wie erwähnt, weniger der Grad des Totalitarismus, der nach 1945 das große Entsetzen hervorrief, sondern jener Zivilisationsbruch, für den als zentrale Signa der Holocaust am europäischen Judentum, die Ermordung der Sinti und Roma, die Eliminierung wie die Ausbeutung slawischer Völker und die Euthanasiemorde standen. Die NS-Diktatur – in den Annalen der Geschichte mit der Judenvernichtung verewigt – stürzte die Welt in einen Krieg mit Millionen von Toten. Untaten dieser Dimension weist die in das kommunistische Machtsystem integrierte DDR als „abgeleitete" Diktatur nicht ansatzweise auf.

Beim NS-System richteten sich die Verbrechen – jedenfalls in der Kriegszeit – vornehmlich nach außen, bei der DDR überwiegend nach innen. Die jeweiligen Feindbilder waren spiegelverkehrt: Hetzte der

Nationalsozialismus mit vehementem Antikommunismus gegen die „rote Gefahr", wollte die DDR mit identitätsstiftendem Antifaschismus ihren Makel der mangelnden Legitimität überspielen und die „braune Gefahr" als Menetekel beschwören. Das Feindbild diente wesentlich zur Erhöhung der eigenen Legitimität, was zum Teil gelang. In beiden Fällen diente die Abgrenzung vom „Feind" dazu, das Machtmonopol zu begründen bzw. zu verschleiern. Die Ablehnung (anderer) antidemokratischer Ideologien kann solchen Systemen mithin nicht als Bonus angerechnet werden. Damit aber gingen sie hausieren – bisweilen erfolgreich. Hitlers Antikommunismus und Ulbrichts wie Honeckers Antifaschismus beeindruckten selbst manche Menschen, die der Weltanschauung solcher Diktaturen nichts abgewinnen konnten.

Das Dritte Reich wurde lange von innen gestützt und am Ende von außen gestürzt, die DDR hingegen am Ende von innen gestürzt und lange von außen gestützt.[7] Diese war Teil eines kommunistischen Weltsystems, während der Nationalsozialismus sich als eigenes Weltsystem verstand. Er entfaltete weitaus mehr Integrationsmechanismen als der DDR-Kommunismus. Insofern war die „innere Emigration" im Dritten Reich trotz später wohlfeiler Apologie nicht an der Tagesordnung; und es mutet umgekehrt abgründig an, wenn Autoren vor einer „Kolonialisierung" der neuen Länder durch die Bundesrepublik Deutschland warnen, wo doch die DDR „außengesteuert" war.[8] Hingegen blieb die gesellschaftliche Sowjetisierung der DDR weithin aus. Ihre Bürger waren auf den Westen ausgerichtet, im Dritten Reich gab es keine analoge deutsche Vergleichsfolie.

Parallelen tauchen auch bei der Frage nach den Gegnern der Diktatur auf. Weder jeder Widerstandskämpfer des 20. Juli 1944 noch jeder Oppositionelle in den achtziger Jahren war ein in der Wolle gefärbter Demokrat. Das muss nicht verwundern: Der Bezugspunkt ihres Denkens lag in den Gegebenheiten der Zeit. So fühlten sich NS-Widerstandskämpfer als bessere Deutsche und DDR-Oppositionelle als bessere Sozialisten – jeweils im Vergleich zur politischen Führung. Diese Feststellung mindert nicht um ein Deut den Mut der Opponierenden, der im Dritten Reich zumal in der Kriegszeit weitaus mehr Risikobereitschaft verlangte als in der Spätzeit der DDR.

Der Vergleich fördert Unterschiede wie erstaunliche Parallelen zutage, die nicht als „formal" denunziert werden dürfen. Die Wendung von den

„zwei deutschen Diktaturen", die seit der deutschen Einheit Verbreitung findet, ist allerdings schief. Nicht deshalb, weil der Begriff Diktatur auf eine Einebnung der Unterschiede hinausläuft, sondern deshalb, weil die DDR eben keine „deutsche" Diktatur war.[9] In dem einen Fall hat es sich um eine genuin deutsche Diktatur gehandelt, wenngleich der Nationalsozialismus selbst in Teilen des Auslandes zu reüssieren vermochte, in dem anderen eine (von der Sowjetunion oktroyierte) Diktatur auf deutschem Boden, wiewohl der Kommunismus auch hiesige Wurzeln besaß. Schließlich waren die politisch Handelnden Deutsche.

Allerdings ist ein solcher Diktaturvergleich keineswegs überall akzeptiert. „Drittes Reich und DDR haben [...] wenig miteinander zu tun. Dass beide ‚Diktaturen' waren, ist als gemeinsamer Nenner doch sehr allgemein. Schon das Wort ‚totalitär' fasst Drittes Reich und DDR nicht in gleicher Weise. Man sollte nicht übersehen, dass es ein von den Liberalen geschaffener Kampfbegriff ist: Die doppelte Warnung vor ‚Extremisten links und rechts' sollte die gemeinsame Herkunft von Liberalismus und Marxismus-Leninismus aus der Aufklärung und die daraus entspringenden unterirdischen Beziehungen vergessen machen."[10] Dies ist eine verräterische Formulierung insofern, als der antiliberale und -linke Mohler den totalitären Elementen keine hinreichende Bedeutung für das Leben von Menschen in solchen Systemen zuschreibt. Diese Position ist im intellektuellen Milieu gänzlich isoliert. Das gilt weniger für antiliberale und -rechte Richtungen. Bei dem Berliner Historiker Wolfgang Wippermann heißt es etwa: „So muss die vergleichende Dämonisierung der DDR doch unweigerlich zu einer zumindest indirekten Relativierung der Schrecken des Dritten Reiches führen, für die Auschwitz zum Synonym geworden ist – denn wenn das Dritte Reich wirklich so wie die DDR gewesen sein soll, dann kann es einfach nicht so schlecht gewesen sein."[11] Aber wer hat dies behauptet? Tatsächlich spielt es für das Individuum in ideologisch wie auch immer ausgerichteten Diktaturen nicht die geringste Rolle, mit welcher Motivation die jeweilige Glücksverheißung erfolgt.

Geht die Vermutung des Bremer Politikwissenschaftlers Lothar Probst wirklich ganz fehl? „Die Tatsache, dass der historische Vergleich zwischen DDR und Nationalsozialismus so starke Abwehrreaktionen vor allem bei linken Intellektuellen hervorruft, lässt sich nur vor dem Hintergrund einer stillen Sympathie mit der untergegangenen DDR erklären. Denn dass die Methode des Vergleichens vielen linken Intellektuellen durchaus gebräuchlich ist, beweisen die häufigen Vergleiche zwischen dem Deutschland von heute mit dem Deutschland von 1933, obwohl die Koordinaten des wiedervereinigten Deutschlands mit einer demokratisch gewählten Regierung, einer rechtsstaatlichen Struktur, einer in internationale Zusammenhänge eingebundenen Außenpolitik und einer pluralistischen Gesellschaft sicherlich weit entfernt von der politischen Situation vor der Machtübernahme durch Hitler sind."[12] Der Diktaturvergleich kann wissenschaftlich erhellend sein. Er präjudiziert jedoch rein aus seiner Existenz kein Urteil über die jeweiligen Diktaturen. Wer gegen einen solchen Vergleich zu Felde zieht, tut dies meist nicht aus wissenschaftlicher Motivation heraus. Internationale Diktaturvergleiche lösen weitaus weniger Emotionen aus.

8.2. Demokratien: Weimarer Republik und Bundesrepublik Deutschland

Demokratievergleiche sind wenig umstritten und rufen nicht derartig heftige Reaktionen hervor – offenbar wegen der größeren Gemeinsamkeiten. Vergleiche zwischen der ersten und der zweiten deutschen Demokratie sind – und waren – gang und gäbe. Sie fallen deutlich zugunsten der Bundesrepublik Deutschland aus.[13] Das mit beschwörendem Unterton ausgesprochene Diktum von Fritz René Allemann „Bonn ist nicht Weimar"[14] wurde häufig zur sorgenvollen Frage umgewandelt: „Wird Bonn doch Weimar"? – und das bei Erscheinungen, die keineswegs eine Krise oder auch nur eine krisenhafte Entwicklung des demokratischen Verfassungsstaates erkennen lassen, sondern vielmehr zum politischen und gesellschaftlichen Alltag gehören: etwa bei einer Auffächerung des Parteiensystems, zeitweiligen Stimmengewinnen für (rechts-)extremistische Parteien, wirtschaftlichen Krisen und gesellschaftlichen Erschütterungen. Die Weimarer Republik bildete lange eine Kontrastfolie für die Bundesrepublik Deutschland.[15] „Weimar" war allgegenwärtig. Und noch heutzutage heißt es bisweilen bänglich in der Politik: „Bonn war nicht Weimar. Berlin ist nicht Weimar. Aber es darf auch nicht dazu kommen, dass Berlin Weimar wird."[16]

Die – nach der deutschen Einheit reduzierte – Berufung auf die Lehren aus Weimar hat Vor- wie Nachteile. Vorteile insofern, als das Ende der ersten deutschen Demokratie der jungen Bundesrepublik nachhaltig vor Augen führte, was politische Versäumnisse und Fehler ausrichten können. Daraus vermochte gerade ein Staat zu lernen, der sich nicht gefestigt wähnte und als „Schönwetterdemokratie" firmierte. So wurde Kompromissfähigkeit ebenso gefördert wie eine allmähliche Orientierung an „westlichen" Werten, die anfangs wenig meinungsprägend waren. In den Verfassungsdebatten sind Konsequenzen aus der gescheiterten ersten deutschen Demokratie gezogen worden. Nachteile insofern, als die Fixierung auf die Vergangenheit die Gegenwart mit ihren anderen Problemen nicht angemessen erfasst. Das Weimarer Beispiel diente oft der Instrumentalisierung der eigenen Position.[17] Ein Beispiel: Gegner wie Anhänger des „Extremistenbeschlusses" von 1972 beriefen sich auf die historischen Erfahrungen. Die einen prangerten die Abwehrschwäche der Demokratie an, die anderen deren Militanz. Beides – Abwehrschwäche wie Militanz – konnte in eine Diktatur abgleiten. „Wo die Weggabelung zurück nach Weimar erblickt wurde, hing jeweils mit der politischen Brille zusammen, durch die sich die bundesrepublikanische Szenerie den Betrachtern darbot. In den Weimardebatten spiegelte sich weithin der Kampf um das politisch-kulturelle Selbstverständnis der Bundesrepublik."[18] Wer gegen Volksabstimmungen ist oder gegen die Selbstauflösung des Bundestages, sollte dafür triftige Argumente ins Feld führen. Der bloße Rekurs auf Weimar ist unzureichend und verfängt in einer gefestigten Demokratie nicht mehr.

„Im Unterschied zur Weimarer Republik fehlte der Bundesrepublik der negative Gründungsmythos. ‚Weimar' war von Anfang an mit dem Stigma der Schuldzuweisung für Kriegsniederlage, Versailler Vertrag und Revolution belastet."[19] Galten 1918/19 die politischen Verantwortlichen mehr oder weniger als Verursacher der Katastrophe, so firmierten sie 1945 bis 1949 als deren Folge. Die Ausgangsbedingungen fielen damit ganz anders aus – ungeachtet mancher Parallelen (wie etwa bittere wirtschaftliche Nöte und Gebietsabtretungen nach dem verlorenen Krieg).

Außenpolitisch war und ist die Bundesrepublik fest im westlichen Bündnissystem integriert. Die in der Weimarer Zeit verbreitete Idee eines Weges zwischen Ost und West spielte bei den tonangebenden gesellschaftlichen Kräften kaum eine Rolle.[20] Die Westbindung der Bundesrepublik Deutschland nahm allmählich immer festere Formen an.[21] Der „lange Weg nach Westen"[22] war erfolgreich, wobei längst nicht jede westliche Nation stets auf westlichen Wegen wandelte. Insofern bedarf die heute ohnehin allenfalls moderat verfochtene These vom „deutschen Sonderweg" der Relativierung. Der Wandel der politischen Kultur[23] führte zu größerer Offenheit, ebenso zu mancher Erschütterung des Staatswesens.

Die Weimarer Republik war bekanntermaßen eine „Demokratie ohne Demokraten". Wie die Wahlergebnisse zeigten, standen die Bürger nicht zu „ihrer" Demokratie. Stabil war nur die Instabilität. Jeder Reichstag wurde vorzeitig aufgelöst. Die schnelle Konsolidierung der Bundesrepublik Deutschland hingegen steht außer Frage. Der Unterschied geht weniger auf die Verfassungsordnung zurück (wie auf den unterschiedlich gestalteten Demokratieschutz), weitaus stärker auf die gewandelte politische Kultur. War die Weimarer Republik durch zerklüftete, oft autoritäre Teilkulturen geprägt,[24] zeichnet die Bundesrepublik Deutschland (das gilt weithin auch nach der Vereinigung) ein hoher demokratischer Basiskonsens aus. Die heutige Demokratie ist gefestigt, die Weimarer Republik war es wohl zu keiner Zeit ihrer Existenz.

In der Weimarer Republik fristete der organisierte Extremismus, nicht nur auf die Vernichtung des antidemokratischen Antipoden gerichtet, kein Schattendasein. Wer den Sog der Integration durch den Parlamentsbetrieb ins Feld führt,[25] verkennt die totalitäre Dynamik der damaligen Zeit. Heutzutage ist der parteipolitisch organisierte Extremismus im doppelten Sinne schwächer: zum einen quantitativ, zum anderen qualitativ. Eine Kraft, die dem demokratischen Verfassungsstaat aggressiv den Kampf ansagt, gerät in ein Sektiererdasein, isoliert sich nahezu selbst im jeweiligen „Lager". Die bitteren Lehren der Geschichte sind an vielen Extremisten nicht spurlos vorbeigegangen. Nur wenige Linksextremisten wollen die DDR, nur wenige Rechtsextremisten das Dritte Reich zurückhaben. Allerdings ist die „Erosion der Abgrenzung" (Wolfgang Rudzio) zwischen Demokraten und linkem Rand ein Menetekel, die Abgrenzung zwischen Demokraten und rechtem Rand hingegen umfassend.

In der ersten deutschen Demokratie gab es eine zum Teil offene Ablehnung dieser Regierungsform durch Kräfte im Bereich der Verwaltung, der Justiz, des Militärs, der Wirtschaft. Sozialisiert im Kaiserreich, wurden sie keine „Vernunftrepublikaner“, geschweige denn „Herzensdemokraten“, hingen stattdessen autoritären Gesellschafts- und Staatsmodellen an.[26] Heute bejahen die meisten Eliten ohne Wenn und Aber die gesellschaftliche Ordnung (mit einer gewissen Ausnahme im Osten des Landes), Wirtschaftsverbände und Gewerkschaften ebenso wie Medien, Kirchen und Universitäten. Ein wesentlicher Grund für diesen Wandel: Die funktionierende und ökonomisch prosperierende Demokratie hat die gescheiterte Demokratie vor Augen – und zwei Diktaturen. Zudem war die Weimarer Republik weniger attraktiv als die Bundesrepublik Deutschland, musste in einem rauen europäischen Umfeld andere – weit gravierendere – Herausforderungen meistern.

Die Begriffe von der ersten und der zweiten deutschen Demokratie sind berechtigt. Es handelt sich jeweils um Demokratien, ungeachtet der Vorbehalte gegenüber der Weimarer Republik an ihrem Ende. Allerdings sollten die Präzisierungen („erste und zweite“) nur zeitlich verstanden werden, nicht im Sinne einer wertenden Aussage. Denn augenscheinlich funktioniert die Bundesrepublik Deutschland weitaus besser als die Weimarer Republik. Freilich ist es heute – in einer stabilen Demokratie – eher möglich, auch deren Leistungen zu würdigen.

8.3. Demokratie und Diktatur: Bundesrepublik Deutschland und DDR

Dieser Vergleich weicht in doppelter Hinsicht von den beiden vorherigen Vergleichen ab. Zum einen ist er synchron und nicht diachron angelegt, zum anderen bezieht er sich auf eine Demokratie und eine Diktatur gleichermaßen. Der Vergleich ist intersystemar ausgerichtet, obwohl er national ist, also nur das geteilte Deutschland betrifft. Die DDR und die Bundesrepublik wollten nach dem Ende des NS-Regimes jeweils das „bessere“ Deutschland sein. Beide Systeme sind durch die Abkehr von dieser Diktatur gekennzeichnet. Während in dem einen Fall die Abwendung von jeder Form der Diktatur die Staatsräson bildete, war dies in dem anderen die Hinwendung zum „Antifaschismus“ und damit in der Konsequenz zu einer anderen Form der Diktatur, der Diktatur des Proletariats.[27]

Gab es im Kalten Krieg zwei Jahrzehnte lang praktisch keine innerdeutschen Beziehungen auf offizieller Ebene, so verhandelte die sozialliberale Regierung mit der DDR. Für das Zustandekommen solcher
Kontakte war eine Politik der Entspannung zwischen den Großmächten
die wesentliche Voraussetzung. Kontakte zwischen den beiden Staaten
wiederum trugen zur Förderung weiterer Entspannungstendenzen bei.
Die DDR und die Bundesrepublik Deutschland waren eng und vielfältig
miteinander verbunden, z. B. durch gemeinsame Geschichte und Kultur
wie durch verwandtschaftliche Beziehungen. Die Paradoxie verblüfft.
Obwohl die DDR-Führung diese zu drosseln suchte, zeigten die Menschen in der DDR, wie erwähnt, mehr Interesse am Westen als die Menschen im Westen am Osten, wenngleich die jeweilige Regierung der
Bundesrepublik dies wünschte. Der Grund liegt auf der Hand: Das westliche System galt im Osten für viele als Vorbild, das östliche im Westen
für viele als Schreckbild. Die Wendung von der „asymmetrisch verfloch-
tenen Parallelgeschichte' zwischen dem größeren, demokratischen und
dem kleineren, diktatorischen Teil"[28] ist treffend. Die komplexe Ver-
schlungenheit der Wechselbeziehungen zwischen dem östlichen und
dem westlichen Deutschland ließ sich zuweilen erst nach der Vereinigung erkennen.[29] So hatte das Ministerium für Staatssicherheit in der
DDR das „Verdienst" der Verlängerung und der Verkürzung der Kanzlerschaft Willy Brandts zugleich. Wie wir nunmehr wissen, veranlasste
die Staatssicherheit mit finanziellen Mitteln zwei Abgeordnete der
Union dazu, beim konstruktiven Misstrauensvotum 1972 dem CDU-
Kanzlerkandidaten Rainer Barzel ihre Stimme nicht zu geben. Zwei
Jahre später trat Brandt zurück, weil die DDR einen Spion in seinem
unmittelbaren Umfeld eingesetzt hatte, wenn auch die tieferen Gründe
in einer Schwächephase des Kanzlers lagen.

Ein Vergleich war für den Wettbewerb der Systeme von großer Bedeutung. Die Vergleichsmethode bestimmte dabei jedoch weitgehend das
Ergebnis. Wer einen systemimmanenten Ansatz bevorzugte, maß die
jeweilige politische Ordnungsform an den eigenen Ansprüchen. Ein solcher Ansatz lief im Grunde auf eine Gegenüberstellung der politischen
Systeme hinaus.[30] Er verglich die Theorie mit der Praxis in *einem* System.
Die Aussagekraft ist, was den Vergleich betrifft, begrenzt.[31] Wer nur
geprüft hat, ob die Praxis den eigenen Zielen entsprach, konnte die
Grundlagen des Systems nicht mehr in Frage stellen. So waren – wäh-

rend der Hochphase der Entspannungspolitik – die empirisch dichten, aber wenig ertragreichen „Materialien zur Lage der Nation" in der ersten Hälfte der siebziger Jahre unter Federführung des einflussreichen Peter Christian Ludz angelegt.[32] Die DDR-Forschung stand damit in einer bemerkenswerten Nähe zur Politik.[33] Sie brachte die fehlende Legitimität der DDR unzureichend zur Sprache. Einem solchen Systemvergleich kommt lediglich eine ergänzende Funktion zu.

Über die Systemunterschiede bestand – im Osten wie im Westen – weithin Konsens. Er wurde auch nicht wesentlich von dem sogenannten SPD/SED-Papier von 1987 beeinträchtigt. Die SPD-Grundwerte-Kommission und die Akademie für Gesellschaftswissenschaften beim ZK der SED hatten zusammen ein Papier mit dem Titel „Der Streit der Ideologien und die gemeinsame Sicherheit" erarbeitet, in dem sie angesichts der atomaren Herausforderung die Notwendigkeit eines Dialogs betonen sowie Ansätze für eine Kultur des politischen Streits entwickeln: Der Systemwettbewerb könne nur in friedlicher Form vonstatten gehen, beide Seiten müssten sich für friedensfähig halten; eine Einmischung in die Politik des anderen habe zu unterbleiben.[34] Gleichwohl wurden Gegensätze nicht vertuscht und die unterschiedlichen Prinzipien gegenübergestellt. Insbesondere nach dem Zusammenbruch der DDR kam einerseits verstärkt die Frage auf, ob die SPD die SED – die dortige Staatspartei – durch das gemeinsame Dokument aufgewertet habe. Andererseits war das Papier für Reformen ein Berufungstitel und somit nicht nur von stabilisierender Natur.

Ein nicht-systemimmanenter Ansatz hingegen, der in den fünfziger und sechziger Jahren dominierte, vergleicht die Systeme nach denselben Maßstäben. Sinnvoll können nur jene Kriterien sein, auf denen die freiheitliche Demokratie ruht (jedenfalls in der Theorie). Alles andere liefe auf einen demokratischen Relativismus hinaus. In den achtziger Jahren wurde oft beiden Ansätzen gleichermaßen Rechnung getragen.[35] Das Ergebnis nicht-systemimmanenter Vergleiche[36] fiel eindeutig aus: Das eine System war demokratisch legitimiert, das andere nicht, politische Partizipation in dem einen System innerhalb eines breiten Spektrums an Positionen erwünscht, in dem anderen nicht, jedenfalls dann nicht, wenn sie das Herrschaftsmonopol der SED in Zweifel zog. „Sozialistische Gesetzlichkeit" (das Recht steht unter dem Vorrang der Politik) entsprach nicht den Anforderungen des Rechtsstaats (die Politik steht unter dem Vorrang des Rechts). Auch in den Bereichen, die nicht direkt die Politik betrafen, demonstrierte die Bundesrepublik Überlegenheit. Der Lebensstandard zwischen der DDR und der Bundesrepublik Deutschland klaffte in den achtziger Jahren stärker auseinander denn je. Die meisten Gemeinsamkeiten betrafen den sozialen Bereich. Hier lag die relative Stärke der DDR und die relative Schwäche der Bundesrepublik. Die Erfolge der DDR im Sport sind nicht nur das Ergebnis systematischen Dopings, sondern auch das einer großzügigen staatlichen Förderung – des Spitzensports, weniger des Breitensports. Die Diktatur wollte auf diese Weise ihre Überlegenheit demonstrieren, war jedoch auf den meisten Gebieten der „Systemkonkurrenz"[37] unterlegen.

Das Fazit lautet: Der eine Teilstaat stand mit den Prinzipien der freiheitlichen Ordnung auf Kriegsfuß, der andere hingegen hielt und hält sie weitgehend ein. Insofern bedeutet es keine Vereinfachung, von einem demokratischen und einem diktatorischen Staat zu sprechen. Ein solcher Vergleich muss keineswegs auf eine Idealisierung des eigenen und auf eine Dämonisierung des anderen Systems hinauslaufen. Auch nach dem Ende der DDR darf nicht verschwiegen werden: Im Vergleich zu den fünfziger und sechziger Jahren hatte sie vor ihrem Sturz gewisse Fortschritte gemacht – etwa im Bereich der Rechtssicherheit.

9.   Ein „neuer" „System"-Vergleich

9.1.   Vereinigtes Deutschland als neue oder erweiterte Republik?

Die Bezeichnung der Bundesrepublik Deutschland als „Berliner Republik"[1] kann höchst Verschiedenartiges meinen. Fünf Jahre nach der deutschen Einheit kündeten Buchtitel zweier „Praeceptores Germaniae" von der „Berliner Republik": Sprach der eine von der „Begründung der Berliner Republik", so der andere von der „Normalität einer Berliner Republik".[2] Die Autoren verwandten den Begriff erfreulich unaufgeregt, ohne eigens Rechenschaft über seinen Sinn abzulegen. Der schnelle Zusammenschluss zweier unterschiedlicher gesellschaftlicher Systeme war in dieser Form präzedenzlos. Cum grano salis gilt: „Die alte Bundesrepublik war sozial und kulturell eine mittelschichtsdominierte, die DDR eine verproletarisierte Gesellschaft. Eine hochgradig individualisierte und pluralisierte, substanziell in den Westen integrierte Gesellschaft stieß auf ein institutionell sowjetisiertes, im mentalen Kern aber doch eher typisch deutsches Gemeinwesen in einem sehr herkömmlichen, eher altmodischen Sinn."[3]

Durch die heftig umkämpfte Entscheidung des Bundestages im Jahre 1991 – den Ausschlag gaben wohl die Reden von Willy Brandt, Helmut Kohl und Wolfgang Schäuble – wurde mit 338 zu 320 Stimmen Berlin zum Regierungssitz gewählt. Dabei gerieten die herkömmlichen politischen „Fronten" durcheinander. Von den Abgeordneten der CDU/CSU-Fraktion stimmte die Mehrheit ebenso für Bonn (164:154) wie diejenigen der SPD-Fraktion (126:110). Hingegen votierten die Vertreter der FDP (53:26) und die vom (ostdeutschen) Bündnis 90/Grüne (4:2) ebenso für Berlin wie die der PDS (17:1).[4] Die Mehrheit der westdeutschen Abgeordneten stimmte für Bonn (58 Prozent), die Mehrheit der ostdeutschen für Berlin (81 Prozent). Die Motive für ein Bonn- oder Berlin-Votum fielen höchst unterschiedlich aus. Wer wegen einer solchen Entscheidung oder wegen des Umzugs der Regierung 1999 nach Berlin von einer „Berliner Republik" spricht, argumentiert formal. In diesem Sinne gab es zuvor eine „Bonner Republik". Eher gewinnbringend ist der Terminus in einer spezifischen, oft gebrauchten Konnotation: Durch die deutsche Einheit sei prinzipiell eine neue Republik entstanden. Die einen befürworten diesen Sachverhalt (z. B. wegen der Vorteile für die neuen Bundesländer), die anderen kommen zu einer negativen Diagnose (z. B. wegen größerer Unsicherheiten). Wer nicht von einer neuen, sondern „bloß" von einer erweiterten Republik spricht, kann diesen Umstand entweder positiv (z. B. wegen der funktionierenden Strukturen) oder negativ (z. B. wegen des herkömmlichen Besitzstanddenkens) sehen.

Die Antwort auf die Frage, ob wir eine „neue" oder eine „erweiterte" Bundesrepublik Deutschland haben (aus Sicht der Menschen im Osten Deutschlands ist sie selbstverständlich neu), hängt zum einen wesentlich von den Kriterien für „neu" und für „erweitert" ab, zum anderen von den herangezogenen Bereichen.[5] Von einer „neuen Republik" ließe sich mit Fug und Recht reden, wenn es eine beträchtliche Kluft zwischen den alten und neuen Bundesländern gäbe, wenn der Osten den Westen beträchtlich veränderte oder wenn sich das gesamte Gebilde in eine andere Richtung entwickelt hätte. Zu den wichtigsten Bereichen – mit Blick auf polity (Normen der Politik), politics (Prozesse der Politik) und policy (Inhalte der Politik) – gehören der institutionelle Rahmen, die politische Kultur, das Parteiensystem, der politische Extremismus samt Demokratieschutz, die Sozial- und Wirtschaftsordnung sowie die außenpolitischen Rahmenbedingungen. Wer die Familienpolitik heranzieht, kommt offenkundig zu einem anderen Urteil als derjenige, der dem medienpolitischen Feld Aufmerksamkeit schenkt. Die Auffassung, es sei eine „veränderte Republik"[6] entstanden, trifft dabei den kleinsten gemeinsamen Nenner. Aber wie stark fällt der Wandel aus? Und wo ist er wirklich vereinigungsbedingt?

Die institutionelle Ordnung ist durch die deutsche Einheit so gut wie nicht angetastet worden.[7] Die DDR trat dem Grundgesetz bei (nach Verabschiedung des Einigungsvertrages, der wenige Artikel der Verfassung aufhob, neu fasste oder ergänzte), und die Gemeinsame Verfassungskommission einigte sich zwar auf einige Grundgesetzänderungen, aber nicht auf eine grundlegende Verfassungsrevision oder gar eine neue Verfassung. Die Präambel lautet in ihrem zweiten Absatz wie folgt: „Die Deutschen [...] haben in freier Selbstbestimmung die Einheit und Freiheit Deutschlands vollendet. Damit gilt dieses Grundgesetz für das gesamte Deutsche Volk." Der föderalistische Aufbau des Gemeinwesens blieb erhalten. Die Zahl der Bundesländer wurde um fünf erweitert, doch unterblieb eine (notwendige) Zusammenlegung von Bundesländern, etwa aus alten und neuen. Was 1952 glückte (die Schaffung eines „Südweststaates" Baden-Württemberg aus drei Ländern), scheiterte 1996 in einer Volksabstimmung an den Bürgern Brandenburgs: die Fusion mit Berlin. Nun verfügen die vier großen (westdeutschen) Bundesländer Nordrhein-Westfalen, Bayern, Baden-Württemberg und Niedersachsen über je sechs Stimmen – und damit über eine Sperrminorität bei verfassungsändernden Gesetzen. Diese ist den neuen Bundesländern, unter Einschluss von Berlin, verlorengegangen (sie kommen auf 23 von 69 Stimmen), da auf Hessen seit den neunziger Jahren fünf Stimmen entfallen, weil es nun mehr als sechs Millionen Einwohner hat. Eine ganz andere Frage ist, ob die Konfliktlinien im Bundesrat damit angemessen abgebildet sind. Nach wie vor überlagern die parteipolitischen Fronten alle anderen Gegensätze (etwa die zwischen reichen und armen oder die zwischen alten und neuen Ländern).

Differenzierter fallen die empirischen Befunde über die Kontinuität und den Wandel der politischen Kultur aus.[8] Die Systemakzeptanz ist im Westen stärker als im Osten, das Institutionenvertrauen ebenso. Westdeutsche fühlen sich im Vergleich zu den Ostdeutschen eher als Deutsche (und nicht als West- oder Ostdeutsche), wobei starke Angleichungstendenzen auszumachen sind. Größere Unterschiede bestehen bei der Frage nach dem Sozialismus-Verständnis (im Osten gilt der Sozialismus einer großen Mehrheit ununterbrochen seit 1990 als gute Idee, die schlecht ausgeführt wurde, im Westen halten sich Befürworter und Gegner die Waage) und – damit zusammenhängend – bei dem Gleichheits- bzw. Freiheitsverständnis. Nach den neuesten Zahlen geben 36 Prozent der Westdeutschen der Gleichheit den Vorzug und 36 Prozent der Ostdeutschen der Freiheit.[9] Die Differenzen zwischen Ost und West sind nirgendwo so hoch wie bei der Einschätzung der DDR. Während unter den Westdeutschen weniger als zehn Prozent der DDR mehr gute als schlechte Seiten zubilligen, ist dies bei Ostdeutschen gänzlich anders. Wenn diese Aussage mehr Bürger bejahen als verneinen, so spielt Nostalgie eine große Rolle[10], nicht der Wunsch nach einer Rückkehr zu DDR-Verhältnissen. Es kann keine Rede davon sein, Deutschland sei zwar politisch vereinigt, aber mental geteilt. Wer pauschal die weltoffene Bürgerkultur der alten Bundesländer gegen die Obrigkeitskultur des Ostens ausspielt[11], bedient Klischees. Das Ausmaß an „political correctness" ist in den neuen Bundesländern offenkundig geringer – einfach deshalb, weil im Osten manche „Korrektheit" als Luxusproblem erscheint. Die westliche Gesellschaft – arrivierter und reicher – ist höflicher, bedeutet doch eine verbaute Karriere mehr Verlust. Für beide Landesteile gilt: Das Verhältnis zu den nationalen Symbolen hat sich allmählich normalisiert, ist weniger verkrampft, nicht zuletzt dank der deutschen Einheit.

Das Parteiensystem ist durch Wandel und Kontinuität gleichermaßen gekennzeichnet. Bei den meisten Eigenschaften des Parteiensystems – Fragmentierung, Asymmetrie, Polarisierung, Legitimität, Volatiliät, Segmentierung, Regierungsstabilität – fallen unterschiedliche Werte in den neuen und den alten Bundesländern auf. So ist die Fragmentierung im Osten stärker, ebenso die Polarisierung, hingegen die Legitimität schwächer (höhere Parteienverdrossenheit). Das Parteiensystem ist durch das Aufkommen einer fünften Kraft (erst als PDS, dann als Linkspartei, jetzt als Die Linke) modifiziert worden – im Osten mehr als im Westen. Solange die Linke im Bund nicht als regierungsfähig gilt, kann es weder für das eine Lager noch für das andere Lager zu einer Regierungsmehrheit reichen wie 2005. Das höhere Maß an Segmentierung als früher vermag die Regierungsstabilität zu gefährden und neue Koalitionsvarianten begünstigen. Nicht alle Veränderungen sind wiedervereinigungsbedingt. So nahm bereits vor der deutschen Einheit in der Bundesrepublik die Fragmentierung ebenso zu wie die Volatilität. Die deutsche Einheit hat allerdings manchen Trend verschärft. Nun ließe sich die Meinung vertreten, der „kleine" Osten werde den „großen" Westen nicht stark beeinflussen, aber die Erfolge der Linken im Westen sprechen eine andere Sprache. Sah es zunächst danach aus, als gleiche sich das ostdeutsche Parteiensystem mit der Wiedervereinigung dem im Westen an, so ist das nicht eingetroffen.[12] Die Parteien, die stärker auf Gleichheit setzen, schneiden im Osten bei Bundestagswahlen besser ab, im Westen eher „bürgerliche". Postmaterialistisches Denken ist in den neuen Ländern angesichts der ökonomischen Herausforderungen (noch) schwächer, grüne und liberale Milieus sind weniger ausgeprägt. Dieser Befund dürfte auch ein Grund für die schwächere Verankerung der Parteiendemokratie sein.

Mit Blick auf den politischen Extremismus gibt es in der Tat einige Entwicklungen, die seit dem Jahr 1990 partiellen Wandel erkennen lassen und die auch auf die deutsche Einheit zurückgehen.[13] Der harte Extremismus von rechtsaußen (NPD) ist ebenso gestiegen wie – vor allem – der weiche Extremismus von linksaußen (Die Linke).[14] Ist die Fremdenfeindlichkeit im Osten stärker ausgeprägt als im Westen – mit einer hohen subkulturellen Gewaltwelle gegen Asylbewerber in den ersten Jahren nach der Wiedervereinigung –, so dominieren die linken „Autonomen" in den Städten des Westens, weniger in denen des Ostens. „Freilich hat der politische Extremismus linker und rechter Provenienz seit der Wiedervereinigung nicht rapide zugenommen, eher kann man von einem konstanten Niveau oder sogar rückläufigen Tendenzen sprechen."[15] Diese These ist vor dem Hintergrund des gestiegenen Extremismus in den meisten europäischen Staaten nur dann diskussionswürdig, wenn die in den neuen Bundesländern stärker als in den alten eher pragmatisch auftretende Linke nicht als extremistisch gilt. Die Gründe für das höhere Ausmaß des parteipolitischen Linksextremismus in den neuen Bundesländern liegen auf der Hand; die Gründe für das dort höhere Ausmaß des Rechtsextremismus sind sozialisations- (u. a. mangelnde Weltoffenheit der DDR-Gesellschaft) und vor allem situationsbedingt (weitaus höhere Arbeitslosenquote). Der islamistische Fundamentalismus reüssiert stärker im Westen als im Osten, ohne dass von einer akuten Gefahr die Rede sein kann. Die „Antideutschen", die es seit der Wiedervereinigung in dieser Form gibt, spielen keine größere Rolle. Die streitbare Demokratie mit ihrer Vorverlagerung des Demokratieschutzes wurde durch die Einheit nicht abgeschafft. Der Demokratieschutz gegenüber links hat sich weiter abgeschwächt, gegenüber rechts erhöht. Dies ist ungeachtet gewisser Wahlerfolge der NPD und subkultureller Ausschreitungen weniger eine Reaktion auf akute Herausforderungen, mehr ein Zeichen für eine Verschiebung des politischen Koordinatensystems jedenfalls im intellektuellen Milieu seit mehr als 40 Jahren. Das Verbotsverfahren gegen die NPD, die in zwei ostdeutschen Landtagen (Sachsen seit 2004, Mecklenburg-Vorpommern seit 2006) vertreten ist, scheiterte 2003 vor dem Bundesverfassungsgericht an verfahrenstechnischen Hindernissen (wegen zahlreicher V-Leute in den Vorständen der Partei). Ein „Persilschein" für die verfassungsfeindliche NPD war damit nicht verbunden.

Die Sozial- und Wirtschaftsordnung des Westens ist zwar von den neuen Ländern übernommen, dort jedoch nicht immer akzeptiert. Die Einführung der Währungs-, Wirtschafts- und Sozialunion am 1. Juli 1990 schuf den Grundstein für die Verbesserung der ökonomischen Lage der ostdeutschen Bevölkerung. Die Treuhandanstalt ebnete den Weg in den Westen, aber sie hat ebenso „dem" Westen Wege geebnet. Auch ohne ein zweites „Wirtschaftswunder" ist die Angleichung im Lohnniveau unübersehbar. Nach der Grundgesetzänderung 1994 ist der Bund verpflichtet, in den Ländern „gleichwertige", nicht mehr, wie es vorher überzogen hieß, einheitliche Lebensverhältnisse herzustellen. Dieser Weg wurde durch den West-Ost-Transfer weithin erfolgreich beschritten – im Bereich der Wirtschafts- wie in dem der Sozialpolitik, ungeachtet regionaler Disparitäten. Die Rentner stehen in den neuen Bundesländern eher besser da als manche Erwerbstätige. Wenn ein ostdeutscher Rentnerhaushalt im Schnitt mehr Rente erhält als ein westdeutscher, so hängt dies mit der weitaus höheren Erwerbstätigenquote zusammen. Die Bundesrepublik ist damit auch nach der deutschen Einheit bei ihrer „Politik des mittleren Weges"[16] geblieben, diesseits des skandinavischen Wohlfahrtsstaates, jenseits des nordamerikanischen Kapitalismus. Sie steuert weiterhin einen Kurs, der durch wirtschaftsliberale, konservative und demokratisch-sozialistische Traditionen gekennzeichnet ist. Die drastischen Einbrüche 2008/09 mit einem dramatischen Rückgang des Bruttoinlandsprodukts, die den Staat auf den Plan gerufen haben, sind eine aktuelle Reaktion auf die weltweite Finanz- und Wirtschaftskrise, keine verspätete auf die Überforderung des Wirtschafts- und Sozialsystems durch die Wiedervereinigung. Andere Wandlungen (wie etwa die teils verschlechterten Rahmenbedingungen für klein- und mittelständische Unternehmen) gehen verstärkt auf die Globalisierung zurück.

Im außenpolitischen Bereich wurde zwar die Westbindung gewahrt, die Staatsräson der Bundesrepublik schlechthin[17], doch gibt es beträchtliche Wandlungen: Die Handlungsfähigkeit ist mit der deutschen Einheit gestiegen. So hat die souverän gewordene Bundesrepublik weitaus mehr Verantwortung als früher zu tragen (auch auf dem militärischen Sektor). Im Rahmen des Kosovokrieges 1999 gingen erstmals deutsche Soldaten nach dem Zweiten Weltkrieg außerhalb des hiesigen Territoriums in den Kampfeinsatz. Die Zeit der „Scheckbuchdiplomatie", praktiziert noch im Golfkrieg 1991, ist wohl unwiderruflich vorbei, wie nicht nur das militärische Engagement in Afghanistan zeigt.[18] Die deutsche Wiedervereinigung hat die europäische Einheit befördert. Die Einführung des Euro ist eine ihrer Konsequenzen. Die Bundesrepublik strebt dabei keine hegemoniale Politik in Europa an, tritt freilich selbstbewusster als vor der deutschen Einheit auf, stärker interessenorientiert, auch gegenüber den USA. Die ostentative Ablehnung eines militärischen Engagements im Irak durch den damaligen Bundeskanzler Gerhard Schröder – ob mit oder ohne UN-Mandat – im Vorfeld der Bundestagswahl 2002 zeigte den Wandel, unabhängig davon, wie hoch das wahltaktische Element gewesen sein mag. Wie vor der Einheit muss Deutschland unverändert die deutsch-amerikanischen Beziehungen mit den deutsch-französischen austarieren. Auch im Rahmen der Vereinten Nationen ist seine Rolle gestärkt worden. In diesem Politikfeld ist die Veränderung in der Tat größer als anderswo, wenngleich die „Zivilmacht" Deutschland weiterhin keine weltpolitische Zentralmacht darstellt, allenfalls „die Zentralmacht Europas" (Hans-Peter Schwarz). Zudem basiert mancher Wandel nicht auf der Wiedervereinigung, sondern vielmehr auf dem Ende des Ost-West-Konflikts. Die Wiedervereinigung war dessen Folge, weniger dessen Ursache. Deutschlands außenpolitische Gratwanderung besteht seitdem darin, einerseits die neuen Anforderungen als europäische Großmacht anzunehmen, andererseits eben nicht als solche wahrgenommen zu werden.

Das wiedervereinigte Deutschland ist bei allen Wandlungen keine neue Republik. Es steht stark in der Tradition der Bundesrepublik vor dem Oktober 1990. Die institutionellen Rahmenbedingungen sind im Kern ebenso erhalten geblieben wie die meisten wirtschaftlich-sozialen. Das Fundament des politischen Systems ist nach der Vereinigung weithin gleichgeblieben. Kompetenzverlagerungen auf die europäische Ebene sind weniger vereinigungsbedingt. Wir haben im wesentlichen eine erweiterte Bundesrepublik.[19] Und nicht alle Veränderungen seit dem Jahr 1990 gehen, wie gezeigt, auf die Wiedervereinigung zurück. Nur eine sich ständig wandelnde Bundesrepublik bewahrt den Kurs der Kontinuität. Dieser Umstand ist bei der Frage nach „erweitert" oder „neu" zu berücksichtigen. Besteht damit der Unterschied zwischen der Bundesrepublik bis zur Vereinigung und der Bundesrepublik nach der Vereinigung nur in einem – was den Regierungssitz betrifft – „Orts-

wechsel"?[20] Diese Behauptung wiederum würde seitherige vereinigungs-
bedingte Veränderungen unterschlagen. 20 Jahre nach der deutschen
Einheit sehen wir Wandel, der so vorher nicht existiert hat.

Die Behauptung, die Bundesrepublik sei auf dem Weg in Richtung
einer „DDR light", wie Arnulf Baring in seinem aufsehenerregenden
Artikel „Bürger, auf die Barrikaden"[21] kundgetan hat, lässt bei aller
berechtigten Kritik an offenkundigen Defiziten *common sense* vermissen. Die Entwicklung auf den meisten Feldern in der Innenpolitik verbietet es, den Eindruck von einem grundlegenden Wandel zu erwecken.
Vor allem ist Wandel nicht notwendigerweise ein Ausfluss der deutschen
Einheit. Bekanntlich ist die Bundesrepublik zwischen 1949 und 1989
wahrlich nicht dieselbe geblieben, mitunter fielen hier die Verschiebun-
gen weitaus größer aus, ohne dass jemand auf den Gedanken gekommen
wäre, eine neue Republik auszurufen. Staatliche Ordnungen transfor-
mieren sich nicht nur – sie wandeln sich auch. Das war vor 1990 mit der
Bundesrepublik so, das ist seit 1990 mit dem vereinigten Deutschland
nicht anders.

Noch unzutreffender als der häufig leichtfertig gebrauchte Terminus
der „Berliner Republik" ist jener der „dritten Republik", wie ihn Hans
Jörg Hennecke unter Berücksichtigung von vier Veränderungen verwendet.[22] Erstens benennt er innerdeutsche Folgewirkungen aufgrund der
„Wende" von 1989, zweitens den Wandel des historischen Selbstver-
ständnisses im Sinn einer Abschwächung von der Erinnerungskultur an
den Nationalsozialismus, drittens den Prozess der Globalisierung und
Europäisierung, viertens den tiefgreifenden Wandel im Bereich der
Außen- und Sicherheitspolitik infolge größerer Verantwortungsbereit-
schaft. In der Tat kann der Terminus „neu" mit Blick auf die Außenpolitik und die vielfach unterschätzte Europäisierung der Institutionen, Ent-
scheidungsprozesse und Politikfelder in der Bundesrepublik gebraucht
werden.[23] Aber diesbezügliche Veränderungen rechtfertigen nicht das
Wort von der „dritten Republik". Um von einer „Berliner Republik"
oder einer „dritten Republik" zu reden, muss sich allerdings kein anderer
Systemtypus herausgebildet haben. Die Bundesrepublik ist die im diachronen Vergleich überwiegend konstante, aber auch gewandelte zweite
deutsche Demokratie.

20 Jahre nach der deutschen Einheit ist Deutschland durch ein hohes
Maß an Kontinuität geprägt. Die Charakterisierung als „neue Republik",

als „Berliner Republik" oder gar als „dritte Republik" überschätzt die durch die Einheit ausgelösten Veränderungen. Der Links-Rechts-Konflikt überlagert den Ost-West-Konflikt. Von einem Systemwandel oder gar von einem „Systemwechsel" in der Bundesrepublik kann keine Rede sein. Die Bevölkerung sieht dies mehrheitlich ähnlich. Das Institut für Demoskopie Allensbach stellte den Bundesbürgern 2009 folgende Frage, die freilich durch die Formulierung „andere Republik" versus „gleiche Republik" etwas suggestiv ist: „Seit dem Umzug der Bundesregierung von Bonn nach Berlin spricht man ja hin und wieder von der ‚Berliner Republik'. Haben Sie das Gefühl, dass wir seither eine andere Republik haben, oder ist das weitgehend die gleiche Republik wie zu Bonner Zeiten?"[24] Die deutliche Mehrheit sah mit 58 Prozent keinen großen Bruch, die Minderheit (20 Prozent) sah eine solchen. Im Vergleich zu 1998 ist freilich die Zahl derer, die einen solchen ausmachen, um das Doppelte gestiegen (von zehn auf 20 Prozent). Dass mehr West- (23 Prozent) als Ostdeutsche (11 Prozent) eine „andere Republik" erkennen, liegt in der Natur der Sache. Wenn Westdeutsche meinen, es habe sich (zu) viel und Ostdeutsche, (zu) wenig geändert, so liegt dies auch an der partiell unterschiedlichen Wahrnehmung.

Für Manfred Görtemaker ist der Begriff der „Berliner Republik" angebracht, und zwar „durch die Neuartigkeit des politischen, ökonomischen, gesellschaftlichen und kulturellen Umfeldes, in dem die Bundesrepublik seit 1989/90 agiert. Das ist auch der Grund, weshalb der 3. Oktober 1990 als eigentliches Entstehungsdatum der ‚Berliner Republik' anzusehen ist."[25] Aber zugleich heißt es, diese „Berliner Republik" stehe „in einem so hohen Maße in der Kontinuität der ‚Bonner Republik', dass von einem Bruch nicht die Rede sein kann."[26] Eben! Wieso sprechen dann Görtemaker und viele andere seriöse Wissenschaftler, Publizisten und Politiker derart unreflektiert von einer „Berliner Republik"? Die Gegner des Begriffs der „Berliner Republik" nehmen eine merkwürdig defensive Haltung ein. Wir leben in einer neuen Periode der Bundesrepublik Deutschland, nicht in einer „Bonner Republik" oder in einer „Berliner Republik".

9.2. Bewertung der Veränderungen

Das Ergebnis, im Kern sei durch die Vereinigung kein neuer Staat, sondern eine erweiterte Bundesrepublik entstanden, sagt noch nichts über seine Wünschbarkeit aus. Die Frage nach dem Charakter der Bundesrepublik ist wesentlich für das Selbstverständnis und die Standortbestimmung des vereinigten Deutschlands. Die jeweiligen Diagnosen verlaufen, wie gezeigt, quer durch die politischen Lager. Gleiches gilt für die Bewertung. Es gibt Konservative, die der „alten" Bundesrepublik nachtrauern (z. B. wegen der heute geringeren Geltung des Wertes der Freiheit im Vergleich zu dem der Gleichheit), ebenso Linke, die die „alte" Republik zurückwünschen (z. B. wegen der als autoritär empfundenen ostdeutschen Mentalitäten). Und bei denen, die das vereinigte Deutschland als Fortsetzung der „alten" Bundesrepublik ansehen, gibt es ebenso Kritiker in ganz unterschiedlichen Lagern. Manche behaupten, durch den Zusammenschluss der beiden deutschen Staaten hätte etwas Neues, etwas Drittes entstehen müssen. Nur so könne die Vereinigung von Erfolg gekrönt sein.

Die Argumentationsmuster der Befürworter einer neuen Bundesrepublik sind höchst unterschiedlich. „Wenn es gelungen wäre, die demokratischen Strukturen der Bundesrepublik mit den emanzipatorischen Ansätzen und Strukturen der DDR-Sozial-, Gesundheits-, Kultur- und Bildungspolitik zu verbinden, hätte die deutsche Vereinigung für die Entwicklung in Europa und in der Welt ein positives Signal setzen können."[27] Diese Argumentation läuft darauf hinaus, durch die Einheit sei es versäumt worden, „Errungenschaften" der DDR in das vereinigte Deutschland zu übernehmen. Tatsächlich aber hatten die Ostdeutschen nach Beseitigung der Diktatur die deutsche Einheit vehement gefordert und vorangetrieben. Sie wollten an den Errungenschaften des Westens teilhaben und keinen „dritten Weg" (wie manche Oppositionelle der ersten Stunde).

Anderen Autoren geht es nicht um eine Teilübernahme von Strukturen der DDR; für sie ist es vielmehr ein Gebot der Solidarität, die Menschen in den neuen Bundesländern, die eine „Vereinigung in Würde" wollten, nicht zu demütigen oder gar „auszugrenzen". Das ist richtig, doch steht diese Forderung in keinem Gegensatz zur praktizierten Politik. Gewiss ist Reformstau unübersehbar, Besitzstandswahrung verbreitet und Pfründewesen abschaffungswürdig. Aber die Kritik daran kann schwerlich dazu führen, die Bundesrepublik für tot zu erklären. „Solange der Untergang der DDR nicht auch von den Altbundesrepublikanern als wirkliche zweite ‚Stunde Null' begriffen wird, kann die vielbeschworene ‚innere Einheit' nicht funktionieren. Damit nach Weimar und den beiden Nachkriegsprovisorien die dritte deutsche Republik ein Erfolg wird, reicht es nicht aus, nur die Leiche des Unrechtsstaates DDR zu obduzieren. Es ist Zeit, auch die ehemalige Bundesrepublik endgültig für tot zu erklären und das Testament über ihre Hinterlassenschaft zu eröffnen."[28] Ist einer lebendigen Demokratie *per ordre de mufti* ein Totenschein auszustellen? Wieso bedarf es für das Gelingen der inneren Einheit einer „dritten Republik"?

Nun soll das Urteil, das vereinigte Deutschland sei im Kern „nur" eine erweiterte Bundesrepublik, keineswegs im Sinne ignoranten Beharrungsvermögens, das die Augen vor tiefgreifenden Veränderungen und Herausforderungen verschließt, verstanden werden. Im Gegenteil: Die Bundesrepublik konnte in den ersten vier Jahrzehnten ihre Liberalität und Offenheit gerade durch stetige Anpassung ihrer Strukturen an neue Gegebenheiten bewahren.

Der enge Zusammenhang von Kontinuität und Wandel bedarf auch nach der Vereinigung der Betonung. Das Grundgesetz ist zwar verändert, aber nicht durch eine neue Verfassung ersetzt worden. Dafür bestand keine Notwendigkeit. „Es bleibt die verfassungsrechtliche Besonderheit, dass das Grundgesetz niemals Gegenstand einer Volksabstimmung gewesen ist und diese Form der Legitimation nur für eine künftige Verfassung vorgeschrieben ist. Indes hat sich das Grundgesetz in den vergangenen 60 Jahren in einem Maße bewährt und wird beständig – wenn auch mittelbar – durch Wahlen bestätigt, so dass von einem legitimatorischen Defizit nicht die Rede sein kann."[29]

Manche notwendigen Veränderungen (etwa eine Länderneugliederung) sind ausgeblieben, und manche Veränderungen (etwa die Stärkung der großen Länder im Bundesrat) haben keineswegs die Not gewendet. Das ist nur die eine Seite: Das hohe Maß an Kontinuität hat die Integration der neuen Bundesländer gefördert. Die (ökonomischen und mentalen) Probleme, die es 20 Jahre nach der deutschen Einheit ungeachtet der „Wohlstandsexplosion" (Klaus Schroeder) weiterhin gibt[30], sind nicht nur ein Resultat von Fehlentscheidungen, sondern auch eine Reaktion auf 40 Jahre „real existierenden Sozialismus".

Die „Dominanz des Westens" (Karl Otto Hondrich) im Vereinigungsprozess war unvermeidlich, nicht im Sinne einer Bevormundung des Ostens, sondern im Sinne einer zügigen Bewältigung der Probleme. Die deutsche Einheit gelang auch deshalb, weil keine qualitativ neue Republik entstand. Wäre die in mancher Hinsicht reformbedürftige Bundesrepublik institutionell „umgekrempelt" worden, hätte dies den Einheitsprozess verlangsamen können und den Exodus von Ost nach West wohl nicht angehalten. Experimente im Westen wären gerade für die auf Transferleistungen angewiesenen Bundesländer wenig bekömmlich gewesen. Wer von „BRD-Nostalgie"[31] spricht, spielt die Leistungen der zweiten deutschen Demokratie herunter.

Streit zwischen Ost- und Westdeutschen ist zwar nicht vorrangig, aber in gewisser Weise unvermeidlich. In materieller Hinsicht: Manchen Ostdeutschen geht die Angleichung an den Westen nicht schnell genug, manchen Westdeutschen missfällt die bisweilen modernere Infrastruktur des Ostens. „Aufbau Ost" dürfe nicht auf Kosten von „Ausbau West" gehen. In immaterieller Hinsicht: Ostdeutsche, nach 1990 arbeitslos geworden, sehen ihr Leben bisweilen als entwertet an, fühlen sich fremd im eigenen Land; Westdeutsche hingegen zeigen sich zuweilen indigniert über die deutlich geringere Ausrichtung an postmaterialistischen Werten im Osten des Landes. Durch Ostdeutsche, die in den West gezogen sind, und durch Westdeutsche, die nun im Osten eine neue Heimat gefunden haben, tritt eine „Vermischung" ein. Der folgende Befund liegt auf der Hand: Es gibt auch „Besser-Ossis" und „Jammer-Wessis". Das Zusammenwachsen Deutschlands ist unaufhaltsam, dauert freilich länger als vielfach angenommen.

Das bundesdeutsche Institutionengefüge hatte sich bewährt, war daher zu bewahren, bei manchem Reformbedarf im Einzelnen. Die politische Kultur weist Stabilitätsreserven auf. Viele derer, die die fehlende „innere Einheit" anprangern, wollten seinerzeit nicht einmal die „äußere Einheit". Das Parteiengefüge mag im Umbruch sein. Sorgen bereitet weniger die Auffächerung des Parteiensystems als vielmehr der beträchtliche Rückhalt für die Linke – für eine Partei, die in ihrem Programmentwurf von 2010 offen für einen „Systemwechsel" eintritt. Und das in Deutschland, in dem der letzte Systemwechsel – von der Diktatur zur Demokratie – erst gut 20 Jahre zurückliegt. Das Nachlassen des antiextremistischen Grundkonsensus (vor allem im intellektuellen Milieu) ist weniger eine Folge der Wiedervereinigung, war schon vorher evident.

Innere Stabilität, auch im Bereich der Wirtschafts- und Sozialpolitik, wie äußere Verlässlichkeit (das gestiegene Selbstbewusstsein läuft nicht auf einen neuen großmannssüchtigen „Wilhelminismus", geschweige denn „Hitlerismus" hinaus) gehören zwei Jahrzehnte nach der so unerwarteten wie unverhofften deutschen Einheit weiterhin zu den Grundfesten der zweiten deutschen Demokratie. Die tragenden politischen Kräfte – das gilt für die Union und die FDP ebenso wie für die SPD und die Grünen – wollen an ihnen nicht rütteln. Freilich gebietet die Ehrlichkeit, an der es vielen verantwortlichen Politikern vielfach fehlt, die folgende Aussage: Der herkömmliche Sozialstaat mit bisheriger Gesundheits- und Altersversorgung ist weithin an seine Grenzen gelangt. Die sogenannten Hartz IV-Reformen unter Gerhard Schröder, wie unpopulär auch immer, waren eine überfällige Reaktion auf die Überlastungen im sozialstaatlichen Sektor, die Beschlüsse zur „Rente mit 67" eine Reaktion auf die demographische Situation.

Deutschland ist 65 Jahre nach dem Ende des Zweiten Weltkrieges weltweit anerkannt, gilt nicht selten als demokratisches „Modell". Buchtitel wie „BRD ade!" oder „Goodbye Germany"[32] sind entweder von der Sorge vor einem anderen Deutschland oder der Hoffnung nach einem solchen inspiriert. Beides ist unbegründet, die politische Integration Ostdeutschlands geglückt. Deutschland muss den Vergleich zu anderen demokratischen Verfassungsstaaten nicht scheuen.[33] Im eigenen Land kommt dieser Gesichtspunkt oft zu kurz. Das ist Zeichen eines mangelnden Selbstbewusstseins. Wer über die eingangs erwähnten Unterschiede kritisch reflektiert, kann mit den vielfältigen Angleichungen zufrieden sein.

Sollte eines Tages der Begriff der „Berliner Republik" nahezu Allgemeingut sein, so muss diese keine Verschiebung der politischen Koordinaten signalisieren, sondern kann als eine konsequente Fortsetzung der „Bonner Republik" gedeutet werden, nicht als ihr Widerpart. Glücklich gewählt ist er trotzdem nicht, zumal aus der Perspektive eines Sachsen. Denn die Bundesrepublik ähnelt nicht jenen Vorgängerregimes, die ihren Regierungssitz in Berlin hatten – dem Kaiserreich, der Weimarer Republik, dem Dritten Reich, der DDR. Der „Ortswechsel" muss freilich nicht auf einem „Gezeitenwechsel" hinauslaufen.[34] Um mit Angelo Bolaffis „merkwürdiger Liebeserklärung" an die „schrecklichen Deutschen" zu schließen: „Die ‚neue Bundesrepublik' hat gute Aussichten, den gleichen Weg einzuschlagen, den die ruhige, ehemalige rheinische (Bonner) Republik verzeichnete. In diesem Sinne lässt sich sagen: Berlin ist doch Bonn."[35]

10. Vier Systemwechsel im Spiegel der Systemwechselforschung

10.1. Ende des alten Systems

Das Ende des Kaiserreiches erfolgte abrupt, die „Entkrönung" (Lothar Machtan) nicht nur im Reich, sondern auch in den einzelnen Bundesstaaten „passierte einfach". Widerstand gab es angesichts des verlorenen Krieges nicht. Diese externe Ursache überlagerte alle anderen Faktoren. Das Kaiserreich war bereits Ende Oktober 1918 eine parlamentarische Monarchie geworden, Reichskanzler Prinz Max von Baden formal nicht mehr vom Vertrauen des Kaisers abhängig, sondern von dem des Volkes. Allerdings sah die Praxis etwas anders aus. Denn das provozierende Verhalten etwa der Seekriegsleitung musste die kriegsmüden Menschen reizen – und zwar zu einem Zeitpunkt, als jeder militärische Einsatz aussichtslos geworden war. Die Auseinandersetzungen im Gefolge der „deutschen Revolution" verliefen vor allem zwischen den demokratischen und den radikalen Kräften von links. Freilich blieb den neuen Gestaltern der Politik angesichts vielfältiger Zwänge keine andere Wahl als mit den „alten Mächten" zusammenzuarbeiten – und zwar in einem für die neue Ordnung nicht förderlichen Ausmaß.

Die Revolution 1918/19 war kein von oben gelenkter Systemwechsel. Auch das Element des Aushandelns spielte nur eine untergeordnete Rolle. Zwar waren bereits zuvor wesentliche Zugeständnisse erfolgt, doch erst nach dem Sturz der alten Ordnung kam es zu einer intensiven Kooperation, etwa beim „Pakt" zwischen Wilhelm Groener und Friedrich Ebert wie beim „Stinnes-Legien-Abkommen". Der Systemwechsel 1918/19 war beides: von unten erzwungen und kollabiert von oben. Die Schwäche der Monarchie zählte für den Systemwechsel mindestens so viel wie die Stärke der revoltierenden Massen, die, enttäuscht über den verlorenen Krieg, das alte System hinwegfegten. Ist der Umbruch des Jahres 1918 wirklich nur „in erster Linie ein Wechsel der Staatsform gewesen"[1], wie Heinrich August Winkler meint? Auch wenn 1918 keine „gesellschaftliche Revolution" stattfand, war mit dem Wechsel doch, so sieht es Winkler selber, ein „einschneidender Elitenwechsel"[2] verbunden. Insofern gingen die Ereignisse des Herbstes 1918 über den „Wechsel der Staatsform" hinaus.

Der Systemwechsel des Jahres 1933 war „alles": ein von den alten Regimeeliten gelenkter Systemwechsel, ein von unten erzwungener Systemwechsel, eine Implosion und, dies indes am wenigsten, ein ausgehandelter Systemwechsel. Die erste Charakterisierung trifft insofern zu, als ein Teil der alten Eliten den Nationalsozialisten den Weg ebnete, weniger deshalb, weil sie deren Ziele teilten, sondern weil sie deren Ziele verkannten: Die einen strebten einen autoritären Obrigkeitsstaat an, die anderen eine totalitäre Führerdiktatur. Die „nationale Revolution" war auch von unten erzwungen, weil die NSDAP in den beiden Reichstagswahlen 1932 am besten abgeschnitten hatte und die dynamische „Bewegung" daraus einen Führungsanspruch ableitete, jedenfalls klar zu erkennen gab, nicht als Juniorpartner in die Regierung einzutreten. Der Systemwechsel 1933 wies ebenso Elemente einer Implosion auf, denn die demokratische Gesellschaft war für Gegenwehr bereits zu geschwächt, glaubte nicht mehr an „ihr" Gemeinwesen. Die hingenommenen Defekte des demokratischen Verfassungsstaates rührten aus dem Legitimationsverlust der Weimarer Republik zumal in ihrer Endphase (mit den schwerwiegenden sozialen und ökonomischen Problemen). Der Begriff des ausgehandelten Systemwechsels trifft deshalb am wenigsten zu, weil den alten Eliten zum Teil der fundamentale Einschnitt gar nicht bewusst war. Dazu trug die nach außen an den Tag gelegte Legalität beim Systemübergang bei. Das Wort von der „legalen Revolution", das die Nationalsozialisten im Munde führten, übte eine beschwichtigende Funktion auf manche NS-Gegner aus und ließ Widerstandsgeist erlahmen. Nach dem Ermächtigungsgesetz sahen die Nationalsozialisten keine Notwendigkeit mehr zu Kompromissen. Die Diktatur wurde errichtet, nicht „ausgehandelt". Im Gegensatz zu 1918/19 war 1933 weniger durch externe Faktoren (z. B. Unnachgiebigkeit der Sieger) als durch interne bestimmt.

Der Systemwechsel des Jahres 1945 war wahrlich nicht von den alten Regimeeliten gelenkt (vereinzelten Versuchen in letzter Minute kam keinerlei Bedeutung zu) und auch nicht von unten erzwungen (es gab keine relevanten aufständischen Bestrebungen) – sei es wegen des repressiven Charakters der Diktatur, sei es wegen ihrer integrativen Mechanismen.

Von einem ausgehandelten Systemwechsel kann erst recht nicht die Rede sein, denn die Alliierten bestanden lange vor Kriegsende und bis zum Schluss auf der Besetzung des Landes und auf einer bedingungslosen Kapitulation. Selbst ein Regimekollaps kommt nur bedingt als Verlaufsform des Wechsels in Frage. Schließlich kämpfte das Dritte Reich „auf verlorenem Posten" in einer Art Götterdämmerung – jedenfalls gegen den „bolschewistischen Feind". Erst mit dem Ende des Dritten Reiches, nach der militärischen Niederlage, gab es schlagartig keine Nationalsozialisten mehr. Für den Systemwechsel 1945 trifft damit keine einzige interne Kategorie zu. Er war vielmehr von außen erzwungen.[3] Gleiches gilt weithin für die anschließende Errichtung einer Diktatur im sowjetisch besetzten Teil Deutschlands. Auch hier ist keine der vier genannten Kategorien triftig, wenngleich nach dem Ende des NS-Systems durchaus autochthone Kräften von einem revolutionärem Enthusiasmus zugunsten einer kommunistischen Transformation beseelt waren (mehr als etwa in Polen), ohne dass dies aber zu einer eigenständigen Kehrtwende gereicht hätte. So wie die Niederlage der braunen Diktatur von außen herbeigeführt worden war, so lag die Genese der roten Diktatur in äußeren Einflüssen begründet. Der Aufbau der Demokratie im Westen Deutschlands hingegen ging zwar auf die Westalliierten zurück, doch war er zugleich durch die Bevölkerung legitimiert.

Der Glaube an die Ideologie des Marxismus-Leninismus wurde in der DDR im Laufe von vier Jahrzehnten selbst bei der politischen Führung immer mehr entkräftet. Die Sowjetunion spielte beim Aufbau der SED-Diktatur ebenso eine tragende Rolle wie bei deren Abbau. Entgegen mancher Legenden[4] hat es offenkundig keinen von alten Regimeeliten gelenkten Systemwechsel gegeben, auch nicht inspiriert durch die Sowjetunion, wiewohl etwa die dubiose Rolle Markus Wolfs hinter den Kulissen bisher nicht vollständig geklärt zu sein scheint.[5] Hingegen gibt es Ansätze aller anderen Kategorien. Der Systemwechsel war von unten erzwungen – durch ein komplexes Zusammenspiel von Flucht- und Demonstrationsbewegung. Den „alternativen Kräften", wie schwach sie auch immer waren, kam anfangs mit ihren Maximen von einem „dritten Weg" und unbedingter Gewaltfreiheit eine zentrale Rolle zu. Daneben bestimmten ebenso Elemente der Implosion (die Friedlichkeit der Proteste wurde nach anfänglicher Gegenwehr respektiert) wie solche des ausgehandelten Systemwechsels die revolutionären Ereignisse. Dazu gehören etwa die vielen Runden Tische und die Einbeziehung Oppositioneller in Hans Modrows „Regierung der nationalen Verantwortung", so die vollmundige Titulierung. Auf diese Weise gerieten die „feindlichnegativen Kräfte", um die Terminologie der Staatssicherheit zu nutzen, immer mehr in einen Gegensatz zur Masse der Bürger, die das System ohne Wenn und Aber beseitigen wollten. Denn die Revolution in der DDR zeichnete sich im Gegensatz zum Umbruch in anderen Staaten Ostmitteleuropas durch eine „doppelte Demokratisierung"[6] aus – zum einen die Selbstbefreiung von der Diktatur, zum anderen die demokratische Hinwendung zur Bundesrepublik Deutschland, die schließlich in die deutsche Einheit mündete. Wer die Implosion des diktatorischen Systems in den Vordergrund rückt, spielt den „zähen Machtkampf"[7] der DDR-Regierungen unter Honecker, Krenz und Modrow herunter, die, keineswegs auf Kapitulation erpicht, den Systemwechsel später geschickt aushandelten. Dieser ist weitaus stärker durch externe als durch interne Umstände bestimmt (z. B. ökonomische Probleme).

Wie der Vergleich zeigt, waren die Übergänge von einem Systemtypus zu einem anderen in erster Linie nicht durch einen schroffen Bruch gekennzeichnet (von 1945 abgesehen). Selbst für 1933 traf dies dank geschickter NS-Strategie so keineswegs zu. Dem Ende des alten Systems lag jeweils ein Bündel an Ursachen zugrunde. Gleichwohl gibt es stets einen wesentlichen Faktor. 1918 und 1945 war es die Kriegsniederlage, 1933 die innere Auszehrung der demokratischen Republik, 1989 weniger die Auszehrung der DDR als der internationale Konstellationswandel. Systemexterne Ursachen dominierten damit 1918, 1945 und 1989, systeminterne 1933. Nur: „Systemextern" ist nicht gleich „systemextern". 1918 und 1945 brach das jeweilige System nicht zuletzt wegen des verlorenen Krieges zusammen, 1989 die DDR deshalb, weil die Sowjetunion nicht mehr gewillt war, sie um jeden (u. a. militärischen) Preis zu stützen. Das ist ein fundamentaler Unterschied. Wenn so grundlegend unterschiedliche Systemwechsel wie etwa 1918, 1933 und 1989 mehr oder weniger mit denselben Kategorien erfasst werden können und keine für den des Jahres 1945 zutrifft, so stellt sich die Frage nach ihrer Tauglichkeit und damit nach ihrer Ergänzung (mit Blick auf die externe Komponente).

10.2. Institutionalisierung des neuen Systems

So schnell, wie das alte System 1918 zusammenbrach bzw. bezwungen wurde, so rasch entstand das neue. Die Übergangszeit mit dem Rat der Volksbeauftragten dauerte trotz bzw. wegen der revolutionären Wirren nicht lange. Bereits am 19. Januar 1919 kam es zur Wahl der National-versammlung, die unter der Ägide des Liberalen Hugo Preuß eine Verfassung auszuarbeiten begann. Der Ausgang dieser Wahlen stimmte für die Institutionalisierung der Demokratie ebenso optimistisch wie die zügige Annahme der Verfassung mit klarer Mehrheit (262 gegen 75 Stimmen), auch wenn diese wegen ihrer „Mischung von parlamentarischen, präsidialen und plebiszitären Elementen"[8] spannungsreich-widersprüchliche Bestandteile zusammengefügt und die Volkssouveränität nahezu verabsolutiert hatte. Die Verfassung sollte ein Gegenentwurf zu der des Kaiserreiches sein, um sich vom Obrigkeitsstaat abzusetzen. Die neue Republik sei, so der Superlativ des sozialdemokratischen Reichsinnenministers Eduard David, „die demokratischste Demokratie der Welt".[9] Der Weimarer Verfassungskompromiss, von vielen Eliten und von Teilen der Bevölkerung „mehr hingenommen als angenommen"[10], schien eine tragfähige Basis für den politischen Wettbewerb zu bilden. Keiner konnte und wollte sich seinerzeit vorstellen, dass die Verfassung nicht einmal 14 Jahre später als eine Ursache für den Untergang der Demokratie gelten sollte – eben gerade deshalb, weil sie deren Schutz gegenüber gewaltfreier Agitation und legaler Revolution aus demokratischer Selbstgewissheit heraus für unnötig erachtete. Die Weimarer Republik wies konkordanz- (bedingt u. a. durch das Verhältniswahlsystem) und konkurrenzdemokratische Elemente (bedingt u. a. durch die Rolle des Reichspräsidenten) gleichermaßen auf. Diese Struktur – eine modifizierte Übernahme aus dem Kaiserreich – bildete an sich eine gute Voraussetzung für die Institutionalisierung der Demokratie.

Da die Nationalsozialisten niemals die Verfassung der von ihnen so geschmähten Weimarer Republik formell aufgehoben und darauf verzichtet hatten, eine eigene zu installieren, ist die Frage nach der Institutionalisierung der neuen Ordnung keineswegs eindeutig zu beantworten. Es bieten sich zwei Varianten an – eine, die den Begriff der „Institutionalisierung" eher eng, und eine andere, die ihn weit auslegt. Im ersten Fall käme das „Gesetz zur Behebung der Not von Volk und Reich" (Ermächtigungsgesetz) vom 23. März 1933 als Zäsur in Frage, denn dadurch wurde die Weimarer Verfassung faktisch aus den Angeln gehoben, im zweiten Fall das „Gesetz gegen die Neubildung der Parteien" vom 14. Juli, welches gewissermaßen den Einparteienstaat institutionalisierte. Freilich spielten im „Führerstaat", einem Einheitsstaat, Institutionen keine tragende Rolle. Allerdings sei an die Bedeutung der Reichskanzlei unter Hans Heinrich Lammers erinnert.[11] „Die Segregation in Teilherrschaften und die Auflösung gesamtstaatlicher Ordnung und Regelhaftigkeit bildeten das paradoxe Endergebnis der absoluten Monokratie an der Spitze des Regimes."[12] Die Institutionalisierung des neuen Regimes, das auf einer schroffen Abwendung der Vorgängersystemes fußte, verlief weithin ungebremst. Der Nationalsozialismus nahm bei seiner Etablierung keine Rücksicht auf andere Interessen.

Zwischen 1945 und 1949 fiel eine Reihe von Entscheidungen, die den Weg in die Zweistaatlichkeit Deutschlands ebneten. Hatte der Alliierte Kontrollrat mit seiner Konstituierung am 5. Juni 1945 verlauten lassen, in Deutschland gäbe es keine oberste Regierung mehr, so sollte sich das unter dem Eindruck des entflammenden Ost-West-Konfliktes bald ändern. Die Berliner Blockade vom Juni 1948 bis Mai 1949 (nach der Währungsreform in den Westzonen) hatte die Gründung eines Weststaates nicht verhindern können. Der auf Wunsch der Westalliierten einberufene Parlamentarische Rat verabschiedete am 23. Mai 1949 gut acht Monate nach seinem Zusammentreten am 1. September 1948 mit großer Mehrheit (53 gegen 12 Stimmen) eine Verfassung, bei deren Zustandekommen auch Vorgaben der Länder wie der Alliierten zu berücksichtigen waren. Der föderalistische Aufbau ging auf beide Seiten zurück. Die vielfältige Kompromissstruktur der Weimarer Verfassung setzte sich fort, wiewohl den Mitgliedern der „Schatten von Weimar" (Klaus Günther) nachhaltig bewusst war. Zu den wichtigen Änderungen gegenüber der Weimarer Zeit zählte nicht nur die Stärkung der Bundesstaatlichkeit, sondern auch die Verankerung eines rein parlamentarischen Systems, die Etablierung eines Demokratieschutzes und die Schwächung der Rolle des Präsidenten. Eine Diktatur sollte verhindert werden. Den „Verfassungsvätern" stand nicht bloß das Dritte Reich vor Augen, sondern ebenso die sich etablierende Linksdiktatur. Zwar ging der Weststaat dem Oststaat voraus, doch hatte die am 9. Juni 1945 ins Leben gerufene Sowjetische Militäradministration in Deutschland vielfältige Vorkehrungen getroffen, die die Spaltung des Landes provozierten (u. a. Gründung der SED im April 1946 durch die [Zwangs-]Vereinigung von SPD und KPD; die „Volkskongressbewegung" 1947). Ein nicht demokratisch legitimierter Deutscher Volksrat setzte einen Verfassungsausschuss ein, dessen Entwurf eine breite (inszenierte und manipulierte) „Volksaussprache" erfuhr und dann angenommen wurde. Der Deutsche Volksrat konstituierte sich am 7. Oktober 1949, dem Gründungstag der DDR, als Provisorische Volkskammer. Die DDR-Verfassung, die sich zum Teil an der Weimarer Verfassung orientierte, wies bürgerlich-demokratische und – wie das Grundgesetz – gesamtdeutsche Züge auf. Die Diskrepanz zwischen Verfassungstheorie und Verfassungspraxis war von Anfang an offensichtlich. Allerdings sah die Verfassung das Prinzip der Gewalteneinheit und keine Verfassungsgerichtsbarkeit vor. Der zentrale Unterschied zwischen der demokratischen und der autokratischen Institutionalisierung bestand darin, dass in dem ersten Fall das Verfahren (indirekt) legitimiert und in dem zweiten Fall oktroyiert war. Die doppelte Staatsgründung musste deswegen nicht das letzte Wort der Geschichte sein.

Die Institutionalisierung des neuen Systems in der Herbstrevolution 1989 begann in gewisser Weise am 1. Dezember. An diesem Tag strich die nicht demokratisch legitimierte Volkskammer die „Suprematie der SED" (Siegfried Mampel) aus der sozialistischen Verfassung von 1968. Sie votierte nahezu einstimmig (!) dafür, den Passus „unter Führung der Arbeiterklasse und ihrer marxistisch-leninistischen Partei" aus dem Art. 1 zu entfernen: „Die Deutsche Demokratische Republik ist ein sozialistischer Staat der Arbeiter und Bauern. Sie ist die politische Organisation der Werktätigen in Stadt und Land unter Führung der Arbeiterklasse und ihrer marxistisch-leninistischen Partei." Runde Tische in den Bezirken und den Kreisen traten unter Einschluss der Repräsentanten des alten Systems in Konkurrenz zu den alten, ihrerseits an Vitalität und Eigenständigkeit gewinnenden Repräsentativkörperschaften. Die bisherigen politischen Kräfte machten unter dem Druck der aufbegehrenden Massen den Weg für eine demokratische Volkskammerwahl frei. Der Zentrale Runde Tisch hatte bei seinem ersten Zusammentreten am 7. Dezember 1989 die eigene Existenz bis zur Durchführung freier Wahlen beschränkt. Danach wurde die „demokratische" Phase der Revolution durch die „nationale" Phase der Revolution ergänzt. Eine neue Verfassung blieb ungeachtet mancher Bestrebungen aus. Dem Staatsvertrag über die Schaffung einer Währungs-, Wirtschafts- und Sozialunion folgte der „Einigungsvertrag" und der Beschluss der Volkskammer, der Bundesrepublik Deutschland beizutreten. Der Zwei-plus-Vier-Vertrag vom 12. September 1990 regelte die Souveränität Deutschlands und beseitigte außenpolitische Hindernisse auf dem Weg zur deutschen Einheit. Ein Jahr und einen Tag nach Streichung der führenden Rolle der „marxistisch-leninistischen Partei" aus der DDR-Verfassung fanden die ersten gesamtdeutschen Wahlen statt (2. Dezember 1990), nachdem zwei Monate zuvor – am 3. Oktober – die DDR der Bundesrepublik Deutschland beigetreten war. Durch die deutsche Einheit ist das ohnehin starke konkordanzdemokratische Element weiter verfestigt worden.

Was die Frage der Pfadabhängigkeit betrifft, zeigt sich ein hohes Maß an Kontinuität in den höchst unterschiedlichen Verfassungen mit Blick auf die Staatsstrukturmerkmale: Die Prinzipien des Rechtsstaates, des Sozialstaates und des Bundesstaates sind (bei Modifizierungen im einzelnen) von der Weimarer Republik über die Bundesrepublik Deutschland bis zur Institutionalisierung des neuen Systems in der friedlichen Revolution 1989/90 prägend geblieben – mithin kein Importgut. Hingegen reflektiert der jeweils starke Wandel des Demokratieprinzips die Erschütterungen durch frühere Systeme. Die Institutionalisierung der beiden Diktaturen fand so gut wie keine Anknüpfungspunkte in der Vergangenheit.

10.3. Konsolidierung des neuen Systems

Die Wahlen zur Nationalversammlung im Januar 1919 mit einem überwältigenden Sieg für die drei großen demokratischen Parteien schienen auf eine rasche Stärkung der neuen Ordnung ungeachtet der chaotischen Umstände nach Kriegsende hinzudeuten. Dies änderte sich schnell. Die konstitutionelle Konsolidierung der Demokratie funktionierte mehr schlecht als recht: Die Verfassung erfuhr (Spannungsverhältnis zwischen den präsidentiellen und parlamentarischen Kompetenzen; ungefilterte freiheitliche Elemente) keine breite Anerkennung. Kein Reichstag überdauerte die volle Legislaturperiode. Das Parlament verstand sich in konstitutioneller Denkart vielfach als Widerpart der Regierung. Der Präsident firmierte als ein „Ersatzkaiser". Das fast reine Verhältniswahlsystem trug nicht zur dringend nötigen Stabilisierung bei. Die repräsentative Konsolidierung ließ ebenso zu wünschen übrig, gingen doch die Parteien partiell – nicht nur solche extremistischer Färbung – auf Distanz zum Staat. Ein „Flaggenstreit" machte hinlänglich den mangelnden Konsens über die Symbole der Republik deutlich – und damit über die Republik selbst. Manche wollten die schwarz-weiß-rote Handelsflagge gleichberechtigt neben der schwarz-rot-goldenen Fahne offiziell gehisst sehen. Noch gravierend negativer fiel die Verhaltenskonsolidierung der informellen politischen Akteure aus. Weite Teile der Bürokratie, des Militärs, der Unternehmer wie der Gewerkschaften fanden kein positives Verhältnis zur demokratischen Ordnung. „Die Angehörigen der alten monarchischen Besitz- und Führungsschicht, die trotz des Sturzes der Monarchie weiterhin ihren Besitz, ihre Einflusssphären und vielfach selbst ihre Ämter und unmittelbaren Schalthebel der Macht behalten hatten und an sich selbst erlebten, dass der Vorsitzende der SPD [Ebert] in wesentlichen Positionen auf ihrer Seite stand und als konsequenter Wahrer gerade ihrer Ansprüche, Ambitionen und Interessen angesehen werden konnte, vergalten ihm dies nicht."[13] Auch Linksintellektuelle verspotteten den ersten Reichspräsidenten Ebert. Manche Kräfte standen im Dienst des Staates und unterminierten diesen. Unter solchen Umständen war die politische Kultur kein stabilisierender Faktor, konnte sich keine demokratische Bürgergesellschaft entfalten, nicht zuletzt wegen der obrigkeitlichen Tradition. Gewiss gab es eine Phase in der Weimarer Republik – nach der Inflation und vor der Deflation –, in der Optimismus angezeigt schien, doch die Unterstützung des demokratischen „Systems" – der Ausdruck diente als ein Schimpfwort – blieb schwach. Einer dynamisch-militanten antidemokratischen Bewegung hatte die angeschlagene demokratische Republik wenig entgegenzusetzen.

Die Diktatur des Drittes Reiches erreichte schneller, mit geradezu atemberaubender Geschwindigkeit ein höheres Konsolidierungsniveau als die Weimarer Demokratie.[14] Das Staatswesen wurde dank politischer und ökonomischer Erfolge anfangs vielfach nicht als Diktatur, sondern als „Volksgemeinschaft", das gleichgeschaltete Parlament nicht als Attrappe, sondern als effizient wahrgenommen. Das Einparteiensystem mit dem machtlosen Reichstag galt angesichts der „Parteibuchwirtschaft" der Vorgängerzeit und des vielfach als „undeutsch" geltenden

Parlamentarismus nicht als Defizit. Einflussreiche informelle politische Akteure aus der Bürokratie, der Wirtschaft und der Reichswehr fühlten sich der neuen Herrschaftsordnung verpflichtet, da sie ihnen Vorteile zu versprechen schien. Die Zahl der Kräfte, die opponierten, fiel gering aus – allerdings auch wegen der massiven Repressionen. Die einen emigrierten, um der Verfolgung zu entgehen, die anderen zogen sich, um ihre „Ruhe" zu haben, in die „innere Emigration" zurück. Viele andere saßen im Konzentrationslager. Den Nationalsozialisten kam die obrigkeitlich geprägte politische Kultur mit viel Sympathie für den starken Staat zugute. Die Gleichschaltung wurde lange mehrheitlich als positiv empfunden. Besondere Bedeutung maß der Nationalsozialismus der Propaganda bei. Sie verfing mithin. „Die größte Anziehungskraft ging von Massenveranstaltungen wie den jährlich gefeierten Staatsfesten und dem Reichsparteitag aus. In ihnen erlebte das Publikum seinen ‚Führer' in der Nähe, feierte berauscht die ‚grandeur' der institutionalisierten Macht, genoss in endlos wiederholten Bekräftigungen den ‚nationalen Aufbruch' und erlebte die aggressive Abgrenzung gegenüber dem Gemeinschaftsfremden. Die Teilnehmer mussten nicht abkommandiert und zusammengetrommelt werden, viele kamen freiwillig, begeistert, neugierig geworden durch die ‚Vorpropaganda', bereit, die Abwechslung zum Alltag und das Gruppenerlebnis zu genießen."[15] So wirkungsvoll die Propaganda auch war (durch das vergleichsweise neue Medium des Rundfunks etwa), so trat allmählich ein „Abnutzungseffekt"[16] ein. Doch galt das Dritte Reich bis in die Kriegszeit hinein im Kern als konsolidiert. Das Charisma Adolf Hitlers verflog erst, als der „Endsieg" auf sich warten ließ und Niederlagen die erfolgreichen „Blitzkriege" ablösten. Das Dritte Reich, die erste deutsche Diktatur, schien – paradox genug – an seinem Ende offenkundig weniger delegitimiert zu sein als die Weimarer Republik, die erste deutsche Demokratie.

Mit dem Sieg der Alliierten über Deutschland war das NS-System schlagartig diskreditiert. Nach dem Inkrafttreten der beiden Verfassungen mit jeweils gesamtdeutschem Anspruch fiel die Konsolidierung der beiden deutschen Staaten unterschiedlich aus. Die konstitutionelle Konsolidierung stieß im Weststaat auf Zustimmung. Die jeweilige Regierung wurde akzeptiert, das parlamentarische System ebenso. Die repräsentative Konsolidierung bereitete keinerlei Probleme, bestand doch bei den großen Parteien Einigkeit über die tragenden Prinzipien. Anders als in der Weimarer Republik blieben „Störmanöver" durch informelle politische Akteure aus – sei es, weil sie entmachtet waren, sei es, weil sie unter der Kuratel der Alliierten standen. Diese Akteure wurden zunächst geschwächt und später reaktiviert. Die pluralistischen Kräfte akzeptierten den Pluralismus, wobei eine gewisse Konfliktscheu vorherrschte. Obwohl die „Suche nach Sicherheit" (Eckart Conze) erfolgreich war, grassierte ein „Stabilitätstrauma" (Kurt Sontheimer). Auch wenn die Bundesrepublik in den Anfangsjahren weit von einer „civic culture" entfernt war, gefährdete dies nicht ihre gesellschaftliche Konsolidierung, bremste sie nur etwas ab. Günstige Rahmenbedingungen wie die Zerschlagung des Vergangenen, das „Wirtschaftswunder" und die Einbettung in das westliche Bündnissystem erleichterten die Akzeptanz der demokratischen Ordnung. Die Diktatur der DDR tat sich schwer damit, eine Konsolidierung herbeizuführen. Die „Abstimmung mit den Füßen" ist dafür ein beredtes Beispiel. Der Bau der Mauer führte zu einem größeren Arrangement der Bürger mit dem Staat und zugleich zu einem Rückzug ins Private („Nischengesellschaft"). Die Verfassung wurde 1968 als sozialistische Verfassung neu konzipiert und 1974 modifiziert (u. a. durch Streichung des Begriffs der „deutschen Nation"). Mittels der „befreundeten Parteien" suchte der „real existierende Sozialismus" eine größere Integrationskraft zu entfalten. Der Elitenaustausch fiel nach 1945 umfassender als im Westen aus. Informelle politische Akteure fungierten – bis auf die Kirche – als mehr oder weniger aus- bzw. gleichgeschaltete Kräfte. Die politische Kultur war weithin obrigkeitlich geprägt, die paternalistische Auffassung, der Staat sei für das Wohl des Bürgers da, daher verbreitet und von der SED gefördert. Diese stand bis zuletzt unter dem Trauma des durch sowjetische Panzer niedergewalzten Aufstandes vom 17. Juni 1953. Die Volkserhebung erhellte blitzartig die fehlende demokratische Legitimation der Herrschenden.

Die friedliche Revolution in der DDR im Zusammenhang mit den Erosionserscheinungen im gesamten Ostblock führte nach den ersten und letzten demokratischen Volkskammerwahlen schnell zur deutschen Einheit – dank des mehrheitlichen Willens ihrer vielfach auf den Westen und seinen Konsum ausgerichteten Bürger. Die Schaffung einer neuen Verfassung blieb angesichts der Geltungskraft der Bundesrepublik Deutschland aus. Durch diesen Sonderweg[17] wurde das westdeutsche Parteiensystem auf den Osten übertragen, wobei eine gewisse Linksverschiebung nicht nur bei den Stärkeverhältnissen, sondern auch in der programmatischen Ausrichtung erkennbar ist. Die informellen Akteure wie Gewerkschaften und Unternehmer bevorzugen angesichts schwieriger Umstände offenkundig ein höheres Maß an Konsens, pflegen keine Polarisierung ohne Substanz. Die politische Kultur in den neuen Bundesländern weist wohl Unterschiede zu den alten auf (z. B. geringeres Institutionenvertrauen), aber das Wort von einer „gespaltenen Nation" in einem geeinten Land stimmt so nicht und kultiviert einen Pseudogegensatz. Gleichwohl ist der harte Extremismus der NPD (etwas) und der weiche Extremismus der Linken (viel) stärker im Westen.

Wer die jeweilige Konsolidierung des neuen Systems betrachtet, darf nicht ex post argumentieren. Dessen späteres Scheitern wird dann auf die fehlende Konsolidierung zurückgeführt. Das Ende eines Systems muss aber nicht in jedem Fall mit dem gescheiterten Anfang zusammenhängen, sondern kann andere Ursachen haben. Der Begriff „Konsolidierung" suggeriert Stabilität. Diese mag trügerisch sein, wie nicht nur die Geschichte der DDR zeigt. Noch kurz vor der friedlichen Revolution galt sie als ein zwar nicht demokratisch legitimierter, doch weithin gefestigter Staat.

Die verbreitete Annahme der Konsolidierungsforschung, es bestehe ein Zusammenhang zwischen dem Grad der Konsolidierung des neuen Staatsgebildes und der Spezifik des alten, gilt für die Systemwechsel in Deutschland weniger. Die folgende Aussage ist zwar prinzipiell einleuchtend: „Am schwierigsten erscheint der Übergang vom extremen Autokratietyp Totalitarismus zum voll entwickelten, konsolidierten demokratischen Verfassungsstaat."[18] Wenn die Entwicklung nach 1945 im Westen Deutschlands und nach 1989 in ganz Deutschland aber derart erfreulich verlief, so hat das folgende Gründe: Das NS-Regime war derart diskreditiert, dass kaum jemand seine Rückkehr anstrebte. Zudem betrieben die argwöhnischen Westmächte eine „Re-Education"-Politik. Sie hätten nichts anderes als einen demokratischen Verfassungsstaat akzeptiert, die sowjetischen Kommunisten nichts anderes als eine Diktatur. Insofern kommt bei der Konsolidierungsforschung der externe Aspekt zu kurz. Die Konsolidierung der neuen Länder bereitete deshalb weniger Probleme als die Konsolidierung anderer einstiger Diktaturen, weil der schnelle Beitritt zur größeren Bundesrepublik ihre Integration förderte. „Deutschlands totalitäre Tradition"[19] – sie ist Geschichte.

11. Schlussbetrachtung

11.1. Fazit

Die vier Schlüssel-, Zäsuren- und Umbruchjahre 1918, 1933, 1945 und 1989 symbolisieren fundamentale, in vielerlei Hinsicht für das 20. Jahrhundert charakteristische Systembrüche. Dem autoritären Kaiserreich, das allerdings ein Rechtsstaat war, folgte 1918 die ungefestigte Weimarer Demokratie, ihrerseits nach nur 14 Jahren vom NS-Regime abgelöst. Mit dessen blutigem Ende schlugen der Osten und der Westen Deutschlands unterschiedliche Wege ein. 1945 fungierte als ein Scharnierjahr: Zwar war der Bruch mit der deutschen Vergangenheit bei allen Elementen der Kontinuität fundamental, doch wies die Entwicklung in den beiden Hälften Deutschlands, aus denen vier Jahre später zwei Staaten – nicht freiwillig – entstanden, eine vollkommen andere Qualität auf – einerseits eine mehr schlecht als recht funktionierende Diktatur, andererseits eine mehr recht als schlecht funktionierende Demokratie. Das westdeutsche „Provisorium" war lebenskräftiger als das ostdeutsche Gebilde, das ein „Definitum" sein wollte. Nach der friedlichen Revolution im Herbst 1989 entstand binnen Jahresfrist aus zwei deutschen Staaten ein Staat – freiwillig, auch bedingt durch die entkräftete Sowjetunion, die den Menschen in der DDR nicht mehr das Selbstbestimmungsrecht verwehren konnte. Wer heute 100 Jahre alt ist, hat alle diese Systemwechsel bewusst miterlebt.

Die beiden Jahre 1949 und 1990 sind für die Geschichte der Bundesrepublik die Hauptzäsuren, ebenso für die Geschichte der DDR. War 1949 das Jahr der „doppelten Staatsgründung" (Christoph Kleßmann), so firmiert 1990 in dem einen Fall als das Jahr der Erweiterung, in dem anderen als das Jahr des Endes. Insgesamt war es das Jahr der Vollendung. Im Vergleich zu diesen beiden Knotenpunkten fallen andere Einschnitte – wie die Integration in die jeweiligen Bündnissysteme 1955 – nicht so gravierend aus. „1968" gilt für viele als ein wichtiger Schritt. Die Metaphern der „Neugründung" (Claus Leggewie), der „Umgründung" (Manfred Görtemaker) und der „Nachgründung" (Wolfgang Kraushaar) heben zu Recht auf die (ambivalente) Relevanz der Studentenbewegung und ihrer Folgen ab. Der Terminus der „Gründung" wirkt dabei freilich eher verwirrend als erhellend, relativiert er doch die tatsächlichen Zäsuren.

Wer die Geschichte der Bundesrepublik Deutschland und der DDR als eine Art aufeinander bezogene Parallelgeschichte mehr oder weniger gleichgewichtig begreift, erfasst zwar einige oft ausgeblendete Interaktionen, misst der DDR aber ein zu großes Gewicht bei. Umgekehrt stellte sie keine bloße Fußnote der deutschen Nachkriegsgeschichte dar. Die DDR – das gilt für die Menschen wie für das System – war viel stärker auf den Westen ausgerichtet als die Bundesrepublik Deutschland auf den Osten. Vor dem „annus mirabilis" 1989 hieß es oft, die europäische Einheit sei ein Vorbote der deutschen Einheit. Nur jene könne diese nach sich ziehen. Doch es kam anders, geradezu umgekehrt. Die deutsche Einheit begünstigte Fortschritte bei der Einheit Europas, nicht nur Westeuropas. Ein Grund dafür ist die historisch begründete Angst mancher (West-)Europäer vor einem vereinigten Deutschland. Tatsächlich ist Deutschland das erste Mal in seiner Geschichte nur von Staaten umgeben, mit denen es gute und friedliche Beziehungen pflegt. Deutschland erhebt keine territorialen Forderungen, das benachbarte Ausland ebenso nicht. Auch dieser Umstand spricht dafür, dass der Systemwechsel im Osten Deutschlands nicht zu einem Wechsel des Systems im vereinigten Deutschland geführt hat. Ein „annus horribilis" war das Jahr 1989 hingegen für den Kommunismus, nicht nur in Deutschland. Er verschwand von den Schalthebeln der Macht, ohne groß Widerstand zu leisten.

Die deutsche Freiheitsrevolution des Jahres 1989 – die erste wirklich geglückte Revolution – ging schnell in die Einheitsrevolution über. Das Selbstbestimmungsrecht der Menschen setzte sich durch. Konstruierte Gegensätze zwischen den beiden Phasen leugnen den folgerichtigen Zusammenhang. Die friedliche Revolution wurde durch die Einheit konsequent fortgeführt, nicht „abgebrochen".[1] Nationalistische Eruptionen blieben aus. Heute stellen selbst jene die Einheit kaum in Frage, die 1989/90 massiv dagegen Stellung bezogen haben. Wer es noch immer oder schon wieder tut, gerät ins Abseits.

Ging 1945 mit dem Sieg über die unheilvolle NS-Diktatur der eine „Sonderweg" Deutschlands zu Ende (ein Zivilisationsbruch ohnegleichen), so konnte die friedliche Revolution den anderen (die unnatürliche Teilung des Landes) 1990 beenden. In diesem doppelten Sinne ist die These vom „Sonderweg" angemessen, nicht im Sinne eines jahrhundertelangen Rückstandes gegenüber „dem Westen". Deutschland, geeint und frei, steht in Europa als geachteter Staat da, dessen Politiker sich dem europäischen Einigungsprozess nicht verschließen, im Gegenteil.

Erst mit dem Jahr 1989/90 ist Deutschland dort wieder angelangt, wo es 1918/19 stand – mit freilich weitaus verheißungsvolleren Perspektiven. Die beiden deutschen Demokratien könnten kaum ungleicher (gewesen) sein. Allerdings: Wer auf die Schwächen der Weimarer Republik fixiert ist, übersieht heutige, ganz anders gelagerte Krisensymptome. Im Zeitalter neuer, globalisierungsbedingter Herausforderungen reicht eine Rückschau keineswegs aus.

Das Dritte Reich war durch und durch eine deutsche Diktatur, nicht jedoch die auf den Bajonetten der sowjetischen Militärmacht fußende DDR. Der ersten deutschen Diktatur steht damit die zweite Diktatur in Deutschland gegenüber, wobei diese trotz eines in mancher Hinsicht höheren Grades an Totalitarismus (in der Gründungs- und Anfangsphase) nicht die Vernichtungsexzesse jener praktizierte. Wer das Wort von der „dritten Republik" (Gerhard Lehmbruch) für das vereinigte Deutschland in den Mund nimmt, überzeichnet damit den Unterschied zwischen der Bundesrepublik Deutschland bis zur Vereinigung und dem vereinigten Deutschland in einer beinahe karikaturhaften Weise. Solche Systemwechsel stehen im Spannungsfeld politischer Deutungsmacht. Es besteht ein beträchtlicher Konsens über deren Einordnung. Die politische Kultur ist heute weniger gespalten als früher. Gleichwohl gibt es zwischen den Lagern bei der Interpretation gewisse Unterschiede. Das liegt in der Natur der Sache und ist legitim. Um dies am ersten und am letzten Systemwechsel zu belegen: Die SPD legt in ihrer Erinnerungskultur gesteigerten Wert auf das Jahr 1918, weil sie mit dem Zusammenbruch der Monarchie und der Ausrufung der Republik in besonderer Weise verbunden ist. Die FDP hingegen ist stärker auf das Jahr 1919 fokussiert, da sie sich unvermindert dem Verfassungswerk des Liberalen Hugo Preuß verpflichtet weiß. Die Grünen nehmen gerne Bezug auf den Umbruch 1989, der maßgeblich durch Kräfte ausgelöst wurde, die ähnlichen Vorstellungen wie sie anhingen. Und wer will es der Union verargen, wenn sie oft auf die maßgeblich durch Helmut Kohl beschleunigte deutsche Einheit zurückblickt. Hingegen tut sich die Linke mit 1918/19 ebenso schwer wie mit 1989/90. Beide Systemwechsel mündeten in eine parlamentarische Demokratie, an der weder die KPD noch die SED ein Interesse hatte.

11.2. Perspektiven

Historische Gesetzmäßigkeiten existieren nicht. Geschichte ist offen. Antworten auf die Frage „Was wäre gewesen, wenn ..." erscheinen zwar müßig, aber sie machen den von vielen Faktoren abhängigen Gang der Geschichte deutlich. „Virtuelle Geschichte" gibt es nicht, doch mag es reizvoll, ja verführerisch sein, sich einen anderen Verlauf auszumalen: Wäre bei einer früheren Parlamentarisierung des Kaiserreichs eine Revolution nach dem Ersten Weltkrieg ausgeblieben – oder gar dieser selbst? Hätte Paul von Hindenburg durch eine Nichternennung Hitlers zum Reichskanzler das Dritte Reich verhindern können? Wäre ohne Hitler (etwa beim Gelingen eines Attentats Anfang der vierziger Jahre) eine bedingungslose Kapitulation ausgeblieben? Hätte die DDR durch eine entschiedene Reformpolitik im Sinne Michail Gorbatschows ihr Ende beschleunigt, hinausgeschoben oder verhindert? Alternative Geschichtsverläufe sind möglich, andere und verhinderte Systemwechsel ebenso.

Mit Blick auf Gegenwart und absehbare Zukunft spricht nichts für einen Systemwechsel wie 1918, 1933, 1945 und 1989. Die sich vielfältig – z. B. in der positiv gewandelten Erinnerungskultur gegenüber dem 20. Juli 1944 oder dem 17. Juni 1953 – andeutende Abschwächung der negativen Identität aufgrund der so bitteren wie leidvollen Erfahrungen stärkt das Gemeinwesen. Keines kann auf Dauer gedeihen, das seine Raison d'être ausschließlich aus der Negativfixierung auf ein grauenhaftes System bezieht. Die Mehrheit der jungen Generation weiß dies. Sie weiß aber auch: Nationalismus, der in eine Sackgasse geführt hat, verbietet sich. Der Wandel seit der deutschen Einheit zu einem entspannten Patriotismus ist augenfällig.

Hingegen scheint ein Phänomen von der politisch-kulturellen Dimension wie jenes, das mit dem Jahr „1968" umschrieben ist, eher wiederholbar zu sein: Die gesellschaftlichen Prozesse ändern sich gravierend, ohne dass ein Systemwechsel eintritt. Die Globalisierung stellt demokratische Verfassungsstaaten wie die Bundesrepublik Deutschland vor große Herausforderungen. Diese aber können jene stärken wie schwächen. Die Bundesrepublik Deutschland hat sich in ihrer nunmehr über 60-jährigen Geschichte (das ist mehr als die Zeit vom Rücktritt Bismarcks bis zur Gründung der zweiten deutschen Demokratie) mannigfach gewandelt. Das belegt ihre Reformfähigkeit. Sie ist dringend notwendig in einer Zeit, in der die Euro-Staaten gemeinsam mit dem Internationalen Währungsfonds zur Stützung des Euro einen Schutzschirm (in der gigantischen Summe von 750 Milliarden Euro) aufgespannt haben. Als finanzstärkste Kraft muss Deutschland im Extremfall 148 Milliarden aufbringen, um vor Attacken der Finanzmärkte auf einzelne Währungen sicher zu sein.

Die deutsche Gesellschaft ist durch ein hohes Maß an Konsens gekennzeichnet[2] – etwa im Vergleich zu Großbritannien. Konsens überlagert Konkurrenz. Dies hat viele Ursachen. Vielleicht geht eine auf die Vielzahl der Systemwechsel zurück. Großbritannien, im 20. Jahrhundert ohne Systemwechsel geblieben, weist hingegen eine weitaus größere Konfliktbereitschaft auf, Gegensätze zu erörtern und auszutragen, ohne dass dies als Menetekel gilt. Dabei ist Deutschland schon lange keine „Sonnenscheindemokratie" mehr.

Ungeachtet zahlreicher Herausforderungen: Das vereinigte Deutschland kann – 20 Jahre nach der Einheit – gelassen (nicht: selbstzufrieden) in die Zukunft blicken und muss nicht selbstquälerisch zurückschauen, wohl aber aufgeklärt. Nicht nur der Berliner Historiker Hagen Schulze sieht gravierende Unterschiede gegenüber der ersten Gründung eines deutschen Nationalstaates. „Dass die zweite Gründung eines Staats der Deutschen unter weitaus glücklicheren Vorzeichen steht als die erste, begründet die Zuversicht, dass Deutschland sich diesmal innerhalb seiner europäischen Bindungen in eine westliche Normallage einpendeln wird. Das heißt nicht, dass uns nicht möglicherweise ökonomische und politische Krisen ins Haus stehen, in denen tiefgreifende innere Gegensätze und Auseinandersetzungen ausbrechen können. Aber die Anzeichen mehren sich, dass diese Auseinandersetzungen weniger verquält und überspannt geführt werden als bisher, dass insbesondere antidemokratische Kräfte mit weitaus weniger Zulauf rechnen können, als dies in früheren Krisen der Fall gewesen ist."[3] Solche nüchternen Bilanzen verdienen es, eher wahrgenommen zu werden als Reaktionen, die den „Teufel an die Wand malen" und eine Endzeitstimmung stimulieren. In Deutschland ist – in den Medien mehr als in der Politik – alarmistische Kurzatmigkeit an der Tagesordnung, *common sense* nicht.

Viele partizipieren am regelrecht schizoiden „Geschäft" mit dem Krisengerede, und viele fallen darauf rein. „Zunächst ging unser Land am Waldsterben zugrunde. Dann an Atomkraft, BSE und Elektrosmog. Schließlich fielen die Kampfhunde über uns her. Gestern kam der Feinstaub dazu. Heute ist es die Vogelgrippe."[4] Und der Vogelgrippe folgte die Schweinegrippe. Wir tun so, als gingen wir unaufhaltsam großen Katastrophen entgegen.[5] Hysterie grassiert bisweilen. Vielleicht erkennen wir dann, wenn eine wirkliche Katastrophe droht, wie im Falle des sich über Jahre anbahnenden „Finanzcrashs" 2008, diese nicht. Ein solcher Befund steht in einem merkwürdigen Kontrast zur Konsenskultur. Die zuweilen schiefe und überzogene Kritik an dem „Normalbetrieb" und dem „Tagesgeschäft" vergisst leicht, in welchem Ausmaß Menschen Versuchungen und Verführungen erliegen. Die deutsche Geschichte im 20. Jahrhundert bietet dafür zahlreiche Beispiele. Krisen führen in Deutschland oft schnell zur „Systemfrage". Die soziale Marktwirtschaft gilt wegen der Finanzkrise als gescheitert, der Föderalismus wegen der Bildungsmisere, die Parteiendemokratie wegen der starken Mitgliederrückgänge, der Sozialstaat wegen hoher Arbeitslosigkeit, der Rechtsstaat wegen unzureichender Aufarbeitung diktatorischer Vergangenheiten. Solche Verstiegenheiten sprechen für schwaches demokratisches Bewusstsein in vielen Köpfen.

Wie das Eingangsstatement von Heinrich August Winkler erhellt, ist Deutschland eine Demokratie, die aus ihren überaus bitteren Erfahrungen gelernt hat. Insofern mag vorsichtiger Optimismus angebracht sein. Doch Gewissheit besteht – man kann es nicht oft genug betonen – angesichts der Offenheit der Geschichte nicht. Wohl niemand hätte in der jeweiligen Zeit derartige Systembrüche für möglich erachtet, als sie Realität wurden – nicht den urplötzlichen Zusammenbruch des Kaiserreiches, nicht den Untergang der ersten deutschen Demokratie, schon eher die Niederlage des NS-Systems und die Etablierung einer kommunistischen Diktatur in der SBZ und der späteren DDR, aber keineswegs den plötzlichen Sturz des SED-Regimes. Selbst Zbigniew Brzezinski, der als einer der wenigen das „Ende eines Experiments" früh beschrieben hatte, nahm am Vorabend des Zusammenbruchs kommunistischer Systeme die DDR davon aus. Er kam aufgrund seines Kriterienkatalogs (u. a. sinkender Lebensstandard, aktive politische Opposition) zum Ergebnis, die DDR – „ein kommunistisches Preußen [...]: diszipliniert, motiviert und produktiv"[6] – sei in keiner Krise, das zweitstabilste Land im kommunistischen Machtgefüge (hinter Bulgarien). Kurz danach fegte eine Leveé en masse dieses so gefestigt anmutende kommunistische Machtgefüge hinweg – friedlich und fix.

11.3. Gedenktage im Wandel

In den Nationalfeiertagen und politischen Gedenktagen spiegelt sich das Selbstverständnis einer Nation wider. Durch ihre Ritualisierung können sie zur Identifikation des Individuums mit dem Gemeinwesen beitragen. Für die Bürger der USA ist der Unabhängigkeitstag (4. Juli) ein Tag des Feierns, für die Franzosen der Tag des Sturms auf die Bastille (14. Juli). Auch wenn die Ereignisse 1776 und – vor allem – 1789 weit weniger heroisch-triumphal waren, so spielt die feierliche Erinnerung an sie im kollektiven Bewusstsein beider Nationen eine große Rolle. Sie gehören zum jeweiligen Traditionsbestand und symbolisieren Kontinuität. Die Geschichte Deutschlands hingegen ist von tiefen Brüchen geprägt. Das erhellen auch die wechselnden politischen Gedenktage im letzten Jahrhundert (ebenso Symbole wie Nationalhymnen, Nationalflaggen, Mahnmale und Gedenkstätten).

Im Kaiserreich wurde der Sedantag gefeiert (2. September)[7] – zur Erinnerung an den deutschen Sieg über die Armee des französischen Kaisers 1870. Gab es 1871 und 1872 zunächst spontane Siegesbekundungen, so galt der 2. September ab 1873 (mit der Einweihung der Berliner Siegessäule durch Wilhelm I.) als Festtag – nicht als „Nationalfeiertag". Insofern kann Deutschland nicht an eine solch – mehr oder weniger – ehrwürdige Tradition anknüpfen. Der Sedantag erfreute sich wegen des Triumphes über den „Erzfeind" großer Beliebtheit, mehr freilich bei den tonangebenden Kräften im Kaiserreich, weniger in Kreisen der Arbeiterschaft. Die Spaltung in „Reichstreue" und „Reichsfeinde" konnte der Sedantag mit seinen Festlichkeiten nicht überwinden, zumal ihr zunehmend militärischer Charakter auf manche abschreckend wirkte. Gleichwohl trug der Tag zum Zusammenwachsen der verschiedenen Teile des jungen Kaiserreiches bei. Gedenktage waren auch die Geburtstage des Kaisers.

Nach der Niederlage Deutschlands im Ersten Weltkrieg und dem Sturz der Monarchie kam der Sedantag in der Weimarer Republik schon deshalb als Jubeltag nicht mehr in Frage. Im April 1919 beschloss die Nationalversammlung, einen allgemeinen Feiertag einzuführen, „der dem Gedanken des Weltfriedens, des Völkerbundes und des internationalen Arbeitschutzes geweiht ist und für den der Charakter eines Weltfeiertages erstrebt wird". Seine endgültige Festlegung solle nach dem Friedensschluss und nach der Verabschiedung der Verfassung erfolgen. Für das Jahr 1919 werde der 1. Mai gefeiert – „zugleich als eine Volkskundgebung für politischen und sozialen Fortschritt, für einen gerechten Frieden, für sofortige Befreiung der Kriegsgefangenen, für Räumung der besetzten Gebiete und für volle Gleichberechtigung im Völkerbunde".[8] Es gab in der traditionsarmen Demokratie einen Streit über einen angemessenen Staatsfeiertag. Zur Diskussion standen der von den Deutschnationalen präferierte 18. Januar (der Tag der Reichsgründung 1871), der 1. Mai (der Tag der Arbeit), der 11. August (der Verfassungstag von 1919) und der 9. November (der Tag der Revolution von 1918).[9] Der 18. Januar, den die konservativen Kräfte wünschten, hatte ebensowenig Chancen wie der 9. November, zumal selbst die Sozialdemokraten zu diesem Tag allmählich auf Distanz gingen (die Kommunisten aus entgegengesetzten Gründen ohnehin). So einigten sich die drei Parteien der Weimarer Koalition auf den Verfassungstag (ab 1921), der als Nationalfeiertag nie Popularität gewinnen konnte und nicht in jedem Land gesetzlich verankert wurde. Die Verfassungsfeiern fielen blutleer aus. Die politische Kultur der Weimarer Republik war zutiefst zerklüftet[10], ein demokratischer Basiskonsens nicht ausgeprägt. Hingegen trug der Volkstrauertag, der der Toten des Krieges am sechsten Sonntag vor Ostern gedenken sollte, in der zweiten Hälfte der Republik zu gewisser Integration bei, wiewohl ebenso kein gesetzlicher Feiertag.

Im Dritten Reich entfiel der „Verfassungstag", für den die Nationalsozialisten nur Hohn und Spott übrig hatten. Der 1. Mai wurde per Gesetz vom 10. April 1933 zum „Feiertag der Nationalen Arbeit" gemacht – und damit zu einem gesetzlichen Feiertag. Dieser propagandistische Schachzug mit dem „Nationalen Feiertag des deutschen Volkes", wie er später hieß, erfüllte zwar eine alte Forderung der Arbeiterschaft (seit

1891 gilt der 1. Mai als der internationale Kampftag der Arbeiterbewegung), schaltete deren Interessenvertretung jedoch flugs aus. Die Entscheidung – Feiertag mit Lohnfortzahlung – fand die Unterstützung der bald gewaltsam aufgelösten Gewerkschaften. Diese gingen 1933 in der Deutschen Arbeitsfront von Robert Ley auf, einem gleichgeschalteten Einheitsverband von Arbeitnehmern und Arbeitgebern. Zu anderen als erinnerungswürdig geltenden Tagen gehörten u. a. der „Heldengedenktag" (der frühere Volkstrauertag – ab 1939 am 16. März), der „Geburtstag des Führers" (20. April) und der „Gedenktag für die Gefallenen der Bewegung" (9. November), der von 1939 an ein staatlicher Feiertag wurde.[11] Das Dritte Reich pflegte Mythen, Riten und Symbole.[12]

Nach dem Ende des „Tausendjährigen Reiches" entstanden in den beiden deutschen Staaten unterschiedliche Gedenktage. Der 1. Mai blieb hier wie da erhalten, besaß in der DDR („Internationaler Kampf- und Feiertag der Werktätigen") jedoch eine andere staatlich instrumentalisierte Funktion als in der Bundesrepublik („Tag der Arbeit"). Der Tag der Staatsgründung der DDR (7. Oktober) wurde ebenso ein Feiertag wie – bis 1966 – der Jahrestag der „Befreiung vom Faschismus" (8. Mai). Zu den Gedenktagen zählten u. a. der 15. Januar (Ermordung von Karl Liebknecht und Rosa Luxemburg 1919), der 21. April (Gründung der SED 1946) und der 7. November („Tag der Großen Sozialistischen Oktoberrevolution"). Diese „Ritualisierung des Jahres"[13] mit dem Griff auf Traditionsbestände führte allerdings nicht zu einer stärkeren Akzeptanz kommunistischen Gedankenguts.

Was weitgehend unbekannt ist: Die traditionsarme Bundesrepublik Deutschland hatte einen Nationalen Gedenktag, der 1950 auf den 7. September fiel (in Erinnerung an das erstmalige Zusammentreten des Bundestages), 1951 auf den 12. September (in Erinnerung an die Wahl des Bundespräsidenten) und 1952 wieder auf den 7. September. „Der Nationale Gedenktag krankte an einem konzeptionellen Widerspruch: Er sollte Anlass zur Feier der Gründung der zweiten deutschen Demokratie sein, aber auch die Erinnerung an die Kriegstoten und die NS-Verbrechen integrieren. Ergebnis war eine kurzlebige Mixtur aus Freuden- und Trauertag."[14] Seit 1952 ist der Volkstrauertag ein staatlicher Gedenktag, jeweils am zweiten Sonntag vor dem Ersten Advent. Die Ereignisse des 17. Juni setzten dann neue Akzente für die Erinnerungskultur.

In der Bundesrepublik Deutschland wurde bald nach der niederge-schlagenen Volkserhebung am 17. Juni 1953 in Ost-Berlin und in der DDR dieser 17. Juni ein gesetzlicher Feiertag („Tag der deutschen Ein-heit"). Bis auf die Abgeordneten der KPD stimmten am 3. Juli 1953 im Bundestag alle dem folgenden Gesetz zu: „Am 17. Juni 1953 hat sich das deutsche Volk in der sowjetischen Besatzungszone und in Ost-Berlin gegen die kommunistische Gewaltherrschaft erhoben und unter schwe-ren Opfern seinen Willen zur Freiheit bekundet. Der 17. Juni ist dadurch zum Symbol der deutschen Einheit in Freiheit geworden. Der Bundestag hat das folgende Gesetz beschlossen: § 1: Der 17. Juni ist der Tag der deutschen Einheit. § 2: Der 17. Juni gesetzlicher Feiertag." Die Regierungsparteien (CDU/CSU, FDP, DP) hatten sich in ihrem Antrag für einen „nationalen Gedenktag" ausgesprochen, die Sozialdemokraten – offensiver – für einen „Nationalfeiertag des deutschen Volkes".[15] Sei-nerzeit trat die SPD nationaler auf als die Union. Das Engagement von Millionen am 17. Juni (es gab nicht nur Veranstaltungen, sondern z. B. auch Fackel- und Stafettenläufe) nahm nach einigen Jahren ab.[16] In der zweiten Hälfte der sechziger Jahre mehrte sich unterschiedlich moti-vierte Kritik an diesem Feiertag. Zur Zeit der Großen Koalition wurde sogar eine Kabinettsvorlage zu seiner Abschaffung ausgearbeitet. In den siebziger und achtziger Jahren votierten vor allem Politiker aus den Rei-hen der SPD dafür, den 23. Mai als gesetzlichen Feiertag vorzusehen statt des 17. Juni – als Zeichen des Verfassungspatriotismus. Zudem war für manche das Festhalten am 17. Juni als gesetzlichen Feiertag schwer mit den Prinzipien der deutsch-deutschen Entspannungspolitik in Ein-klang zu bringen. Wieder andere bestritten, den Arbeitern sei es 1953 bei ihrer Erhebung um die Einheit gegangen. Die Gewerkschaften sahen den Feiertag als sozialen Besitzstand an.

Die Herbstrevolution 1989 mit dem Zusammenbruch der SED-Dik-tatur und der bald folgenden deutschen Einheit hatte Konsequenzen für den Tag der deutschen Einheit. Der Einigungsvertrag behielt den Tag der Deutschen Einheit bei (jetzt mit großem „D"), doch ist es nicht mehr der 17. Juni, sondern der 3. Oktober – also der Tag, an dem die DDR der Bundesrepublik beigetreten war. Diese Entscheidung ist kritikwürdig. Die Politik schaffte den 17. Juni in dem Moment ab, in dem das wahr wurde, wofür die Demonstranten einst – wenn auch vergeblich – auf die Straße gegangen sind. Der 3. Oktober ist ein künstlicher Tag, der nicht

– pathetisch gesprochen – den Geist der Geschichte atmet. Die Volkskammer konnte aus außenpolitischen Gründen (Tagung der KSZE-Außenministerkonferenz am 1. und 2. Oktober 1990) keinen Termin vor dem 3. Oktober wählen, und die Mehrheit der Abgeordneten wollte einen weiteren 7. Oktober im Staat der DDR vermeiden.[17] Um die Fristen für die gesamtdeutschen Wahlen einzuhalten, durfte der Beitritt nicht nach dem 7. Oktober erfolgen. Im Jahre 1990 wurde damit am 17. Juni und am 3. Oktober gefeiert. Kritikwürdig ist weiterhin der folgende Umstand: Die offizielle Feier findet jeweils in der Hauptstadt des Landes statt, das den Vorsitz im Bundesrat innehat (2010: Bremen), um den Föderalismus zu unterstreichen. Das ist jedoch ein Zeichen mangelnden Selbstbewusstseins. So kann schwerlich eine Identifikation mit dem Gemeinwesen entstehen. Hätte sich die DSU mit ihrem Antrag am 17. Juni durchgesetzt, sofort den Beitritt zur Bundesrepublik zu vollziehen, wäre der neue Tag der deutschen Einheit mit dem alten zusammengefallen. Doch hätte dies wohl innen- und außenpolitische Verwicklungen ausgelöst. Als 2004 Pläne durchsickerten, die Regierung wolle den „Tag der Deutschen Einheit" künftig auf den ersten Sonntag im Oktober legen (und somit einen arbeitsfreien Tag abschaffen), gab es öffentliche Proteste, an deren Spitze Bundespräsident Horst Köhler stand. Die Regierung verfolgte ihre Überlegungen dann nicht weiter.

Der 1. Mai und der 3. Oktober sind die einzigen gesetzlichen Feiertage politischen Ursprungs, aber es gibt weitere politische Gedenktage. Die Verordnung zur Bestimmung der regelmäßigen Beflaggungstage schreibt neben dem 1. Mai und dem 3. Oktober sowie den Wahlterminen die Beflaggung an den folgenden Tagen vor: 27. Januar (Tag des Gedenkens an die Opfer des Nationalsozialismus), 5. Mai (Europatag), 23. Mai (Jahrestag der Verkündung des Grundgesetzes), 17. Juni (Jahrestag der Volkserhebung 1953), 20. Juli (Jahrestag des Widerstandes gegen die NS-Herrschaft), 2. Sonntag vor dem 1. Advent (Volkstrauertag). Dieser Gedenktag erfährt – bezeichnenderweise – wohl die tiefste Identifikation. Die Partei Die Linke strebt den 8. Mai als zusätzlichen Gedenktag an („Jahrestag der Befreiung").[18] Gelegentlich wird mit Blick auf Freiheit und Einheit ein anderer nationaler Gedenktag vorgeschlagen, so der 18. März. An jenem Tag (1848) hatten die Truppen des preußischen Königs kapituliert.[19]

Deutschland ist durch eine doppelte diktatorische Vergangenheit geprägt, wie diese Erinnerungstage zeigen. Insofern liegt es nahe, die Auseinandersetzung mit ihr auf den unterschiedlichsten Ebenen zu führen. Wenn die Politik schon für die Abschaffung des 17. Juni als gesetzlicher Feiertag votierte, dann hätte sich ein anderes zentrales Datum angeboten: der 9. November. Die Deutschen verbinden damit im Guten wie im Schlechten Zäsuren: Am 9. November 1918 brach das autoritäre Kaiserreich zusammen; am 9. November 1923 scheiterte der Hitler-Putsch gegen die „Novemberverbrecher"; am 9. November 1938 gab es die von oben inszenierte Reichskristallnacht mit antijüdischen Exzessen; am 9. November 1989 schließlich fiel die Mauer – und damit auch die DDR-Diktatur. Hätte sich die Politik auf den 9. November geeinigt, wäre ein selbstkritischer Umgang mit der Geschichte erkennbar geworden. Gewiss, ein 9. November ist wegen derartiger Ambivalenzen nicht im herkömmlichen Sinne zu „feiern". Doch bringt kein Tag im 20. Jahrhundert für uns Deutsche die Zerissenheit so klar zum Ausdruck wie der 9. November. Und da die Geschichte Deutschlands durch tiefe Brüche geprägt ist, wäre eine solche Entscheidung nicht nur mutig, sondern auch gut nachvollziehbar gewesen. Der 9. November sollte als ein weiterer Gedenktag in Frage kommen. Der erste und der letzte Systemwechsel im 20. Jahrhundert steht mit diesem Datum in einem unmittelbaren Zusammenhang.

12. Anmerkungsverzeichnis

Einführung

1 Heinrich A. Winkler, Weimar 1918–1933. Die Geschichte der ersten deutschen Demokratie, München 1998, S. 616.

2 Vgl. Klaus von Beyme/Dieter Nohlen, Systemwechsel, in: Dieter Nohlen (Hrsg.), Wörterbuch Staat und Politik, 4. Aufl., München 1996, S. 765–776; Dieter Nohlen, Systemwechsel, in: Ders./Rainer-Olaf Schultze (Hrsg.), Lexikon der Politikwissenschaft. Theorie, Methoden, Begriffe, Bd. 2, 4. Aufl., München 2010, S. 1076–1079; Manfred G. Schmidt, Wörterbuch zur Politik, 3. Aufl., Stuttgart 2010, S. 798 (Systemwechsel).

3 Zur politikwissenschaftlichen „Systemwechsel"-Forschung vgl. Kapitel 2.

4 Vgl. Robert Cowley (Hrsg.), Was wäre geschehen, wenn?, München 2004; Niall Ferguson (Hrsg.), Virtuelle Geschichte. Historische Alternativen im 20. Jahrhundert, Darmstadt 1999.

5 Vgl. Martin Broszat/Klaus-Dietmar Henke/Hans Woller (Hrsg.), Von Stalingrad zur Währungsreform. Zur Sozialgeschichte des Umbruchs in Deutschland, München 1988.

6 So Friedrich Pohlmann, Deutschland im Zeitalter des Totalitarismus – Überlegungen zu den Schlüsseljahren deutscher Geschichte im 20. Jahrhundert, in: Zeitschrift für Politik 47 (2000), S. 210.

7 Thomas Nipperdey, 1933 und die Kontinuität der deutschen Geschichte, in: Michael Stürmer (Hrsg.), Die Weimarer Republik. Belagerte Civitas, 2. Aufl., Königstein/Ts. 1985, S. 391.

8 Vgl. Hans-Christof Kraus, Das Ende des alten Deutschland. Krise und Auflösung des Heiligen Römischen Reiches Deutscher Nation, Berlin 2006.

9 Vgl. Jürgen Angelow, Der Deutsche Bund, Darmstadt 2003.

10 Vgl. Michael Stürmer, Die Reichsgründung. Deutscher Nationalstaat und europäisches Gleichgewicht im Zeitalter Bismarcks, München 1993.

11 Vgl. etwa Wolfram Siemann, Die deutsche Revolution von 1848/49, 5. Aufl., Frankfurt a.M. 1993.

12 Vgl. Manfred Hettling (Hrsg.), Revolution in Deutschland? 1789–1989. Sieben Beiträge, Göttingen 1991.

13 Vgl. Carola Stern/Heinrich A. Winkler (Hrsg.), Wendepunkte deutscher Geschichte 1848–1990. Neuausgabe, Frankfurt a.M. 1994.

14 Vgl. Hans-Ulrich Wehler (Hrsg.), Scheidewege der deutschen Geschichte. Von der Reformation bis zur Wende, München 1995.

15 Vgl. Dietrich Papenfuß/Wolfgang Schieder (Hrsg.), Deutsche Umbrüche im 20. Jahrhundert, Köln u. a. 2000.

16 Vgl. Alexander Gallus, Deutsche Zäsuren. Systemwechsel seit 1806, Köln u. a. 2006.

17 Vgl. Dirk Blasius/Wilfried Loth (Hrsg.), Tage deutscher Geschichte im 20. Jahrhundert, Göttingen 2006.

18 Vgl. Friedrich Pohlmann, Deutschland im Zeitalter des Totalitarismus. Politische Identitäten in Deutschland zwischen 1918 und 1989, München 2001.

19 Vgl. etwa Eckhard Jesse/Steffen Kailitz (Hrsg.), Prägekräfte des 20. Jahrhunderts. Demokratie, Extremismus, Totalitarismus, Baden-Baden 1997.

20 Vgl. Karl Dietrich Bracher, Wendezeiten der Geschichte. Historisch-politische Essays 1987–1992, Stuttgart 1992.

21 Vgl. Heinrich Oberreuter, Wendezeiten. Zeitgeschichte als Prägekraft politischer Kultur, München 2010.

22 Vgl. Peter März, Mythen, Bilder, Fakten. Auf der Suche nach der deutschen Vergangenheit, München 2010.

23 Eberhard Jäckel, Das deutsche Jahrhundert. Eine historische Bilanz, Stuttgart 1996, S. 7 f.

24 Vgl. Armin Mitter/Stefan Wolle, Untergang auf Raten. Unbekannte Kapitel der DDR-Geschichte, München 1993.

25 Vgl. etwa Wolfgang Merkel, Systemtransformation. Eine Einführung in die Theorie und Empirie der Transformationsforschung, 2. Aufl., Wiesbaden 2010.

26 In diesem Sinne aber Reinhard Kühnl, Formen bürgerlicher Herrschaft. Liberalismus – Faschismus, 14. Aufl., Reinbek bei Hamburg 1986.

27 So beispielsweise Martin Leiner/Hildigund Neubert/Ulrich Schacht/Thomas A. Seidel, Einleitung, in: Dies. (Hrsg.), Gott mehr gehorchen als den Menschen. Christliche Wurzeln, Zeitgeschichte und Gegenwart des Widerstands, Göttingen 2005, S. 12.

28 So beispielsweise die (Unter-)Titel der folgenden Bücher: Heinrich A. Winkler (Anm. 1); Rainer A. Roth/Walter Seifen (Hrsg.), Die zweite deutsche Demokratie. Ursprünge – Probleme – Perspektiven, Köln 1990.

29 Vgl. etwa Franz-Josef Düwell (Hrsg.), Licht und Schatten. Der 9. November in der deutschen Geschichte und Rechtsgeschichte, Baden-Baden 2000; Johannes Willms (Hrsg.), Der 9. November. Fünf Essays zur deutschen Geschichte, München 1994; Guido Knopp, Unser Jahrhundert. Deutsche Schicksalstage, München 2000.

Kapitel 2

1 Klaus von Beyme, Sozialistische Systeme, in: Klaus von Beyme/Ernst-Otto Czempiel/Peter Graf Kielmansegg/Peter Schmoock (Hrsg.), Politikwissenschaft. Eine Grundlegung. Bd. I: Theorie und Systeme, Stuttgart 1987, S. 142.

2 Ebd., S. 142.

3 Ebd., S. 142.

4 Ebd., S. 160.

5 Vgl. Gert-Joachim Glaeßner, Die andere deutsche Republik. Gesellschaft und Politik in der DDR, Opladen 1989, S. 16; siehe auch ders. (Hrsg.), Die DDR in der Ära Honecker. Politik – Kultur – Gesellschaft, Opladen 1988.

6 Ders., Sozialistische Systeme – Die DDR, in: Klaus von Beyme/Ernst-Otto Czempiel/Peter Graf Kielmansegg/Peter Schmoock (Anm. 1), S. 199.

7 Vgl. Eric Hobsbawm, Das Zeitalter der Extreme. Weltgeschichte des 20. Jahrhunderts, München 1995; François Furet, Das Ende der Illusion. Der Kommunismus im 20. Jahrhundert, München 1996; Ernst Nolte, Der europäische Bürgerkrieg 1917–1945. Nationalsozialismus und Bolschewismus, 5. Aufl., München 1997.

8 Vgl. David Easton, Grundkategorien zur Analyse des politischen Systems, in: Klaus Türk (Hrsg.), Handlungssysteme, Opladen 1978, S. 258–272.

9 Vgl. Wolfgang Merkel, Systemtransformation. Eine Einführung in die Theorie und Empirie der Transformationsforschung, 2. Aufl., Wiesbaden 2010, S. 57–62.

10 Vgl. besonders prononciert die Studien von Jean-François Revel, Die totalitäre Versuchung, 2 Aufl., Frankfurt a.M. 1977; ders., So enden die Demokratien, 4. Aufl., München 1986.

11 Vgl. Samuel P. Huntington, The Third Wave. Democratization in the late Twentieth Century, London 1991.

12 So Manfred G. Schmidt, Demokratietheorien. Eine Einführung, 5. Aufl., Wiesbaden 2010, S. 449.

13 Ebd., S. 449.

14 Zu scharf urteilt Ruth Zimmerling, Samuel Huntingtons demokratische Wellen – viel Lärm um Gischt?, in: Politische Vierteljahresschrift 44 (2003), S. 196–216.

15 Wolfgang Merkel (Hrsg.), Systemwechsel 1. Theorien, Ansätze und Konzepte der Transitionsforschung (1994), 2. Aufl., Opladen 1996; ders./Eberhard Sandschneider/Dieter Segert (Hrsg.), Systemwechsel 2. Die Institutionalisierung der Demokratie, Opladen 1996; Wolfgang Merkel/Eberhard Sandscheider (Hrsg.), Systemwechsel 3. Parteien im Transformationsprozess, Opladen 1997; dies. (Hrsg.), Systemwechsel 4. Die Rolle von Verbänden im Transformationsprozess, Opladen 1999; Wolfgang Merkel (Hrsg.), Systemwechsel 5. Zivilgesellschaft und Transformation, Opladen 2000.

16 Vgl. Wolfgang Merkel (Anm. 9).

17 Das klassische Referenzwerk stammt von Juan J. Linz/Alfred Stepan (Hrsg.), The Breakdown of Democratic Regimes, Baltimore 1978.

18 Vgl. Klaus von Beyme, Systemwechsel in Osteuropa, Frankfurt a.M. 1994; ders./Claus Offe (Hrsg.), Politische Theorien in der Ära der Transformation (= Sonderheft 26 der Politischen Vierteljahresschrift), Opladen 1996.

19 Vgl. etwa Wolfgang Merkel, Transformation politischer Systeme, in: Herfried Münkler (Hrsg.), Politikwissenschaft. Ein Grundkurs, Hamburg 2003, S. 207–245; ders./Peter Thiery, Systemwechsel, in: Hans-Joachim Lauth (Hrsg.),

Vergleichende Regierungslehre. Eine Einführung, 2. Aufl., Wiesbaden 2006, S. 154–179.

20 Vgl. etwa die Belege in Anmerkung 2 der Einführung.

21 Vgl. Wolfgang Merkel u. a. (Hrsg.), Defekte Demokratie, Bd. 1: Theorie, Opladen 2003; ders. u. a. (Hrsg.), Defekte Demokratie, Bd. 2: Regionalanalysen, Wiesbaden 2006; Petra Bendel/Aurel Croissant/Friedbert W. Rüb (Hrsg.), Zwischen Demokratie und Diktatur. Zur Konzeption und Empirie demokratischer Grauzonen, Opladen 2002.

22 Vgl. dazu Susanne Pickel/Gerd Pickel, Politische Kultur- und Demokratieforschung. Grundbegriffe, Theorien, Methoden. Eine Einführung, Wiesbaden 2007.

23 Zur historischen Herleitung vgl. u. a. Uwe Backes, Liberalismus und Demokratie – Antinomie und Synthese. Zum Wechselverhältnis zweier politischer Strömungen im Vormärz, Düsseldorf 2000.

24 Vgl. Werner Kägi, Rechtsstaat und Demokratie. Antinomie und Synthese (1953), in: Ulrich Matz (Hrsg.), Grundprobleme der Demokratie, Darmstadt 1973, S. 107–146.

25 Vgl. Peter Graf Kielmansegg, Volkssouveränität. Eine Untersuchung der Bedingungen demokratischer Legitimität, Stuttgart 1977.

26 Vgl. Samuel P. Huntington, Will more Countries become democratic?, in: Political Science Quarterly 29 (1984), S. 193–218.

27 Vgl. ders. (Anm. 11).

28 Vgl. u. a. Erwin Oberländer (Hrsg.), Autoritäre Regime in Ostmittel- und Südosteuropa 1919–1944, Paderborn u. a. 2001.

29 Vgl. Juan J. Linz/Alfred Stepan (Anm. 17).

30 Vgl. Samuel P. Huntington (Anm. 11), S. 26.

31 Vgl. für Einzelheiten siehe Raymond Duncan Gastil, The Comparative Survey of Freedom. Experiences and Suggestions, in: Studies in Comparative International Development 25 (1990), S. 25–50.

32 Hans-Joachim Lauth, Regimetypen: Totalitarismus – Autoritarismus – Demokratie, in: Ders. (Anm. 19), S. 124.

33 Manfred G. Schmidt (Anm. 12), S. 391.

34 Vgl. Wolfgang Merkel, Gegen alle Theorien. Die Konsolidierung der Demokratie in Ostmitteleuropa, in: Politische Vierteljahresschrift 48 (2007), S. 413–433; siehe ferner Uwe Backes/Tytus Jaskułowski/ Abel Polese (Hrsg.), Totalitarismus und Transformation. Defizite der Demokratiekonsolidierung in Mittel- und Osteuropa, Göttingen 2009.

35 Wolfgang Merkel (Anm. 9), S. 499.

36 Vgl. Freedom House, Freedom in the World 2002. Liberty's Expansion in a Turbulent World, New York 2003, S. 4.

37 Vgl. Wolfgang Merkel (Anm. 9), S. 491.

38 Vgl. grundlegend Wolfgang Merkel u. a. (Anm. 21), Bd. 1: Theorie.

39 Vgl. Wolfgang Merkel/Aurel Croissant, Formale und informale Institutionen in defekten Demokratien, in: Politische Vierteljahresschrift 41 (2000), S. 3–30.

40 Für diese Unterscheidung vgl. das klassische Werk von Juan Linz, Totalitäre und autoritäre Regime (1975), Berlin 2000.

41 Vgl. die Überlegungen von Friedbert W. Rüb, Hybride Regime: Politikwissenschaftliches Chamäleon oder neuer Regimetypus? Begriffliche und konzeptionelle Überlegungen zum neuen Pessimismus in der Transitologie, in: Petra Bendel/ Aurel Croissant/Friedbert W. Rüb (Anm. 21), S. 93–118.

42 Vgl. Juan J. Linz (Anm. 40).

43 Vgl. Steffen Kailitz, Varianten der Autokratie im 20. und 21. Jahrhundert, in: Totalitarismus und Demokratie 6 (2009), S. 210–251.

44 Vgl. Francis Fukuyama, Das Ende der Geschichte. Wo stehen wir?, München 1992.

45 Vgl. Samuel P. Huntington, Kampf der Kulturen. Die Neugestaltung der Weltpolitik im 21. Jahrhundert, München/Wien 1996.

46 Vgl. Hans-Peter Schwarz, Das Gesicht des Jahrhunderts. Monster, Retter und Mediokritäten, Berlin 1998.

47 Manfred G. Schmidt (Anm. 12), S. 495.

48 Vgl. Ludger Helms, Wie entscheidungs- und reformfähig sind demokratische politische Systeme?, in: Zeitschrift für Staats- und Europawissenschaften 7 (2009), S. 622–641.

49 Manfred G. Schmidt (Anm. 12), S. 506.

50 Vgl. das klassische Werk von Guillermo O'Donnell/Philippe C. Schmitter/Laurence Whitehead (Hrsg.), Transitions from Authoritarian Rule. Tentative Conclusions about Uncertain Democracies, 4 Bde., Baltimore 1986.

51 Vgl. Wolfgang Merkel (Anm. 9), S. 101–104.

52 Vgl. Wolfgang Merkel/Eberhard Sandschneider/Dieter Segert, Die Institutionalisierung der Demokratie, in: Dies. (Anm. 15), S. 9–36. Hier wird nur die Entwicklung von der Diktatur zur Demokratie berücksichtigt.

53 Ludger Helms, Die Institutionalisierung der liberalen Demokratie. Deutschland im internationalen Vergleich, Frankfurt a.M. 2007, S. 13.

54 Vgl. etwa Juan J. Linz/A. Valenzuela (Hrsg.), The Failure of Presidential Democracy, 2 Bde., Baltimore 1994.

55 Vgl. Bernhard Thibaut, Präsidentialismus und Demokratie in Lateinamerika, Opladen 1996.

56 So Wolfgang Merkel (Anm. 9), S. 109.

57 Vgl. ebd., S. 110–127 (in Anlehnung an Juan J. Linz und Alfred Stepan).

58 Vgl. etwa die Studie von Marianne Kneuer, Demokratisierung durch die EU. Süd- und Ostmitteleuropa im Vergleich, Wiesbaden 2007; Gero Erdmann/Marianne Kneuer (Hrsg.), Externe Faktoren der Demokratisierung, Wiesbaden 2009.

59 Vgl. Wolfgang Merkel (Anm. 9), S. 472–486.

Kapitel 3

1   Vgl. u. a. Ewald Frie, Das Deutsche Kaiserreich, Darmstadt 2004; Sven Oliver
    Müller/Cornelius Torp (Hrsg.), Das Deutsche Kaiserreich in der Kontroverse,
    Göttingen 2009; Hans-Peter Ullmann, Das deutsche Kaiserreich 1871–1918,
    Frankfurt a.M. 1995.

2   Vgl. Helmut Altrichter/Walther L. Bernecker, Geschichte Europas im 20. Jahr-
    hundert, Stuttgart 2004, S. 15–17.

3   Die Gründe dafür sind vielfältig: die „passive Wahlkreisgeometrie", Stichwahl-
    bündnisse der Kandidaten anderer Parteien gegen die SPD, kein Verzicht der SPD
    auf Zählkandidaturen.

4   Vgl. Franz Walter, Die SPD. Vom Proletariat zur Neuen Mitte, Berlin 2002, S. 15–
    42.

5   So Michael Stürmer, Das ruhelose Reich. Deutschland 1866 bis 1918, Berlin
    1983, S. 118.

6   Vgl. Margaret Lavinia Anderson, Lehrjahre der Demokratie. Wahljahre und poli-
    tische Kultur im Deutschen Kaiserreich, Stuttgart 2009.

7   Vgl. für Einzelheiten Peter März, Der Erste Weltkrieg. Deutschland zwischen dem
    langen 19. Jahrhundert und dem kurzen 20. Jahrhundert, München 2004; Wolf-
    gang Mommsen, Der Erste Weltkrieg. Anfang vom Ende des bürgerlichen Zeital-
    ters, Frankfurt a.M. 2004; Gunther Mai, Das Ende des Kaiserreichs. Politik und
    Kriegsführung im Ersten Weltkrieg, München 1993.

8   Zitiert nach Manfred Jessen-Klingenberg, Die Ausrufung der Republik durch
    Philipp Scheidemann am 9. November 1918, in: Geschichte in Wissenschaft und
    Unterricht 19 (1968), S. 654. Philipp Scheidemann hat in seinen Memoiren die
    Rede pathetisch ausgeschmückt.

9   Vgl. Lothar Machtan, Die Abdankung. Wie Deutschlands gekrönte Häupter aus
    der Geschichte fielen, 2. Aufl., Berlin 2008.

10 Karl Dietrich Erdmann, Die Geschichte der Weimarer Republik als Problem der
    Wissenschaft, in: Vierteljahrshefte für Zeitgeschichte 3 (1955), S. 7.

11 Vgl. u. a. Ulrich Kluge, Die deutsche Revolution 1918/19, Frankfurt a.M. 1985;
    Volker Ullrich, Die Revolution von 1918/19, München 2009.

12 Vgl. etwa die Biographie von Walter Mühlhausen, Friedrich Ebert 1871–1925.
    Reichspräsident der Weimarer Republik, Bonn 2006.

13 Schreiben des Vorstandes der SPD an den Vorstand der USPD vom 9. 11. 1918,
    in: Gerhard A. Ritter/Susanne Miller (Hrsg.), Die deutsche Revolution 1918–
    1919. Dokumente, 2. Aufl., Hamburg 1975, S. 89.

14 Vgl. u. a. Eckhard Jesse, Demokratie oder Diktatur? – Luxemburg und der Luxem-
    burgismus, in: Uwe Backes/Stephane Courtois (Hrsg.), „Ein Gespenst geht um in
    Europa". Das Erbe kommunistischer Ideologien, Köln u. a. 2002, S. 187–212; Jür-
    gen P. Lang, Heilige Rosa. Die Luxemburg-Rezeption in der Partei „Die Linke",

in: Deutschland Archiv 42 (2009), S. 900–907; Manfred Scharrer, „Freiheit ist immer ...". Die Legende von Rosa & Karl, Berlin 2002.

15 So Ulrich Kluge (Anm. 11), S. 137.

16 Vgl. Heiko Holste, Zum Tagungsort der Deutschen Nationalversammlung von 1919 oder: Wie die „Weimarer Republik" zu ihrem Namen kam, in: Zeitschrift für Parlamentsfragen 31 (2000), S. 223–237.

17 Vgl. Heiko Bollmeyer, Der steinige Weg zur Demokratie. Die Weimarer National-versammlung zwischen Kaiserreich und Republik, Frankfurt a.M. 2007.

18 Vgl. Boris Barth, Dolchstoßlegende und politische Desintegration. Das Trauma der deutschen Niederlage im Ersten Weltkrieg, Düsseldorf 2003.

19 Friedensvertrag von Versailles, 28. 6. 1919, in: Wolfgang Michalka/Gottfried Niedhart (Hrsg.), Die ungeliebte Republik, Dokumente zur Innen- und Außen-politik Weimars 1918–1933, München 1980, S. 139.

20 Zitiert nach Gotthard Jasper, Der Schutz der Republik. Studien zur staatlichen Sicherung der Demokratie in der Weimarer Republik 1922–1930, Tübingen 1963, S. 10.

21 Thomas Mann, Betrachtungen eines Unpolitischen (1918), Frankfurt a.M. 1983, S. 30.

22 Vgl. Andreas Wirsching/Jürgen Eder (Hrsg.), Vernunftrepublikanismus in der Weimarer Republik. Politik, Literatur, Wissenschaft, Stuttgart 2008.

23 Vgl. z. B. Andreas Wirsching, Die Weimarer Republik. Politik und Gesellschaft, München 2000; Dieter Gessner, Die Weimarer Republik, Darmstadt 2002.

24 Vgl. Riccardo Bavaj, Von links gegen Weimar. Linkes antiparlamentarisches Denken in der Weimarer Republik, Bonn 2005; Kurt Sontheimer, Antidemokra-tisches Denken in der Weimarer Republik. Die politischen Ideen des deutschen Nationalismus zwischen 1918 und 1933, München 1968.

25 Vgl. Peter Gay, Die Republik der Außenseiter. Geist und Kultur in der Weimarer Zeit 1918–1933, Frankfurt a.M. 1970; Walter Laqueur, Weimar. Die Kultur der Republik, Frankfurt a.M. 1977.

26 Vgl. Alexander Gallus (Hrsg.), Die vergessene Revolution von 1918/19, Göttin-gen 2010.

Kapitel 4

1 Vgl. Daniel Jonathan Goldhagen, Hitlers willige Vollstrecker. Ganz gewöhnliche Deutsche und der Holocaust, Berlin 1996; siehe auch ders., Die katholische Kirche und der Holocaust, Berlin 2003; ders., Schlimmer als Krieg. Wie Völkermord entsteht und wie er zu verhindern ist, München 2009.

2 Vgl. Norman G. Finkelstein/Ruth Bettina Birn, Eine Nation auf dem Prüfstand. Die Goldhagen-These und die historische Wahrheit, Hildesheim 1998; Johannes Heil/Rainer Erb (Hrsg.), Geschichtswissenschaft und Öffentlichkeit. Der Streit

um Daniel J. Goldhagen, Frankfurt a.M. 1998; Julius H. Schoeps (Hrsg.), Ein Volk von Mördern? Die Dokumentation zur Goldhagen-Kontroverse um die Rolle der Deutschen im Holocaust, Hamburg 1996.

3 So Hagen Schulze, Weimar 1917–1933, Berlin 1982, S. 70 f.

4 Vgl. dazu die grundlegende dreibändige Studie von Heinrich August Winkler: Von der Revolution zur Stabilisierung. Arbeiter und Arbeiterbewegung in der Weimarer Republik 1918 bis 1924, 2. Aufl., Berlin/Bonn 1985; Der Schein der Normalität. Arbeiter und Arbeiterbewegung in der Weimarer Republik 1924 bis 1930, Berlin/Bonn 1985; Der Weg in die Katastrophe. Arbeiter und Arbeiterbewegung in der Weimarer Republik 1930 bis 1933, Berlin/Bonn 1987.

5 Mit Ausnahme der negativen Wendung in Art. 130 der WRV, wonach Beamte Diener der Gesamtheit sind, nicht Diener einer politischen Partei.

6 Adolf Hitler vor dem Leipziger Reichsgericht, zitiert nach Karlheinz Dederke, Reich und Republik. Deutschland 1917–1933, 5. Aufl., Stuttgart 1983, S. 222.

7 Diese Position relativiert Christoph Gusy, Weimar – die wehrlose Republik? Verfassungsschutzrecht und Verfassungsschutz in der Weimarer Republik, Tübingen 1991. Für Gusy gab es *„ein weitreichendes, verfassungsgemäßes Recht zum Schutz der WRV, dessen Vollzug allerdings Defizite aufwies"* (ebd., S. 389, Hervorhebung im Original).

8 Vgl. etwa die Zusammenstellung der vielfältigen Belastungsfaktoren bei Hagen Schulze, Das Scheitern der Weimarer Republik als Problem der Forschung, in: Karl-Dietrich Erdmann/Hagen Schulze (Hrsg.), Weimar. Selbstpreisgabe einer Demokratie. Eine Bilanz heute, Düsseldorf 1980, S. 23–41, insbes. S. 37–41.

9 Vgl. die auch 55 Jahre nach ihrem Erscheinen noch immer mit großem Gewinn zu lesende Habilitationsschrift von Karl Dietrich Bracher zu den Stufen der Machtauflösung. Sie reichten vom Machtverlust der demokratischen Kräfte über das Machtvakuum in der Ära Papens und Schleichers bis zur „Machtergreifung": Die Auflösung der Weimarer Republik. Eine Studie zum Problem des Machtverfalls in der Demokratie, 5. Aufl., Düsseldorf 1978.

10 Ders., Die Weimarer Erfahrung, in: Ders., Wendezeiten der Geschichte. Historisch-politische Essays 1987–1992, S. 15 f.

11 Vgl. Henry A. Turner, Die Großunternehmer und der Aufstieg Hitlers, Berlin 1985.

12 Vgl. Brigitte Hamann, Hitlers Wien, Lehrjahre eines Diktators, München 1996; Joachim Fest, Hitler. Eine Biographie, 6. Aufl., Berlin 1996; Ian Kershaw, Hitler 1889–1945, München 2009; Albrecht Tyrell, Vom „Trommler" zum „Führer". Der Wandel von Hitlers Selbstverständnis zwischen 1919 und 1924 und die Entwicklung der NSDAP, München 1975.

13 Vgl. Gotthard Jasper, Die gescheiterte Zähmung. Wege zur Machtergreifung Hitlers 1930–1934, Frankfurt a.M. 1986.

14 Zitiert nach Wolfgang J. Mommsen, 1933: Die Flucht in den Führerstaat, in: Carola Stern/Heinrich A. Winkler (Hrsg.), Wendepunkte deutscher Geschichte 1848–1990. Neuausgabe, Frankfurt a.M. 1994, S. 161.

15 So Jürgen W. Falter, Hitlers Wähler, München 1991, S. 369 f.

16 1919 hatte im gesamten Reich die Christliche Volkspartei kandidiert (also auch in Bayern).

17 Vgl. etwa die klassische Kontroverse zwischen Werner Conze und Karl Dietrich Bracher. Siehe dazu Ulrike Quadbeck, Karl Dietrich Bracher und die Anfänge der Bonner Politikwissenschaft, Baden-Baden 2008, S. 192–202.

18 Vgl. u. a. Karl Dietrich Bracher, Demokratie und Machtergreifung: Der Weg zum 30. Januar 1933, in: Ders./Manfred Funke/Hans-Adolf Jacobsen (Hrsg.), Eine Bilanz, Düsseldorf 1983, S. 17–36.

19 Vgl. Horst Duhnke, Die KPD von 1933 bis 1945, Wien 1974; Detlev Peukert, Die KPD im Widerstand. Verfolgung und Untergrundarbeit an Rhein und Ruhr 1933 bis 1945, Wuppertal 1980.

20 Zitiert nach Bernd Jürgen Wendt, Deutschland 1933–1945. Das Dritte Reich, Hannover 1995, S. 67.

21 Joseph Goebbels, Tagebücher. Bd. 2: 1930–1934, hrsg. von Ralf Georg Reuth, München 1992, S. 757–759.

22 So Henry A. Turner, Hitlers Weg zur Macht. Der Januar 1933, München 1996, S. 242.

23 Vgl. Albrecht Tyrell, Die NSDAP als Partei und Bewegung – Strategie und Taktik der Machtergreifung, in: Volker Rittberger (Hrsg.), 1933. Wie die Republik der Diktatur erlag, Stuttgart u. a. 1983, S. 119.

24 Heinrich August Winkler, Der lange Weg nach Westen. Erster Band, München 2000, S. 555.

25 Joseph Goebbels (Anm. 21), S. 764.

26 Vgl. Fritz Tobias, Der Reichstagsbrand. Legende und Wirklichkeit, Rastatt 1962; Uwe Backes u. a., Reichstagsbrand. Aufklärung einer historischen Legende, 2. Aufl., München 1987; Sven Felix Kellerhoff, Der Reichstagsbrand. Die Karriere eines Kriminalfalls, Berlin 2008.

27 Joseph Goebbels (Anm. 21), S. 768–770.

28 Ebd., S. 773.

29 Ebd., S. 780.

30 Ebd., S. 785.

31 Ebd., S. 701 f.

32 Ebd., S. 793.

33 Zitiert nach Josef und Ruth Becker (Hrsg.), Hitlers Machtergreifung. Dokumente vom Machtantritt Hitlers 30. Januar 1933 bis zur Besiegelung des Einparteienstaates, München 1932, S. 379.

34 Vgl. Peter Hubert, Uniformierter Reichstag. Die Geschichte der Pseudo-Volksvertretung 1933–1945, Düsseldorf 1992.

35 Magnus Brechtken, Die nationalsozialistische Machtergreifung 1933–1939, Darmstadt 2004, S. 32.

36 Zitiert nach Walter Tormin, 1933–1934: Die Machtergreifung, in: Walter Aleff (Hrsg.), Das Dritte Reich, 19. Aufl., Hannover 1970, S. 55.

37 Vgl. Wolfram Pyta, Hindenburg. Herrschaft zwischen Hohenzollern und Hitler, München 2007, S. 858–871, S. 1059–1061.

38 Vgl. u. a. Hans Maier (Hrsg.), Totalitarismus und Politische Religion, 3 Bde., Paderborn 1994, 1996, 2003; Klaus Hildebrand (Hrsg.), Zwischen Politik und Religion. Studien zur Entstehung, Existenz und Wirkung des Totalitarismus, München 2003; Evelyn Völkel, Der totalitäre Staat – das Produkt einer säkularen Religion? Die frühen Schriften von Frederick A. Voigt, Eric Voegelin sowie Raymond Aron und die totalitäre Wirklichkeit im Dritten Reich, Baden-Baden 2009.

39 Vgl. z. B. Gerhard Hirschfeld/Lothar Kettenacker (Hrsg.), Der »Führerstaat«: Mythos und Realität. Studien zur Struktur und Politik des Dritten Reiches, Stuttgart 1981.

40 Vgl. Otmar Jung, Plebiszit und Diktatur. Die Volksabstimmungen der Nationalsozialisten. Die Fälle „Austritt aus dem Völkerbund" (1933), „Staatsoberhaupt" (1934) und „Anschluss Österreichs" (1938), Tübingen 1995.

41 Vgl. jetzt pointiert Peter Longerich, „Davon haben wir nichts gewusst!" Die Deutschen und die Judenverfolgung 1933–1945, München 2006.

42 Vgl. zusammenfassend Jürgen Schmädeke/Peter Steinbach (Hrsg.), Der Widerstand gegen den Nationalsozialismus. Die deutsche Gesellschaft und der Widerstand gegen Hitler, München/Zürich 1985.

43 Vgl. u. a. Christina Bussfeld, „Democracy versus Dictatorship". Die Herausforderung des Faschismus und Kommunismus in Großbritannien 1932–1937, Paderborn u. a. 2001; Andreas Wirsching, Vom Weltkrieg zum Bürgerkrieg? Politischer Extremismus in Deutschland und Frankreich 1918–1933/39 – Berlin und Paris im Vergleich, München/Wien 1998.

44 Vgl. Walter H. Pehle (Hrsg.), Der historische Ort des Nationalsozialismus. Annäherungen, Frankfurt a.M. 1990.

45 So Hans-Ulrich Thamer, Verführung und Gewalt. Deutschland 1933–1945, Berlin 1986, S. 777.

46 Karl Dietrich Bracher, Tradition und Revolution im Nationalsozialismus, in: Ders., Zeitgeschichtliche Kontroversen. Um Faschismus, Totalitarismus, Demokratie, 5. Aufl., München/Zürich 1984, S. 69.

47 Vgl. David Schoenbaum, Die braune Revolution. Eine Sozialgeschichte des Dritten Reiches, Köln 1968. Mit ähnlichem Tenor Ralf Dahrendorf, Gesellschaft und Demokratie in Deutschland, München 1965.

48 Vgl. Michael Prinz/Rainer Zitelmann (Hrsg.), Nationalsozialismus und Modernisierung, Darmstadt 1991; pointiert Rainer Zitelmann, Hitler. Selbstverständnis eines Revolutionärs, 4. Aufl., Stuttgart 1991. Zur Kritik etwa siehe Hans Mommsen, Nationalsozialismus als vorgetäuschte Modernisierung, in: Walter H. Pehle (Anm. 44), S. 31–46; Henry A. Turner, Faschismus und Anti-Modernismus,

in: Ders., Faschismus und Kapitalismus in Deutschland. Studien zum Verhältnis zwischen Nationalsozialismus und Wirtschaft, Göttingen, 2. Aufl., Göttingen 1980, S. 157–182; zusammenfassend Riccardo Bavaj, Die Ambivalenz der Moderne. Eine Bilanz der Forschung, München 2004.

49 Vgl. Rainer Zitelmann, Die totalitäre Seite der Moderne, in: Michael Prinz/Rainer Zitelmann (Anm. 48), S. 1–20.

50 Vgl. etwa Martin Broszat, Plädoyer für eine Historisierung des Nationalsozialismus, in: Merkur 39 (1985), S. 373–385; ders., Nach Hitler. Der schwierige Umgang mit unserer Geschichte, hrsg. von Hermann Graml/Klaus-Dietmar Henke, München 1986 (der zuvor genannte Beitrag findet sich auf den S. 159–173 und wird hiernach zitiert); ders., Was heißt Historisierung des Nationalsozialismus?, in: Historische Zeitschrift 247 (1988), S. 1–14; ders./Saul Friedländer, Um die „Historisierung des Nationalsozialismus". Ein Briefwechsel, in: Vierteljahrshefte für Zeitgeschichte 36 (1988), S. 339–372.

51 Ders., Plädoyer (Anm. 50), S. 159.

52 Ebd., S. 172.

53 Vgl. aus unterschiedlicher Sicht u. a.: Uwe Backes/Eckhard Jesse/Rainer Zitelmann (Hrsg.), Die Schatten der Vergangenheit. Impulse zur Historisierung des Nationalsozialismus, 2. Aufl., Frankfurt a.M./Berlin 1992; Hans Mommsen, Der Nationalsozialismus und die deutsche Gesellschaft. Ausgewählte Aufsätze zum 60. Geburtstag von Lutz Niethammer, Reinbek bei Hamburg 1991; Thomas Nipperdey, Nachdenken über die deutsche Geschichte. Essays, 2. Aufl., München 1986.

54 Dadurch würden die repressiven Strukturen des Dritten Reiches heruntergespielt.

55 Vgl. etwa Stefan Aust/Gerhard Spörl (Hrsg.), Die Gegenwart der Vergangenheit. Der lange Schatten des Dritten Reiches, Reinbek bei Hamburg 2005.

Kapitel 5

1 So Hans-Ulrich Wehler, Deutsche Gesellschaftsgeschichte. Vierter Band: Vom Beginn des Ersten Weltkrieges bis zur Gründung der beiden deutschen Staaten 1914–1949, München 2003, S. 854.

2 In diesem Sinne Joachim Thies, Architekt der Weltherrschaft. Die „Endziele" Hitlers, 2. Aufl., Düsseldorf 1976; anders Eberhard Jäckel, Hitlers Weltanschauung. Entwurf einer Herrschaft, 4. Aufl., Stuttgart 1991.

3 Vgl. Ian Kershaw, Wendepunkte. Schlüsselentscheidungen im Zweiten Weltkrieg 1940/41, München 2008.

4 Ebd., S. 481.

5 Ebd., S. 539.

6 Vgl. Gerhard Paul, Aufstand der Bilder. Die NS-Propaganda vor 1933, Berlin 1990.

7   Rede Heinrich Himmlers vor Reichs- und Gauleitern am 6. 10. 1943 in Posen, zitiert nach: Gerhard Grimm, Der Nationalsozialismus. Programm und Verwirklichung, München/Wien 1981, S. 278.

8   Ebd., S. 278 f.

9   Vgl. etwa Eberhard Jäckel/Jens Rohwer (Hrsg.), Der Mord an den Juden im Zweiten Weltkrieg. Entschlussbildung und Verwirklichung, Frankfurt a.m. 1985; Dieter Pohl, Holocaust. Die Ursachen, das Geschehen, die Folgen, Freiburg/Brsg. u. a. 2000.

10 Zitiert nach Adolf Hitler, Reden und Proklamationen 1932–1945, hrsg. von Max Domarus, Wiesbaden 1973, S. 1058.

11 Ian Kershaw (Anm. 3), S. 348.

12 Vgl. Gerhard Keiderling (Hrsg.), „Gruppe Ulbricht" in Berlin April bis Juni 1945. Von den Vorbereitungen im Sommer 1944 bis zur Wiedergründung der KPD im Juni 1945. Eine Dokumentation, Berlin 1992.

13 Vgl. Wolfgang Leonhard, Die Revolution entlässt ihre Kinder. Neuausg., Köln 1990; ders., Spurensuche. Vierzig Jahre nach *Die Revolution entlässt ihre Kinder*, Köln 1992.

14 Zitiert nach Wolfgang Leonhard, Die Revolution (Anm. 13), S. 406.

15 Zitiert nach Adolf M. Birke, Nation ohne Haus. Deutschland 1945–1961, Berlin 1989, S. 22.

16 Kapitulationserklärung, zitiert nach Rolf-Dieter Müller/Gerd R. Ueberschär (Hrsg.), Kriegsende 1945. Die Zerstörung 1945, Frankfurt a.M. 1994, S. 180.

17 Heinrich A. Winkler, Weimar – Bonn – Berlin. Die Entwicklung der deutschen Demokratie im 20. Jahrhundert, in: Peter März (Hrsg.), Die zweite gesamtdeutsche Demokratie, München 2001, S. 17.

18 Vgl. etwa die anschaulichen Belege bei Christoph Kleßmann/Georg Wagner (Hrsg.), Das gespaltene Land. Leben in Deutschland 1945–1990. Texte und Dokumente zur Sozialgeschichte, München 1990, S. 51–178.

19 Vgl. Annette Weinke, Die Nürnberger Prozesse, München 2006.

20 Vgl. Charles L. Mee, Die Potsdamer Konferenz 1945. Die Teilung der Beute, München 1979; Wolfgang Benz, Potsdam 1945. Besatzungsherrschaft und Neuaufbau im Vier-Zonen-Deutschland, 4. Aufl., München 2005.

21 So Wilhelm Hennis, Die Rolle des Parlaments und die Parteiendemokratie, in: Richard Löwenthal/Hans-Peter Schwarz (Hrsg.), Die zweite Republik. 25 Jahre Bundesrepublik Deutschland. Eine Bilanz, Stuttgart 1974, S. 206.

22 So Alf Mintzel, Der akzeptierte Parteienstaat, in: Martin Broszat (Hrsg.), Zäsuren nach 1945. Essays zur Periodisierung der deutschen Nachkriegsgeschichte, München 1990, S. 78.

23 Vgl. u. a. Martin Broszat/Hermann Weber (Hrsg.), SBZ-Handbuch. Staatliche Verwaltungen. Parteien, gesellschaftliche Organisationen und ihre Führungskräfte in der Sowjetischen Besatzungszone 1945 bis 1949, München 1990; Hartmut Mehringer (Hrsg.), Von der SBZ zur DDR. Studien zum Herrschaftssystem in der

Sowjetischen Besatzungszone Deutschlands, München 1995; Dierk Hoffmann/ Hermann Wentker (Hrsg.), Das letzte Jahr der SBZ. Politische Weichenstellungen im Prozess der Gründung der DDR, München 2000; Thomas Großbölting/Hans-Ulrich Thamer (Hrsg.), Die Errichtung der Diktatur. Transformationsprozesse in der Sowjetischen Besatzungszone und in der frühen DDR, Münster 2003.

24 Vgl. aber Wilfried Loth, Stalins ungeliebtes Kind. Warum Moskau die DDR nicht wollte, München 1996.

25 Vgl. sehr anschaulich Norman M. Naimark, Die Russen in Deutschland. Die sowjetische Besatzungszone 1945 bis 1949, Berlin 1996.

26 Ebd., S. 585.

27 Zum Forschungsstand vgl. u. a. Bernd Stöver, Die Bundesrepublik Deutschland, Darmstadt 2002.

28 Zitiert nach Theodor Eschenburg/Wolfgang Benz, Der Weg zum Grundgesetz, in: Theodor Eschenburg, Jahre der Besatzung 1945–1949, Stuttgart/Wiesbaden 1983, S. 507.

29 Konrad Adenauer, Regierungserklärung vom 20. September 1949, in: Karl-Rudolf Korte (Hrsg.), „Das Wort hat der Herr Bundeskanzler". Eine Analyse der großen Regierungserklärungen von Adenauer bis Schröder, Wiesbaden 2002, S. 290.

30 Vgl. Christian Bommarius, Das Grundgesetz. Eine Biographie, Berlin 2009; Marion Detjen/Stephan Detjen/Maximilian Steinbeis, Die Deutschen und das Grundgesetz. Geschichte und Grenzen unserer Verfassung, München 2009; Christoph Möllers, Das Grundgesetz. Geschichte und Inhalt, München 2009; Peter Zolling, Das Grundgesetz. Unsere Verfassung – wie sie entstand und was sie ist, München 2009.

31 Zum Forschungsstand Rainer Eppelmann/Bernd Faulenbach/Ulrich Mählert (Hrsg.), Bilanz und Perspektiven der DDR-Forschung, Paderborn u. a. 2003.

32 Vgl. Eckhard Jesse, War die DDR totalitär?, in: Aus Politik und Zeitgeschichte B 40/1994, S. 12–23.

33 Vgl. Sandra Pingel-Schliemann, Zersetzen. Strategie einer Diktatur, Berlin 2002; Johannes Raschka, Zwischen Überwachung und Repression. Politische Verfolgung in der DDR 1971 bis 1989, Opladen 2001.

34 Klaus Schroeder, Die DDR: Sozialistische Alternative oder sowjetische Kolonie?, in: Peter März (Anm. 17), S. 120.

35 Vgl. dazu, wenn auch überzogen: Jens Hacker, Deutsche Irrtümer. Schönfarber und Helfershelfer der SED-Diktatur im Westen, 3. Aufl., Frankfurt a.M./Berlin 1994.

36 Zitiert nach Armin Mitter/Stefan Wolle (Hrsg.), „Ich liebe euch doch alle!" Befehle und Lageberichte des MfS Januar – November 1989, Berlin 1990, S. 12.

37 So in Anlehnung an Hartmut Kaelble Günther Heydemann, Die Innenpolitik der DDR, München 2003, S. 65.

38 Ein Beispiel: Der Historiker Gerhard A. Ritter berichtet davon, dass seine Söhne im katholischen Münster noch im Jahre 1965 „beim Fußball nach der Schule nicht

mitspielen durften, da sie Protestanten waren". So ders., Über Deutschland. Die Bundesrepublik in der deutschen Geschichte, München 1998, S. 21.

39 Vgl. aus historischer Sicht Manfred Görtemaker, Geschichte der Bundesrepublik Deutschland. Von der Gründung bis zur Gegenwart, München 1999; aus politikwissenschaftlicher Perspektive Wolfgang Rudzio, Das politische System der Bundesrepublik, 6. Aufl., Opladen 2003.

40 Siehe dazu treffend die Bücher von Gerd Koenen, Die großen Gesänge. Lenin – Stalin – Mao Tse-tung. Führerkulte und Heldenmythen des 20. Jahrhunderts, 2. Aufl., Frankfurt a.M. 1991; Das rote Jahrzehnt. Unsere kleine deutsche Kulturrevolution 1967–1977, Köln 2001; Traumpfade der Weltrevolution. Das Guevara-Projekt, Köln 2008.

41 Vgl. Götz Aly, Unser Kampf 1968. Ein irritierter Blick zurück, Frankfurt a.M. 2008; Wolfgang Kraushaar, Achtundsechzig. Eine Bilanz, Berlin 2008.

42 Vgl. Heinrich Oberreuter, Notstand und Demokratie. Vom monarchischen Obrigkeits- zum demokratischen Rechtsstaat, München 1978; Michael Schneider, Demokratie in Gefahr? Der Konflikt um die Notstandsgesetze: Sozialdemokratie, Gewerkschaften und intellektueller Protest (1958–1968), Bonn 1986.

43 Vgl. Jürgen Zarusky (Hrsg.), Die Stalin-Note vom 10. März 1952. Neue Quellen und Analysen, München 2002; Peter Ruggenthaler, Stalins großer Bluff. Die Geschichte der Stalin-Note in Dokumenten der sowjetischen Führung, München 2007.

44 Vgl. etwa beispielhaft: Wolfgang Venohr (Hrsg.), Die deutsche Einheit kommt bestimmt, Bergisch-Gladbach 1982; ders. (Hrsg.), Ohne Deutschland geht es nicht. 7 Autoren zur Lage der deutschen Nation, Krefeld 1985.

45 Jürgen Habermas, Eine Art Schadensabwicklung. Kleine Politische Schriften VI, Frankfurt a.M. 1987, S. 75. Allerdings richtete Habermas seine Kritik an die falsche Adresse, denn Autoren wie Michael Stürmer waren in der Wolle gefärbte „Westler".

46 Vgl. etwa Harro Honolka, Schwarzrotgrün. Die Bundesrepublik auf der Suche nach ihrer Identität, München 1987.

47 Vgl. Wilhelm Bruns, Von der Deutschlandpolitik zur DDR-Politik? Prämissen – Probleme – Perspektiven, Opladen 1989.

48 Vgl. Walter Laqueur, Was ist los mit den Deutschen?, Frankfurt a.M./Berlin 1985; Brigitte Sauzay, Die rätselhaften Deutschen. Die Bundesrepublik von außen gesehen, Stuttgart 1986. In dem einen Fall ist der Originaltitel nüchterner („Germany today"), in dem anderen drastischer („Le vertige allemand").

49 Vgl. beispielsweise: William F. Paterson/Gordon Smith (Hrsg.), The West German Model. Perspectives on a Stable State, London 1981.

50 Karl Dietrich Bracher/Theodor Eschenburg/Joachim C. Fest/Eberhard Jäckel, Vorbemerkung der Herausgeber, in: Theodor Eschenburg (Anm. 28), S. 7.

51 Vgl. Wilfried von Bredow, Deutschland – ein Provisorium?, Berlin 1985; Werner Weidenfeld/Hartmut Zimmermann (Hrsg.), Deutschland-Handbuch. Eine doppelte Bilanz 1949–1989, München 1989.

52 Die Paradoxie geht noch weiter: In den kommunistischen Staaten wurde stets der „Ernstfall" geprobt. Doch als „es" soweit war, dankte das kommunistische Regime einschließlich seines Sicherheitsapparates mehr oder weniger kampflos ab (mit der Ausnahme von Rumänien).

53 Vgl. Annette Weinke, Eine Gesellschaft ermittelt gegen sich selbst. Die Geschichte der Zentralen Stelle in Ludwigsburg 1958–2008, Darmstadt 2008.

54 Vgl. etwa Peter Graf Kielmansegg, Lange Schatten. Vom Umgang der Deutschen mit der nationalsozialistischen Vergangenheit, Berlin 1989; Peter Reichel/Harald Schmid/Peter Steinbach (Hrsg.), Der Nationalsozialismus – die zweite Geschichte. Überwindung – Deutung – Erinnerung, München 2009.

55 Vgl. Ulrich Brochhagen, Nach Nürnberg. Vergangenheitsbewältigung und Westintegration in der Ära Adenauer, Hamburg 1994.

56 Vgl. etwa Rolf Grix/Wilhelm Knöll, Die Rede zum 8. Mai 1945. Texte zum Erinnern, Verstehen und Weiterdenken, Oldenburg 1987.

57 Die „Allensbacher Jahrbücher der Demoskopie" erscheinen seit Mitte der fünfziger Jahre und fassen meistens die Ergebnisse mehrerer Jahre zusammen. Zuletzt: Renate Köcher (Hrsg.), Allensbacher Jahrbuch der Demoskopie 2003–2009, Bd. 12, Berlin/New York 2009.

58 Die Daten entstammen folgendem Band: Elisabeth Noelle/Erich Peter Neumann (Hrsg.), Jahrbuch der öffentlichen Meinung 1947–1955, Bd. 1, Allensbach 1956, S. 132–139.

59 Vgl. dies. (Hrsg.), Jahrbuch der öffentlichen Meinung 1957, Bd. 2, Allensbach 1957, S. 145. Für weitere Daten vgl. etwa folgende Zusammenstellung: Vergangenheitsbewältigung im Spiegel von Bevölkerungsumfragen des Instituts für Demoskopie Allensbach (1951–1961), in: Jürgen Weber (Hrsg.), Geschichte der Bundesrepublik Deutschland. Analyse und Dokumentation in Text, Bild und Ton, Paderborn 1987, S. 334–340.

60 Sie ist gut eingefangen bei David P. Conradt, Changing German Political Culture, in: Gabriel A. Almond/Sidney Verba (Hrsg.), The Civic Culture Revisited, Boston 1980, S. 212–272.

61 Vgl. die Dokumentation bei Armin Laschet/Heinz Malangré (Hrsg.), Philipp Jenninger. Rede und Reaktion, Aachen/Koblenz 1989.

62 Vgl. Arno Plack, Wie oft wird Hitler noch besiegt? Neonazismus und Vergangenheitsbewältigung (1982), Frankfurt a.M. 1985.

63 Vgl. Dolf Sternberger, Das deutsche Wahlwunder (1953), in: Ders., Die große Wahlreform. Zeugnisse einer Bemühung, Köln/Opladen 1964, S. 117–130.

64 Vgl. etwa Hans-Gerd Jaschke, Streitbare Demokratie und innere Sicherheit. Grundlagen, Praxis und Kritik, Opladen 1991; Claus Leggewie/Horst Meier, Republikschutz. Maßstäbe für die Verteidigung der Demokratie, Reinbek bei Hamburg 1995.

65 Vgl. Gabriel A. Almond/Sidney Verba, The Civic Culture. Political Attitudes and Democracy in five Nations, Princeton 1963.

66 Vgl. Elisabeth Noelle-Neumann/Renate Köcher, Die verletzte Nation. Über den Versuch der Deutschen, ihren Charakter zu ändern, Stuttgart 1987.

67 Vgl. Martin Broszat (Anm. 22).

Kapitel 6

1 Kleines Politisches Wörterbuch, 7. Aufl., Berlin (Ost) 1988, S. 707.

2 Vgl. Jürgen Frölich, „Bürgerliche" Parteien in der SBZ/DDR. Zur Geschichte von CDU, LDP(D), DBD und NDPD 1945–1953, Köln 1994.

3 Vgl. Eckhard Jesse, Die Volkskammer der DDR. Befugnisse und Verfahren nach Verfassung und politischer Praxis, in: Hans-Peter Schneider/Wolfgang Zeh (Hrsg.), Parlamentsrecht und Parlamentspraxis in der Bundesrepublik Deutschland. Ein Handbuch, Berlin 1989, S. 1817–1840.

4 Vgl. Karl Wilhelm Fricke, Opposition und Widerstand in der DDR. Ein politischer Report, Köln 1984; Ehrhart Neubert, Geschichte der Opposition in der DDR 1949–1989, Berlin 1997.

5 Vgl. Hans-Joachim Spranger, Die SED und der Sozialdemokratismus. Ideologische Abgrenzung in der DDR, Köln 1982.

6 Karl Wilhelm Fricke (Anm. 4), S. 67.

7 Vgl. Walter Janka, Schwierigkeiten mit der Wahrheit, Reinbek bei Hamburg 1989.

8 Vgl. Katja Havemann/Joachim Widmann, Robert Havemann oder wie die DDR sich erledigte, München 2003. Eine umfassende Biographie zu dieser schillernden Persönlichkeit ist überfällig. Die Studie von Florian Havemann ist mehr von Rachsucht getragen als von Gerechtigkeit. Vgl. ders., Havemann, Frankfurt a.M. 2007.

9 Vgl. Helmut Müller-Enbergs/Heike Schmoll/Wolfgang Stock, Das Fanal. Das Opfer des Pfarrers Brüsewitz und die evangelische Kirche, Berlin 1993; siehe dagegen Renate Brüsewitz-Fecht, Das Kreuz und die Flamme, Halle 2009.

10 Vgl. Rudolf Bahro, Die Alternative. Zur Kritik des realexistierenden Sozialismus, Köln 1977.

11 Vgl. Manfred Wilke, Der Berliner Appell 1982. Erinnerungen eines Zeitzeugen, in: Deutschland Archiv 40 (2007), S. 284–287.

12 Klaus Ehring/Martin Dallwitz, Schwerter zu Pflugscharen. Friedensbewegungen in der DDR, Reinbek bei Hamburg, 1982.

13 So Gert-Joachim Glaeßner, Vom „realen Sozialismus" zur Selbstbestimmung. Ursachen und Konsequenzen zur Systemkrise in der DDR, in: Aus Politik und Zeitgeschichte B 1–2/1990, S. 5.

14 Vgl. Autorenkollektiv unter Leitung von Max Schmidt, Sicherheit und friedliche Koexistenz. Umfassende internationale Sicherheit – Umsetzung friedlicher Koexistenzbedingungen heute, Berlin (Ost) 1989.

15 Vgl. Rolf Henrich, Der vormundschaftliche Staat. Vom Versagen des realexistierenden Sozialismus, Reinbek bei Hamburg 1989.

16 Vgl. Bärbel Bohley u. a., ... und die Bürger melden sich zu Wort, Frankfurt a.M./München 1989.

17 Vgl. Ludwig A. Rehlinger, Freikauf. Die Geschäfte der DDR mit politisch Verfolgten, Frankfurt a.M./Berlin 1991.

18 Souveräne Schilderung bei György Dalos, Der Vorhang geht auf. Das Ende der Diktaturen in Osteuropa, München 2009.

19 Vgl. Ehrhart Neubert (Anm. 4); siehe auch Klaus-Dietmar Henke/Peter Steinbach/Johannes Tuchel (Hrsg.), Widerspruch und Opposition in der DDR, Weimar/Köln 1999.

20 Vgl. Eckhard Jesse, Oppositionelle Bestrebungen in der DDR der achtziger Jahre. Dominanz des dritten Weges?, in: Karl Eckart/Jens Hacker/Siegfried Mampel (Hrsg.), Wiedervereinigung Deutschlands. Festschrift zum 20jährigen Bestehen der Gesellschaft für Deutschlandforschung, Berlin 1998, S. 89–101.

21 So Detlef Pollack, Politischer Protest. Politisch alternative Gruppen in der DDR, Opladen 2000, S. 22.

22 Vgl. beispielsweise: Roger Engelmann/Clemens Vollnhals (Hrsg.), Justiz im Dienste der Parteiherrschaft. Rechtspraxis und Staatssicherheit in der DDR, Berlin 1999; zur früheren Zeit: Falco Werkentin, Politische Strafjustiz in der Ära Ulbricht. Vom bekennenden Terror zur verdeckten Repression, 2. Aufl., Berlin 1997.

23 So Richard Schröder, Vor dem Sturm. Die unnormale Normalität der DDR, in: Klaus-Dietmar Henke (Hrsg.), Revolution und Vereinigung 1989/90. Als in Deutschland die Realität die Phantasie überholte, München 2009, S. 57.

24 Vgl. Walter Süß, Staatssicherheit am Ende. Warum es den Mächtigen nicht gelang, 1989 eine Revolution zu verhindern, Berlin 1999.

25 Vgl. drei Monographien mit hohem Erkenntniswert: Ilko-Sascha Kowalczuk, Endspiel. Die Revolution von 1989 in der DDR, München 2009; Ehrhart Neubert, Unsere Revolution. Die Geschichte der Jahre 1989/90, München 2008; Wolfgang Schuller, Die deutsche Revolution, Berlin 2009.

26 So Ehrhart Neubert, Revolution und Revisionismus in Sprache, Geschichte und Recht, in: Totalitarismus und Demokratie 3 (2006), S. 55 f.

27 Zitiert nach ebd., S. 55 f.

28 Zitiert nach Günter Schabowskis Gespräch mit Frank Sieren, Wir haben fast alles falsch gemacht. Die letzten Tage der DDR, Berlin 2009, S. 30.

29 Ebd., S. 35.
30 Vgl. Hans-Hermann Hertle, Chronik des Mauerfalls. Die dramatischen Ereignisse um den 9. November 1989, 11. Aufl., Berlin 2009; ders., Der Fall der Mauer. Die unbeabsichtigte Selbstauflösung des SED-Staates, 2. Aufl., Opladen 1999; ders./ Konrad H. Jarausch/Christoph Kleßmann (Hrsg.), Mauerbau und Mauerfall. Ursachen – Verlauf – Auswirkungen, Berlin 2002.
31 So Hans-Hermann Hertle, Chronik des Mauerfalls (Anm. 30), S. 288 f.
32 Zitiert nach Hans-Hermann Hertle, Der Mauerfall, in: Ders./Konrad H. Jarausch/Christoph Kleßmann (Anm. 30), S. 279.
33 Tonbandprotokoll der Rede des Ministers des Innern vor den Chefs der Bezirksbehörden der Volkspolizei am 21. Oktober 1989; zitiert nach: Tobias Hollitzer, „Heute entscheidet es sich: Entweder die oder wir" – zum 9. Oktober 1989 in Leipzig. Vorgeschichte, Verlauf und Nachwirkung. Ein Beitrag zur Geschichte der Entwicklung 1989/90 in Leipzig, in: Horch und Guck 7 (1998), Heft 2, S. 32.
34 Vgl. Uwe Thaysen, Der Runde Tisch. Oder: Wo blieb das Volk? Der Weg der DDR in die Demokratie, Opladen 1990.
35 Klaus Schroeder, Der SED-Staat. Geschichte und Strukturen der DDR, München 1998, S. 644.
36 Zitiert nach: Egon Krenz, Herbst '89, Berlin 1999, S. 28.
37 Zitiert nach Charles Schüddekopf, „Wir sind das Volk." Flugschriften, Aufrufe und Texte einer deutschen Revolution, Hamburg 1990, S. 240 f.; zu Einzelheiten des Aufrufs vgl. den Band von Dirk Rochtus, Zwischen Realität und Utopie des „dritten Weges" in der DDR 1989–90, Leipzig 1999.
38 Zitiert nach Helmut Kohl, „Ich wollte Deutschlands Einheit", dargestellt von Kai Diekmann und Ralf Georg Reuth, Berlin 1996, S. 182.
39 Ebd., S. 195.
40 Vgl. Uwe Thaysen, Der Runde Tisch. Oder: Wo blieb das Volk? Der Weg der DDR in die Demokratie, Opladen 1990.
41 Vgl. Francesca Weil, Die Runden Tische, in: Klaus-Dietmar Henke (Anm. 23), S. 316–328; dies., Die Runden Tische der Bezirke – Ungleiche Ziele, ungleiche Chancen, in: Totalitarismus und Demokratie 6 (2009), S. 49–68.
42 Vgl. Walter Süß (Anm. 24), S. 647.
43 Der Zentrale Runde Tisch der DDR. Wortprotokoll und Dokumente, hrsg. von Uwe Thaysen, Wiesbaden 2000, Bd. I, S. 13.
44 Ebd., S. 13.
45 Vgl. dazu Hans Modrow (mit Hans Dieter Schütt), Ich wollte ein neues Deutschland, Berlin 1998, S. 411 f.
46 Der Zentrale Runde Tisch der DDR (Anm. 43), Bd. I, S. 53.
47 Ebd., S. 55.
48 Vgl. ebd., S. 60.

49 So Uwe Thaysen in Zusammenarbeit mit Hans Michael Kloth, Der Runde Tisch und die Entmachtung der SED: Widerstände auf dem Weg zur freien Wahl, in: Materialien der Enquete-Kommission „Aufarbeitung von Geschichte und Folgen der SED-Diktatur in Deutschland" (12. Wahlperiode des Deutschen Bundestages), hrsg. vom Deutschen Bundestag, Bd. VII/2, Frankfurt a.M. 1995, S. 1786.

50 Dies wird überzeugend nachgewiesen bei Hans Michael Kloth, Vom „Zettelfalten" zum freien Wählen. Die Demokratisierung der DDR 1989/90 und die „Wahlfrage", Berlin 2000.

51 Ebd., S. 557.

52 Ebd., S. 563.

53 Der Zentrale Runde Tisch der DDR (Anm. 43), Bd. I, S. 62. Die Parallelen zum Aufruf „Für unser Land" sind offenkundig.

54 Vgl. ebd., S. 1097.

55 Der Zentrale Runde Tisch der DDR (Anm. 43), Bd. I, S. 121.

56 Ebd., Bd. III, S. 838–846.

57 Ebd., Bd. III, S. 842.

58 Ebd., Bd. IV, S. 964–967.

59 Vgl. Hans Modrow, Aufbruch und Ende, Hamburg 1991; ders. (Anm. 45); ders., In historischer Mission. Als deutscher Politiker unterwegs, Berlin 2007.

60 Vgl. die Belege bei Uwe Thaysen (Anm. 43), 5 Bde.

61 So zutreffend Hans Michael Kloth (Anm. 50), S. 720 (Hervorhebung im Original).

62 So Dieter Grosser, Das Wagnis der Währungs-, Wirtschafts- und Sozialunion. Politische Zwänge im Konflikt mit ökonomischen Regeln, Stuttgart 1998.

63 Protokolle der Volkskammer der Deutschen Demokratischen Republik, 10. Wahlperiode (5. April bis 2. Oktober 1990), hrsg. vom Deutschen Bundestag, Band 3, Opladen 2000, S. 1380.

64 Ebd., S. 1382.

65 Vgl. Wolfgang Schäuble, Der Vertrag. Wie ich über die deutsche Einheit verhandelte, hrsg. und mit einem Vorwort von Dirk Koch und Klaus Wirtgen, Stuttgart 1991.

66 Zitiert nach: Vertrag zwischen der Bundesrepublik Deutschland und der Deutschen Demokratischen Republik über die Herstellung der Einheit Deutschlands (Einigungsvertrag), in: Klaus Stern/Bruno Schmidt-Bleibtreu (Hrsg.), Verträge und Rechtsakte zur Deutschen Einheit, Bd. 2: Einigungsvertrag und Wahlvertrag mit Vertragsgesetzen, Begründungen, Erläuterungen und Materialien, München 1990, S. 93.

67 Tilman Giesen, Die Vorbereitung der Grundgesetzänderungen nach der deutschen Wiedervereinigung. Zur Rechtmäßigkeit von Organisation und Verfahren der Gemeinsamen Verfassungskommission, Berlin u. a. 1997, S. 241.

68 Vgl. Peter Fischer, Reform statt Revolution. Die Gemeinsame Verfassungskommission von Bundestag und Bundesrat, München 1995; Michael Kloepfer, Verfas-

sungsänderung statt Verfassungsreform. Zur Arbeit der Gemeinsamen Verfassungskommission, Berlin 1995; Norbert Konegen/Peter Nitschke (Hrsg.), Revision des Grundgesetzes? Ergebnisse der Gemeinsamen Verfassungskommission (GVK) des Deutschen Bundestages und des Bundesrates, Opladen 1997.

69 Vgl. Sebastian Ullrich, Der Weimar-Komplex. Das Scheitern der ersten deutschen Demokratie und die politische Kultur der frühen Bundesrepublik 1945–1959, Göttingen 2009.

70 So die überzeugende Argumentation bei Horst Dreier, Das Grundgesetz – eine Verfassung auf Abruf?, in: Aus Politik und Zeitgeschichte B 18–19/2009, S. 19–26, hier S. 24.

71 Kuratorium für einen demokratischen Bund deutscher Länder, Vom Grundgesetz zur deutschen Verfassung. Denkschrift und Verfassungsentwurf, Baden-Baden 1991.

72 Vgl. Jochen Abr. Frowein, Josef Isensee, Christian Tomuschat und Albrecht Randelzhofer, Deutschlands aktuelle Verfassungslage. Berichte und Diskussion auf der Sondertagung der Vereinigung der Deutschen Staatsrechtslehrer in Berlin am 27. April 1990 (= Veröffentlichungen der Vereinigung der Deutschen Staatsrechtslehrer, Heft 49), Berlin 1990; Bernd Guggenberger/Tine Stein (Hrsg.), Die Verfassungsdiskussion im Jahr der deutschen Einheit. Hintergründe – Analysen – Materialien, München/Wien 1991.

73 So Hartmut Jäckel, Die Verfassungsdebatte: Kein Abschied vom Grundgesetz, in: Ders. (Hrsg.), Die neue Bundesrepublik, Baden-Baden 1994, S. 137.

74 Tilman Evers, Volkssouveränität im Verfahren. Zur Verfassungsdiskussion über direkte Demokratie, in: Aus Politik und Zeitgeschichte B 23/1993, S. 11.

75 Ulrich K. Preuß, Die Chance der Verfassungsgebung, in: Aus Politik und Zeitgeschichte B 49/1991, S. 13 (Hervorhebung im Original).

76 Richard Schröder, Die wichtigsten Irrtümer über die deutsche Einheit, Freiburg/Brsg. 2007, S. 160 f.

77 Ebd., S. 161.

78 Vgl. Hartmut Jäckel (Anm. 73), S. 140.

79 Vgl. eindrucksvoll zu solchen Legenden Richard Schröder (Anm. 76).

80 Vgl. Michael Rogner, Der Verfassungsentwurf des Zentralen Runden Tisches der DDR, Berlin 1993.

81 So Jürgen Habermas, Nochmals: Zur Identität der Deutschen. Ein einig Volk von aufgebrachten Wirtschaftsbürgern?, in: Ders., Die nachholende Revolution. Kleine Politische Schriften VII, Frankfurt a.M., 1990, S. 216.

82 Ebd., S. 217 f. (Hervorhebung im Original).

83 Vgl. den zusammenfassenden Vergleich bei Volker Kronenberg, Patriotismus in Deutschland. Perspektiven für eine weltoffene Nation, Wiesbaden 2005, S. 189–215.

84 Vgl. Donata Kluxen-Pyta, Verfassungspatriotismus und nationale Identität, in: Zeitschrift für Politik 37 (1990), S. 119–133.

85   Vgl. Dirk Rochtus (Anm. 37); Rainer Land/Ralf Possekel, Fremde Welten. Die gegensätzliche Deutung der DDR durch SED-Reformer und Bürgerbewegungen in den 80er Jahren, Berlin 1998.

86   Vgl. u. a. Konrad H. Jarausch/Martin Sabrow (Hrsg.), Weg in den Untergang. Der innere Zerfall der DDR, Göttingen 1999.

87   Vgl. dazu Norman Bock, Postkommunistischer Geschichtsrevisionismus. Die Verklärung der SED-Diktatur, in: Gesellschaft – Wirtschaft – Politik 58 (2009), S. 377–386.

88   Vgl. für Einzelheiten Karl-Heinz Paqué, Die Bilanz. Eine wirtschaftliche Analyse der Deutschen Einheit, München 2009.

89   Vgl. Bundesagentur für Arbeit (Hrsg.), Monatsbericht März 2010, Nürnberg 2010, S. 17.

90   So Gerhard A. Ritter, Die DDR in der deutschen Geschichte, in: Vierteljahrshefte für Zeitgeschichte 50 (2002), S. 198.

91   So Max Kaase, Art. Innere Einheit, in: Werner Weidenfeld/Karl Rudolf Korte (Hrsg.), Handbuch zur deutschen Einheit. 1949 – 1989 – 1999, Neuausgabe, Frankfurt a.M. 1999, S. 460.

92   So Hans-Joachim Veen, Vereint, aber doch nicht wirklich eins? Ein Plädoyer wider den völkischen Rückfall, in: Deutschland Archiv 33 (2000), S. 275.

93   Vgl. Renate Köcher (Hrsg.), Allensbacher Jahrbuch der Demoskopie 2003–2009, Bd. 12, Berlin/New York 2009, S. 116.

94   Vgl. ebd., S. 16.

95   So Klaus Schroeder, Der Preis der Einheit. Eine Bilanz, München 2000, S. 217.

96   Vgl. Katja Neller, Getrennt vereint? Ost-West-Identitäten. Stereotypen und Fremdheitsgefühle nach 15 Jahren deutscher Einheit?, in: Jürgen W. Falter/Oscar W. Gabriel/Hans Rattinger/Harald Schoen, Sind wir ein Volk? Ost- und Westdeutschland im Vergleich, München 2006, S. 13–26.

97   Vgl. etwa Wolfgang Jäger/Ingeborg Villinger, Die Intellektuellen und die deutsche Einheit, Freiburg/Brsg. 1997.

98   So Matthias Matussek, Wir Deutschen. Warum uns die anderen gern haben können, Frankfurt a.M. 2006, S. 15. Siehe auch Reinhard Mohr, Das Deutschlandgefühl. Eine Heimatkunde, Reinbek 2005; Richard Wagner, Der deutsche Horizont. Vom Schicksal eines guten Landes, Berlin 2006.

99   Vgl. statt vieler Publikationen Hans Herbert von Arnim, Das System: Die Machenschaften der Macht, München 2001; ders., Volksparteien ohne Volk. Das Versagen der Politik, München 2009.

100 Die Daten sind entnommen dem Band von Uwe Müller/Grit Hartmann, Vorwärts und Vergessen! Kader, Spitzel und Komplizen: Das gefährliche Erbe der SED-Diktatur, Berlin 2009, S. 65–72.

101 Vgl. Materialien der Enquete-Kommission „Aufarbeitung von Geschichte und Folgen der SED-Diktatur in Deutschland" (12. Wahlperiode des Deutschen Bundestages), hrsg. vom Deutschen Bundestag, neun Bde. in 18 Teilbänden,

Frankfurt a.M. 1995; Materialien der Enquete-Kommission „Überwindung der Folgen der SED-Diktatur im Prozess der deutschen Einheit" (13. Wahlperiode des Deutschen Bundestages), hrsg. vom Deutschen Bundestag, acht Bde. in 14 Teilbänden, Frankfurt a.M. 1999

102 Peter Graf Kielmansegg, Nach der Katastrophe. Eine Geschichte des geteilten Deutschland, Berlin 2000, S. 674.

Kapitel 7

1 Vgl. Alexander Gallus, Einführung, in: Ders. (Hrsg.), Die vergessene Revolution von 1918/19, Göttingen 2010, S. 15.

2 Karl Heinrich Pohl, Obrigkeitsstaat und Demokratie. Aspekte der ‚Revolution' von 1918/19, in: Manfred Hettling (Hrsg.), Revolution in Deutschland? 1789– 1989. Sieben Beiträge, Göttingen 1991, S. 66.

3 So Heinrich August Winkler, Weimar 1918–1933. Die Geschichte der ersten deutschen Demokratie, München 1998, S. 87.

4 Vgl. u. a. Horst Möller, Das Ende der Weimarer Demokratie und die nationalsozialistische Revolution von 1933, in: Martin Broszat/ders. (Hrsg.), Das Dritte Reich. Herrschaftsstruktur und Geschichte, München 1983, S. 9–37.

5 Überzeugende Belege finden sich bei Ilko-Sascha Kowalczuk, Endspiel. Die Revolution von 1989 in der DDR, München 2009, S. 536–548.

6 Vgl. etwa Robert Grünbaum, Eine Revolution in Deutschland? Der Charakter des Umbruchs in der DDR von 1989/90, in: Geschichte in Wissenschaft und Unterricht 50 (1999), S. 438–450; Beate Ihme-Tuchel, Wende, Implosion, Umbruch, Revolution oder „Refolution" in der DDR? Versuche zur Einordnung eines historischen Großereignisses 15 Jahre danach, in: Helmut Wagner (Hrsg.), Europa und Deutschland – Deutschland und Europa. Liber amicorum für Heiner Timmermann zum 65. Geburtstag, Münster 2005, S. 322–334.

7 Vgl. die folgende Diskussion: Michael Richter, Die Wende. Plädoyer für eine umgangssprachliche Benutzung des Begriffs, in: Deutschland Archiv 40 (2007), S. 861–868; Rainer Eckert, Gegen die Wende-Demagogie – für den Revolutionsbegriff; Michael Richter, Ebenfalls gegen die Wende-Demagogie und für den Revolutionsbegriff. Replik auf Rainer Eckerts Anmerkungen, jeweils in: Deutschland Archiv 40 (2007), S. 1046–1048, S. 1086 f.

8 Wolfgang Schieder, Die Umbrüche von 1918, 1933, 1945 und 1989 als Wendepunkte deutscher Geschichte, in: Dieter Papenfuß/ders. (Hrsg.), Deutsche Umbrüche im 20. Jahrhundert, Köln u. a. 2000, S. 18.

9 So Stefan Bollinger, Die finale Krise der DDR. Ein Problemaufriss, in: Ders. (Hrsg.), Das letzte Jahr der DDR. Zwischen Revolution und Selbstaufgabe, Berlin 2004, S. 27; siehe auch ders., 1989 – eine abgebrochene Revolution. Verbaute Wege nicht nur zu einer besseren DDR?, Berlin 1999.

10 Vgl. Timothy Garton Ash, Im Namen Europas. Deutschland und der geteilte Kontinent, München/Wien 1993, S. 504.

11 Vgl. Kapitel 10.

12 Der Zusammenbruch des Sowjetkommunismus mit seinen tektonischen Erschütterungen kommt in der Dimension dagegen dem Ende des Nationalsozialismus gleich, nicht in seinen Ursachen.

13 Vgl. in diesem Sinne Henry A Turner, Hitlers Weg zur Macht. Der Januar 1933, München 1996.

14 Vgl. Karl Dietrich Bracher, Die Auflösung der Weimarer Republik. Eine Studie zum Problem des Machtverfalls in der Demokratie, 5. Aufl., Düsseldorf 1978.

15 Hans-Ulrich Wehler, Das Deutsche Kaiserreich 1871–1918, Gärungen 1973, S. 226.

16 Vgl. Marie-Luise Recker, Die Außenpolitik des Dritten Reiches, München 1990; Bernd-Jürgen Wendt, Großdeutschland. Außenpolitik und Kriegsvorbereitung des Hitler-Regimes, 2. Aufl., München 1993.

17 So Hans Mommsen, Hitlers Stellung im nationalsozialistischen Herrschaftssystem, in: Ders., Der Nationalsozialismus und die deutsche Gesellschaft. Ausgewählte Aufsätze. Zum 60. Geburtstag herausgegeben von Lutz Niethammer und Bernd Weisbrod, Reinbek bei Hamburg 1991, S. 96.

18 So Theodor Eschenburg, Jahre der Besatzung 1945–1949, Stuttgart/Wiesbaden 1983, S. 21–60.

19 Vgl. in diesem Sinne Wilfried Loth, Die Teilung der Welt. Geschichte des Kalten Krieges 1941–1955, Neuausg., München 2000.

20 Eine andere Position vertritt nicht nur Alexandra Nepit, Die SED unter dem Druck der Reformen Gorbatschows. Der Versuch der Parteiführung, das SED Regime durch konservatives Systemmanagement zu stabilisieren, Baden-Baden 2004.

21 Diese These Ernst Noltes hat bekanntlich den „Historikerstreit" ausgelöst. Vgl. ausführlich ders., Der europäische Bürgerkrieg 1917–1945. Nationalsozialismus und Bolschewismus: Mit einem Brief von François Furet an Ernst Nolte im Anhang, 5, Aufl., Berlin 1997.

22 Vgl. Ian Kershaw, Der Hitler-Mythos. Volksmeinung und Propaganda im Dritten Reich, Stuttgart 1980.

23 Vgl. dazu ausführlicher Uwe Backes/Eckhard Jesse, 1918 – 1933 – 1945 – 1989. Ein Vergleich der Zäsuren und Phasen in extremismustheoretischer Perspektive, in: Dies. (Hrsg.), Jahrbuch Extremismus & Demokratie, Bd. 15, Baden-Baden 2003, S. 13–31.

24 Vgl. Christian Striefler, Kampf um die Macht. Kommunisten und Nationalsozialisten am Ende der Weimarer Republik, Berlin 1993.

25 Vgl. Klaus Rainer Röhl, Nähe zum Gegner. Kommunisten und Nationalsozialisten im Berliner BVG-Streik von 1932, Frankfurt a.M. 1994.

26 Vgl. Walter Süß, Zur Wahrnehmung und Interpretation des Rechtsextremismus in der DDR durch das MfS, in: Deutschland Archiv 26 (1993), S. 388–406.

27 Vgl. Thomas Klein u. a. (Hrsg.), Keine Opposition. Nirgends? Linke in Deutschland nach dem Sturz des Realsozialismus, Berlin 1991; Bernd Gehrke/Wolfgang Rüddenklau (Hrsg.), ... das war doch nicht unsere Alternative. DDR-Oppositionelle zehn Jahre nach der Wende, Münster 1999.

28 Vgl. Tobias Wunschik, Der nicht alltägliche Widerstand der KPD/ML, in: Lothar Mertens (Hrsg.), Unter dem Deckel der Diktatur. Soziale und kulturelle Aspekte des DDR Alltags, Berlin 2003, S. 165–196.

29 Vgl. die vielfältigen Belege bei Rainer Zitelmann, Hitler. Selbstverständnis eines Revolutionärs, 2. Aufl., Stuttgart 1989.

30 Vgl. etwa Christof Geisel, Auf der Suche nach einem dritten Weg. Das politische Selbstverständnis der DDR-Opposition in den 80er Jahren, Berlin 2005.

31 Vgl. Heinrich August Winkler (Hrsg.), Weimar im Widerstreit. Deutungen der ersten deutschen Republik im geteilten Deutschland, München 2002.

32 Vgl. die Sammlung einschlägiger Beiträge in dem folgenden Band: „Historikerstreit". Die Dokumentation der Kontroverse um die Einzigartigkeit der nationalsozialistischen Judenvernichtung, München/Zürich 1987; eine Bewertung aus politikwissenschaftlicher Sicht stammt von Steffen Kailitz, Die politische Deutungskultur im Spiegel des „Historikerstreits". What's right? What's left?, Wiesbaden 2001.

33 So Heinrich August Winkler, Der lange Weg nach Westen, Zweiter Band, München 2000, S. 654.

34 Vgl. Peter Graf Kielmansegg, Nach der Katastrophe. Eine Geschichte des geteilten Deutschland, Berlin 2000.

35 Vgl. Bernd Faulenbach, Der 17. Juni 1953 als demokratische Tradition, in: Jürgen Maruhn (Koordinator), 17. Juni 1953. Der Aufstand für die Demokratie, München 2003, S. 141–149.

36 Vgl. Hans Joachim Veen (Hrsg.), Die abgeschnittene Revolution. Der 17. Juni 1953 in der deutschen Geschichte, Köln 2004; Bernd Eisenfeld/Ilko-Sascha Kowalczuk/Ehrhart Neubert, Die verdrängte Revolution. Der Platz des 17. Juni 1953 in der deutschen Geschichte, Bremen 2004.

37 Heinrich August Winkler, Deutschland vor Hitler. Der historische Ort der Weimarer Republik, in: Heinrich Pehle, Der historische Ort des Nationalsozialismus. Annäherungen, Frankfurt a.M. 1990, S. 30.

38 So Jürgen Faulenbach, Die demokratische Linke und die Umwälzung 1989/90. Zur Bedeutung von Totalitarismustheorien in der deutschen Sozialdemokratie, in: Mike Schmeitzner (Hrsg.), Totalitarismuskritik von links. Deutsche Diskurse im 20. Jahrhundert, Göttingen 2007, S. 391.

39 So Helmut L. Müller, Der „dritte Weg" als deutsche Gesellschaftsidee, in: Aus Politik und Zeitgeschichte B 27/1984, S. 27–38.

40 Vgl. statt vieler: Reinhard Rürup, Demokratische Revolution und „dritter Weg".
Die deutsche Revolution von 1918/19 in der neueren wissenschaftlichen Diskussion, in: Geschichte und Gesellschaft 9 (1983), S. 278–301.

41 Vgl. Eberhard Schmidt, Die verhinderte Neuordnung 1945–1952. Zur Auseinandersetzung um die Demokratisierung der Wirtschaft in den westlichen Besatzungszonen und in der Bundesrepublik Deutschland, 8. Aufl., Frankfurt a.M.
1981.

42 Vgl. Ute Schmidt/Tilman Fichter, Der erzwungene Kapitalismus. Klassenkämpfe
in den Westzonen 1945–49, Berlin 1973.

43 Vgl. Theo Pirker, Die verordnete Neuordnung 1945–1952. Grundlagen und Erscheinungen der „Restauration", Berlin 1977.

44 Vgl. Ernst-Ulrich Huster u. a., Determinanten der westdeutschen Restauration
1945–1949, 3. Aufl., Frankfurt a.M. 1975.

45 Vgl. zu dieser Position Martin Jänicke, Der dritte Weg. Die antistalinistische Opposition gegen Ulbricht seit 1953, Köln 1964.

46 Vgl. z. B. Dirk Rochtus, Zwischen Realität und Utopie. Das Konzept des „dritten
Weges" in der DDR 1989/90, Leipzig 1999; Christof Geisel (Anm. 30).

47 Vgl. Friedrich Meinecke, Die deutsche Katastrophe, Wiesbaden 1946.

Kapitel 8

1 Vgl. etwa Steffen Kailitz, Stand und Perspektiven der Autokratieforschung, in:
Zeitschrift für Politikwissenschaft 19 (2009), S. 437–488; ders., Varianten der
Autokratie im 20. und 21. Jahrhundert, in: Totalitarismus und Demokratie 6
(2009), S. 209–251.

2 Vgl. zum Forschungsstand Detlef Schmiechen-Ackermann, Diktaturen im Vergleich, Darmstadt 2002; ders., Möglichkeiten und Grenzen des Diktaturenver-
gleichs, in: Totalitarismus und Demokratie 2 (2005), S. 15–38.

3 Vgl. z. B. Ludger Kühnhardt u. a. (Hrsg.), Die doppelte deutsche Diktaturerfahrung – ein historisch-politikwissenschaftlicher Vergleich, Frankfurt a.M./Berlin
1994; Günther Heydemann/Eckhard Jesse (Hrsg.), Diktaturvergleich als Herausforderung. Theorie und Praxis, Berlin 1998; Günther Heydemann/Heinrich
Oberreuter (Hrsg.), Diktaturen. Deutschland – Vergleichsaspekte. Strukturen,
Institutionen und Verhaltensweisen, Bonn 2003; Eckhard Jesse, Diktaturen in
Deutschland. Diagnosen und Analysen, Baden-Baden 2008.

4 Vgl. etwa die beiden Beiträge von Horst Möller und Jürgen Kocka zum Thema
„Nationalsozialismus und SED-Diktatur in vergleichender Perspektive", in: Mate-
rialien der Enquete-Kommission „Aufarbeitung von Geschichte und Folgen der
SED-Diktatur in Deutschland" (12. Wahlperiode des Deutschen Bundestages),
hrsg. vom Deutschen Bundestag, Bd. IX (Zwei Diktaturen in Deutschland),
Frankfurt a.M. 1995, S. 576–588, S. 588–597.

5 Ebd., Bd. I (Enquete-Kommission: Anträge, Debatten, Bericht), S. 744.

6 Vgl. Eckhard Jesse (Hrsg.), Totalitarismus im 20. Jahrhundert. Eine Bilanz der internationalen Forschung, 2. Aufl., Baden-Baden 1999; Alfons Söllner/Ralf Walkenhaus/Karin Wieland (Hrsg.), Totalitarismus. Eine Ideengeschichte des 20. Jahrhunderts, Berlin 1997.

7 Es gibt jedoch auch Argumente, die den Befund relativieren: So beförderte für die Anhänger der Polykratiethese die kumulative Radikalisierung unausweichlich das Ende des Dritten Reiches; und der DDR wohnte eine Reihe von inneren Stabilitätselementen inne (wie etwa der sozialistische Paternalismus oder die – erwähnte – Bezugnahme auf den „Antifaschismus").

8 Vgl. etwa Wolfgang Dümcke/Fritz Vilmar (Hrsg.), Kolonialisierung der DDR. Kritische Analysen und Alternativen des Einigungsprozesses, 3. Aufl., Münster 1996.

9 Vgl. Eckhard Jesse, Das Dritte Reich und die DDR – zwei „deutsche" Diktaturen?, in: Totalitarismus und Demokratie 2 (2005), S. 39–59.

10 So Armin Mohler, Der Nasenring. Die Vergangenheitsbewältigung vor und nach dem Fall der Mauer, München 1991, S. 322.

11 So Wolfgang Wippermann, Dämonisierung durch Vergleich: DDR und Drittes Reich, Berlin 2009, S. 120 f.; noch simpler Johannes Klotz (Hrsg.), Schlimmer als die Nazis? „Das Schwarzbuch des Kommunismus" und die neue Totalitarismusdebatte und der Geschichtsrevisionismus, Köln 1999.

12 Lothar Probst, Deutsche Vergangenheiten – Deutschlands Zukunft. Eine Diagnose intellektueller Kontroversen nach der Wiedervereinigung, in: Deutschland Archiv 27 (1994), S. 180.

13 Vgl. Hartmut Wasser, Weimar und Bonn. Zwei deutsche Republiken. Ein Strukturvergleich. Stuttgart 1980; Friedrich Balke/Benno Wagner, Vom Nutzen und Nachteil historischer Vergleiche. Der Fall Bonn-Weimar, Frankfurt a.M./New York 1997.

14 Vgl. Fritz René Allemann, Bonn ist nicht Weimar, Köln 1956.

15 Vgl. Sebastian Ullrich, Der Weimar-Komplex. Das Scheitern der ersten deutschen Demokratie und die politische Kultur der frühen Bundesrepublik, Göttingen 2009.

16 Vgl. Jürgen Rüttgers, Nach einer historischen Wahl: Die Union ist die einzige Volkspartei, in: Ders. (Hrsg.), Berlin ist nicht Weimar. Zur Zukunft der Volksparteien, Essen 2009, S. 183.

17 Vgl. Christoph Gusy (Hrsg.), Weimars lange Schatten. „Weimar" als Argument nach 1945, Baden-Baden 2003.

18 So Sebastian Ullrich (Anm. 15), S. 623.

19 Christoph Gusy, Einleitung – Weimar: Geschichte als Argument, in: Ders. (Anm. 17), S. 16.

20 Vgl. Alexander Gallus, Die Neutralisten. Verfechter eines vereinten Deutschland zwischen Ost und West 1945–1990, 2. Aufl., Düsseldorf 2006.

21 Vgl. z. B. Axel Schildt, Ankunft im Westen. Ein Essay zur Erfolgsgeschichte der Bundesrepublik. Frankfurt a.M. 1999; Anselm Doering-Manteuffel, Wie westlich sind die Deutschen? Amerikanisierung und Westernisierung im 20. Jahrhundert. Göttingen 1999; Arnd Bauerkämper/Konrad H. Jarausch/Markus Payk (Hrsg.), Demokratiewunder. Transatlantische Mittler und die Demokratisierung Westdeutschlands 1945–1965, Göttingen 2005; Konrad H. Jarausch, Die Umkehr. Deutsche Wandlungen 1945–1995, München 2004.

22 Vgl. Heinrich A. Winkler, Der lange Weg nach Westen, 2 Bände, München 2000.

23 Vgl. Ulrich Herbert (Hrsg.), Wandlungsprozesse in Westdeutschland. Belastung. Integration, Liberalisierung 1945–1980, Göttingen 2002.

24 Vgl. Detlef Lehnert/Klaus Megerle (Hrsg.), Politische Identität und nationale Gedenktage. Zur politischen Kultur in der Weimarer Republik. Opladen 1989; dies. (Hrsg.), Politische Teilkulturen zwischen Integration und Polarisierung. Zur politischen Kultur in der Weimarer Republik, Opladen 1990.

25 Vgl. Thomas Mergel, Parlamentarische Kultur in der Weimarer Republik. Politische Kommunikation, symbolische Politik und Öffentlichkeit im Reichstag, Düsseldorf 2002.

26 Diese waren in der Weimarer Republik eher in einer Minderheit. Vgl. Andreas Wirsching/Jürgen Eder (Hrsg.), Vernunftrepublikanismus in der Weimarer Republik. Politik, Literatur, Wissenschaft, Stuttgart 2008.

27 Vgl. Manfred Agethen/Eckhard Jesse/Ehrhart Neubert (Hrsg.), Der missbrauchte Antifaschismus. DDR-Staatsdoktrin und Lebenslüge der deutschen Linken, Freiburg i. Br. 2002.

28 So Christoph Kleßmann/Hans Misselwitz/Günter Wichert, Vorwort, in: Dies. (Hrsg.), Deutsche Vergangenheiten – eine gemeinsame Herausforderung. Der schwierige Umgang mit der doppelten Nachkriegsgeschichte, Berlin 1999, S. 12.

29 Das gilt etwa für die Rolle der Staatssicherheit. Vgl. etwa Hubertus Knabe, Die unterwanderte Republik. Stasi im Westen, München/Berlin 2001; Udo Baron, Kalter Krieg und heißer Frieden. Der Einfluss der SED und ihrer westdeutschen Verbündeten auf die Partei ,Die Grünen', Münster 2003; Georg Herbstritt/Helmut Müller-Enbergs (Hrsg.), Das Gesicht dem Westen zu. DDR-Spionage gegen die Bundesrepublik Deutschland, 2. Aufl., Bremen 2003; Sven-Felix Kellerhoff, Die Stasi und der Westen. Der Kurras-Komplex, Hamburg 2010.

30 Vgl. etwa den folgenden Band, der kurz vor dem Zusammenbruch der DDR in großer Auflage auf den Markt kam: Werner Weidenfeld/Hartmut Zimmermann (Hrsg.), Deutschland-Handbuch. Eine doppelte Bilanz 1949–1989, Bonn 1989.

31 Vgl. Eberhard Schütt-Wetschky, Vergleich Bundesrepublik Deutschland – Deutsche Demokratische Republik. Zur Kritik der systemimmanenten Methode, in: Deutschland Archiv 21 (1988), S. 754–761.

32 Vgl. Bundesministerium für innerdeutsche Beziehungen (Hrsg.), Bericht der Bundesregierung und Materialien zur Lage der Nation, 3 Bde., Wissenschaftliche Leitung: Peter Christian Ludz, Bonn 1971/1972/1974.

33 Vgl. Heinz Peter Hamacher, DDR-Forschung und Politikberatung 1949–1990. Ein Wissenschaftszweig zwischen Selbstbehauptung und Anpassungszwang, Köln 1991.

34 Vgl. Wolfgang Brinkel/Jo Rodejohann (Hrsg.), Das SPD-SED-Papier. Der Streit der Ideologien und die gemeinsame Sicherheit, Freiburg 1988. Das Dokument ist abgedruckt ebd., S. 11–21.

35 Vgl. Bundesministerium für innerdeutsche Beziehungen (Hrsg.), Materialien zur Lage der Nation. Bürger und Staat. Eine vergleichende Untersuchung zu Praxis und Recht der Bundesrepublik Deutschland und der Deutschen Demokratischen Republik, Wissenschaftliche Kommission: Eckart Klein (Leitung) u. a., Köln 1990.

36 Vgl. Jürgen Weber (Hrsg.), DDR – Bundesrepublik Deutschland. Beiträge zu einer vergleichenden Analyse ihrer politischen Systeme, München 1980; Eckhard Jesse (Hrsg.), Bundesrepublik Deutschland und Deutsche Demokratische Republik. Die beiden deutschen Staaten im Vergleich, 4. Aufl., Berlin 1985.

37 Vgl. Udo Wengst/Hermann Wentker (Hrsg.), Das doppelte Deutschland. 40 Jahre Systemkonkurrenz, Berlin 2008.

Kapitel 9

1 Vgl. z. B. Roland Czada/Hellmut Wollmann (Hrsg.), Von der Bonner zur Berliner Republik. 10 Jahre Deutsche Einheit, Wiesbaden 2000; Winand Gellner/John D. Robertson (Hrsg.), The Berlin Republic: German Unification and a Decade of Changes, London 2002.

2 Vgl. Johannes Gross, Die Begründung der Berliner Republik, Stuttgart 1995; Jürgen Habermas, Die Normalität einer Berliner Republik, Frankfurt a.M. 1995.

3 So pointiert Klaus Schroeder, Das neue Deutschland. Was sich seit der Wiedervereinigung geändert hat, in: Politische Bildung 41 (2008), Heft 4, S. 42 f.

4 Vgl. Udo Wengst, Wer stimmte für Bonn, wer für Berlin? Die Entscheidung über den Parlaments- und Regierungssitz im Bundestag am 20. Juni 1991, in: Zeitschrift für Parlamentsfragen 22 (1991), S. 339–343; Franz Urban Pappi, Die Abstimmungsreihenfolge der Anträge zum Parlaments- und Regierungssitz am 20. Juni 1991 im Deutschen Bundestag, in: Zeitschrift für Parlamentsfragen 23 (1992), S. 403–412.

5 Vgl. beispielhaft Ralf Altenhof: Keine akademische Wortklauberei. Eine „neue" oder eine „erweiterte" Bundesrepublik nach der Wiedervereinigung, in: Ders./ Eckhard Jesse (Hrsg.), Das wiedervereinigte Deutschland. Zwischenbilanz und Perspektiven, Düsseldorf 1995, S. 219–242; Roland Czada/Hellmut Wollmann (Anm. 1); Eckhard Jesse/Eberhard Sandschneider (Hrsg.), Neues Deutschland. Eine Bilanz der deutschen Wiedervereinigung, Baden-Baden 2008.

6 So der Titel des Bandes von Klaus Schroeder, Die veränderte Republik. Deutschland nach der Wiedervereinigung, Stamsried/München 2006.

7 Vgl. u. a. Ludger Helms (Hrsg.), Institutions and Institutional Change in the Federal Republic of Germany, London 2000.

8 Vgl. etwa Jürgen W. Falter/Oscar W. Gabriel/Hans Rattinger (Hrsg.), Wirklich *ein* Volk? Die politischen Orientierungen von Ost- und Westdeutschen im Vergleich, Opladen 2000; dies. (Hrsg.), Wächst zusammen, was zusammen gehört? Stabilität und Wandel politischer Einstellungen im wiedervereinigten Deutschland, Baden-Baden 2005; dies. (Hrsg.), Der gesamtdeutsche Wähler. Stabilität und Wandel des Wählerverhaltens im wiedervereinigten Deutschland, Baden-Baden 2007; dies./Harald Schoen (Hrsg.), Sind wir ein Volk? Ost- und Westdeutschland im Vergleich, München 2006.

9 Vgl. Renate Köcher (Hrsg.), Allensbacher Jahrbuch der Demoskopie 2003–2009. Die Berliner Republik, Bd. 12, Berlin/New York 2009, S. 132 f.

10 Vgl. Katja Neller, DDR-Nostalgie. Dimensionen der Orientierungen der Ostdeutschen gegenüber der ehemaligen DDR, ihre Ursachen und politischen Konnotationen, Wiesbaden 2006; Armin Fuhrer, Von Diktatur keine Spur? Mythen und Fakten über die DDR, München 2009; Thomas Großbölting (Hrsg.), Friedensstaat, Leseland, Sportnation? DDR-Legenden auf dem Prüfstand, Berlin 2009.

11 In diese Richtung ging die erste größere Studie zur politischen Kultur im vereinigten Deutschland: Martin und Sylvia Greiffenhagen, Ein schwieriges Vaterland. Zur politischen Kultur im vereinigten Deutschland, München 1993.

12 Vgl. u. a. Eckhard Jesse/Roland Sturm (Hrsg.), Bilanz der Bundestagswahlen 2009. Voraussetzungen, Ergebnisse, Folgen, Wiesbaden 2010.

13 Vgl. Uwe Backes, 60 Jahre Extremismus in Deutschland, in: Ders./Eckhard Jesse (Hrsg.), Jahrbuch Extremismus & Demokratie, Bd. 20, Baden-Baden 2009, S. 13–44.

14 Eckhard Jesse/Jürgen P. Lang, Die Linke – der smarte Extremismus einer deutschen Partei, München 2008; Hubertus Knabe, Honeckers Erben. Die Wahrheit über DIE LINKE, Berlin 2009.

15 So Harald Schoen/Siegfried Bühler, Feinde im Inneren: Politischer Extremismus im vereinigten Deutschland, in: Jürgen W. Falter/Oscar W. Gabriel/Hans Rattinger/Harald Schoen (Anm. 8), S. 208.

16 Vgl. Manfred G. Schmidt, Die Politik des mittleren Weges. Besonderheiten der Staatstätigkeit in der Bundesrepublik Deutschland, in: Aus Politik und Zeitgeschichte B 9–10/1990, S. 23–31; ders., Regieren in der Bundesrepublik Deutschland, Opladen 1992; ders., Immer noch auf dem „mittleren Weg"? Deutschlands Politische Ökonomie am Ende des 20. Jahrhunderts, in: Roland Czada/Hellmut Wollmann (Anm. 1), S. 491–513; ders., Die Politik des mittleren Weges. Die Wirtschafts- und Sozialpolitik der Bundesrepublik Deutschland im internationalen Vergleich, in: Dieter Langewiesche/Paul Nolte/Jürgen Osterhammel (Hrsg.), Wege der Gesellschaftsgeschichte, Göttingen 2006, S. 239–252; ders., Die Politik des mittleren Weges im vereinten Deutschland, in: Herbert

Obinger/Elmar Rieger (Hrsg.), Wohlfahrtsstaatlichkeit in entwickelten Demokratien, Frankfurt a.M./New York 2009, S. 295–318.

17 Vgl. Hans-Peter Schwarz, Die Politik der Westbindung oder die Staatsraison der Bundesrepublik, in: Zeitschrift für Politik 22 (1975), S. 307–337.

18 Vgl. Christian Hacke, 60 Jahre Außenpolitik der Bundesrepublik Deutschland, in: Hans-Peter Schwarz (Hrsg.), Die Bundesrepublik Deutschland. Eine Bilanz nach 60 Jahren, Köln u. a. 2008, S. 487–510.

19 Vgl. u. a. Ralf Altenhof (Anm. 5), S. 219–242.

20 Vgl. Hans-Dietrich Genscher/Ulrich Frank-Planitz (Hrsg.), Nur ein Ortswechsel? Eine Zwischenbilanz der Republik. Zum 70. Geburtstag von Arnulf Baring, Stuttgart/Leipzig 2002.

21 Vgl. Arnulf Baring, Bürger, auf die Barrikaden, in; Frankfurter Allgemeine Zeitung v. 19. November 2002. Der Terminus „DDR light" findet sich bereits bei Rainer Zitelmann, Wohin treibt unsere Republik?, Frankfurt a.M./Berlin 1994, S. 202.

22 Vgl. Hans Jörg Hennecke, Die dritte Republik. Aufbruch und Ernüchterung, München 2003.

23 Vgl. Roland Sturm/Heinrich Pehle, Das neue deutsche Regierungssystem. Die Europäisierung von Institutionen, Entscheidungsprozessen und Politikfeldern in der Bundesrepublik Deutschland, 2. Aufl., Wiesbaden 2005.

24 Zitiert nach Renate Köcher (Anm. 9), S. 42.

25 Manfred Görtemaker, Die Berliner Republik. Wiedervereinigung und Neuorientierung, Berlin 2008, S. 9.

26 Ebd., S. 8.

27 Hanna Behrend, Ruhmlose deutsche Vereinigung, in: Dies. (Hrsg.), Die Abwicklung der DDR. Wende und deutsche Wiedervereinigung von innen gesehen, Köln 1996, S. 16.

28 So Hans Michael Kloth, Die ehemalige DDR, in: Der Spiegel, Nr. 25/1997, S. 43.

29 So Jörn Ipsen, Der Staat der Mitte. Verfassungsgeschichte der Bundesrepublik Deutschland, München 2009, S. 351.

30 Diese rechtfertigt aber nicht den Titel des Buches von Uwe Müller, Supergau Deutsche Einheit, Berlin 2005.

31 So Erich Kuby, Deutsche Perspektiven. Unfreundliche Randbemerkungen, Hamburg 1993, S. 129.

32 Vgl. Otthein Rammstedt/Gert Schmidt (Hrsg.), BRD ade! Vierzig Jahre in Rück-Ansichten, Frankfurt a.M. 1992; Jonathan C. Carr, Goodbye Germany. Nachruf auf die Bonner Republik, Düsseldorf u. a. 1993.

33 Vgl. Ludger Helms, Die Institutionalisierung der liberalen Demokratie. Deutschland im internationalen Vergleich, Frankfurt a.M. 2007.

34 Konrad Adam, Ortswechsel im Gezeitenwechsel, in: Ulrich Frank-Planitz/Hans-Dietrich Genscher (Anm. 20), S. 24–32.

35 Angelo Bolaffi, Die schrecklichen Deutschen. Eine merkwürdige Liebeserklärung, Berlin 1995, S. 10.

Kapitel 10

1 Heinrich August Winkler, Streitfragen der deutschen Geschichte, Essays zum 19. und 20. Jahrhundert, München 2009, S. 67.

2 Ebd., S. 68, S. 67.

3 Außer acht gelassen wird die Frage, ob das NS-System sich nicht gleichsam aus innerer Logik gezwungen sah, einen Krieg vom Zaun zu brechen. Insofern wäre der Systemsturz auch innenpolitisch bedingt.

4 Vgl. etwa Ralf Georg Reuth/Andreas Bönte, Das Komplott. Wie es wirklich zur Deutschen Einheit kam, München 1993.

5 Die KGB-Akten sind der wissenschaftlichen Öffentlichkeit nicht zugänglich.

6 Vgl. Michael Richter, Die doppelte Demokratisierung. Eine ostdeutsche Besonderheit der Transition, in: Totalitarismus und Demokratie 3 (2006), S. 79–98.

7 So Uwe Backes, Hybrides System des untergehenden Staates: Die DDR 1989–1990, in: Jerzy Maćków (Hrsg.), Autoritarismus in Mittel- und Osteuropa, Wiesbaden 2009, S. 60.

8 Heiko Bollmeyer, Das „Volk" in den Weimarer Verfassungsberatungen der Weimarer Nationalversammlung 1919 – ein demokratietheoretischer Schlüsselbegriff zwischen Kaiserreich und Republik, in: Alexander Gallus, Die vergessene Revolution von 1918/19, Göttingen 2010, S. 59.

9 Zitiert nach Heinrich August Winkler, Weimar 1918–1933. Die Geschichte der ersten deutschen Demokratie, München 1993, S. 105.

10 Ebd., S. 108.

11 Vgl. Dieter Rebentisch, Führerstaat und Verwaltung im Zweiten Weltkrieg. Verfassungsentwicklung und Verwaltungspolitik 1939–1945, Stuttgart 1989.

12 Martin Broszat/Norbert Frei (Hrsg.), Das Dritte Reich im Überblick. Chronik-Ereignisse-Zusammenhänge, überarbeitete Neuausgabe, München 1989, S. 93.

13 So Werner Maser, Zwischen Kaiserreich und NS-Regime. Die erste deutsche Republik 1918 bis 1933, Bonn/Berlin 1993, S. 180 f.

14 Die Anwendung auf die vier Ebenen erfolgt auch für die Diktatur, obwohl dies wegen der Begriffsbildung nicht ganz unproblematisch ist.

15 So Bernd Sösemann, Propaganda und Öffentlichkeit in der "Volksgemeinschaft", in: Ders. (Hrsg.), Der Nationalsozialismus und die deutsche Gesellschaft. Einführung und Überblick, Stuttgart/München 2002, S. 135.

16 Ebd., S. 153.

17 Vgl. Klaus von Beyme, Der kurze Sonderweg Deutschlands zur Vermeidung eines erneuten Sonderweges. Die Transformation Ostdeutschlands im Vergleich postkommunistischer Systeme, in: Berliner Journal für Soziologie 6 (1996), S. 305–316.

18 Uwe Backes, Totalitarismus und Transformation – Eine Einführung, in: Ders./ Tytus Jaskulowski/Abel Polese (Hrsg.), Totalitarismus und Transformation. Defizte der Demokratiekonsolidierung in Mittel- und Osteuropa, Göttingen 2009, S. 21.

19 Vgl. Hans Wilhelm Vahlefeld, Deutschlands totalitäre Tradition. Nationalsozialismus und SED-Sozialismus als politische Religionen, Stuttgart 2002.

Kapitel 11

1 Das ist die Tendenz in den Büchern von Stefan Bollinger. Vgl. ders. (Hrsg.), Das letzte Jahr der DDR. Zwischen Revolution und Selbstaufgabe, Berlin 2004; ders., 1989 – eine abgebrochene Revolution. Verbaute Wege nicht nur zu einer besseren DDR?, Berlin 1999.

2 Vgl. Thomas Darnstädt, Konsens ist Nonsens. Wie die Republik wieder regierbar wird, München 2006.

3 Hagen Schulze, Kleine deutsche Geschichte, München 1996, S. 266.

4 So Wolfram Weimer, Wahn-Sinn!, in: Cicero, Heft 4/2006, S. 146.

5 Vgl. Ulrich Teusch, Die Katastrophengesellschaft. Warum wir aus Schaden nicht klug werden, Zürich 2008.

6 So Zbigniew Brzezinski, Das gescheiterte Experiment. Der Untergang des kommunistischen Systems, Wien 1989, S. 283.

7 Vgl. Fritz Schellack, Nationalfeiertage in Deutschland von 1871 bis 1945, Frankfurt u. a. 1990.

8 Gesetz über einen allgemeinen Feiertag vom 17. April 1919.

9 Vgl. Detlef Lehnert/Klaus Megerle, Politische Identität und nationale Gedenktage, in: Dies. (Hrsg.), Politische Identität und nationale Gedenktage. Zur politischen Kultur in der Weimarer Republik, Opladen 1989, S. 9–30.

10 Vgl. Detlef Lehnert/Klaus Megerle (Hrsg.), Politische Teilkulturen zwischen Integration und Polarisierung. Zur politischen Kultur in der Weimarer Republik, Opladen 1990.

11 Vgl. hierzu und zu den nachfolgenden Ausführungen Dietmar Schiller, Politische Gedenktage in Deutschland. Zum Verhältnis von öffentlicher Erinnerung und politischer Kultur, in: Aus Politik und Zeitgeschichte B 25/1993, S. 32–39.

12 Vgl. Sabine Behrenbeck, Der Kult um die toten Helden. Nationalsozialistische Mythen, Riten und Symbole 1923 bis 1945, Vierow 1996.

13 In diesem Sinne Ralf Rytlewski/Birgit Sauer, Die Ritualisierung des Jahres. Zur Phänomenologie der Feste und Feiern in der DDR, in: Wolfgang Luthardt/Arno

Waschkuhn (Hrsg.), Politik und Repräsentation. Beiträge zur Theorie und zum Wandel politischer und sozialer Institutionen, Marburg 1988, S. 265–285.

14 So Harald Schmid, Deutungsmacht und kalendarisches Gedächtnis – die politischen Gedenktage, in: Peter Reichel/Harald Schmid/Peter Steinbach (Hrsg.), Der Nationalsozialismus – die zweite Geschichte. Überwindung – Deutung – Erinnerung, München 2009, S. 185.

15 Vgl. dazu Alexander Gallus, Der 17. Juni im Deutschen Bundestag von 1954 bis 1990, in: Aus Politik und Zeitgeschichte B 25/1993, S. 12–21.

16 Dies zeigen partiell auch die jährlichen Bundestagsreden. Vgl. neben Alexander Gallus (Anm. 15) Manfred Wilke, „Der Tag der deutschen Einheit" in den Gedenkreden des Deutschen Bundestages, in: Hans-Joachim Veen (Hrsg.), Die abgeschnittene Revolution. Der 17. Juni 1953 in der deutschen Geschichte, Köln 2004, S. 109–128.

17 Vgl. Friedrich Krotz/Dieter Wiedemann (Hrsg.), Der 3. Oktober 1990 im Fernsehen und im Erleben der Deutschen, Hamburg 1991.

18 Zu diesem mythenumwobenen Tag vgl. Peter Hurrelbrink, Der 8. Mai 1945. Befreiung durch Erinnerung. Ein Gedenktag und seine Bedeutung für das politisch-kulturelle Selbstverständnis in Deutschland, Bonn 2005.

19 So von dem grünen Abgeordneten des Europäischen Parlaments Michael Cramer, Warum heute ein nationaler Gedenktag sein sollte, in: Die Welt v. 18. März 2008.

13. Literaturverzeichnis

13.1. Bücher

Agethen, Manfred/Eckhard Jesse/Ehrhart Neubert (Hrsg.): Der missbrauchte Antifaschismus. DDR-Staatsdoktrin und Lebenslüge der deutschen Linken, Freiburg/Brsg. 2002.

Allemann, Fritz René: Bonn ist nicht Weimar, Berlin/Köln 1956.

Altrichter, Helmut/Helmut Neuhaus (Hrsg.): Das Ende von Großreichen, Erlangen/Jena 1996.

Anderson, Margaret Lavinia: Lehrjahre der Demokratie. Wahlen und politische Kultur im Deutschen Kaiserreich, Stuttgart 2009.

Apelt, Andreas H. (Hrsg.): Der Weg zum Denkmal für Freiheit und Einheit, Schwalbach/Ts. 2009.

Backes, Uwe: Liberalismus und Demokratie – Antinomie und Synthese. Zum Wechselverhältnis zweier politischer Strömungen im Vormärz, Düsseldorf 2000.

Backes, Uwe/Tytus Jaskulowski/Abel Polese (Hrsg.): Totalitarismus und Transformation. Defizite der Demokratiekonsolidierung in Mittel- und Osteuropa, Göttingen 2009.

Bahners, Patrick/Alexander Cammann (Hrsg.): Bundesrepublik und DDR. Die Debatte um Hans-Ulrich Wehlers „Deutsche Gesellschaftsgeschichte", München 2009.

Balke, Friedrich/Benno Wagner (Hrsg.): Vom Nutzen und Nachteil historischer Vergleiche. Der Fall Bonn-Weimar, Frankfurt a.M./New York 1997.

Bauerkämper, Arnd/Konrad H. Jarausch/Markus Payk (Hrsg.): Demokratiewunder. Transatlantische Mittler und die Demokratisierung Westdeutschlands 1945–1965, Göttingen 2005.

Bavaj, Riccardo/Florentine Fritten (Hrsg.): Deutschland – ein Land ohne revolutionäre Traditionen? Revolutionen im Deutschland des 19. und 20. Jahrhunderts im Lichte neuerer geistes- und kulturgeschichtlicher Erkenntnisse, Frankfurt a.M. u. a. 2005.

Bender, Peter: Episode oder Epoche? Zur Geschichte des geteilten Deutschland, München 1996.

Bender, Peter: Unsere Erbschaft. Was war die DDR – was bleibt von ihr?, Neuwied 1992.

Bender, Peter/Johannes Willms (Hrsg.): Der 9. November. Fünf Essays zur deutschen Geschichte, München 1994.

Benz, Wolfgang: Von der Besatzungsherrschaft zur Bundesrepublik. Stationen einer Staatsgründung 1946–1949, Frankfurt a.M. 1984.

Berghahn, Volker: Das Kaiserreich 1871–1914. Industriegesellschaft, bürgerliche Kultur und autoritärer Staat, Stuttgart 2003.

Biermann, Rafael: Zwischen Kreml und Kanzleramt. Wie Moskau mit der deutschen Einheit rang, Paderborn u. a. 1995.

Bisky, Jens: Die deutsche Frage. Warum die Einheit unser Land gefährdet?, Berlin 2005.

Blasius, Dirk/Wilfried Loth: Tage deutscher Geschichte im 20. Jahrhundert, Göttingen 2006.

Bollinger, Stefan: Das letzte Jahr der DDR. Zwischen Revolution und Selbstaufgabe, Berlin 2004.

Bollinger, Stefan: 1989 – eine abgebrochene Revolution. Verbaute Wege nicht nur zu einer besseren DDR?, Berlin 1999.

Borejsza, Jerzy W.: Schulen des Hasses. Faschistische Systeme in Europa, Frankfurt a.M. 1999.

Bracher, Karl Dietrich: Wendezeiten der Geschichte. Historisch-politische Essays 1987–1992, Stuttgart 1992.

Bracher, Karl Dietrich: Die Auflösung der Weimarer Republik. Eine Studie zum Problem des Machtverfalls in der Demokratie, 5. Aufl., Düsseldorf 1978.

Bracher, Karl Dietrich/Manfred Funke/Hans-Adolf Jacobsen (Hrsg.): Deutschland 1933–1945. Neue Studien zur nationalsozialistischen Herrschaft, Bonn 1992.

Bracher, Karl Dietrich/Wolfgang Jäger/Werner Link: Republik im Wandel 1969 bis 1974. Die Ära Brandt, Stuttgart/Mannheim 1987.

Brechtken, Magnus: Die nationalsozialistische Herrschaft 1933–1939, Darmstadt 2004.

Bredow, Wilfried von: Deutschland – ein Provisorium?, Berlin 1985.

Broszat, Martin (Hrsg.): Zäsuren nach 1945. Essays zur Periodisierung der deutschen Nachkriegsgeschichte, München 1990.

Broszat, Martin/Hermann Weber (Hrsg.): SBZ-Handbuch. Staatliche Verwaltungen, Parteien, gesellschaftliche Organisationen und ihre Führungskräfte in der Sowjetischen Besatzungszone 1945 bis 1990, München 1990.

Broszat, Martin/Klaus-Dietmar Henke/Hans Woller (Hrsg.): Von Stalingrad zur Währungsreform. Zur Sozialgeschichte des Umbruchs in Deutschland, 3. Aufl., München 1990.

Brzezinski, Zbigniew: Das gescheiterte Experiment. Der Untergang des kommunistischen Systems, Wien 1989.

Bundesministerium für innerdeutsche Beziehungen (Hrsg.): Materialien zur Lage der Nation. Bürger und Staat. Eine vergleichende Untersuchung zu Praxis und Recht der Bundesrepublik Deutschland und der Deutschen Demokratischen Republik, Wissenschaftliche Kommission: Eckart Klein (Leitung) u. a., Köln 1990.

Bundesministerium für innerdeutsche Beziehungen (Hrsg.): Bericht der Bundesregierung und Materialien zur Lage der Nation, 3 Bde., Wissenschaftliche Leitung: Peter Christian Ludz, Bonn 1971/1972/1974.

Carsten, Francis L.: Revolution in Mitteleuropa 1918–1919, Köln 1973.

Conze, Eckart (Hrsg.): Tage deutscher Geschichte. Von der Reformation bis zur Wiedervereinigung, München 2004.

Czada, Roland M./Hellmut Wollmann (Hrsg.): Von der Bonner zur Berliner Republik. 10 Jahre deutsche Einheit, Wiesbaden 2000.

Deutscher Bundestag (Hrsg.): Materialien der Enquete-Kommission „Aufarbeitung von Geschichte und Folgen der SED-Diktatur in Deutschland, Baden-Baden/ Frankfurt a.M. 1995.

Deutz-Schroeder, Monika/Klaus Schroeder: Soziales Paradies oder Stasi-Staat? Das DDR-Bild von Schülern. Ein Ost-West-Vergleich, München/Stamsried 2008.

Doering-Manteuffel, Anselm: Wie westlich sind die Deutschen? Amerikanisierung und Westernisierung im 20. Jahrhundert, Göttingen 1999.

Dümcke, Wolfgang/Fritz Vilmar (Hrsg.): Kolonialisierung der DDR. Kritische Analysen und Alternativen des Einigungsprozesses, 3. Aufl., Münster 1996.

Düwell, Franz Josef (Hrsg.): Licht und Schatten. Der 9. November in der deutschen Geschichte und Rechtsgeschichte, Baden-Baden 2000.

Duppler, Jörg/Gerhard P. Groß (Hrsg.): Kriegsende 1918. Ereignis, Wirkung, Nachwirkung, München 1999.

Eckert, Rainer: Die revolutionäre Krise am Ende der achtziger Jahre und die Formierung der Opposition, in: Materialien der Enquete-Kommission „Aufarbeitung von Geschichte und Folgen der SED-Diktatur in Deutschland, herausgegeben vom Deutschen Bundestag, Baden-Baden/Frankfurt a.M. 1995, S. 667–757.

Eisenfeld, Bernd/Ilko-Sascha Kowalczuk/Ehrhart Neubert: Die verdrängte Revolution. Der Platz des 17. Juni 1953 in der deutschen Geschichte, Bremen 2004.

Eppelmann, Rainer/Bernd Faulenbach/Ulrich Mählert (Hrsg.): Bilanz und Perspektiven der DDR-Forschung, Paderborn u. a. 2003.

Erdmann, Gero/Marianne Kneuer (Hrsg.): Externe Faktoren der Demokratisierung, Wiesbaden 2009.

Erdmann, Karl Dietrich/Hagen Schulze (Hrsg.): Weimar. Selbstpreisgabe einer Demokratie, Düsseldorf 1980.

Falter, Jürgen W. u. a. (Hrsg.): Sind wir ein Volk? Ost- und Westdeutschland im Vergleich, München 2006.

Feldkamp, Michael F.: Der Parlamentarische Rat 1948–1949. Die Entstehung des Grundgesetzes, Göttingen 1998.

Fest, Joachim: Hitler. Eine Biographie, Frankfurt a.M. 1973.

Foitzik, Jan: Sowjetische Militäradministration in Deutschland (SMAD) 1945–1949. Struktur und Funktion, Berlin 1999.

Frie, Ewald: Das Deutsche Kaiserreich, Darmstadt 2004.

Friedländer, Saul: Das Dritte Reich und die Juden. Die Jahre der Verfolgung 1933 bis 1939, München 1998.

Funke, Manfred u. a. (Hrsg.): Demokratie und Diktatur. Geist und Gestalt politischer Herrschaft in Deutschland und Europa. Festschrift für Karl Dietrich Bracher, Düsseldorf 1987.

Furet, François: Das Ende der Illusion. Der Kommunismus im 20. Jahrhundert, München 1996.

Gallus, Alexander: Die Neutralisten. Verfechter eines vereinten Deutschland zwischen Ost und West 1945–1990, 2. Aufl., Düsseldorf 2006.

Gallus, Alexander (Hrsg.): Deutsche Zäsuren. Systemwechsel seit 1806, Köln u. a. 2006.

Gallus, Alexander/Eckhard Jesse (Hrsg.): Staatsformen. Modelle politischer Ordnung von der Antike bis zur Gegenwart. Ein Handbuch, Köln u. a. 2004.

Garton Ash, Timothy: Ein Jahrhundert wird abgewählt. Aus den Zentren Mitteleuropas 1980–1990, München 1990.

Garton Ash, Timothy: Im Namen Europas. Deutschland und der geteilte Kontinent, München/Wien 1993.

Gauck, Joachim: Winter im Sommer – Frühling im Herbst, München 2009.

Gay, Peter: Die Republik der Außenseiter. Geist und Kultur in der Weimarer Republik 1918–1933, Frankfurt a.M. 1970.

Gehrke, Bernd/Wolfgang Rüddenklau (Hrsg.): … das war doch nicht unsere Alternative. DDR-Oppositionelle zehn Jahre nach der Wende, Münster 1999.

Geisel, Christof: Auf der Suche nach einem dritten Weg. Das politische Selbstverständnis der DDR-Opposition in den 80er Jahren, Berlin 2005.

Gessner, Dieter: Die Weimarer Republik, Darmstadt 2002.

Glaeßner, Gert-Joachim: Der schwierige Weg zur Demokratie. Vom Ende der DDR zur deutschen Einheit, Opladen 1992.

Glaeßner, Gert-Joachim (Hrsg.): Die DDR in der Ära Honecker. Politik – Kultur – Gesellschaft, Opladen 1988.

Görtemaker, Manfred: Die Berliner Republik. Wiedervereinigung und Neuorientierung, Berlin 2009.

Görtemaker, Manfred: Geschichte der Bundesrepublik Deutschland. Von der Gründung bis zur Gegenwart, München 1999.

Graml, Hermann: Die Alliierten und die Teilung Deutschlands. Konflikte und Entscheidungen 1941–1948, Frankfurt a.M. 1985.

Gross, Johannes: Begründung der Berliner Republik. Deutschland am Ende des 20. Jahrhunderts, Stuttgart 1995.

Großbölting, Thomas: Friedenssehnsucht, Leseland, Sportnation? DDR-Legenden auf dem Prüfstand, Berlin 2009.

Hacker, Jens: Deutsche Irrtümer. Schönfärber und Helfershelfer der SED-Diktatur im Westen, 3. Aufl., Frankfurt a.M. 1994.

Hamacher, Heinz Peter: DDR-Forschung und Politikberatung 1949–1990. Ein Wissenschaftszweig zwischen Selbstbehauptung und Anpassungszwang, Köln 1991.

Hehl, Ulrich von: Nationalsozialistische Herrschaft, München 1996.

Henke, Klaus-Dietmar: Die amerikanische Besetzung Deutschlands, 2. Aufl., München 1996.

Hennecke, Hans-Jörg: Die dritte Republik. Aufbruch und Ernüchterung, München 2003.

Herbert, Ulrich (Hrsg.): Wandlungsprozesse in Westdeutschland. Belastung, Integration, Liberalisierung 1945–1980, Göttingen 2002.

Herbert, Ulrich/Axel Schildt (Hrsg.): Kriegsende in Europa. Vom Beginn des deutschen Machtzerfalls bis zur Stabilisierung der Nachkriegsordnung 1944–1948, Essen 1998.

Herbst, Ludolf: Das nationalsozialistische Deutschland 1933–1945. Die Entfesselung der Gewalt: Rassismus und Krieg, Frankfurt a.M. 1996.

Hertle, Hans-Hermann: Der Fall der Mauer. Die unbeabsichtigte Selbstauflösung des SED-Staates, Opladen 1996.

Hertle, Hans-Hermann: Chronik des Mauerfalls. Die dramatischen Ereignisse um den 9. November 1989. 11. Aufl., Berlin 2009.

Hertle, Hans-Hermann/Konrad H. Jarausch/Christoph Kleßmann (Hrsg.): Mauerbau und Mauerfall. Ursachen – Verlauf – Auswirkungen, Berlin 2002.

Hettling, Manfred (Hrsg.): Revolution in Deutschland? 1789–1989. Sieben Beiträge, Göttingen 1991.

Heydemann, Günther/Heinrich Oberreuter (Hrsg.): Diktaturen in Deutschland – Vergleichsaspekte. Strukturen, Institutionen und Verhaltensweisen, Bonn 2003.

Heydemann, Günther/Eckhard Jesse (Hrsg.): Diktaturvergleich als Herausforderung. Theorie und Praxis, Berlin 1998.

Heydemann, Günther/Gunther Mai/Werner Müller (Hrsg.): Revolution und Transformation in der DDR 1989/90, Berlin 1999.

Hildebrand, Klaus: Das Dritte Reich, 6. Aufl., München 2003.

Hillmann, Jörg/John Zimmermann (Hrsg.): Kriegsende 1945 in Deutschland, München 2002.

Hirschfeld, Gerhard/Lothar Kettenacker (Hrsg.): Der „Führerstaat": Mythos und Realität. Studien zur Struktur und Politik des Dritten Reiches, Stuttgart 1981.

„Historikerstreit". Die Dokumentation der Kontroverse um die Einzigartigkeit der nationalsozialistischen Judenvernichtung, München/Zürich 1987.

Hobsbawm, Eric: Das Zeitalter der Extreme, Weltgeschichte des 20. Jahrhunderts, München 1995.

Hoffmann, Dierk/Hermann Wentker (Hrsg.): Das letzte Jahr der SBZ. Politische Weichenstellungen im Prozess der Gründung der DDR, München 2000.

Huster, Ernst-Ulrich u. a.: Determinanten der westdeutschen Restauration 1945–1949, 3. Aufl., Frankfurt a.M. 1975.

Ipsen, Jörn: Der Staat der Mitte. Verfassungsgeschichte der Bundesrepublik Deutschland, München 2009.

Jäckel, Eberhard: Das deutsche Jahrhundert. Eine historische Bilanz. Stuttgart 1996.

Jäger, Wolfgang/Michael Walter (Hrsg.): Die Überweindung der Teilung. Der innerdeutsche Prozess der Vereinigung 1989/90, Stuttgart 1998.

Jänicke, Martin: Der dritte Weg. Die antistalinistische Opposition gegen Ulbricht seit
1953, Köln 1964.

Jarausch, Konrad H.: Aufbruch der Zivilgesellschaft. Zur Einordnung der friedlichen
Revolution von 1989, Bonn 2004.

Jarausch, Konrad H.: Die Umkehr. Deutsche Wandlungen 1945–1995, München
2004.

Jarausch, Konrad/Michael Geyer: Zerbrochener Spiegel. Deutsche Geschichten im 20.
Jahrhundert, München 2005.

Jarausch, Konrad/Martin Sabrow (Hrsg.): Weg in den Untergang. Der innere Zerfall
der DDR, Göttingen 1999.

Jesse, Eckhard: Demokratie in Deutschland. Diagnosen und Analysen, Köln u. a.
2008.

Jesse, Eckhard: Diktaturen in Deutschland. Diagnosen und Analysen, Baden-Baden
2008.

Jesse, Eckhard (Hrsg.): Totalitarismus im 20. Jahrhundert. Eine Bilanz der internationalen Forschung, 2. Aufl., Baden-Baden 1999.

Jesse, Eckhard/Steffen Kailitz (Hrsg.): Prägekräfte des 20. Jahrhunderts. Demokratie,
Extremismus, Totalitarismus, Baden-Baden 1997.

Kailitz, Steffen: Die politische Deutungskultur im Spiegel des „Historikerstreits".
What's right? What's left?, Wiesbaden 2001.

Keiderling, Gerhard (Hrsg.): „Gruppe Ulbricht" in Berlin April bis Juni 1945. Von
den Vorbereitungen im Sommer 1944 bis zur Wiedergründung der KPD im Juni
1945. Eine Dokumentation, Berlin 1992.

Kershaw, Ian: Hitler 1889–1945, München 2009.

Kershaw, Ian: Der Hitler-Mythos. Volksmeinung und Propaganda im Dritten Reich,
Stuttgart 1980.

Kielmansegg, Peter Graf. Nach der Katastrophe. Eine Geschichte des geteilten
Deutschland, Berlin 2000.

Kleßmann, Christoph: Die doppelte Staatsgründung. Deutsche Geschichte 1945–
1955. 5. Aufl., Bonn 1991.

Kleßmann, Christoph/Hans Misselwitz/Günter Wichert (Hrsg.): Deutsche Vergangenheiten – eine gemeinsame Herausforderung. Der schwierige Umgang mit der
doppelten Nachkriegsgeschichte, Berlin 1999.

Kloth, Hans Michael: Vom „Zettelfalten" zum freien Wählen. Die Demokratisierung
der DDR 1989/90 und die „Wahlfrage", Berlin 2000.

Kluge, Ulrich: Die deutsche Revolution 1918/19. Staat, Politik und Gesellschaft zwischen Weltkrieg und Kapp-Putsch, Frankfurt a.M. 1985.

Kneuer, Marianne: Demokratisierung durch die EU. Süd- und Ostmitteleuropa im
Vergleich, Wiesbaden 2007.

Knopp, Guido: Unser Jahrhundert. Deutsche Schicksalstage, München 2000.

Köhler, Henning: Deutschland auf dem Weg zu sich selbst. Eine Jahrhundertge-
schichte, Stuttgart/Leipzig 2002.

Koenen, Gerd: Das rote Jahrzehnt. Unsere kleine Kulturrevolution, Köln 2001.

König, Rudolf/Hartmut Soell/Hermann Weber (Hrsg.): Friedrich Ebert und seine
Zeit. Bilanz und Perspektiven der Forschung, München 1990.

Kolb, Eberhard: Die Weimarer Republik, 5. Aufl., München 2000.

Kolb, Eberhard: Umbrüche deutscher Geschichte. 1866/71–1918/19 –1929/33.
Ausgewählte Aufsätze, hrsg. von Dieter Langewiesche/Klaus Schönhoven, München 1993.

Kolb, Eberhard: Die Arbeiterräte in der deutschen Innenpolitik 1918–1919, Düsseldorf 1962.

Kolb, Eberhard (Hrsg.): Vom Kaiserreich zur Weimarer Republik, Köln 1972.

Kolb, Eberhard/Walter Mühlhausen (Hrsg.): Demokratie in der Krise. Parteien im
Verfassungssystem der Weimarer Republik, München 1997.

Kowalczuk, Ilko-Sascha: Endspiel. Die Revolution von 1989 in der DDR, München
2009.

Kowalczuk, Ilko-Sascha (Hrsg.): Freiheit und Öffentlichkeit. Politischer Samisdat in
der DDR 1985–1989, Berlin 2002.

Kraushaar, Wolfgang: 1968. Das Jahr, das alles verändert hat, München 1998.

Kühnhardt, Ludger u. a. (Hrsg.): Die doppelte deutsche Diktaturerfahrung – ein historisch-politikwissenschaftlicher Vergleich, Frankfurt a. M./Berlin 1994.

Langewiesche, Dieter: 1848 und 1918 – zwei deutsche Revolutionen, Bonn 1998.

Laqueuer, Walter: Weimar. Die Kultur der Republik. Frankfurt a. M./Berlin 1977.

Lehnert, Detlef/Klaus Megerle (Hrsg.): Politische Teilkulturen zwischen Integration
und Polarisierung. Zur politischen Kultur in der Weimarer Republik, Opladen
1990.

Lehnert, Detlef/Klaus Megerle (Hrsg.): Politische Identität und nationale Gedenktage. Zur politischen Kultur in der Weimarer Republik, Opladen 1989.

Leonhard, Wolfgang: Die Revolution entlässt Ihre Kinder, Nauausgabe, Köln 1990.

Leonhard, Wolfgang: Spurensuche. Vierzig Jahre *Die Revolution entlässt ihre Kinder*,
Köln 1992.

Linz, Juan J./Alfred Stepan: Problems of Democratic Transition and Consolidation.
Southern Europe, South Amerika, and Post-Communist Europe, Baltimore/Lon-
don 1996.

Longerich, Peter: „Davon haben wir nichts gewusst!" Die Deutschen und die Judenverfolgung 1933–1945, München 2006.

Longerich, Peter: Politik der Vernichtung. Eine Gesamtdarstellung der nationalsozialistischen Judenverfolgung, München 1998.

Longerich, Peter: Deutschland 1918–1933. Die Weimarer Republik. Handbuch zur
Geschichte, Hannover 1995.

Loth, Wilfried: Die Teilung der Welt. Geschichte des Kalten Krieges 1941–1955,
Neuausgabe, München 2000.

Loth, Wilfried: Stalins ungeliebtes Kind. Warum Moskau die DDR nicht wollte, München 1996.

Maćków, Jerzy (Hrsg.): Autoritarismus in Mittel- und Osteuropa, Wiesbaden 2009.

Mählert, Ulrich: Kleine Geschichte der DDR, 4. Aufl., München 2004.

März, Peter (Hrsg.): 40 Jahre Zweistaatlichkeit in Deutschland. Eine Bilanz, München 1999.

Mai, Gunther: Europa 1918–1939. Mentalitäten, Lebensweisen, Politik zwischen den Weltkriegen, Stuttgart 2001.

Mai, Gunther: Der Alliierte Kontrollrat in Deutschland 1945–1948. Alliierte Einheit – deutsche Teilung?, München 1995.

Mai, Gunther: Das Ende des Kaiserreichs. Politik und Kriegführung im Ersten Weltkrieg, München 1987.

Maier, Charles S.: Das Verschwinden der DDR und der Untergang des Kommunismus, Frankfurt a.M. 1999.

Maruhn, Jürgen u. a.: 17. Juni 1953. Der Aufstand für die Demokratie, München 2003.

Mehringer, Hartmut (Hrsg.): Von der SBZ zur DDR. Studien zum Herrschaftssystem in der Sowjetischen Besatzungszone Deutschlands, München 1995.

Mergel, Thomas: Parlamentarische Kultur in der Weimarer Republik. Politische Kommunikation, symbolische Politik und Öffentlichkeit im Reichstag, Düsseldorf 2002.

Merkel, Wolfgang: Systemtransformation. Eine Einführung in die Theorie und Empirie der Transformationsforschung, 2. Aufl., Wiesbaden 2010.

Meuschel, Sigrid: Legitimation und Parteiherrschaft. Zum Paradox von Stabilität und Revolution in der DDR. 1945–1989, Frankfurt a.M. 1992.

Miller, Susanne: Die Bürde der Macht. Die deutsche Sozialdemokratie 1918–1920, Düsseldorf 1978.

Mitter, Armin/Stefan Wolle: Untergang auf Raten. Unbekannte Kapitel der DDR-Geschichte, München 1993.

Möller, Horst: Europa zwischen den Weltkriegen, München 1998.

Möller, Horst (Hrsg.): Das Dritte Reich. Herrschaftsstruktur und Geschichte, München 1983.

Müller, Uwe: Supergau Deutsche Einheit, Berlin 2005.

Müller, Uwe/Grit Hartmann: Vorwärts und vergessen! Kader, Spitzel und Komplizen: Das gefährliche Erbe der SED-Diktatur, Berlin 2009.

Naimark, Norman M.: Die Russen in Deutschland. Die sowjetische Besatzungszone 1945 bis 1949, Berlin 1997.

Neubert, Ehrhart: Geschichte der Opposition in der DDR 1949–1989, 2. Aufl., Berlin 1998.

Niedermayer, Oskar/Richard Stöss (Hrsg.): Parteien und Wähler im Umbruch. Parteiensystem und Wählerverhalten in der ehemaligen DDR und den neuen Bundesländern, Opladen 1994.

Nolte, Ernst: Der europäische Bürgerkrieg 1917–1945. Nationalsozialismus und Bolschewismus. Mit einem Brief von François Furet an Ernst Nolte im Anhang, 5. Aufl., Berlin 1997.

Oberländer, Erwin, in Zusammenarbeit mit Rolf Ahmann, Hans Lemberg und Holm Sundhausen (Hrsg.): Autoritäre Regime in Ostmittel- und Südosteuropa 1919–1944, Paderborn u. a. 2001.

Oberreuter, Heinrich: Notstand und Demokratie. Vom monarchischen Obrigkeits- zum demokratischen Rechtsstaat, München 1978.

Oberreuter, Heinrich: Wendezeiten. Zeitgeschichte als Prägekraft politischer Kultur, München 2010.

Oertzen, Peter von: Betriebsräte in der Novemberrevolution. Eine politikwissenschaftliche Untersuchung über Ideengehalt und Struktur der betrieblichen und wirtschaftlichen Arbeiterräte in der deutschen Revolution 1918/19, Düsseldorf 1963.

Papenfuß, Dietrich/Wolfgang Schieder (Hrsg.): Deutsche Umbrüche im 20. Jahrhundert, Köln u. a. 2000.

Paqué, Karl-Heinz: Die Bilanz. Eine wirtschaftliche Analyse der Deutschen Einheit, München 2009.

Pehle, Walter H. (Hrsg.): Der historische Ort des Nationalsozialismus. Annäherungen, Frankfurt a.M. 1990.

Peukert, Detlev: Die Weimarer Republik. Krisenjahre der Klassischen Moderne, Frankfurt a.M. 1987.

Pingel-Schliemann, Sandra: Zersetzen. Strategie einer Diktatur, Berlin 2004.

Pirker, Theo: Die verordnete Neuordnung 1945–1952. Grundlagen und Erscheinungen der „Restauration", Berlin 1977.

Ploetz, Michael: Wie die Sowjetunion den Kalten Krieg verlor. Von der Nachrüstung zum Mauerfall, Berlin/München 2000.

Pohlmann, Friedrich: Deutschland im Zeitalter des Totalitarismus. Politische Identitäten in Deutschland zwischen 1918 und 1989, München 2001.

Pollack, Detlef, Politischer Protest. Politisch alternative Gruppen in der DDR, Opladen 2000.

Prinz, Michael/Matthias Frese (Hrsg.): Politische Zäsuren und gesellschaftlicher Wandel im 20. Jahrhundert. Regionale und vergleichende Perspektiven, Paderborn 1996.

Pyta, Wolfram: Die Weimarer Republik, Opladen 2004.

Raschka, Johannes: Zwischen Überwachung und Repression. Politische Verfolgung in der DDR 1971 bis 1989, Opladen 2001.

Reißig, Rolf: Die gespaltene Vereinigungsgesellschaft. Bilanz und Perspektiven der Transformation Ostdeutschlands und der deutschen Vereinigung, Berlin 2000.

Rittberger, Volker (Hrsg.): 1933. Wie die Republik der Diktatur erlag, Stuttgart u. a. 1983.

Ritter, Gerhard A.: Der Preis der deutschen Einheit. Die Wiedervereinigung und die Krise des Sozialstaates, München 2006.

Ritter, Gerhard A.: Über Deutschland. Die Bundesrepublik in der deutschen Geschichte, München 1998.

Ritter, Gerhard A./Susanne Miller (Hrsg.): Die deutsche Revolution 1918/1919. Dokumente, Frankfurt a.M. 1983.

Rochtus, Dirk: Zwischen Realität und Utopie. Das Konzept des „dritten Weges" in der DDR 1989/90, Leipzig 1999.

Rödder, Andreas: Deutschland einig Vaterland. Die Geschichte der Wiedervereinigung, München 2009.

Röhl, Klaus Rainer: Nähe zum Gegner. Kommunisten und Nationalsozialisten im Berliner BVG-Streik von 1932, Frankfurt a.M. 1994.

Rudzio, Wolfgang: Das politische System der Bundesrepublik, 6. Aufl., Opladen 2003.

Rürup, Reinhard: Probleme der Revolution in Deutschland 1918/19, Wiesbaden 1968.

Schäuble, Wolfgang: Der Vertrag. Wie ich über die deutsche Einheit verhandelte, Stuttgart 1991.

Scharf, Claus/Hans-Jürgen Schröder (Hrsg.): Die Deutschlandpolitik Frankreichs und die französische Besatzungszone 1945–1949, Wiesbaden 1983.

Scharrer, Manfred: „Freiheit ist immer...". Die Legende von Rosa & Karl, Berlin 2002.

Schildt, Axel: Ankunft im Westen. Ein Essay zur Erfolgsgeschichte der Bundesrepublik, Frankfurt a.M. 1999.

Schipanski, Dagmar/Bernhard Vogel (Hrsg.): Dreißig Thesen zur deutschen Einheit, Freiburg/Brsg. 2009.

Schmädeke, Jürgen/Peter Steinbach (Hrsg.): Der Widerstand gegen den Nationalsozialismus. Die deutsche Gesellschaft und der Widerstand gegen Hitler, München/Zürich 1985.

Schmidt, Eberhard: Die verhinderte Neuordnung 1945–1952. Zur Auseinandersetzung um die Demokratisierung der Wirtschaft in den westlichen Besatzungszonen und in der Bundesrepublik Deutschland, 8. Aufl., Frankfurt a.M. 1981.

Schmidt, Georg: Geschichte des Alten Reiches. Staat und Nation in der Frühen Neuzeit 1495–1806, München 1999.

Schmidt, Helmut/Fritz Stern: Unser Jahrhundert. Ein Gespräch, München 2010.

Schmidt, Manfred G.: Demokratietheorien. Eine Einführung, 3. Aufl., Opladen 2000.

Schmidt, Ute/Tilman Fichter: Der erzwungene Kapitalismus. Klassenkämpfe in den Westzonen 1945–49, Berlin 1973.

Schmiechen-Ackermann, Detlef: Diktaturen im Vergleich, Darmstadt 2002.

Schneider, Michael: Demokratie in Gefahr? Der Konflikt um die Notstandsgesetze: Sozialdemokratie, Gewerkschaften und intellektueller Protest (1958–1968), Bonn 1986.

Schroeder, Klaus: Die veränderte Republik. Deutschland nach der Wiedervereinigung, München/Stamsried 2006.

Schroeder, Klaus: Der SED-Staat. Geschichte und Strukturen der DDR, München 1998.

Schultz, Helga/Hans-Jürgen Wagener (Hrsg.): Die DDR im Rückblick. Politik, Wirtschaft, Gesellschaft, Kultur, Berlin 2007.

Schulze, Hagen: Kleine deutsche Geschichte, München 1996.

Schwarz, Hans-Peter: Vom Reich zur Bundesrepublik. Deutschland im Widerstreit der außenpolitischen Konzeptionen in den Jahren der Besatzungsherrschaft 1945 bis 1949, 2. Aufl., Stuttgart 1980.

Schwarz, Hans-Peter (Hrsg.): Die Bundesrepublik Deutschland. Eine Bilanz nach 60 Jahren, Köln u. a. 2008.

Söllner, Alfons/Ralf Walkenhaus/Karin Wieland (Hrsg.): Totalitarismus. Eine Ideengeschichte des 20. Jahrhunderts, Berlin 1997.

Stephan, Gerd-Rüdiger (Hrsg.): „Vorwärts immer, rückwärts nimmer!" Interne Dokumente zum Zerfall von SED und DDR 1988/89, Berlin 1994, S. 157–161.

Stern, Carola/Heinrich August Winkler (Hrsg.): Wendepunkte deutscher Geschichte 1848–1990, 2. Aufl., Frankfurt a.M. 2003.

Stöver, Bernd: Die Bundesrepublik Deutschland, Darmstadt 2002.

Striefler, Christian: Kampf um die Macht. Kommunisten und Nationalsozialisten am Ende der Weimarer Republik, Berlin 1993.

Stürmer, Michael (Hrsg.): Die Weimarer Republik. Belagerte Civitas, 2. Aufl., Königstein/Ts. 1985.

Sturm, Daniel Friedrich: Uneinig in die Einheit. Die Sozialdemokratie und die Vereinigung Deutschlands 1989/90, Bonn 2006.

Süß, Walter: Staatssicherheit am Ende. Warum es den Mächtigen nicht gelang, 1989 eine Revolution zu verhindern, Berlin 1999.

Süß, Werner (Hrsg.): Übergänge. Zeitgeschichte zwischen Utopie und Machbarkeit, Berlin 1989.

Thamer, Hans-Ulrich: Verführung und Gewalt. Deutschland 1933–1945, Berlin 1986.

Thaysen, Uwe: Der Runde Tisch. Oder: Wo blieb das Volk?, Opladen 1990.

Timmer, Karsten: Vom Aufbruch zum Umbruch. Die Bürgerbewegung in der DDR 1989, Göttingen 2000.

Timmermann, Heiner/Wolf D. Gruner (Hrsg.): Demokratie und Diktatur in Europa. Geschichte und Wechsel der politischen Systeme im 20. Jahrhundert, Berlin 2001.

Trömmer, Markus: Der verhaltene Gang in die deutsche Einheit. Das Verhältnis zwischen den Oppositionsgruppen und der (SED-)PDS im letzten Jahr der DDR, Frankfurt a.M. 2002.

Turner, Henry A: Hitlers Weg zur Macht. Der Januar 1933, München 1996.

Ullmann, Hans-Peter: Politik im Deutschen Kaiserreich 1871–1918, 2. Aufl., München 2005.

Veen, Hans Joachim (Hrsg.): Die abgeschnittene Revolution. Der 17. Juni 1953 in der deutschen Geschichte, Köln 2004.

Wasser, Hartmut: Weimar und Bonn. Zwei deutsche Republiken. Ein Strukturvergleich, Stuttgart 1980.

Weber, Hermann: Die DDR 1945–1990, 4. Aufl., München 2006.

Wehler, Hans-Ulrich: Deutsche Gesellschaftsgeschichte, Bd. 5: Bundesrepublik und DDR 1949–1990, München 2008.

Wehler, Hans-Ulrich: Deutsche Gesellschaftsgeschichte, Bd. 4: Vom Beginn des Ersten Weltkrieges bis zur Gründung der beiden deutschen Staaten 1914–1949, München 2003.

Wehler, Hans-Ulrich: Deutsche Gesellschaftsgeschichte, Bd. 3: Von der „Deutschen Doppelrevolution" bis zum Beginn des Ersten Weltkrieges 1849–1914, München 1995.

Wehler, Hans-Ulrich (Hrsg.): Scheidewege der deutschen Geschichte. Von der Reformation bis zur Wende 1517–1989, München 1995.

Weidenfeld, Werner/Karl-Rudolf Korte (Hrsg.): Handbuch zur deutschen Einheit. 1949 – 1989 – 1999, Bonn 1999.

Weidenfeld, Werner/Hartmut Zimmermann (Hrsg.): Deutschland-Handbuch. Eine doppelte Bilanz 1949–1989, Bonn 1989.

Wende, Peter (Hrsg.): Große Revolutionen der Geschichte. Von der Frühzeit bis zur Gegenwart, München 2000.

Wengst, Udo/Hermann Wentker (Hrsg.): Das doppelte Deutschland. 40 Jahre Systemkonkurrenz, Berlin 2008.

Winkler, Heinrich August (Hrsg.): Weimar im Widerstreit. Deutungen der ersten deutschen Republik im geteilten Deutschland, München 2002.

Winkler, Heinrich August: Der lange Weg nach Westen, 2 Bde., München 2000.

Winkler, Heinrich August: Streitfragen der deutschen Geschichte. Essays zum 19. und 20. Jahrhundert, München 1997.

Wirsching, Andreas: Die Weimarer Republik. Politik und Gesellschaft, München 2000.

Wirsching, Andreas: Vom Weltkrieg zum Bürgerkrieg? Politischer Extremismus in Deutschland und Frankreich 1918–1933/39, Berlin und Paris im Vergleich, München/Wien 1999.

Wolfrum, Edgar: Die geglückte Demokratie. Geschichte der Bundesrepublik Deutschland von ihren Anfangen bis zur Gegenwart, Stuttgart 2006.

Wolfrum, Edgar (Hrsg.): Die Deutschen im 20. Jahrhundert, Darmstadt 2004.

Zelikow, Philip/Condoleezza Rice: Sternstunde der Diplomatie. Die deutsche Einheit und das Ende der Spaltung Europas, Berlin 1997.

Zitelmann, Rainer: Hitler. Selbstverständnis eines Revolutionärs, 2. Aufl., Stuttgart 1989.

Zwahr, Hartmut: Ende einer Selbstzerstörung. Leipzig und die Revolution in der DDR, Göttingen 1993.

13.2. Aufsätze

Ahbe, Thomas: Deutsche Eliten und deutsche Umbrüche. Erfolg und Verschwinden verschiedener deutscher Elite-Gruppen und deren Wertepositionen, in: Deutschland Archiv 36 (2003), S. 191–206.

Alisch, Steffen/Klaus Schroeder: Der schwierige Umgang mit der doppelten Diktaturforschung, in: Politische Bildung 41 (2008), Heft 4, S. 24–34.

Altenhof, Ralf: Keine akademische Wortklauerei. Eine „neue" oder eine „erweiterte" Bundesrepublik nach der Wiedervereinigung?, in: Ders./Eckhard Jesse (Hrsg.): Das wiedervereinigte Deutschland. Zwischenbilanz und Perspektiven, München 1995, S. 219–242.

Backes, Uwe: Hybrides System des untergehenden Staates: Die DDR 1989–1990, in: Jerzy Maćków (Hrsg.), Autoritarismus in Mittel- und Osteuropa, Wiesbaden 2009, S. 57–85.

Backes, Uwe/Eckhard Jesse: 1918 – 1933 – 1945 – 1989. Ein Vergleich der Zäsuren und Phasen in extremismustheoretischer Perspektive, in: Dies. (Hrsg.): Jahrbuch Extremismus & Demokratie, Bd. 15, Baden-Baden 2003, S. 13–31.

Blasius, Dirk: 30. Januar 1933: Tag der Machergreifung, in: Dirk Blasius/Wilfried Loth (Hrsg.): Tage deutscher Geschichte im 20. Jahrhundert, Göttingen 2006, S. 45–58.

Böckenförde, Ernst Wolfgang: Der Zusammenbruch der Monarchie und die Entstehung der Weimarer Republik, in: Karl Dietrich Bracher/Manfred Funke/Hans-Adolf Jacobsen (Hrsg.): Die Weimarer Republik 1918–1933. Politik, Wirtschaft, Gesellschaft, Köln 1988, S. 17–43.

Eisen, Andreas/Max Kaase unter Mitarbeit von Frank Berg: Transformation und Transition: Zur politikwissenschaftlichen Analyse des Prozesses der deutschen Vereinigung, in: Politisches System, Berichte der Kommission für die Erforschung des sozialen und politischen Wandels in den neuen Bundesländern e.V., Bd. 3, herausgegeben von Max Kaase/Andreas Eisen/Oscar W. Gabriel/Oskar Niedermayer/Hellmut Wollmann, Opladen 1996, S. 5–46.

Frei, Norbert: Die Besatzungsherrschaft als Zäsur?, in: Matthias Frese/Michael Prinz (Hrsg.): Politische Zäsuren und gesellschaftlicher Wandel im 20. Jahrhundert. Regionale und vergleichende Perspektiven, Paderborn 1996, S. 779–788.

Gallus, Alexander: Zäsuren in der Geschichte der Bundesrepublik, in: Hans-Peter Schwarz (Hrsg.): Die Bundesrepublik Deutschland. Eine Bilanz nach 60 Jahren, Köln u. a. 2008, S. 35–56.

Gallus, Alexander: Deutsche Revolution 1918/19: die Etablierung der Weimarer Republik, in: Ders. (Hrsg.): Deutsche Zäsuren: Systemwechsel seit 1806, Köln 2006, S. 133–163.

Grünbaum, Robert: Eine Revolution in Deutschland? Der Charakter des Umbruchs in der DDR von 1989/90, in: Geschichte in Wissenschaft und Unterricht 50 (1999), S. 438–450.

Hennis, Wilhelm: Die Rolle des Parlaments und die Parteiendemokratie, in: Richard Löwenthal/Hans-Peter Schwarz (Hrsg.): Die zweite Republik. 25 Jahre Bundesrepublik Deutschland. Eine Bilanz, Stuttgart 1974, S. 203–243.

Hertle, Hans-Hermann: Der Weg in den Bankrott der DDR-Wirtschaft. Das Scheitern der „Einheit von Wirtschafts- und Sozialpolitik" am Beispiel der Schürer/Mittag-Kontroverse im Politbüro 1988, in: Deutschland Archiv 25 (1992), S. 127–142.

Heydemann, Günther: Zwischen Widerstand und Obstruktion: Großbritanniens Rolle und Politik unter Margaret Thatcher während der Wiedervereinigung Deutschlands 1989/90, in: Deutschland Archiv 42 (2009), S. 31–43.

Heydemann, Günther: 1989/90 nach 15 Jahren: historischer Kontext, Transformationsprozess und Demokratisierungsakzeptanz: Versuch einer Bilanz, in: Lothar Mertens (Hrsg.): Bilanz und Perspektiven des deutschen Vereinigungsprozesses, Berlin 2006, S. 133–141.

Hirschman, Albert O.: Abwanderung, Widerspruch und das Schicksal der Deutschen Demokratischen Republik. Ein Essay zur konzeptionellen Geschichte, in: Leviathan 20 (1992), S. 330–350.

Holste, Heiko: Zum Tagungsort der Deutschen Nationalversammlung von 1919 oder: Wie die „Weimarer Republik" zu ihrem Namen kam, in: Zeitschrift für Parlamentsfragen 31 (2000), S. 223–237.

Holtmann, Everhard: Signaturen des Übergangs, in: Aus Politik und Zeitgeschichte 28/2009, S. 3–9.

Ihme-Tuchel, Beate: Wende, Implosion, Umbruch, Revolution oder „Refolution" in der DDR? Versuche zur Einordnung eines historischen Großereignisses 15 Jahre danach, in: Helmut Wagner (Hrsg.): Europa und Deutschland – Deutschland und Europa. Liber amicorum für Heiner Timmermann zum 65. Geburtstag, Münster 2005, S. 322–334.

Jäckel, Eberhard: Der Machtantritt Hitlers – Versuch einer geschichtlichen Erklärung, in: Volker Rittberger (Hrsg.): 1933. Wie die Republik der Diktatur erlag, Stuttgart 1983, S. 123–139.

Jankowski, Martin: Sieg ohne Helden – eine vergessene deutsche Revolution. Der Volksaufstand vom 9. Oktober 1989, in: Deutschland Archiv 41 (2008), S. 820–825.

Jarausch, Konrad H.: Kriegsende 1945. Schmerzhafte Erfahrungen und langwierige Lernprozesse, in: Deutschland Archiv 38 (2005), S. 230–236.

Jarausch, Konrad H.: Implosion oder Selbstbefreiung? Zur Krise des Kommunismus und der Auflösung der DDR, in: Dietrich Papenfuß/Wolfgang Schieder (Hrsg.): Deutsche Umbrüche im 20. Jahrhundert, Köln/Weimar 2000, S. 543–565.

Jarausch, Konrad H.: Zehn Jahre danach: die Revolution von 1989/90 in vergleichender Perspektive, in: Zeitschrift für Geschichtswissenschaft 48 (2000), S. 909–924.

Jesse, Eckhard: Zäsuren und Neuanfänge in der deutschen Geschichte des 20. Jahrhunderts, in: Alexander Gallus (Hrsg.): Deutsche Zäsuren. Systemwechsel seit 1806, Köln u. a. 2006, S. 291–327.

Jesse, Eckhard: Das Dritte Reich und die DDR – zwei „deutsche" Diktaturen?, in: Totalitarismus und Demokratie 2 (2005), S. 39–59.

Jesse, Eckhard: War die DDR totalitär?, in: Aus Politik und Zeitgeschichte 40/1994, S. 12–23.

Knabe, Hubertus: „Samisdat" – Gegenöffentlichkeit in den 80er Jahren, in: Eberhard Kuhrt, in Verbindung mit Hannsjörg F. Buck und Gunter Holzweißig (Hrsg.): Opposition in der DDR von den 70er Jahren bis zum Zusammenbruch der SED-Herrschaft, Opladen 1999, S. 299–330.

Koehler, Anne: Nationalbewusstsein und Identitätsgefühl der Bürger der DDR unter besonderer Berücksichtigung der deutschen Frage, in: Materialien der Enquete-Kommission „Aufarbeitung von Geschichte und Folgen der SED-Diktatur in Deutschland" (12. Wahlperiode des Deutschen Bundestages), hrsg. vom Deutschen Bundestag, Bd. V, Baden-Baden/Frankfurt a. M. 1995, S. 1636–1675.

Loth, Wilfried: 9. November 1989: Auftakt zur deutschen Einheit, in: Dirk Blasius/Wilfried Loth (Hrsg.): Tage deutscher Geschichte im 20. Jahrhundert, Göttingen 2006, S. 123–144.

Loth, Wilfried: 8. Mai 1945: Der Zusammenbruch des Dritten Reiches, in: Dirk Blasius/Wilfried Loth (Hrsg.): Tage deutscher Geschichte im 20. Jahrhundert, Göttingen 2006, S. 75–92.

Ludwig, Udo: Licht und Schatten nach 15 Jahren wirtschaftlicher Transformation in Ostdeutschland, in: Deutschland Archiv 38 (2005), S. 410–416.

März, Peter: Die Bundesrepublik Deutschland. Entwicklungslinien und Strukturen des deutschen Kernstaats, in: Ders. (Hrsg.): Die zweite gesamtdeutsche Demokratie, München 2001, S. 41–64.

Mazowiecki, Tadeusz: Das Unmögliche möglich machen. Der Umbruch 1989 und seine Konsequenzen, in: Deutschland Archiv 37 (2004), S. 1048–1055.

Merkel, Wolfgang: Warum brach das SED-Regime zusammen? Der „Fall" (der) DDR im Lichte der Demokratisierungstheorien, in: Ulrike Liebert/Wolfgang Merkel (Hrsg.): Die Politik zur deutschen Einheit. Probleme – Strategien – Kontroversen, Opladen 1991, S. 19–49.

Merkel, Wolfgang/Hans-Joachim Lauth: Systemwechsel und Zivilgesellschaft. welche Zivilgesellschaft braucht die Demokratie?, in: Aus Politik und Zeitgeschichte B 6–7/1998, S. 3–12.

Merkel, Wolfgang: Systemwechsel, in: Hans-Joachim Lauth (Hrsg.): Vergleichende Regierungslehre. Eine Einführung, 2. Aufl., Wiesbaden 2006, S. 154–178.

Mintzel, Alf: Der akzeptierte Parteienstaat, in: Martin Broszat (Hrsg.): Zäsuren nach 1945. Essays zur Periodisierung der deutschen Nachkriegsgeschichte, Oldenburg 1990, S. 75–94.

Möller, Horst: Das Ende der Weimarer Demokratie und die nationalsozialistische Revolution von 1933, in: Martin Broszat/Horst Möller (Hrsg.): Das Dritte Reich. Herrschaftsstruktur und Geschichte, München 1983, S. 9–37.

Mommsen, Hans: Die nationalsozialistische Machteroberung: Revolution oder Gegenrevolution, in: Christof Dipper (Hrsg.): Europäische Sozialgeschichte: Festschrift für Wolfgang Schieder, Berlin 2000, S. 41–56.

Müller, Helmut L.: Der „dritte Weg" als deutsche Gesellschaftsidee, in: Aus Politik und Zeitgeschichte B 27/1984, S. 27–38.

Müller, Werner: Friedliche Revolution 1989/90: von der Dauerkrise zum Umbruch in der DDR, in: Alexander Gallus (Hrsg.): Deutsche Zäsuren: Systemwechsel seit 1806, Köln 2006, S. 245–288.

Neubert, Ehrhart: Revolution und Revisionismus in Sprache, Geschichte und Recht, in: Totalitarismus und Demokratie 3 (2006), S. 47–77.

Pohlmann, Friedrich: Deutschland im Zeitalter des Totalitarismus – Überlegungen zu den Schlüsseljahren deutscher Geschichte, in: Zeitschrift für Politik 47 (2000), S. 201–215.

Probst, Lothar: Deutsche Vergangenheiten – Deutschlands Zukunft. Eine Diagnose intellektueller Kontroversen nach der Wiedervereinigung, in: Deutschland Archiv 27 (1944), S. 173–180.

Willms, Johannes (Hrsg.): Der 9. November. Fünf Essays zur deutschen Geschichte, München 1994.

Richter, Michael: Die doppelte Demokratisierung. Eine ostdeutsche Besonderheit der Transition, in: Totalitarismus und Demokratie 3 (2006), S. 79–98.

Richter, Michael: Friedliche Revolution und Transformation, in: Deutschland Archiv 34 (2001), S. 931–943.

Ritter, Gerhard: Die DDR in der deutschen Geschichte, in: Vierteljahrshefte für Zeitgeschichte 50 (2002), S. 171–200.

Rödder, Andreas: Das „Modell Deutschland" zwischen Erfolgsgeschichte und Verfallsdiagnose, in: Vierteljahrshefte für Zeitgeschichte 54 (2006), S. 345–363.

Rürup, Reinhard: Demokratische Revolution und „dritter Weg". Die deutsche Revolution von 1918/19 in der neueren wissenschaftlichen Diskussion, in: Geschichte und Gesellschaft 9 (1983), S. 278–301.

Scheller, Gitta: Die Transformation Ostdeutschlands. „Verwestlichung" oder Abgrenzung?, in: Deutschland Archiv 39 (2006), S. 790–798.

Schieder, Wolfgang: Die Umbrüche von 1918, 1933, 1945 und 1989 als Wendepunkte deutscher Geschichte, in: Dietrich Papenfuß/Wolfgang Schieder: Deutsche Umbrüche im 20. Jahrhundert, Köln u. a. 2000, S. 3–18.

Schildt, Axel: Entwicklungsphasen der Bundesrepublik nach 1949, in: Thomas Ellwein/Everhard Holtmann (Hrsg.): 50 Jahre Bundesrepublik Deutschland. Rahmenbedingungen – Entwicklungen – Perspektiven, Wiesbaden 1999, S. 21–36.

Schmid, Harald: Deutungsmacht und kalendarisches Gedächtnis – die politischen Gedenktage, in: Peter Reichel/Harald Schmid/Peter Steinbach (Hrsg.): Der Nationalsozialismus – die zweite Geschichte. Überwindung – Deutung – Erinnerung, München 2009, S. 175–216.

Schmid, Harald: Systemwechsel und Geschichtsbild. Zur Debatte um die „doppelte Vergangenheitsbewältigung" von NS- und SED-Vergangenheit, in: Deutschland Archiv 38 (2005), S. 290–297.

Schmiechen-Ackermann, Detlef: Möglichkeiten und Grenzen des Diktaturvergleichs, in: Totalitarismus und Demokratie 2 (2005), S. 15–38.

Schroeder, Klaus: Das neue Deutschland. Was sich seit der Wiedervereinigung geändert hat, in: Politische Bildung 41 (2008), Heft 4, S. 35–54.

Schroeder, Klaus: Deutschland nach der Wiedervereinigung, in: Aus Politik und Zeitgeschichte B 30–31/2010, S. 13–19.

Schroeder, Klaus: Die DDR: Sozialistische Alternative oder sowjetische Kolonie?, in: Peter März (Hrsg.): Die zweite gesamtdeutsche Demokratie, München 2001, S. 105–124.

Schwarz, Angela: 9. November 1918: Deutsche Revolution, in: Dirk Blasius/Wilfried Loth (Hrsg.): Tage deutscher Geschichte im 20. Jahrhundert, Göttingen 2006, S. 27–44.

Schwarz, Hans-Peter: Segmentäre Zäsuren. 1949–1989: eine Außenpolitik der gleitenden Übergänge, in: Martin Broszat (Hrsg.): Zäsuren nach 1945. Essays zur Periodisierung der deutschen Nachkriegsgeschichte, München 1990, S. 11–20.

Staadt, Jochen: Bundesrepublik und DDR: Beziehungen und Wechselwirkungen, in: Peter März (Hrsg.): Die zweite gesamtdeutsche Demokratie, München 2001, S. 167–188.

Süß, Walter: Zur Wahrnehmung und Interpretation des Rechtsextremismus in der DDR durch das MfS, in: Deutschland Archiv 26 (1993), S. 388–406.

Süß, Walter: Entmachtung und Verfall der Staatssicherheit. Ein Kapitel aus dem Spätherbst 1989, in: Deutschland Archiv 28 (1995), S. 122–151.

Thompson, Mark R.: Die „Wende" in der DDR als demokratische Revolution, in: Aus Politik und Zeitgeschichte B 45/1999, S. 15–23.

Ullrich, Sebastian: Mehr als Schall und Rauch. Der Streit um den Namen der ersten deutschen Demokratie 1918–1949, in: Moritz Föllmer/Rüdiger Graf (Hrsg.): Die „Krise" der Weimarer Republik. Zur Kritik eines Deutungsmusters, Frankfurt a.M./New York 2005, S. 187–207.

Wengst, Udo: Wer stimmte für Bonn, wer für Berlin? Die Entscheidung über den Parlaments- und Regierungssitz am 20. Juni 1991 im Deutschen Bundestag, in: Zeitschrift für Parlamentsfragen 23 (1992), S. 403–412.

Winkler, Heinrich A.: Weimar – Bonn – Berlin. Die Entwicklung der deutschen Demokratie im 20. Jahrhundert, in: Peter März (Hrsg.): Die zweite gesamtdeutsche Demokratie, München 2001, S. 11–26.Wirsching, Andreas: Die paradoxe Revolution 1918/19, in: Aus Politik und Zeitgeschichte B 50–51/2008, S. 6–12.

Wunschik, Tobias: Der nicht alltägliche Widerstand der KPD/ML, in: Lothar Mertens (Hrsg.): Unter dem Deckel der Diktatur. Soziale und kulturelle Aspekte des DDR-Alltags, Berlin 2003, S. 165–196.

14. Personenverzeichnis

Schröder, Gerhard 153, 193
Schröder, Kurt von 55
Schröder, Richard 140 f.
Schroeder, Klaus 146, 197
Schukow, Georgi K. 80
Schulz, Werner 116, 135
Schulze, Hagen 47, 217
Schumacher, Martin 93
Schwarz, Hans-Peter 193
Seldte, Franz 57
Smith, Bradley F. 81
Sölle, Dorothee 125
Sontheimer, Kurt 211
Speer, Albert 69
Stalin, Josef 52, 66, 78–80, 82, 87
Stern, Carola 9
Stern, Fritz 156
Sternberger, Dolf 103, 142
Straßer, Gregor 52, 64, 173
Strauß, Franz Josef 98, 106
Streletz, Fritz 155
Stresemann, Gustav 44, 50
Stumpff, Hans-Jürgen 80
Stürmer, Michael 50
Teltschik, Horst 124
Templin, Wolfgang 113, 116
Thälmann, Ernst 52 f.
Thaysen, Uwe 126
Tirpitz, Alfred von 33

Tito, Josip Broz 79
Troeltsch, Ernst 40
Truman, Harry S. 79, 82, 87
Tucholsky, Kurt 44
Turner, Henry A. 57
Ulbricht, Walter 79, 91, 177
Ullmann, Wolfgang 127, 129
Vaatz, Arnold 116
Veen, Hans-Joachim 148
Weber, Max 19
Wehler, Hans-Ulrich 9, 162
Wehner, Herbert 97
Weiß, Konrad 116 f., 124, 127, 135
Weizsäcker, Richard von 100
Wels, Otto 61
Wilhelm II. 33, 36
Wilson, Woodrow 36
Winkler, Heinrich August 7, 9, 80, 171, 201 f., 218
Wippermann, Wolfgang 178
Wolf, Markus 203
Wolle, Stefan 117
Wollenberger, Vera (siehe Lengsfeld, Vera)
Wollweber, Ernst 110
Young, Owen 45, 50, 164
Zaisser, Wilhelm 110
Ziegler, Martin 127
Zwerenz, Gerhard 125

böhlau

ECKHARD JESSE
DEMOKRATIE IN DEUTSCHLAND
DIAGNOSEN UND ANALYSEN

Im vorliegenden Band werden zentrale Aufsätze des renommierten Politikwissenschaftlers Eckhard Jesse zusammengefasst. Teils mit einem stärker
zeithistorischen, teils einem stärker politikwissenschaftlichen Gewicht bieten sie Analysen und Diagnosen zur Demokratie und ihren Gefährdungen
in Deutschland. Die Themenpalette reicht von der Haltung Friedrich Eberts
in der deutschen Revolution 1918/19 über die Frage nach der Einordnung
der politikwissenschaftlichen DDR-Forschung und die Reformbedürftigkeit
des Bundestagswahlrechts bis zum deutschen Terrorismus der siebziger Jahre.
Viele Aufsätze berühren kontrovers erörterte Themen wie die Frage nach der
Urheberschaft am Reichstagsbrand oder nach Formen der Vergangenheitsbewältigung. Sie alle belegen das Engagement eines Wissenschaftlers, der
heikle Themen nicht ausspart und vor klaren Stellungnahmen nicht zurück-
schreckt.

HERAUSGEGEBEN UND EINGELEITET
VON UWE BACKES UND ALEXANDER GALLUS
2008. VI, 431 S. GB.
ISBN 978-3-412-20157-9

BÖHLAU VERLAG, URSULAPLATZ 1, 50668 KÖLN. T: +49(0)221 913 90-0
INFO@BOEHLAU.DE, WWW.BOEHLAU.DE | KÖLN WEIMAR WIEN

böhlau

ALEXANDER GALLUS
ECKHARD JESSE (HG.)
STAATSFORMEN VON DER ANTIKE
BIS ZUR GEGENWART
EIN HANDBUCH
(UTB FÜR WISSENSCHAFT 8343 L)

Angesichts der Herausforderungen, die der Prozess der Globalisierung für die Nationalstaaten darstellt, ist es angebracht, über die Perspektiven des Staates im 21. Jahrhundert nachzudenken. In diesem Handbuch werden Modelle politischer Ordnung vom Altertum bis zur Gegenwart beleuchtet, und zwar aus einem doppelten Blickwinkel: Die Reflexion der Realgeschichte (Staatsform) findet ebenso Berücksichtigung wie die Reflexion der Ideengeschichte (Staatsidee). Das Buch verbindet in interdisziplinärer Weise historische Analyse mit vergleichend-politikwissenschaftlicher Methode und spannt so einen Bogen von der ehrwürdigen antiken Staatsformenlehre bis zur modernen Vergleichenden Regierungslehre.

2., AKTUAL. UND ERG. AUFL. 2007. 415 S. MIT 37 TAB. BR. 170 X 240 MM.
ISBN 978-3-8252-8343-8

BÖHLAU VERLAG, URSULAPLATZ 1, 50668 KÖLN. T: +49(0)221 913 90-0
INFO@BOEHLAU.DE, WWW.BOEHLAU.DE | KÖLN WEIMAR WIEN

HANS-PETER SCHWARZ (HG.)
DIE BUNDESREPUBLIK
DEUTSCHLAND
EINE BILANZ NACH
60 JAHREN

Im Jahr 2009 begeht die Bundesrepublik Deutschland ihren 60. Geburtstag.
Zu diesem Anlass unterziehen namhafte Wissenschaftler den Werdegang
dieser ersten beständigen deutschen Demokratie einer kritischen Bilanz.
Die pointiert geschriebenen Texte wenden sich an alle politisch und zeit-
geschichtlich interessierten Leser.

2008. 698 S. ZAHLR. GRAFIKEN UND TAB. 170 X 240 MM. GB. MIT SU.
ISBN 978-3-412-20237-8

»Dieser Sammelband setzt [...] Maßstäbe für all das, was der Buchmarkt
2009 zum Thema 60 Jahre Bundesrepublik Deutschland alles bieten wird.«
Zeitschrift für Politikwissenschaft

»Gutes Rüstzeug für den 2009 anstehende Gedenkmarathon – 60 Jahre
doppelte Staatsgründung in West und Ost.«
Stuttgarter Zeitung

BÖHLAU VERLAG, URSULAPLATZ 1, 50668 KÖLN. T: +49(0)221 913 90-0
INFO@BOEHLAU.DE, WWW.BOEHLAU.DE | KÖLN WEIMAR WIEN

ALEXANDER GALLUS (HG.)
DEUTSCHE ZÄSUREN
SYSTEMWECHSEL SEIT 1806

Mit dem Ende des Alten Reiches 1806 beginnt der höchst ambivalente Weg Deutschlands in die Moderne. Die deutsche Geschichte der vergangenen zweihundert Jahre ist – im Vergleich zu derjenigen anderer Länder – besonders reich an Zäsuren, die mit einem grundlegenden Wandel der staatlichen und gesellschaftlichen Ordnung verbunden waren. Das Buch widmet sich diesen Systemwechseln mit dem Ziel, die Auflösung alter und den Aufbau neuer Herrschaftsstrukturen samt ihren Auswirkungen auf Politik, Gesellschaft und Wirtschaft im Deutschland des 19. und 20. Jahrhunderts besser verstehen zu können. Zugleich werden Elemente der Kontinuität und des Wandels im Übergang der verschiedenen staatlichen Ordnungen sichtbar gemacht. Der Fokus ist dabei nicht allein auf die Überwindung des Totalitarismus und die Etablierung der Demokratie beschränkt, sondern weiter ausgerichtet: Wie gestalteten sich die Übergänge von der Monarchie zur Demokratie, von der Demokratie zur Diktatur und wiederum von der Diktatur zur Demokratie? Was waren die Ursachen für das Ende des alten Systems? Wann und wie erfolgte die Institutionalisierung der neuen Ordnung? Worin zeigte sich ihre Konsolidierung, sofern diese überhaupt gelang?

2006. 336 S. 10 S/W-ABB. GB. ISBN 978-3-412-30305-1

BÖHLAU VERLAG, URSULAPLATZ 1, 50668 KÖLN. T: +49(0)221 913 90-0
INFO@BOEHLAU.DE, WWW.BOEHLAU.DE | KÖLN WEIMAR WIEN

Weimar 1919
Chancen einer Republik

JUSTUS H. ULBRICHT (HG.)
**WEIMAR 1919 –
CHANCEN EINER REPUBLIK**

Im Jahre 1919 wurde in Weimar deutsche Geschichte geschrieben. In der Stadt Goethes und Schillers begann ein faszinierendes Experiment, nämlich die Gründung und Gestaltung einer neuen Gesellschaftsordnung, die nach der deutschen Klassikerstadt benannt ist: die Weimarer Republik. Wenige Monate nach dem Ende des Ersten Weltkriegs und kurz nach der Novemberrevolution 1918 versuchten engagierte Männer und Frauen einen demokratischen Neubeginn auf nationaler, aber auch auf regionaler Ebene.

Das Buch dokumentiert die Ereignisse jenes dramatischen Aufbruchs. So wie schon früher kulturelle oder politische Ereignisse in Weimar immer auch nationale Bedeutung besaßen, ist die Anwesenheit des ersten demokratisch gewählten deutschen Parlaments, dessen Debatten und schließlich die endgültige Verfassungsentscheidung ein herausragendes Ereignis der deutschen Geschichte insgesamt. Die Geschehnisse werden dabei als Folgen des Kaiserreichs, des Ersten Weltkriegs, der Revolution und der Fürstenabdankung gewertet und vor allem als chancenreicher politischer und sozialer Neubeginn interpretiert.

2009. 183 S. MIT 78 S/W-ABB. UND 30 FARB. ABB. GB.
210 X 270 MM.
ISBN 978-3-412-20359-7

BÖHLAU VERLAG, URSULAPLATZ 1, 50668 KÖLN. T: +49(0)221 913 90-0
INFO@BOEHLAU.DE, WWW.BOEHLAU.DE | KÖLN WEIMAR WIEN

böhlau

böhlau

MICHAEL GEHLER
DEUTSCHLAND
VON DER TEILUNG ZUR EINIGUNG
1945 BIS HEUTE

Michael Gehlers Buch bietet eine gut lesbare deutsche Nachkriegsgeschichte. Der Band bietet eine Gesamtbetrachtung der drei deutschen Republiken: der alten Bundesrepublik Deutschland (BRD) von 1949–1990, der Deutschen Demokratischen Republik (DDR) sowie der Berliner Republik seit der Einigung Deutschlands. Dabei werden innen- und außenpolitische sowie gesellschafts- und wirtschaftsgeschichtliche Aspekte vergleichend behandelt.

Der Autor betrachtet die beiden deutschen Staaten nicht von einem westlichen oder einem östlichen, sondern von einem Standpunkt „dazwischen" und präsentiert in diesem Buch weder eine Erfolgs- und Siegergeschichte der BRD, noch eine Misserfolgs- und Verlierergeschichte der DDR. Es gab positive und negative Erscheinungen in beiden deutschen Staaten und weit mehr Gemeinsamkeiten in Mentalität und Struktur, die zwar die Teilung beförderten, letztlich aber auch zur Einigung führten. Auch der Position des neuen Deutschlands in Europa und der Welt wird in dem Buch ein großer Abschnitt gewidmet.

2010. 512 S. GB. 62 S/W-ABB., 28 GRAF. 170 X 240 MM.
ISBN 978-3-205-78584-2

BÖHLAU VERLAG, WIESINGERSTRASSE 1, 1010 WIEN. T : +43(0)1 330 24 27-0
BOEHLAU@BOEHLAU.AT, WWW.BOEHLAU.AT | WIEN KÖLN WEIMAR